Mental Health Course for College Students

大学生心理健康实用教程

主　编 ◎ 陈　瑜

副主编 ◎ 张　哲　沈　李

编　委 ◎ 冉　蓉　冉雨琴　田一涵

姚书红　张　曼　薛高连

上海财经大学出版社

SHANGHAI UNIVERSITY OF FINANCE & ECONOMICS PRESS

图书在版编目(CIP)数据

大学生心理健康实用教程 / 陈瑜主编. -- 上海：上海财经大学出版社, 2024.8
ISBN 978-7-5642-4399-9/F・4399

Ⅰ.①大… Ⅱ.①陈… Ⅲ.①大学生-心理健康-健康教育-高等学校-教材 Ⅳ.①G444

中国国家版本馆 CIP 数据核字(2024)第 099040 号

□ 责任编辑 施春杰
□ 封面设计 贺加贝

大学生心理健康实用教程

主　编◎陈　瑜
副主编◎张　哲　沈　李
编　委◎冉　蓉　冉雨琴　田一涵
姚书红　张　曼　薛高连

上海财经大学出版社出版发行
(上海市中山北一路 369 号　邮编 200083)
网　址:http://www.sufep.com
电子邮箱:webmaster@sufep.com
全国新华书店经销
上海颛辉印刷厂有限公司印刷装订
2024 年 8 月第 1 版　2024 年 8 月第 1 次印刷

787mm×1092mm　1/16　15.75 印张　393 千字
定价:49.00 元

前　言

在这个快速变化的时代，大众对心理健康教育的关注度日趋增强，良好的心理素质更被作为评价人才培养质量的重要指标，心理健康已然成为大学生全面发展的重要组成部分。2011年教育部办公厅印发《普通高等学校学生心理健康教育工作基本建设标准（试行）》，2018年中共教育部党组印发《高等学校学生心理健康教育指导纲要》，文件明确提出，为深入贯彻落实中共中央、国务院、教育部的通知，请结合本地本校实际情况，认真贯彻文件精神，强调大学生心理健康教育的重要性和意义。

大学生心理健康教育作为高校教学的公共必修课，需兼具科学性、基础性和时效性，通过课程的开设，更好地帮助大学生解决学习、生活中的困惑。本教材根据目前大学生群体中主要的心理成长困惑，旨在提供一套全面的心理健康知识体系和实操技巧，帮助学生理解并掌握相关理论与技能，同时深刻认识到个体心理健康对于家庭、社会及国家的重要性。

我们生活在一个相互联系的世界里，每个人的心理状态不仅影响自身，而且间接影响着周围的人和社会的整体氛围。因此，本教材倡导一种"大健康观"，即身心健康是社会进步和个人成功的基础。本教材共十一章，以提升大学生心理素养为主导，结合学生在学校、家庭、社会等环境中遇到或引发的各种心理问题，具体介绍和分析了大学生心理健康与心理咨询、自我意识、人格发展、情绪管理、人际关系、挫折与压力、学习心理、家庭关系、生命教育、爱的能力、异常心理学等几个方面。

本教材有两大特色：一是理论联系实际，对大学生心理健康教育的相关内容进行解读，从分析实际案例出发，多维度阐述相关理论，强化学生对相关知识点的理解。二是强化实际体验，每个章节最后都提供了一至三个适合课堂上开展的团体辅导活动，让学生能够在自我体验中觉察，提升心理自助能力。

本教材编写团队成员均长期在高校一线进行大学生心理健康教育和心理咨询工作，有着较深厚的理论功底和工作经验。陈瑜作为本教材主编，负责设计教材的整体框架、协调和督导整个编写过程，并进行了最终的统稿。参编人员具体编写章节如下：冉蓉负责编写第七章、第十章；冉雨琴负责编写第二章、第八章和第九章；田一涵负责编写第四章、第六章；姚书红负责编写第一章、第十一章；张曼负责编写第三章、第五章。

育人先育心，心理健康教育的最终目标是学生的全面健康发展，个体的理想信念、人生观、价值观的正确树立必须要在心理健康教育中强调。在编写过程中，我们将社会主义核心价值观和爱国主义教育有机融入心理健康教育中，培养学生的社会责任感、国家认同感和道德品质，引导学生树立正确的世界观、人生观和价值观。我们相信，只有当个体的心理健康得到充分关注和维护，社会才能更加和谐，国家才能更加繁荣。

让我们携手共进，用健康的心态照亮前行的道路，为实现中华民族伟大复兴的中国梦贡献自己的一份力量。

2024 年 8 月

目　录

第一章 大学生心理健康与心理咨询概述

导入案例

程红是一名即将毕业的大学生，前一段时间她的男朋友提出分手，程红因此一直闷闷不乐、情绪低落，不参加集体活动，经常一个人在宿舍哭泣，早上起床很晚，总是与同学说“活着没意思”之类的话。同学们将她的这些情况反映给了班主任和心理咨询老师，经过班主任和心理咨询老师的初步判断，程红存在患抑郁症的倾向，有一定的危险性。于是班主任将情况如实告诉了程红的父母，希望其父母能带程红就医。程红的父母却认为她没病，只是因为太娇气了，失恋后不开心，并强调程红从小生活得太顺利，没有经受过挫折和打击，过段时间自然就会好。

在生活中，我们对健康的认识是不是也像程红父母那样只关注身体的健康而忽视了心理的健康呢?

第一节 什么是心理健康

随着科技的迅猛发展，社会生活的各个领域迎来了新的竞争和挑战，这为大学生自我能力的彰显提供了更广阔的舞台。然而，就业形势的日趋严峻也使大学生的心理负荷日益严重。如何把握机会、迎接挑战，这是对每一位大学生提出的更高、更新的考验。时代的发展不仅要求大学生掌握一定的知识和技能，更需要他们拥有健康的心理和健全的人格。

一、健康与心理健康

(一)健康

自人类诞生，人们就开始追求健康。但长期以来，大家对健康的认识更多的是关注于躯体上的变化。那么，健康的内涵到底是什么呢? 1948 年，世界卫生组织成立时指出：“健康不仅是没有疾病，而且是一种个体在躯体上、精神上、社会上的安宁状态。”1989 年，世界卫生组织又对健康的定义作进一步的明确：“一个人只有在身体健康、心理健康、社会适应良好和道德健康四个方面都健全，才算是完全健康的人。”

从世界卫生组织 1989 年对健康的定义来看，健康包括身体健康、心理健康、社会适应良好和道德健康四个部分，这四者缺一不可，心理健康，是健康的重要组成部分。

(二)心理健康

心理健康是相对于生理健康而言的，1946 年召开的第三届国际心理卫生大会将心理健康定义为:“所谓心理健康,是指在身体、智能以及情感上与他人的心理健康不相矛盾的范围内,将个人心境发展成最佳的状态。”

1948 年,世界卫生组织又将心理健康定义为:“人们在学习、生活和工作中的一种安宁平静的稳定状态。”

当前,国内有关著作中通常采用 20 世纪初英国出版的《简明不列颠百科全书》中对心理健康的定义:“个体心理在本身及环境条件许可范围内所能达到的最佳功能状态。”

这些心理健康的定义都是将其描述为一种状态,如个人心境的最佳状态、安宁平静的稳定状态或者最佳功能状态等,并没有阐明具体的心理健康的标准。

二、心理健康的标准

关于心理健康的标准,不同的学者有不同的看法,美国著名心理学家马斯洛和米特尔曼曾提出人的心理是否健康有如下 10 条标准:①是否有充分的安全感;②是否对自己有较充分的了解,并能恰当地评价自己的行为;③自己的生活理想和目标能否切合实际;④能否与周围环境事物保持良好的接触;⑤能否保持自我人格的完整与和谐;⑥能否具备从经验中学习的能力;⑦能否保持适当和良好的人际关系;⑧能否适度地表达和控制自己的情绪;⑨能否在集体允许的前提下有限地发挥自己的个性;⑩能否在社会规范的范围内适当地满足个人的基本要求。

我国绝大多数学者认为,心理健康的标准包括以下 8 点:

(1)智力正常。一般来说,智商在 80 分以上是人们学习、生活、工作的基本心理条件,也是适应周围环境变化的心理保证。

(2)情绪健康。情绪健康的标志是情绪稳定和心情愉快。它具体包括:愉快情绪多于负面情绪,乐观开朗,富有朝气,对生活充满希望;情绪较稳定,善于控制与调节自己的情绪,既能克制又能合理地宣泄;情绪反应与环境相适应。

(3)意志健全。意志是人在完成一种有目的的活动时所进行的选择、决定与执行的心理过程。意志健全者在行动的自觉性、果断性、顽强性和自制力等方面都表现出较高的水平。

(4)人格完整。人格是指个体比较稳定的心理特征的总和。人格完整是指有健全统一的人格,即个人的所想、所说、所做都是协调一致的,个人具有正确的自我意识,能以积极进取的人生观作为人格的核心,并以此为中心把自己的需要、目标和行动统一起来。

(5)自我评价正确。正确的自我评价是一个人心理健康的重要条件。人们只有学会积极地自我评价,恰如其分地认识自己,摆正自己的位置,既不以自己在某些方面高于别人而自傲,也不以在某些方面低于别人而自卑,才能做到自尊、自强、自制、自爱,从而正视现实,积极进取。

(6)人际关系和谐。具体表现为:乐于与人交往,既有广泛而深厚的人际关系,又有知心朋友;在人际交往中保持独立而完整的人格,有自知之明,不卑不亢;能客观评价别人和自己,善于取长补短;宽以待人,乐于助人;交往的积极态度多于消极态度,交往动机端正。

(7)社会适应正常。个体与客观现实环境保持良好的关系,即个体能正确地认识现实环境,能以有效的办法应对环境中的各种困难,能根据环境的特点和自我意识的情况努力进行协调,或者改善环境以适应个体的需要,或者改造自我以适应环境。

(8)心理行为符合年龄特征。不同年龄阶段的人具有不同的心理和行为特征,心理健康的人应具有与同龄人相符的心理行为;反之,则是心理不健康的表现。

需要注意的是,心理健康的标准是相对的。心理健康和不健康不是截然对立的,它们之间没有绝对的界限。心理不健康是指一种持续的不良状态,不能仅仅根据一段时间、一件事情就简单地得出一个人心理不健康的结论。人的心理健康状态从良好、一般、有轻度问题到有严重问题,是一个连续的过程。另外,人的心理健康状态不是固定静止的,而是一个动态变化的过程。一个人只有注重心理保健,学会自我调整,及时寻求心理帮助,才能保持良好的心理健康状态。

三、对心理健康的误解及辨析

心理健康是一种良好的适应与发展状态,也是指人的认知、情绪和行为机能正常。当你对心理健康及其标准有一定了解后,可能仍然会对心理健康的含义有所误解。下面通过辨析对心理健康的一些常见的误解,帮助你更好地理解心理健康的含义。

【误解 1】心理健康是一种很难达到的高水平状态,一旦达到就会一劳永逸。

【辨 析】心理健康并不是常人难以企及的一种玄妙状态。从心理机能的角度看,现实生活中大多数人是心理健康的。换言之,心理健康在人群中是一种常态,心理不健康者只是少数,极端心理健康者也是少数。当然,对个体而言,有心理健康水平高的,也有心理健康水平低的。并且,心理健康并不是静态的,它始终处于动态变化之中,受到许多因素的影响。一个心理健康的人可能因为生理疾病、生活变故等变得心理不健康,一个心理不健康的人也会因为专业或非专业的帮助而恢复心理健康。

【误解 2】心理健康的人完全没有不健康的心理与行为表现,比如悲观想法、消极情绪或异常行为。

【辨 析】心理健康的人,其心理机能整体上是正常的,但并不一定始终处于一种积极正面的心理状态。事实上,如果一个人在现实生活中完全没有悲观想法、消极情绪或异常行为,这几乎是不可能的。心理健康的人,在面对消极事件或身处不利情境时有相应的心理与行为表现(如学业或事业受挫后消极郁闷、蒙受不白之冤后愤怒失望、痛失至亲后悲伤恍惚,这些可以称为"正常的"负性情绪),恰恰表明这个人心理正常、健康。当然,心理健康还表现为一个人在遭遇挫折、丧失后能够自觉地做出认知、情绪与行为上的调节,使自己尽早从挫折和丧失中恢复过来。

【误解 3】生活条件富足的人一定心理健康,受教育程度高的人一定心理健康。

【辨 析】生活环境与教育影响人的心理发展,也在一定程度上影响人的心理健康水平,但其影响并不体现为"量"的影响,而是与人的生物基础、心理特质、人际关系、文化因素等有着复杂的相互作用。因此,物质条件的优劣、受教育程度的高低,都不能单方面决定一个人是否心理健康。

【误解 4】道德高尚的人一定心理健康,才能超群的人一定心理健康,成就巨大的人一定心理健康。

【辨 析】个人价值(如道德、才能、成就等)与心理健康分属人的不同方面,不能混为一谈,二者的内容在一定程度上有所交叉,但并不能简单地相互涵盖。心理健康涉及一部分个人价值,但其要义并不是对人做价值判断,反之亦然。因此,虽然我们可以说道德高尚的人、才能超群的人或成就巨大的人可能心理较健康,但不能说这些人必定心理健康;而众多心理健康的人也并不都是道德高尚、才能超群或成就巨大的。

四、心理健康的影响因素

根据“生物—心理—社会”医学模式，影响心理健康的因素主要有三类：生物因素、心理因素、社会因素。以大学生为例，可将影响大学生心理健康的因素总结如下：

（一）生物因素

1. 生理疾病或缺陷

遗传、创伤、传染等导致的生理疾病或缺陷，比如肝炎、视觉异常、白癜风、生理残疾等，是一类强有力的生理性应激源，对大学生的自我认识与悦纳、性格、人际交往、恋爱或亲密关系、就业等影响巨大，有的甚至造成长期的负面影响。

2. 体貌特征与运动

身高、体重、容貌、身材、皮肤、发质、牙齿等体貌特征，以及运动对身体的影响（如身体素质、肥胖、疾病等），影响着大学生的学习与生活，尤其体现在自我认识与人际交往方面，可能造成适应与发展困扰（如人际回避、过度减肥、反复整容等），严重的甚至会引起心理障碍或精神疾病（如神经性厌食症等）。

3. 物质摄入

酒精、尼古丁、咖啡因以及其他精神活性物质的摄入或过度摄入，不仅影响大学生的身体健康，还可能损害正常的心理机能（如注意力问题、情绪失调、行为偏差等），严重的甚至会引起物质成瘾或物质依赖。

（二）心理因素

1. 个人观念

世界观、价值观和人生观决定着大学生怎样面对和投入大学阶段的学习与生活。一些适应不良的个人观念（如读书无用论、拜金主义、享乐主义等）容易造成大学生的适应与发展困扰，往往导致有些人在学习、人际交往、恋爱或亲密关系、休闲娱乐、饮食睡眠、就业或创业等方面陷入困境或冲突。

2. 个人能力与兴趣

大学生的生活自理能力、自主学习能力、注意控制能力、时间管理能力、自我控制能力、学习与生活兴趣等影响其学习与生活的方方面面，个人能力不足、兴趣缺乏等往往容易造成适应与发展困扰。

3. 个性特征

一些消极或负面的个性特征（如神经质、内向性、完美主义、以自我为中心等）不仅容易在学习与生活中造成适应与发展困扰，严重的甚至会引发心理障碍或精神疾病（如抑郁症、强迫症、社交焦虑障碍等）。

4. 性

大学生的性冲动及其满足、性取向及其适应、性观念及其选择等对其日常生活有着重要影响，可能在人际交往、恋爱或亲密关系等方面造成适应与发展困扰，还可能引起心理障碍或精神疾病（如抑郁症、焦虑障碍等），尤其是校园里的性少数群体常常面临更多的困难与风险。

（三）社会因素

1. 家庭及早年经历

家庭所在地(城市与农村)、家庭社会经济地位、父母受教育程度、父母个性特征、家庭成员关系(尤其是原生家庭)、早年经历(如学业成败、留守经历、创伤经历、重大事故等)等影响着个体的人格、能力以及个人观念的形成,对大学生学习和生活的影响深远,可能是造成各类心理健康问题的深层次原因;而近期的家庭变故(如父母离异、亲人去世、亲人急重病、家庭破产等)通常是一类强有力的应激源,可能对大学生的心理健康造成暂时性或长期性的影响。

2. 学习与生活

就读学校性质、所学专业、就读年级、学业难度及任务量、住宿条件等客观因素可能给一些大学生造成适应与发展困扰;舍友关系、师生关系、同学关系、恋爱或亲密关系等既能反映大学生的心理健康状况,也能反过来成为影响心理健康的原因,可能造成各类心理健康问题;手机与网络使用、社团及课余活动等影响着学习时间的分配与学习投入程度,可能给一些大学生造成适应与发展困扰;而考试失利、无法顺利毕业、失恋、意外怀孕等学习与生活中的重大事件,常常是影响大学生心理健康的重要应激源,严重的可能引发心理障碍或精神疾病甚至自杀。

3. 社会文化及环境

参照美籍俄罗斯裔心理学家布朗芬布伦纳的生态系统理论,社会文化及环境作为宏系统与上述两方面因素的作用有所不同,它们对大学生心理健康的影响较为“间接”,往往作为背景性的影响因素,或是潜移默化地产生影响。比如,传统文化、亚文化、社会文化变迁(如金钱观、消费观、健康观等)、社会治安状况、经济环境、就业环境、环境污染等。

五、心理正常与否的界定原则

一般情况下,可通过以下三条基本原则来判定一个人的心理正常与否。

(一)主观世界与客观世界的统一性原则

这主要是看一个人的所思所想、所作所为是否能正确地反映外部世界,有无明显的差异。人的心理是大脑对客观现实的反映,任何正常的心理活动和行为必须在形式和内容上与客观环境保持一致性。如果一个人说他看到或听到了当时客观世界并不存在的但能引起他那种感觉的刺激物,那么,这个人的精神活动就不正常了,他产生了幻觉。另外,一个人的思维内容脱离现实,或思维逻辑背离客观事物的规定性时便形成妄想。这些都是我们观察和评价人的精神与行为的关键。

(二)知、情、意三者协调一致性原则

这主要是看人的心理活动中的认识、情感、意志三个过程内容是否完整以及是否协调一致。人类的精神活动虽然可以被分为知、情、意等部分,但它自身确实是一个完整的统一体,各种心理过程之间具有协调一致的关系,这种协调一致性保证人在反映客观世界过程中的高度准确和有效。例如,如果一个人遇到一件令其愉快的事便会产生愉快的情绪,手舞足蹈,且会欢快地向别人诉说自己内心的体验。如此,我们可以说这个人的知、情、意三者具有协调一致性,即具有正常的心理与行为。如果某人一边用低沉的语调向别人诉说令人愉快的事,或是对痛苦的事做出快乐的反应,这个人可以被认为心理过程的协调一致性出现了问题。

(三)个性的相对稳定性原则

人的个性心理特征在外部环境没有重大改变的前提下,其气质、性格、能力等个性特征是相对稳定的,行为会表现出一贯性。每个人在自己长期的生活道路上都会形成自己独特的个性心理特征,这种个性特征形成之后具有相对的稳定性,在没有重大外界变革刺激的情况下,

一般是不易改变的。如果在没有明显外部原因的情况下，某人的个性发生了很大的改变，则应该考虑这个人的精神活动是否出现异常。例如，一个用钱很节省的人突然挥金如土或者一个待人接物很热情的人突然变得对人很冷淡，如果我们在他的生活环境中找不到足以使他发生如此改变的理由时，则可以判定出他的精神活动已经偏离了正常轨道。

第二节 大学生心理发展特点及常见的心理问题

从年龄上看，大学生的个体生理发展已接近完成，具备了成年人的体格及各种生理功能，但大学生心理成熟并非完全取决于他们生理成熟的水平，更多的是受到社会环境尤其是学校、家庭教育的影响和制约，同时还跟大学生社会生活时间的广度和深度有一定的关系。可以说，大学生的心理问题复杂、多变且具有独特性。

一、大学生心理发展的基本特点

大学生的年龄一般为 17～24 岁，处于青春期晚期和成年早期，虽然大学生已离家开始独立生活并达到法律意义上的独立年龄，但是他们还不能完全履行成年人的责任和义务，应该说是“准成人”。在大学阶段，大学生会不断成长，逐步走向成熟，这是大学生心理发展的总体特点。我们可以从两面性、矛盾性和统一性三个方面来看大学生心理发展的基本特点。

(一)两面性

心理的两面性是青春期的一般特征。大学生心理尚未完全成熟，容易表现出做事急于求成、受挫后情绪失控、以自我为中心等消极的一面。但是，随着自我意识的发展、自我同一性的确立，大学生的心理也在迅速走向成熟，并且表现出积极的一面，如他们情感丰富、敢想敢干、勇往直前、善于思考、敢于创新等。

(二)矛盾性

大学生的心理不仅有两面性，而且发展也不平衡，容易引起矛盾冲突，主要表现为：理想的自我与现实的自我的矛盾；独立与依赖的矛盾；交往需要与封闭孤独的矛盾；自尊自信与怯懦自卑的矛盾；求知欲强烈与识别力较低的矛盾；情感与理智的矛盾；积极勇敢与消极退缩的矛盾；强烈的性欲望与正确处理异性关系的矛盾等等。这些矛盾冲突虽然会使大学生感到焦虑苦恼、痛苦不安，但也能促使他们设法解决矛盾，从而促进其自我发展，使心理发展更加趋于成熟。

(三)统一性

大学阶段是大学生逐步走向成熟和独立的阶段，无论内心有怎样不同的心理，它们之间有怎样激烈的矛盾冲突，大学生在某一时间、地点的外在表现总是相对统一的。绝大多数大学生所做的都是消除矛盾冲突，使自己趋近社会评价高、体现个体成熟的一面，如努力改善现实自我，让现实趋近理想，或者修正不切实际的过高标准，使理想趋近现实。

二、大学生心理发展的阶段性特点

大学生活可以分为入学之初、大学中期和临近毕业三个阶段，不同阶段大学生的心理特点有所不同。

(一)入学之初

入学适应是迈进大学校门的新生都要经历的一个阶段。在这一阶段,大学生面临从中学到大学的变化,不仅生活环境、人际关系、生活方式和学习方法等发生变化,而且从家庭到学校,再从学校到社会,自身扮演的角色也不同了,大学生原有的心理平衡被打破,但是又必须面对这些变化,有所成长,形成新的平衡。新生只有积极适应,才能顺利度过"过渡期"。

(二)大学中期

经过对大学生活的适应,大学生进入稳定发展阶段,这是大学生活最主要、最长久的时间段。在这个阶段,多数大学生的专业兴趣渐浓、求知欲强烈、兴趣广泛、思维活跃、人际交往能力增强;也有大学生遇到许多困难和问题,出现某种程度的心理障碍,但总能在自己的努力和他人的帮助下解决这些问题或障碍,并不断发展和完善自我,不断探索和成长,为大学阶段的学习和将来的发展打下基础。

(三)临近毕业

大学生活即将结束时,大学生即将进入就业阶段,这是大学生从学生生涯向职业生涯的过渡时期。毕业在即,大学生要进行毕业考试、毕业设计、论文答辩、求职择业,这既是大学生的毕业准备阶段,也是就业准备阶段,更是从学生生活向职业生活的心理过渡时期,因此他们的心理压力和冲突将会不断出现。绝大多数大学生经过专业学习和心理发展具备了比较稳定的人生观、丰富的知识和良好的心理调控能力,但也有部分学生因在学业或求职中遇到挫折而产生种种心理问题,或悲观失望,或无所适从,或做出发泄行为。

三、大学生常见的心理问题

大学生正处于生理发育基本成熟,但心理发展相对滞后的特殊时期,人生观、价值观和世界观还未完全形成,心理状态还不稳定,容易受到外界各种因素影响而产生各种心理问题。当前大学生常见的心理问题主要有以下几个方面。

(一)环境适应问题

从中学进入大学是人生的一个重要转折。在这个转折中,生活环境、人际关系等的改变会使大学生由于难以适应而产生矛盾和困惑。对绝大部分新生来说,他们进入大学后,面对的是陌生的校园、生疏的新群体,多数学生首次远离家门,离开长期依赖的父母以及其他亲人、朋友和熟悉的环境,意味着今后将开始独立生活,所有的事都要由自己来决定和解决,所有这些都会给大学生带来不同程度的环境应激。当这种应激超过限度时,大学生就会出现失眠、食欲缺乏、注意力不集中、环境适应更加困难以及烦躁、严重焦虑不安、头疼、神经衰弱等状况和疾病。

(二)学习问题

对大学新生来说,学习不适应的现象较为普遍。大学的学习特点与高中有明显的不同,如学习的环境、学习的内容、评价体系等都不相同,同时还会面临英语和计算机等级考试以及各类职业资格考试的压力。许多学生进入大学后不适应大学的学习方式,学习目标不明确、学习方法不科学、所学专业与自己的兴趣相抵触,这些都可能导致他们心理问题的产生。

(三)自我问题

有的学生进入大学会产生自卑感,如果遇到一些挫折或者遭到别人拒绝,则容易产生心理危机;有的大学生对未来很迷茫,会出现存在危机,比如找不到大学学习的方向和自己的人生目标、价值等,这些都属于自我心理问题。

(四)压力问题

现在大学生就业竞争越来越激烈,一些学生可能从大一就开始思考自己未来的发展问题,这使大学生学习压力越来越大。在面临压力的时候,有的学生不懂得如何求助和减压,反而用一些增加压力的方式来解决问题,这样也会使他们的压力剧增。

(五)人际关系问题

从中学进入大学,大学生面临着一种全新的人际关系。中学时代的人际关系相对单纯,或许成绩好就会赢得大家的青睐;但是大学生的人际交往更为复杂、更为广泛、更具社会性,独立性也更强,要获得好的人际关系需要一定的技巧,并不是每个大学生都能处理好的。在处理各种人际关系的过程中,有相当数量的人会产生各种问题,一旦在这一过程中受挫,就可能自我否定而陷入苦闷与焦虑之中,或因企图对抗而陷入困境,并由此产生心理问题。

(六)情感问题

大学生正处于青春期的中晚期,生理上趋于成熟,心智上有了一定的发展,对爱情生活有所向往和追求,因此大学生谈恋爱是一种普遍现象。但是,有很多大学生在恋爱中存在情感困惑,在恋爱的过程中会出现单相思、感情纠葛和失恋等心理挫折。特别是失恋,如果处理不好,他们就容易受到极大伤害而造成心理失调,萎靡不振,甚至精神崩溃,在短期内可能做出一些极端行为。

(七)情绪障碍问题

一个人如果长期处于消极情绪或激烈的情绪状态下,如烦恼、冷漠、焦虑、抑郁、暴躁等,就会造成情绪障碍。在这种情况下,正常的心理和生理活动会受到影响,出现很多异常的心理和行为,若不及时采取各种调适措施,就可能引发严重的后果。

(八)生涯规划与就业问题

大学生择业和就业过程中面临着双向选择的竞争机制,每个人都得接受社会的选择,同时伴随着就业岗位要求和标准日益提高,相当数量的大学生缺乏足够而必要的就业心理准备。在面临强大的竞争压力时,有的学生还缺少必要的生涯规划,在学校学习的过程中缺少目标,没有方向,感觉迷茫,毕业甚至未毕业时就出现了严重的就业心理压力,表现为无法紧张有序地进行大学后期的学习,整日忧心忡忡、情绪低落,出现严重的心理焦虑和躯体不适与障碍,心理承受能力越发脆弱。如果不能及时排解、调适,往往会引发心理崩溃,导致消极、负面的后果。

第三节 大学生心理健康教育的内容及其重要性

如今大学生要面对学业成绩、两性交往、人际关系、情绪调控、职业生涯等诸多人生课题,有的大学生不能适应大学校园的生活环境,有的不能妥善处理人际关系问题,有的不能掌握有效的学习方法,有的无法解决情感与恋爱方面的困惑,更有甚者对人生和未来的前途感到茫然……于是,相当多的大学生出现了焦虑、压抑和紧张等多种心理问题,甚至出现了严重的心理障碍。因此,大学生心理健康教育势在必行。

一、大学生心理健康教育的内容

保持健康的心理状态必须具备良好的心理素质,大学生心理健康教育的内容主要包括以下几个方面。

(一)科学健康观教育

以往的健康观认为只要身体健康就是健康，现在的健康观认为心理健康也是健康的重要组成部分。大学生心理健康教育的内容就是通过对大学生进行心理健康知识的普及，使其正确认识心理健康的内涵及其重要意义；通过心理自测，让学生了解自己的心理健康现状，从而激发大学生维护心理健康的意识。

(二)认识自我，悦纳自我

通过对自我意识方面相关知识的学习，学生可以从“我是谁”这个古老的哲学问题入手，通过自我反省、他人评价、测验检验等方式重新全面认识自己。通过自信心、自控能力等相关心理知识学习和技能指导，使学生克服自卑，增强自信，减少冲动，增强自律，做到真正地接受自己、悦纳自己、完善自己。

(三)健全人格教育

通过学习需要、动机、能力、气质、性格等反映人格特征的心理因素，学生可以了解什么是健康的人格，从而自觉地完善自己的人格，确立正确的人生观、世界观、价值观，培养高尚的情趣，适度调节自己的气质，使自己成为一个有着健全人格的人。

(四)学习能力提升

教师通过对学生进行记忆、思维、想象、注意、观察等智力因素与动机、兴趣、情绪、意志等非智力因素的心理知识的教授和技能的指导，激发他们的学习动机，从而使学生们迅速适应大学的学习生活，掌握相关的学习技能，端正学习态度，从单纯“学习知识”向“学会学习”转变，激发学生的学习潜能、创造潜能，培养学生的创新思维，提高学生的能力，为以后的终身学习打下良好的基础。

(五)情绪与压力管理

当今社会竞争激烈，生活节奏快，大学生在校园里面也能感受到各方压力，在面对压力时，焦虑、抑郁、恐惧、紧张等是困扰大学生的主要情绪问题。通过对情绪和压力相关知识的学习和技巧的掌握，使他们能够很好地进行情绪宣泄，从容地应对压力，减轻压力。

(六)情商教育

情商是现代社会人们非常注重的一个内容，培养情商的任务主要是让学生学会表达情绪，有效控制情绪，合理宣泄消极情绪，并能体察与理解别人的情绪、情感，从而成为一个积极、乐观、开朗、快乐、富有感染力的人。

(七)人际交往教育

通过进行有关待人接物、交往交友的人际关系心理知识和技能的学习，学生可以从亲子、同伴、师生三个方面来体会人际交往的原则，树立乐群、合群、益群、友群等心理品质，成为一个充满爱心、值得信赖、善解人意、团结协作的人。

(八)生涯规划教育

通过对职业生涯规划知识的学习，大学生可以不断地探索自我、了解自我，并结合自己的兴趣、能力、性格、专业等情况，评估、反馈、修正自己的职业设计，等到毕业择业时，就能顺利地向社会过渡，找到一个适合自己的工作。

(九)恋爱与性心理健康教育

通过学习与恋爱有关的心理知识和技能，大学生可以了解两性之间恋爱心理的差异，学会正确地与异性相处，处理各种因恋爱而带来的心理困扰问题，培养爱的能力和责任感，成为一个懂得爱、会表达爱和接受爱的人；同时，对性心理知识的学习也可以解决大学生因对性认知不足而产生的困惑，从而能正确认识性冲动，并通过合理合法的方式，有节制地获得满足，促进大学生的性心理健康发展。

(十)生命教育

生命教育可以使学生了解到生命的意义，懂得体察自己和他人的情感，尊重生命和热爱生命，培养健康的生命态度。

二、大学生心理健康的重要性

(一)心理健康可以促进大学生的全面发展

心理健康是大学生全面发展的基本要求。大学生德、智、体各方面素质的发展，是以心理的健康发展为基础的，心理健康的水平直接影响和制约着大学生全面素质的提高。只有保持健康的心理水平，大学生才能充分调动自身的潜能，发挥自身的创造性，从而促进各方面素质的提高。

(二)心理健康可以促使大学生独立和成熟

大学生处于人生发展的断乳期，一方面，他们在心理上要求逐步摆脱对家长和老师的依赖；另一方面，由于缺乏社会经验，他们在行动中遇到挫折和失败时又极易感到烦恼与困惑。如果能保持健康的心态，大学生就能逐步克服自我成长中的矛盾与冲突，顺利地摆脱焦虑、烦恼、抑郁的心理状态，最终走向独立与成熟。

(三)心理健康有利于大学生健全人格的培养

当代大学生健全人格的特点主要表现为：正确的自我意识、良好的情绪调控能力、积极适应社会的能力、和谐的人际关系以及乐观的生活态度。健全的人格是在心理健康的基础上培养出来的，是通过心理健康教育的途径实现的。

第四节　了解心理咨询，树立正确的心理咨询观念

一、了解心理咨询、心理辅导和心理治疗

(一)心理咨询、心理辅导和心理治疗不是什么

1. 心理咨询、心理辅导和心理治疗不是社交谈话

知道心理咨询是以谈话为主要形式后，一些人会对心理咨询颇不以为然，“不就是聊天嘛！”但此“聊天”非彼“聊天”。一般的社交谈话往往流于表面，话题不聚焦，谈话双方只是根据当时的社交情境来决定自己说什么，很可能不会考虑自己的说话方式和内容。而心理咨询、心理辅导和心理治疗以帮助受助者为目的，聚焦于受助者，试图深入理解他(她)这个人及其困扰，不会将话题聚焦在自己身上而忽视受助者。

2. 心理咨询、心理辅导和心理治疗不是“开药”

有人会称心理咨询师和治疗师为“心理医生”，也期待着“心理医生”能够给自己开点“心药”或是做个“手术”，解决自己的问题。如果说这个“心药”指的是解决方案，那么心理咨询师几乎不会直接“开药”，因为这样做往往没有实际作用，受助者通常并不会采纳。一般的做法是

咨询师和受助者共同制作“心药”。如果说这个“心药”指的是真正起作用的东西，那么受助者才是咨询能否起作用的最大要素，咨询师只能作为“药引子”去激发“药效”，帮助受助者激发其自身的改变潜能。

3. 心理咨询、心理辅导和心理治疗不是“万能钥匙”

如果你见过有人打广告说自己的心理咨询“包治百病，一次根治”，那你就是遇到骗子了。一些影视作品将心理障碍与心理咨询、心理辅导和心理治疗做了过度的艺术加工，甚至面目全非，加上有些人内心对神秘力量的渴望，会误以为真。首先，心理咨询、心理辅导和心理治疗是一个过程。这个过程的长短会受咨询目标、受助者的问题严重程度、受助者的动机等因素影响。其次，心理咨询有其限制。心理咨询所针对的是心理问题，主要着眼于对个体的认知、情感、行为功能实施干预。而有时个体的困扰受现实因素或生理因素影响极大，那么心理咨询、心理辅导和心理治疗所起的作用就十分有限。相应地，咨询师也不是“魔法师”，他们只是具有助人专长的普通人，也会有困扰，也会有需要求助的时候。

（二）心理咨询、心理辅导与心理治疗的关系

心理咨询、心理辅导和心理治疗是学校心理健康教育中经常会遇到的三个名词，它们有什么区别与联系呢？

1. 心理咨询

“心理咨询”一词既表示一门学科，即咨询心理学，也可以表示一种心理技术工作，即心理咨询服务。作为一种技术与服务的心理咨询，是指运用心理学的理论和技术，借助语言、文字等媒介，与咨询对象建立一定的人际关系，进行信息交流，帮助咨询对象消除心理问题与障碍，增进心理健康，发挥自身潜能，有效地适应社会生活环境的过程。

心理咨询以遇到心理困惑或有强烈心理冲突与矛盾的学生为对象，关注对象的现在，心理干预的重点是发展，根本目标是改善学生个体的心理机能，提高其心理健康水平。

2. 心理辅导

心理辅导是学校教育者根据学生心理发展的特征与规律，在一种新型的建设性的人际关系中，相关专业人员运用心理学的专业知识和技能，设计与组织各种教育性活动，以帮助学生形成良好的心理素质，充分发挥个人潜能，进一步提高心理健康水平的过程。

心理辅导的对象往往是处在转变或转折时期的普通学生，即心理健康状况相对良好的学生群体。心理辅导关注对象的未来，心理干预的重点是预防，根本目标是为防止未来问题的发生提供知识性服务。

3. 心理治疗

心理治疗指在良好治疗关系的基础上，由经过专业训练的治疗者运用心理学的有关理论和技术，对当事人进行帮助，以消除和缓解当事人的较严重心理问题和障碍，促进其人格向健康协调发展，恢复其心理健康的过程。

心理治疗以心理健康水平较低或心理机能失调及心理上有障碍的疾患学生为对象，关注对象的过去，心理干预的重点是矫治，根本目标是纠正与治疗学生心理与行为的失常问题，恢复其心理健康。

心理治疗须在医疗机构中进行。

较为一致的看法是，心理咨询、心理辅导、心理治疗在本质上是一致的，但在服务对象、服务场所及提供服务者的受训背景上有所不同。本章主要介绍心理咨询。

(三)心理咨询是什么

美国心理学家布鲁斯·万普和克·伊梅尔对心理咨询有一个较为清晰的定义:"心理咨询主要是人际关系治疗,它有以下要素:(1)基于心理学原理;(2)参与者为一名训练有素的咨询师与因心理障碍、问题或困扰而求助的受助者;(3)治疗师的目的是缓解受助者的障碍、问题或困扰;(4)针对特定的受助者及其具体障碍、问题或困扰以个性化的方式进行。"该定义主要指向一对一的个别心理咨询。心理咨询还有家庭治疗、伴侣治疗、团体治疗等形式。

具体来说,心理咨询是怎样的呢?

1.心理咨询是一个人际过程

(1)心理咨询是一种陪伴。咨询师以信任、理解、关怀、尊重的陪伴为受助者建立起一个"安全港湾",这是咨询起效的前提条件。在这个"安全港湾"中,受助者方可安心地、自由地"遨游",去表达、去探索。

(2)心理咨询是一种"探险"。受助者的问题往往就在于他(她)不能或不敢面对自己这片"海洋",因为其中可能有"巨浪"或"暗礁"——受助者有意识或无意识回避的冲突、真实的需要。在"探险"过程中,咨询师是"水手",受助者是"船长"。在"水手"的陪伴下,"船长"敢于进入这片"海洋",去面对自己之前所回避的感受、想法和行为,更理解自己和自己的处境。

(3)心理咨询是一种"合作学习"。受助者的想法、体验、自我认识等所有与受助者有关的东西是主要的学习材料,咨询师加工"学习材料",并推动受助者参与加工"学习材料"。在对"学习材料"深入加工的基础上,受助者可能会有一些新发现:"这才是真正的我""我明白了我丢不下的是什么""我知道为何我会这样了""我可以换个方法去试试"……

2.心理咨询是有结构的服务

(1)心理咨询有一套稳定的设置。

心理咨询的设置主要指其时空安排,主要包括:①稳定的时间。一般来说,一次心理咨询在50分钟左右,家庭治疗与团体心理治疗会相应地长一些,在90~120分钟。②相对稳定的频率。一般来说,心理咨询为每周一次,每周在固定的时间段。③地点。一般来说,稳定地在同一咨询室进行会谈是上佳选择。④次数。咨询次数会受到多方面因素的影响,比如咨询目标、受助者的动机、咨询中心的设置等。咨询师和受助者在咨询前期进行初步商定,并会根据情况再作调整。⑤心理咨询服务同时是一件商品,需要收费。就像医生、律师等专业人员一样,心理咨询师不仅为当前的专业活动付出时间和精力,而且为受训及继续学习付出大量的时间、精力和金钱,理应合理地收取报酬。学校的心理咨询服务多是面向学生的,具有公益性质,往往不收费。

(2)心理咨询有一套合理的程序。

此处的程序指的是咨询过程。一般来说,一个理论取向的咨询方法包含了一套理解受助者的人格理论、一套解释受助者问题的病理学理论、一套与其人格理论和病理学解释相一致的治疗方法。相应地,不同理论取向的程序会有所不同。比如,认知行为疗法会侧重于矫正受助者不合理的信念,以人为中心的疗法则比较关注受助者的体验及对真我的追求等。不同取向的咨询方法也有一些相同的地方,比如都会强调治疗师和受助者的合作关系、受助者的积极投入等。

(3)心理咨询有一套严格的规范。

一个行业的规范包括对人的规范(即什么样的人可以从事这个行业)和伦理规范。在心理咨询行业，前者对应心理咨询师的资格认证。资格认证通常的做法是由政府直接认证或授权行业协会认证从业者。伦理规范主要是由行业协会制定相应的伦理守则和执业规范来约束其会员。

(四)心理咨询师的任务

总的来说，心理咨询师的任务就是帮助受助者探索情感、获得领悟，并使他(她)在生活中做出改变。具体来说，不同取向的咨询师在咨询方法上会有所不同，但也会有一些共同的任务：(1)理解、尊重、支持受助者，建立起安全、宽容的氛围；(2)激发受助者的改变动机，促进受助者的投入；(3)促进受助者对自己的觉察；(5)推动受助者在生活中做出改变；(6)对受助者的反应敏感，根据受助者的反应调整相应的干预。当然，不同的任务需要根据特定的时机执行。

案例

小茜在心理健康课上听到老师对学校心理健康教育中心的介绍后，就去预约了咨询，并进行了八次咨询。下文节选自小茜的咨询日记。

第一次：我准时来到咨询中心，首先填写了心理咨询知情同意书，了解了心理咨询的一些设置和规范。我的咨询师是一名临床与咨询心理学专业的硕士实习生，感觉还很稚嫩，比我大不了几岁，但也让我觉得亲近。她向我介绍了她的基本情况，也介绍了心理咨询是什么，告诉我保密及保密例外。然后，我开始吐槽最近的压力和矛盾，不知道该不该转专业。她话不多，主要是静静地听，温和地望着我，有时会说几句话。我记得她说“你想追寻自己的内心，又怕父母不同意”。很简单，却让我有一种奇妙的感觉，仿佛这个人走进了我的心。最后，我和她都同意虽然要不要转专业是最困扰我的问题，但我不敢与父母沟通是个很大的阻碍。我们决定下次更关注与父母的关系。这一次我觉得没听到什么建议，让我心里有点没数，却也感觉被理解到了，暖暖的。

第二次：我谈起爸爸妈妈对我要求严格，安排好一切，我只能走他们选好的道路，仿佛是任他们捏来捏去的泥人。当我听到她说“好像从来没有做过自己”时，我的眼泪一下子就流出来了。流完泪有点后悔，好尴尬啊！

第三次：上次流泪让我有点不太想见咨询师，磨蹭了很久才出门，结果迟到了5分钟。咨询师询问原因，我犹豫了一下，还是告诉了她。她说：“在陌生人面前流泪，是会让人觉得不好意思。但你的眼泪在那一刻流出来，是因为你有一些触动，也很自然，是你在真实地表达自己。”我坦然了一些，我可以流泪，可以羞愧。我们继续谈我与父母的关系。这次，我说起对父母的感受更直接了。原来我心里对他们有那么多感受，有感激，也有生气和无奈。

第四次到第五次：我们继续谈我与父母的关系。我说起对父母的感受更自如了，简直是告白加吐槽。我说：“似乎只有我听他们的，我才是他们的孩子，才是个好孩子。”咨询师说：“好像是有条件的。如果做不到，你就不好。”我感到一些失落、委屈，又感到一些愤怒：“我为什么非要这么做？”

第六次：前天，我和父母打电话，告诉他们我决定转专业。他们不同意，我很委屈，就在电话里哭诉，他们反倒沉默下来。虽然没啥结果，可他们也没再强迫我。咨询师说我的勇敢让她惊讶，也很欣赏。我很开心，原来我可以和父母平等沟通，我有能力去做出改变。最后，咨询师给我布置了一个作业——考察学校的各个专业。

第七次:我花了三天的时间了解学校的各个专业及转专业的要求。我越来越清楚我的兴趣所在,知道我要学什么了。我和父母谈了。他们有些失望,但也接受了。看到他们失望,我有一丝动摇。咨询师说:"你似乎有些犹豫,好像害怕些什么。"我沉默了一会儿,说:"我不想让他们不开心,我也怕他们从此不爱我了。"然后流泪了。她表达了理解,说我可以与父母沟通自己的感受。最后,我俩认为咨询目标基本达成,商定下次结束。

第八次:前几天和父母打电话,我对他们说不希望他们难过,我害怕他们不爱我,可我也想追求我所喜欢的专业。妈妈都快哭出声了,爸爸沉默了好久,最后说:"茜茜,做你想做的吧。"我很高兴地告诉了咨询师。我也知道,可能以后父母还会想给我选道路,我也可能会觉得有压力,但我相信我可以处理。我能理解他们的用心,也能坚持自己。接下来,我会好好准备转专业考试。我们总结了我一路的变化。咨询师说以后有需要,我还可以过来。咨询结束了,我很开心,也有些不舍。

二、心理咨询的获益

心理咨询的效果已被大量研究所证实,其收益体现在多个方面。

(一)缓解负面感受

痛苦、焦虑等强烈的负面感受是很多受助者寻求帮助的主要推动力之一。在咨询中,咨询师帮助受助者充分表达情感,表达支持和理解,协助受助者探索其情感背后的原因、学习管理情感的方法,从而获得情感的疏解。

(二)获得理解自己的新视角

受助者通过咨询可对自己的问题形成新的理解,以新视角看待问题。比如,不断换男友的邵静在咨询师的帮助下发现,自己不能将恋情失败全归于每个男友都不能理解她、包容她,而是她也在以某种方式破坏感情,她总是预期对方会伤害她、欺骗她,然后不断寻找证据,追问对方,消磨了对方的耐心。而且,咨询师协助邵静将之与父母的关系建立联系。有此领悟之后,邵静慢慢减少了不安全感,试着相信别人。

(三)更有效地解决问题

通过缓解负面感受、获得领悟,能帮助个体更有力量,从而更有效地解决问题。而学习一些技能,比如沟通技能、解决冲突的技能、表达自我的技能、决策技能等,也能帮助受助者更有效地表达自己,减少无力感,更好地投入生活。

(四)获得对生命意义的理解

我是谁?我从哪里来?我要到哪里去?这些问题常常会引发个体的生存焦虑。心理咨询能够帮助个体思考这些问题,并试着去回答,试着追寻自己的生命意义。

三、心理咨询过程

如果你准备接受心理咨询,还需要了解你需要做些什么,以及可能面临的一些挑战。

(一)选择合适的咨询师

选择咨询师跟选择医生差不多。想想你是如何选择靠谱的医生的:看他(她)所在单位的级别、声誉和规程,看他(她)的职称、经验和声誉。这些外在指标对于选择咨询师也有借鉴作用,但咨询师的个人资质是更重要的外在指标。比如,咨询师是否经过系统训练,包括相应的课程，其训练项目（含学历教育与职业教育）是否具备较高的认可度。受助者有知情同意的权利，可要求咨询师提供相关说明和支撑材料。另一个重要的外在指标是受助者的个人偏好，包括对咨询师性别、年龄、外貌、婚姻状态等的偏好。符合自己的偏好，可能更有利于咨询的开展。

此外，还有内在标准，即受助者对咨询师的个人体验，也可作为选择依据。这就必须依靠受助者和咨询师的实际接触了。在前期咨询中，受助者如果感到咨询师能够理解自己，自己愿意向咨询师真诚表露，这就是工作顺利的前兆；如果受助者觉得咨询师不能理解自己，可考虑给咨询师一次机会，坚持一下，并与之沟通；如果还是不能解决，可考虑更换咨询师。

（二）受助者的任务

咨询师和受助者需要为咨询目标而合作，共同投入，以获得有益的改变。具体来说，受助者做到以下几点比较有利于咨询的开展：(1)遵守设置。按时出席，按时付费。(2)合理期待。既不期待咨询进展神速，也不贬低咨询可能的效果。(3)真诚表达。能够与咨询师充分探讨自己所关心的议题、感受和需要，帮助咨询师理解自己。(4)反思自我。思索咨询师的反馈，重新观察自己。(5)体验。感受自己在咨询过程中的体验，并与咨询师沟通这些体验。(6)反馈。适时向咨询师反馈自己体验到的咨询过程和效果，包括正面的和负面的。(7)适度坚持。在咨询未见效果时，能忍受内心的不确定做进一步尝试。

切记，你并不需要强迫自己按照上述几点描述去做一个完美的受助者。随着良好咨询关系逐渐建立，受助者自然而然会越来越自如、越来越投入，咨询师也会协助受助者承担自己的角色。

（三）学校心理咨询的流程

1.信息收集阶段

此阶段的主要任务是广泛深入地收集与受助者（求助的大学生）及其问题有关的所有资料，并与受助者建立初步的信任关系。

2.分析诊断阶段

此阶段的主要任务是根据收集到的材料和有关信息，对受助者进行分析和诊断，明确受助者问题的类型、性质、程度等，以便确立目标，选择方法。其要求和注意事项有：

(1)要弄清受助者是否适宜做心理咨询。这一阶段要分析、诊断和确认来访者的动机、文化与智力水平等。

(2)要对来访的求助受助者的问题及其原因、形式、性质等进行分析诊断。尤其要注意区分来访者的精神方面的症状。

(3)要进行信息反馈，即辅导人员要把自己对来访受助者问题的了解和判断反馈给受助者，以求证实和肯定，使受助者做出进一步决定，考虑是否继续进行咨询。

3.目标确立阶段

此阶段的主要任务是心理咨询与辅导的双方在心理分析和诊断的基础上，共同协商和制定心理咨询与辅导的目标。

4.方案探讨阶段

此阶段的主要任务是根据问题性质及其与环境的联系，以及受助者自身的条件、资源、能力、经验等，结合既定的辅导目标，设计达到目标的方案。需要注意的是，咨询与辅导方案应由求助者与辅导者双方共同协商确定，不能由辅导人员单方面直接拟订，也不能仅依从受助者来拟订。当然，最后选定的方案还应该是经济、简便、可行的。

5. 行动实施阶段

此阶段的主要任务是根据拟订的方案采取实际行动，达到咨询与辅导的目标。在此阶段，辅导人员应以心理学的方法和技术帮助受助者消除所遇到的心理问题，改变不良心理状态，提高心理健康水平。这一阶段是心理咨询与辅导中最关键、最具影响力、最根本的阶段。辅导人员常采用领悟、支持、解释和行为指导等方法，支持和引导受助者积极进行自我探索，产生新的理解和领悟，克服不良情绪，开始新的有效行为，巩固一些新的生活方式，借此发生真实的转变。

6. 总结收尾阶段

咨询师要做好咨询的回顾、展望与告别。在回顾时，双方一起总结他们学到了什么，是如何改变的。受助者还可以反馈治疗过程中最有帮助和最没有帮助的方面。在展望中，双方一起设定一个结束的日期，讨论未来的计划。没有一个治疗过程是绝对完整的，在以后的生命中，我们是会一直变化的(变得更好或更差)。咨询师的任务是协助受助者识别当前的问题，理解这些问题，澄清如何在生活中寻找支持以帮助自己改变。两个人共同分享他们对结束的感受并道别。

(四)学校心理咨询遵循的原则

1. 面向全体学生的原则

学校心理咨询的功能在于通过对学生的引导、指导、协助和服务来促进每一个学生的成长和发展。它是以全体学生为辅导对象，以提高全体学生的心理健康水平、促进每一个学生潜能的发展为终极目标的。一般来说，面向全体学生、关注个别学生已成为学校心理咨询的一个基本原则。

2. 发展性原则

学校心理咨询的对象主要是处在身心迅速成长中的正常青少年，这就决定了学校心理咨询的核心是大多数学生的成长问题而不是个别学生的健康问题。因此，心理咨询师必须用发展的、变化的眼光来看待学生，要相信学生具有成长和发展的潜力，对学生的未来持乐观的态度，对学生身上出现的各种心理问题不必大惊小怪，更不必打上“变态”“有病”的标签。

3. 尊重与理解学生原则

尊重，就是尊重学生的人格与尊严，尊重每个学生的个人价值，承认他是不同于其他人的独立的个体，承认他与教师、与其他人在人格上具有平等的地位。尊重是理解的基石。对学生而言，被心理咨询师理解，能使他们感受到自身的价值所在，体验到做人的尊严感，产生一种“遇到自己人”的感觉，并由此增强对心理咨询师的信任和自我改变的信心与勇气，也就有可能向心理咨询师敞开心扉，从而进行有效的沟通。

4. 整体性与因材施教相结合原则

学生的心理活动是由多种因素构成的有机整体，因此在心理辅导中，必须树立系统观、整体观，考查学生成长的各种相关因素，分析学生成长中出现的各类问题。在充分考虑学生人格的整体性发展的同时也要注意学生的个别差异化，要根据不同学生的不同问题进行具体分析，为学生提供更有效的服务。

(五)受助者的挣扎

寻求专业心理帮助时，个体常常会产生耻辱感和脆弱感，这种感觉并不会随着进入咨询立即消失。而且，在心理咨询初期，受助者尚未建立起对咨询师的信任，需要冒着风险在作为陌生人的咨询师面前暴露难言之隐，无疑是一个挑战。有时，受助者会在忍不住深入表露之后，有被人看穿的感觉，甚至觉得后悔，抗拒下一次咨询；有时，受助者一方面期待咨询师尽快帮助自己“脱离苦海”，另一方面又怀疑咨询也帮不了自己。如果你在咨询初期有挣扎，这是正常现象，试着坚持一下，也可与咨询师沟通自己挣扎的感觉。

（六）可能的困难

心理咨询并不是一帆风顺的，其间总有一些“礁石”：因痛苦而来咨询，不免需要讲述它、面对它，受助者难免再次感到强烈的痛苦，想逃避，会抗拒重述痛苦，拒绝深入探索；受助者也可能会对咨询师产生负面感受，觉得害怕、厌恶或不耐烦；咨询还可能会停滞不前。

作为受助者，首选的做法是与咨询师沟通自己所感觉到的困难，这同时是一次检验咨询师的机会。如果咨询师理解了这个困难及其带给受助者的感受，对自己有所反思，并利用这次真诚的沟通加深对受助者及其当前处境的理解，将会对咨询起到不小的帮助。

（七）学会保护自己

并非所有的心理咨询师都能以受助者利益为优先，而且有时也没那么容易识别这样的“害群之马”并将其驱逐出本行业。因此，受助者需要学会保护自己。

1. 法律约束

主要的法律依据是 2013 年开始实施的《中华人民共和国精神卫生法》，它对所有相关从业者都有强大的约束力，可作为寻求专业服务者维护自身权益的主要法律依据。比如 2014 年的同性恋矫正案，咨询师用电击治疗不属于心理障碍的同性恋，对受助者造成身心伤害，该咨询师及其所在机构受到了法律处罚。此外，《消费者权益保护法》也对作为消费者的受助者有相应的保护。

2. 伦理约束

国内目前仅有《中国心理学会临床与咨询心理学工作伦理守则》这一行业伦理守则，它的约束主要体现在：(1)对本学会成员的约束；(2)对广大心理咨询师有教育作用，形成自律；(3)可作为受助者保护自己权益的参考。该伦理守则对咨询师的基本行为规范作了多方面的说明，比如：

1.8 心理师不得与当前寻求专业服务者或其家庭成员发生任何形式的性或亲密关系，包括当面和通过电子媒介进行的性或亲密的沟通与交往。心理师也不得给与自己有过性或亲密关系的人做心理咨询或心理治疗。一旦关系超越了专业界限(例如开始发展性和亲密关系)，应立即采取适当措施(例如寻求督导或同行建议)，并终止专业关系。

3.1 心理师在心理咨询与治疗工作中，有责任向寻求专业服务者说明工作的保密原则，以及这一原则应用的限度。在专业服务开始时，应告知保密原则及保密的例外情况并签署知情同意书。

当咨询师出现违背伦理的行为时，极有可能对受助者的权益造成损害。受助者可使用相应的依据进行起诉或投诉，至少可及时远离有害的咨询，保护自己。

如果感兴趣，你可以进一步阅读本章推荐的书籍去加深对心理咨询的了解。而最深入的了解方式，无疑是接触它。读完本书之后，如果你觉得自己尚不需要寻求心理咨询的帮助，可以先去了解学校的心理健康中心在哪里，如何预约；如果你觉得自己有需要，请大胆去预约、体验，或许你将开启一段新的体验，与他人建立一段专业且温暖的关系，与内在的自己亲密接触，以新的视角理解自己，以新方式解决问题。

四、大学生心理咨询的意义

心理咨询是解决大学生心理问题、疏导其心理障碍、预防和改善其心理疾病的有效途径。大学生心理咨询的作用主要体现在以下几个方面。

(一)帮助大学生解决和完善自身或适应环境中遇到的心理问题

当今大学生面临学习任务重、生活节奏快、人际关系复杂、社会竞争激烈等方面的压力,以及新时期新的价值观念所带来的思想困惑,因此他们在适应环境或完善自身时容易出现某些不适应或迷茫现象,主要表现在学习、环境适应、恋爱、人际交往、择业等方面,若不能及时地自我调整且得不到外界有效的帮助时,就会加重这些不适应,乃至引起心理障碍。开展心理咨询工作,可为大学生提供一个倾诉内心淤积的烦恼、苦闷、忧虑、痛苦的场所,帮助其消除、矫正、缓解各种心理问题,调整其异常行为表现,从而促使其个性的健康成长与发展。

(二)帮助大学生正确认识自己,引导其发现真实的自我

有的大学生总会对自己感到迷惑不解,不知自己到底是一个什么样的人,遇到问题时总觉得是由于自身之外的因素造成的,通过心理咨询,他们可以逐渐客观地认识外部世界,真正认识到自己的需要、态度、价值观、优点和缺点等,从而采取积极有效的方式去解决面对的现实问题,同时也可以根据自己的心理状况设计自己的行为,以获得不断的进步。

(三)及时发现有心理疾病的学生,并有效地对其进行治疗

有的大学生在过重的心理负担下会产生某些心理疾病,甚至出现自杀倾向,心理咨询能够及时地发现这些学生的情况,并有效地对他们进行心理治疗或送医院治疗,避免病情的恶化或自杀事件的发生。

(四)有助于学校开展思想政治教育工作

心理咨询能及时了解大学生的思想动态和心理变化,纠正其某些错误观念,为学校有针对性地开展思想政治教育提供某些信息。因此,心理咨询是新时期高校德育教育的新任务、新内容、新途径。

综上所述,大学生心理咨询不仅为保护大学生的身心健康所必需,而且是塑造他们健全人格、开发潜能的强有力手段。它有助于大学生人格的成熟,使他们勇于承担责任,充分发挥自己的创造力,防治心理疾患,以乐观、昂扬的精神面貌去接受人生的种种挑战。

实践互动

活动:放松谈话

活动目的:让班级同学快速熟悉,彼此了解。

活动导入:用报数的方式将学生分成若干小组,每组6~8人。

活动准备:宽敞的教室、可活动桌椅、写有问题的卡片。

活动规则:

大家轮流选择一个问题分享自己的答案。每人可以向分享的学生追问一个问题。

①最难忘的开心时刻

②当我×岁时,曾经……

③曾经帮助过我的……

④最近发生的一件幸运的事

⑤令自己最难忘的一部电影

……

作业和思考

1. 策划一场宣传心理健康知识的活动，让更多人了解心理健康的重要性。

2. 以大学生活中的心理现象为主题，拍摄情景剧。

推荐书目

1.《心理学与生活》

作　　者：［美］理查德·格里格

出 版 社：人民邮电出版社

出版时间：2023 年 10 月

作品简介：

在半个多世纪以来，《心理学与生活》在全球心理学界一直享有盛誉。这本书有助于增进对心理学的理解，促进心理学教育，以及帮助人们更好地理解自身和他人的行为和思维方式。无论您是否对心理学感兴趣，都可以从这本书中受益，因为它提供了洞察力和知识，有助于改善人际关系。

它涵盖了广泛的心理学主题，包括社会心理学、认知心理学、发展心理学、临床心理学等。它提供了一个全面的视角，使读者能够了解心理学的多个方面。该书致力于将心理学原理与日常生活联系起来。它提供了许多实际案例和示例，帮助读者理解如何应用心理学知识来解决个人和社会问题。尽管涵盖了复杂的心理学概念，但书中没有过度依赖专业术语，易于理解，尤其适合广大心理学爱好者。

2.《乌合之众》

作　　者：［法］古斯塔夫·勒庞

出 版 社：中央编译出版社

出版时间：2005 年 1 月

作品简介：

这本书深入剖析了人类群体的天性和倾向性，为我们揭示了人类内心深处的"幽暗意识"。阅读这本书，仿佛打开了一扇通往人性深处的窗户，让人不禁感叹人类的复杂性和多样性。

在这个社会中，我们时常会被群体的情绪所影响，被众人的声音所左右。而《乌合之众》则告诉我们，这种群体心理的形成并不是偶然的，而是有着深刻的社会根源和心理基础的。书中详细分析了群体心理的特点，包括情绪化、易受暗示和感染、易于冲动和失控等，这些特点都使得群体行为变得难以预测和控制。

《乌合之众》是一本极具现实意义的书，它时时刻刻都在提醒我们，在这个群情汹涌的时代，更需要时时警惕、不断反思、保持清醒、理性思考。

3.《被讨厌的勇气》

作　　者：［日］岸见一郎、古贺史健

出 版 社：机械工业出版社

出版时间：2021 年 1 月

作品简介：

本书采取焕然一新的写作手法，通过对话带领大家享受一场哲学盛宴。书中深入探讨了阿德勒心理学的核心思想。阿德勒心理学强调个体的自主性和自我决定，认为每个人都可以通过自己的选择和努力来创造自己的幸福。

哲学家在解答青年疑惑的过程中，带领他了解阿德勒心理学，并且掌握人生之道；青年在这个过程中，逐渐敞开心扉，直面内心深处的自己，重拾前行的动力和勇气。书中的观点能帮助我们更好地理解自己的情感和行为，以及如何与他人建立更健康、更自由的关系。

4.《也许你该找个人聊聊》

作　　者：［美］洛莉·戈特利布

出 版 社：上海文化出版社

出版时间：2021 年 7 月

作品简介：

这是一位心理治疗师的回忆录，讲述了发生在诊室中的故事。在这个小小的密闭空间里，人们会展现出最真实、最脆弱的一面；也是在这里，人们获得了陪伴和倾听，也获得了宝贵的觉察、成长与改变。

在书中，我们会看到四个来访者的故事，他们是：

一个四十多岁、事业成功、自以为是、认为身边所有人都是蠢货的好莱坞制片人；

一个三十多岁、刚刚成婚就被诊断出患有绝症、时日不多的大学女教师；

一个六十九岁、离过三次婚、感觉孤独绝望、声称生活再不好转就要在七十岁生日当天自杀的老太太；

一个二十多岁、有原生家庭创伤和酗酒问题、在爱情中频频受挫的姑娘。

同时，书中还有第五个寻求帮助的人，那就是治疗师自己。她是一个单身的职场妈妈，四十多岁时遭遇爱情失败，几乎崩溃。有朋友对她说“或许你该找个人聊聊”，于是她也给自己找了一位心理治疗师。当她切换到来访者的位置，坐到另一位心理治疗师的沙发上诉说自己内心的脆弱与悲伤，更能感受到心理治疗为何具有治愈和改变的力量。

这本书从治疗师和来访者的双重视角展现了心理治疗的过程，让我们发现：无论身份背景有多相异，人类面对的烦恼其实都相通——爱与被爱、遗憾、选择、控制、不确定、死亡，这些都是我们生而为人必须共同学习面对的议题。我们在现实生活中所遭遇的切肤之痛和生命困境，都能在这本书中得到共鸣、找到希望。

第二章

自我意识

导入案例

小红因为考试挂科而心情不好,已经持续很长时间了。她在宿舍的时候,每天都很晚才起床,觉得自己一点力气也没有,没有胃口,吃不下饭,与舍友的交流也减少了,整天都在想一些不愉快的事情。为了避免这种状况的持续,她去了心理咨询中心求助。经过几次咨询,小红和心理咨询师发现情绪低落与小红小时候的创伤经历有关。小红从上小学开始,就是班里的第一名,每次拿成绩单回家,爸爸都会很开心,说女儿真厉害,还会向邻居炫耀。但偶尔几次没考第一,回家后爸爸就是一顿打骂,说她不用心学习,粗心大意,将来肯定没出息。小红一直想在爸爸面前证明自己,让爸爸真正认可自己,所以学习上一直很用功。直到高中,她的学习成绩也没掉下过班级前三名。可是到了大学,她发现周围学习厉害的同学很多,自己的成绩竟然变成了班里的中游,怎么努力都追不上班里前几名的同学,甚至有一门课最后挂科了。小红彻底撑不住了,感到非常抑郁,觉得做什么都没意思,感觉自己也没什么价值。当她有这些感觉的时候,想学习也提不起精神了,又进一步加重了她自责的心理,开始自暴自弃。

人们从两三岁开始使用“我”这个词语,有时人们还会好奇地问:什么东西使你与坐在你身旁的人不同?为什么有的人不费吹灰之力就能交到很多朋友,有人却形单影只?为什么有人容易陷入抑郁之中?我们能否预测出什么人会升至公司高位,什么人事业难成?为什么有人性格内向,有人活泼开朗?这些问题都与自我意识和人格有关。如何更好地塑造健康的自我意识呢?这需要我们好好地学习有关自我意识的相关知识。

当代的大学生有深厚的知识储备和敏锐的思考,是一群出色的年轻人。社会发展日新月异,象牙塔里的学子们,在社会发展的洪流中,是开拓、创新、积极向上,还是墨守成规、坐井观天?是做随波逐流的鱼,还是成为高山上守望的鹰?他们有必要想想自己,想想民族的命运、国家的前途,想想应当做些什么才能对社会的发展做出贡献。这些都要求大学生们必须首先认识自己。

第一节　自我和意识的内涵

一、自我和意识的含义

(一)自我

自我是当代心理学中最复杂、最难理解的概念之一。心理学家从不同的角度探讨了“自我”的概念。

美国哈佛大学心理学家威廉·詹姆斯最早对自我进行了系统的研究。他认为，自我就是自己所知觉、体验和思考到的自己，包括客体自我和主体自我，前者为经验自我，后者为纯粹自我。经验自我是指一个人认为的属于自己的一切。经验自我只有通过纯粹自我才能被觉察到。纯粹自我是指自我的认识功能本身，是作为认识者的自我，即作为认识主体的自我，是自我的自我。与此相对的经验自我是作为被认识者的自我，即作为认识对象的自我。纯粹自我与经验自我的关系是认识者与被认识者、主体与客体的关系。

詹姆斯之后，查尔斯·霍顿·库利提出了镜像自我的概念。他认为，对每个人来说，他人都是一面镜子，个人通过社会交往，了解到别人对自己的看法，从而形成自己的自我。简言之，一个人的自我就是个体对他人知觉的知觉。据库利的分析，这种自省的过程包括三个因素：①想象自我在他人心目中的形象；②想象他人对此形象的评价；③由此形象而产生的自我感。

乔治·赫伯特·米德在他所著的《心灵、自我与社会》一书中发表了其对自我的见解。米德认为，自我源于社会互动，强调“社会自我”，即从他人知觉中觉察到的自我。米德指出：“自我是一种社会实体，自我本质上是一种社会存在，个体的自我只有通过社会及其中不断进行的互动过程才能产生和存在。”他把自我分为“客我”和“主我”，这两者共同构成整体的自我。这种整体统一的共同归属是社会，因为从实质上说，自我就是一个社会过程，它借助于这两个可以区分的方面不断进行下去。作为客体的自我，是客我。客我是内化了的共同体的态度，是“概化了的他人”和团体规范的总和，是从他人的立场上评价和预测自我的反思方面。客我是作为自己审视和评价对象的自我，是组织化的他人的态度，是社会价值观的映射，因而是确定化的和制度化的。与客我相对的是主我，它是有机体对其他人的态度做出的反应，它以主体姿态出现。主我是个体在社会情境中对照自己的行为举止所做出的行动，它只有在个体完成了某种活动之后，才进入它的经验，因而主我是不确定的。主我具有主动性和创造性，它不断地对他人、对群体、对自然环境做出反应，调整自己。作为社会实体的自我其产生依赖三个条件：语言—有意义的符号、玩耍、游戏。个体自我发展经历三个阶段：玩耍阶段、游戏阶段和概化他人阶段。

卡尔·罗杰斯认为，自我概念源于个体的重要经历，反映着经验又影响着经验，即自我同时包括主体自我和客体自我。自我是一个完整的实体，主体自我和客体自我是不可分的，经验必定与经验内容有关，自我意识不可能以脱离内容的抽象形式存在，其内容也总是与意识到其存在的过程相联系的。

从以上的研究中可以发现，作为自我概念的核心是主体对自己的一种认识，即认识到自己是一个知觉者、行动者、思考者、情绪感受者等。主体自觉意识到的是“主体的我”，因此也可称为自我意识。别人客观上能认识到的我这个人的各种特征是“客体的我”。自我包括对身体的自我表征和对心理的自我表征，从而构成“我是谁”的独特的自我概念。自我的另外一个重要特征是，现在的自我是由过去的自我发展而来的连续统一体。自我包括对自我的评价、对自我的监控、对自我的调节等。

（二）意识

意识，到目前为止还是一个不完整的、模糊的概念。一般认为，意识是人对环境及自我的认知能力以及认知的清晰程度。研究者们还不能给予它一个确切的定义。

意识概念源于哲学，因为哲学研究的主体是意识与物质的关系，也可以理解为思维与存在的关系。德国哲学家威廉·冯特于 1881 年创办了《哲学杂志》,也创办了世界上第一个心理学实验室,从此心理学与哲学分离,成为一门独立的学科,冯特也成为心理学的创立人。冯特创立心理学的目的如下:其一,对人类意识过程进行分析,了解其基本要素;其二,发现意识过程的基本条件;其三,研究这些条件形成的原因和规律。冯特认为意识是人的心理过程,也是对客观存在的认识过程,是一门独立的科学。我们称其为"构造心理学"。在冯特创立心理学之后,心理学在世界各国迅速发展,尤其是美国后来发展出了"格式塔心理学派""行为心理学派""弗洛伊德心理学""人本主义心理学"等。从心理学的角度看,意识是觉醒状态下的觉知。

意识是人类的心理活动,是思维的基本元素,是潜在的思想倾向,也是意志行为的内驱力。冯特将意识作为心理过程的基本元素,使意识成为思维过程的低级层次。其一,觉知把自己与客体(客观事物)进行区分;其二,把自己已获得的直接经验(知识)和行为与客体进行对比、评价。詹姆斯说:"心理学就是对意识的描述和解释。"很显然,他将意识提高到了另一个高度。哲学则认为,意识是客观事物的主观反映。从哲学的意义来解释意识,则说明意识不单是思维过程,同时也包含了思维的结果,因此思维和意识有时具有等同的价值。意识是高级的心理活动,意识本身具有选择功能,对纷繁世界进行选择。意识受政治、经济、文化的影响和制约。人类意识差异受地域、种族、人文、地理、科学、文化和宗教、信仰等的影响。

二、自我的发展

目前,在心理学各流派中,看待自我的发展阶段有三个独特的视角:驱力发展的视角,主要由弗洛伊德的经典精神分析理论提出;关系发展的视角,主要由马勒、温尼科特等关系学派的精神分析家提出;自恋发展的视角,主要由自体心理学派的科胡特等人提出。

(一)驱力的发展

为了介绍驱力的概念,就不得不提及物理学等学科发展对心理学的影响。20 世纪初,是物理学等基础学科迅猛发展的时代,受能量守恒定律等一些物理学定律的影响,弗洛伊德也开始对人类心灵的能量产生兴趣,他将这种永久流动的能量称作力比多(性驱力),并认为这种能量与广义的性能量密不可分。弗洛伊德认为,自我的发展历程就是这种能量在不同阶段在特定身体区域的转化。在性心理发展阶段理论中,弗洛德将人的发展阶段分为五个阶段。

1. 口欲期

0~1 岁时,婴儿处于口欲期。在这个时期,婴儿主要通过口部来获得性满足。通过吸吮妈妈的乳汁或者自己的手指,婴儿感到生理上的饱腹感和心理上的安全感、满足感。

2. 肛欲期

1~3 岁时,幼儿处于肛欲期。这个时期,幼儿逐渐学会了说话和走路,感到自己具有了与原来不同的、很强大的能力,所以当妈妈试图要求他、控制他的时候,他会觉得有些不适。这一点尤其反映在幼儿的训练上,他发现可以随心所欲地排泄是一件快乐的事情,然而妈妈似乎想要控制这一过程,这让儿童深陷自控制与被别人控制的焦虑中。

3. 俄狄浦斯期,也称性器期

3~5 岁时,儿童处于俄狄浦斯期。俄狄浦斯是取材于古希腊神话中的杀父娶母情结,弗洛伊德试图用这个情结来象征小男孩在 3~5 岁这个年龄对妈妈充满依恋、对爸爸怀有敌意的感受。比如一些小男孩希望可以和妈妈多待一会,希望晚上可以和妈妈一起睡,甚至是"将来要和妈妈结婚"。同时,他又害怕爸爸会因为自己的这个想法来惩罚自己,不允许自己这么做。

慢慢地，儿童学会了妥协，这种“不能拥有的妥协”，是儿童在这个阶段发展出的一种能力。男孩通过认同父亲身上的一些男性特征，并在未来自己发展得相对成熟后去寻找一个像妈妈一样的女性，才能顺利度过这个阶段。

4. 潜伏期

6～12岁时，儿童进入了潜伏期。在这一时期，儿童会进入学校，从与家人的互动转向与同龄人之间的互动，自身的能量也更多地投向学校和学习活动中。这个阶段有着去性别化的特点。

5. 生殖期

12岁之后，儿童步入青春期。这一时期儿童的性激素分泌比较旺盛，出现了第二性征等生理变化。同时，儿童心理上对情感的渴求，以及攻击的冲动也达到了前所未有的程度。所以，一些幼年尚未处理好的冲突和矛盾又会浮上水面。例如，如果儿童在俄狄浦斯期成功地将性能量转向外部世界，转向与自己同龄的女性并且发展出一种对自己和谐一致的认同，他就会进展到生殖期。而如果儿童在前几个阶段发展不顺利，比如在口欲期受到了严重的挫折，没有受到母亲或养育者恰当的照料，甚至是被虐待或忽视，他在未来的两性关系中就会重复“找妈妈”的过程，而无法意识到对方也是一个独立的个体。弗洛伊德将此称为性驱力“固着”在口欲期阶段。可见，驱力的发展，让儿童逐渐学会拥有安全感，能够控制内心的冲动，在内心与外界之间找到平衡和妥协，将性的能量导向对自己、对社会都有利的方向。这一理论是从性心理发展的视角，对自我如何发展的一种解读。

（二）关系的发展

玛格丽特·马勒是维也纳的一名儿童精神分析师，曾做过儿科医生，她通过观察0～3岁的儿童与母亲的互动提出了她的儿童心理发展理论。马勒认为，自我的形成主要是在0～3岁之间完成的，而这一发展过程又分为自闭、共生和分离个体化三个阶段。

1. 自闭阶段

0～2个月是自闭阶段。在这个阶段，婴儿大部分时间都在睡觉，不太会与成人发生互动。直到婴儿成长到2个月左右，才开始出现第一次的微笑，这也意味着他拥有了真正的与别人的社交。

2. 共生阶段

2～6个月是共生阶段。婴儿把母亲当作自我的一部分，觉得母亲的快乐就是自己的快乐、母亲的痛苦就是自己的痛苦。婴儿是没有办法将自己和母亲分开的，婴儿和母亲是类似生物学中的共生的状态。马勒曾描述过一个名叫斯坦利的男孩，6岁，患有精神病，这个男孩对自己的体验做出极端情绪化的反应，即在完全的低落与无间歇的狂乱行为之间进行转换，他常常失控地大叫。马勒认为，如果从性驱力的角度来理解这个儿童，或许并不太恰当，与其说这个儿童的关注点都投向自己，对周围的客体漠不关心，不如说他处在一个进退维谷的状态——一方面他对养育者有着强烈的早期需要，另外一方面他又会对这种需要满足的过程有致命危险感的预期。斯坦利在6个月大时得了腹股沟疝气，因为没有受到母亲的悉心照料，剧烈的疼痛无法得到缓解。当他哭泣的时候，他的母亲试图打断他，并通过强行喂食来分散他的注意力，这让他感觉到混乱和侵入，而不是安全和舒适。这种共生状态对他发展出安全的自我感觉，以及将来有足够的力量离开母亲去探索周围的世界，是非常不利的。

3. 分离个体化阶段

6～36个月是分离个体化阶段。这个阶段，是儿童逐渐从母亲那里脱离出来的过程。随着可以自己爬，蹒跚学步，儿童逐渐体会着自己无所不能的感觉。同时，各种能力的大幅提升也让他意识到，自己与别人是不一样的。他既想去探索周围的世界，又会感到没有妈妈陪伴的不安，所以时而会回到妈妈身边。随着在这个矛盾中逐渐探索，最后，他逐渐习惯了自己是一个独立的个体，慢慢地与母亲分离开来。马勒将分离个体化的阶段又分为孵化、实践、和解、客体恒定四个子阶段，这里不详述。

在分离个体化的过程中，儿童如果能够顺利度过，那么他就会发展出自主性，勇敢地去探索周围的世界。如果在这一过程中，出现了一些阻力，比如妈妈太希望他长大了，所以在他回来的时候将他推开，或者妈妈太不希望他长大了，总是不放心让他独自去探索周围的世界，都会对儿童成长为一个独立的个体造成一些影响。在关系发展的理论中，还有学者的研究，比如客体关系学派的温妮科特所提出的"足够好的母亲"等概念。

（三）自恋的发展

海因兹·科胡特是美国的精神分析家，也是自体心理学流派的创始人。他发现，运用弗洛伊德经典的精神分析理论并不能很有效地对自恋障碍的病人进行精神分析工作，因而他从健康自恋形成的角度重构了自我发展的模式。

科胡特认为，自恋本质上是健康的，有其自己的发育线。例如，儿童常常幻想着自己是无所不能的，甚至是拯救全世界的英雄。这会让我们想到一个小男孩拿着小木棍挥来挥去，并想象自己是英雄的场景。在他的内心，总觉得自己是主宰世界的。他的这种创造性、自发的举动如果得到妈妈的发现和回应，就会觉得很快乐，也会体验到自信的感觉。科胡特将这个阶段形成的自我结构称为"夸大性自体"。

慢慢地，随着他长大，会发现原来大人们才是最厉害的，好像没有什么事情是他们做不成的。他仰望着自己的爸爸妈妈，希望自己长大后也能成为这样的成年人，并且和他们待在一起的时候会感到非常安全。科胡特将第二个阶段形成的自我结构称为"理想化双亲意向"，至此个体的"双极自体"得以形成。

经过前两个阶段后，儿童又长大了一些，也开始更多地接触现实世界。他们会发现，自己并不是想象中那么厉害，会在现实中遇到一些挫折和过不去的坎儿。而爸爸妈妈也不是完美无缺的，他们在各自的生活和工作中也面临着一些解决不了的烦恼。儿童慢慢能够理解自己原来关于自己和父母的看法和幻想是不符合现实的，这时候儿童对自己和对父母的理想化的感觉会得到调和，达成一个适当的符合现实的比例，形成健康的自恋，科胡特将第三个过程称为转换性内化（transmuting internalization）的过程。

如果自恋的发展受到阻碍，比如说，在第一个阶段中，儿童的全能感受到了来自外界的沉重打击，或是没有得到任何的回应，那么可能在长大后儿童会不断寻求来自外界对自己的肯定或感到十分自卑。再比如，如果儿童在第三个阶段，由于父母的过分庇护，而接触不到现实的真相，那么，可能后期就会生活在原始的全能自恋感中，觉得自己应该得到所有的东西，从而难以适应真实的人际关系。科胡特在他的论文《对Z的两次分析》中提到过一个案例，说明了不健康的自恋对人际关系所带来的影响甚至是损害。Z是一位英俊的年轻人，二十几岁，与母亲住在一起。他最初来求助的动机是模糊的躯体问题，以及难以与女性建立亲密关系的问题。科胡特发现，Z似乎是被母亲的过度关注和投入给惯坏了，这种过度的溺爱让他感到自我满足并产生最不现实的幻想，父亲在他幼年时的缺席又加剧了这一问题。所以当父亲回来的时候，他无法面对与父亲竞争所带来的挑战，又退回到幼儿式的自恋幻想中。Z感到所有的注意都应该集中到他身上，他就像一个不应承受任何挫折的、被惯坏了的小男孩。所以，成年后的Z无法将女性视为独立的个体，只能发展一种较为肤浅的关系，并不能从这段关系中得到满足。

综合以上三种观点，不论是从驱力的角度、关系的角度、自我意识的角度，还是自恋的角度，都是从依赖养育者到自己逐步独立的过程。在这一过程中，如果遇到一些重大挫折，处理不当都有可能演变成一些心理问题，影响自我对环境适应。当然，处理得当，或者在成年后意识到问题时，寻求心理咨询和帮助，也可能将这段挫折转化为个体的精神财富。

第二节　自我意识的内涵

一、自我意识

自我意识也称“自我”或“自我概念”，是对自己存在的觉察，自己认识自己的一切。它是人所特有的心理标志和现象，是个体在社会化过程中逐步形成和发展起来的，关于自我及其与周围环境关系的多方面、多层次的认知与评价，是个体对自己多方面觉知的总和。一般而言，自我意识起始于婴幼儿时期，萌芽于童年期，形成于青春期，发展于青年期，完善于成年期。

二、自我意识的结构

（一）从结构形式上看

自我意识分为自我认识、自我体验和自我调控三个方面。

（1）自我认识。这是认知的一种形式，主要包括个体自我感觉、自我观察、自我分析、自我评价等方面的内容，其中自我评价是关键。

（2）自我体验。这属于情绪、情感的范畴，以情绪体验的形式表现出人对自我的感受，主要包括自尊、自信、自豪、自卑、自怜、自责等，其中自尊感是关键。

（3）自我调控。这是指个体对自己的心理、行为和态度等方面的调节，主要包括自我控制、自律自强、自我监督等，其中自我控制是关键。

（二）从内容和类型上看

自我意识分为生理自我、社会自我和心理自我三个方面。

（1）生理自我。这主要是个体对自身生理状态的认识与评价，是个体对自己生理属性的意识，包括对自己身体、外貌、体能的意识。如对体重、身高、身材、容貌等体像和性别方面的认识，对身体的痛苦、饥饿、疲倦等感觉。

（2）社会自我。这主要是个体对自己与周围关系的认识与评价，是个体对自己的社会属性的意识，包括对自己的角色、地位、权力、人际等社会属性的意识。如自己在朋友、同学、家庭、社会中所处的地位，自己与他人的关系。

（3）心理自我。这主要是个体对自身心理状态的认识和评价，是个体对自己的心理属性的意识，它包括个体对自己的人格特征、心理状况、心理过程、行为表现的意识。如能力、知识、情绪、气质、性格、理想、信念、兴趣、爱好等。

三、自我意识的发展规律

个体的自我意识并不是生来就有的，它是在个体成长过程中逐步发展起来的，是一个不断

完善的过程。个体自我意识的发展分为三个阶段:

(1)自我意识的萌芽期。1岁左右的孩子,开始能将自己的动作和动作的对象加以区别,如当他手抓水杯的时候,不会再把水杯当作是自己身体的一部分,这是自我意识的最初形态。这一时期,“我”的使用频率逐渐提高并开始有了自我独立的要求。

(2)社会自我发展期。3岁到青春期这段时间,是个体受社会化影响最深的时期,也是学习社会角色的重要时期。儿童在家庭、学校等环境中,通过模仿、认同、练习等方式,逐步形成了各种角色观念,如性别角色、家庭角色、伙伴角色、学生角色等。

(3)心理自我的发展期。此时个体开始清晰地意识到自己的内心世界,关注自己的内在体验。个体努力实现现实我与理想我、主体我与社会我的有机统一,能较为全面、客观地认识和评价自我,能有目的、有计划地改造自我、健全自我,能有意识地协调自己的心理和行为。

四、自我意识的功能

自我意识对个人的成长具有直接作用,影响个体对社会、自然和自我的认知;既能够起到内省、自控作用,又能起到导航作用,指引个体提升自我效能感。

(一)影响他人的社会认知

自我意识大大提高了人的认识功能。个体的认识活动,例如感觉、知觉、经验、思维、记忆、想象等对外部世界的认知,由于自我意识的存在而更加自觉,趋向合理。除此之外,随着个体自我意识的提高,逻辑思维和辩证思维能力提升,个体还能够对认识过程本身进行分析、整理,发现原有活动的不足,选择更好的、更深刻的认知方式,从而加深对社会的认知。

(二)影响个体社会情感的形成

自我意识使人形成一个丰富的感情世界。自我意识使个体意识到“自我”的与众不同,进而产生“存在感”“孤独感”“自尊感”“羞耻感”等情绪体验。在此过程中,个体会发现自身内部世界与外在存在的冲突,通过强化对自身的控制,例如加强内省等,对自己的注意力、情感、道德、行为、时间、精力等加以控制,来使自己的语言、行为符合社会规范。

(三)强化个体对行为活动的控制

自我意识大大地促进了人的意志发展。自我既包含现实自我,也包含理想自我。由于人的本质属性是社会属性,因而自我不可能脱离社会现实,这就不可避免受到现实生活中法律和道德规范的约束和影响。自我意识促使个体形成荣誉、权力、责任、义务、使命等社会情感。

五、自我意识发展阶段理论

埃里克森(E. H. Erikson)是美国著名的精神病医师,他认为人的自我意识发展持续一生,因此他把自我意识的形成和发展过程划分为八个阶段(见表2—1)。这八个阶段的顺序是由遗传决定的,但是每一阶段能否顺利度过却是由环境决定的,因此每一个阶段都是不可忽视的,这个理论又称为心理社会阶段理论。

表2—1　埃里克森关于自我意识的八个发展阶段

阶段	期别	年龄	心理危机	顺利发展	不顺利发展	自我品质
1	婴儿期	0~1岁	信任—不信任	有安全感	人际焦虑	希望
2	儿童期	2~3岁	自主—羞怯	自控自信	胆小多疑	意志

续表

阶段	期别	年龄	心理危机	顺利发展	不顺利发展	自我品质
3	学前期	4～5 岁	主动—内疚	勇于表现	畏惧退缩	目的
4	潜伏期	6～11 岁	勤奋—自卑	勤劳能干	懒惰无能	能力
5	青少年期	12～18 岁	角色认同—角色混乱	自我认同、方向明确	角色混乱	忠诚
6	成年早期	19～28 岁	亲密—孤独	建立亲密关系	交往障碍、孤独	爱
7	成年中期	29～55 岁	后代关注—自我关注	关爱后代	个人主义	关心
8	成年晚期	55 岁后	完美—失望	获得满足感	产生绝望情绪	智慧

第一阶段：获得基本信任感，克服基本不信任感。从出生到 18 个月左右是婴儿期。这是获得基本信任感、克服基本不信任感阶段。所谓基本信任，就是婴儿的需要与外界对他需要的满足保持一致。这一阶段婴儿对母亲或其他代理人表示信任，感到所处的环境是个安全的地方，周围人们是可以信任的，由此就会扩展为对一般人的信任。婴儿如果得不到周围人的关心与照顾，就会对外界特别是对周围的人产生害怕与怀疑的心理，以致影响到下一阶段的顺利发展。

第二阶段：获得自主感，避免怀疑感与羞耻感。从 18 个月到 3、4 岁是儿童期，这是获得自主感、避免怀疑感与羞耻感阶段。个体在婴儿期处于依赖性较强的状态下，什么都由成人照顾。到了儿童期，儿童开始有了独立自主的要求，如想要自己穿衣、吃饭、走路、拿玩具等，他们开始去探索周围的世界。这时候，如果父母及其他照顾他们的成人允许他们独立地去干一些力所能及的事情，并且表扬他们完成的工作，就能培养他们的意志力，使他们获得一些自主感，能够自己控制自己。相反，如果抚养者过度爱护他们，处处包办代替；或过分严厉，这也不准那也不许，稍有差错就粗暴地斥责，甚至采用体罚，他们就会产生自我怀疑。例如，孩子不小心打碎了杯子、尿湿了裤子，成人就对其打骂，使孩子产生一直遭受失败的体验，孩子就会产生自我怀疑与羞耻之感。

第三阶段：获得主动感，克服内疚感。4～5 岁至学前期，这是获得主动感、克服内疚感阶段。个体在这一阶段的肌肉运动与言语能力发展很快，能参加跑、跳、骑小车等运动，能说一些连贯的话，还能把自己的活动范围扩展到超出家庭的范围。除了模仿行为外，个体对周围的环境（也包括他自己的机体）充满了好奇心，知道自己的性别，常常会问问这或动动那。这时候，如果抚养者对孩子的好奇心以及探索行为加以支持和理解，鼓励他们去自由参加各种活动，耐心地去解答他们提出的各种问题，而不是嘲笑、禁止和指责，那么，孩子的主动性就会得到进一步发展，表现出极大的积极性与进取心。反之，如果抚养者对孩子采取否定和打压的态度，就会使他们认为自己的游戏是不好的、自己提出的问题是笨拙的、自己在父母面前是令人讨厌的，致使孩子产生内疚感和失败感，这种内疚感和失败感还会影响下一阶段的发展。

第四阶段：获得勤奋感，避免自卑感。从 6 岁到 11 岁是学龄初期。这是获得勤奋感、避免自卑感阶段。学龄初期，儿童的智力不断得到发展，特别是逻辑思维能力发展迅速，他们提出的问题很广泛，而且有一定的深度。他们的能力也日益提升，参加的活动已经扩展到学校以外的社会。这时候，对他们影响最大的已经不是父母，而是同伴或邻居，学校里的老师对他们的影响尤其大。他们很关心物品的构造、用途与性质，对工具、技术也很感兴趣。这些方面如果能得到成人的支持、帮助与赞扬，就能进一步加强他们的勤奋感，培养他们的兴趣。埃里克森劝告抚养者，不要把孩子的勤奋行为看作捣乱，否则孩子会形成自卑感，认为自己不如别人，应该鼓励孩子努力获得成功，努力完成任务，激发他们的勤奋感与竞争心；还要鼓励他们尽自己最大努力与周围人发生联系，进行社会交往，使他们相信自己是有能力的、聪明的，任何事情都能做得很好，怀有成就感。

第五阶段：获得同一感，克服同一性混乱。从 12 岁到 18 岁是青春期。这一阶段的核心问题是自我意识的确定和自我角色的形成。“同一性”这一概念是埃里克森自我发展理论的一个重要组成部分，它具有非常广泛的含义。它可以理解为社会与个人的统一、个体的主我与客我的统一、个体的历史性任务的认识与其主观愿望的统一；也可理解为对自己的过去、现在和将来，即在任何情况下都能够全面认识到意识与行动的主体是自己，或者说能抓住“真正的自我”，也可称为核心的自我。青少年对周围世界有了新的观察与新的思考方法，他们经常考虑自己到底是怎样的一个人，他们从别人对他的态度中，从自己扮演的各种社会角色中，逐渐认清了自己。此时，他们逐渐疏离了父母，从对父母的依赖关系中解脱出来，而与同伴建立亲密的友谊，从而进一步认识自己，对自己的过去、现在、将来产生一种内在的连续之感，也认识自己与他人在外表上与性格上的相同与差别，认识自己的现在与未来在社会生活中的关系，这就是同一性，也称作心理社会同一感。埃里克森认为，这种同一感可以帮助青少年了解自己与各种人、事、物的关系，从而顺利地进入成年期，否则就会产生同一性混乱。例如：怀疑自我认识与他人对自己认识之间的一致性；做事情马虎，看不到努力工作与获得成就之间的关系。同一性混乱，还表现在两性问题上发生同一性的混乱，认识不到两性之间的同一与差异。

第六阶段：获得亲密感，避免孤独感。从 19 岁到 28 岁是成年早期。这是建立家庭生活的阶段，也是获得亲密感、避免孤独感阶段。亲密感，是人与人之间的亲密关系，包括友谊和爱情。亲密的社会意义，是个人能与他人同甘共苦、相互关怀。亲密感在危急情况下往往会发展为一种互相承担义务的感情，它是在共同完成任务的过程中建立起来的。如果个体不能与他人分享快乐与痛苦，不能与他人进行思想情感的交流，不相互关心与帮助，就会陷入孤独寂寞的苦恼之中。

第七阶段：获得创造力感，避免“自我专注”。这是中年期与壮年期，是成家立业的阶段。这是获得创造力感、避免“自我专注”阶段。这一阶段有两种发展的可能性，一种可能是向积极方面发展，个人除关怀家庭成员外，还会扩展到关心社会上其他人，关心下一代以至子孙后代的幸福。他们在工作上勇于创造，追求事业的成功，而不仅仅是满足个人需要。另一种可能是向消极方面发展，即所谓“自我专注”，就是只顾自己以及自己家庭的幸福，而不顾他人的困难和痛苦，即使有创造力，也完全是为了自己的利益。

第八阶段：获得完美感，避免失望感。如果前面七个阶段积极的成分多于消极的成分，就会在老年期汇集成完美感，回顾一生觉得这一辈子过得很有价值，生活很有意义；相反，如果消极成分多于积极成分，就会产生失望感，感到自己的一生失去了许多机会，走错了方向，想要重新开始又感到为时已晚，痛心不已，于是产生了一种绝望的感觉，精神萎靡不振，马马虎虎混日子。

埃里克森在分析每个阶段时都提出了一些积极的建议。例如，他认为个体不应该对任何人都信任，不信任感有了过后，对外界的危险会有防御意识，对外界不愉快的事情也有预期，否则一遇到挫折就感到束手无策，反而不利于自我的成长。但埃里克森认为，在人际关系中信任与不信任感要有一定的比例，信任感应该多于不信任感，从而有利于心理发展。他还认为，自主感也不能无限制地发展，必须有一定的怀疑与羞耻感，如果过分相信自己，以后就不容易适应社会规则，变得独断专行。儿童的勤奋感中也应该有一点失败的经验，以便今后能经受住失败的挫折，但又不能过多地、经常地遭受失败，经常失败会让人产生自卑感。

第三节 大学生自我意识的发展和培养

一、大学生自我意识发展

大学阶段是大学生自我意识逐步走向成熟的时期，特别是心理自我不断成熟、日趋完善。大学生自我意识的发展表现出许多新的特点，自我认识、自我体验和自我控制都有了很好的发展。一般而言，大学生的自我意识会出现一个分化—冲突—同一的过程。

(一)自我意识的分化

进入青年期，原有不可分割的自我意识一分为二，即理想自我与现实自我。理想自我就是根据主观的自我和主观感受的社会现实所希望自己未来成为什么样的人而达成的自我状态。理想自我是处于观察者的地位，也就是"主体我"(I)。现实自我就是指当前实际所达到的自我状态，即我现在是什么样的人。现实自我处于被观察者的地位，是理想自我所要观察的对象，也就是"客体我"(Me)。

自我意识的明显分化使得大学生开始意识到自己许多细节和其他方面，特别是自我反省、自我沉思和自我分析的情况明显增多。对自我新的认识、体验和控制带来的种种喜悦、焦虑和不安也显著增加，不再像中学时那样随心所欲。

这一时期，如果个体的理想自我和现实自我能保持大致的平衡，个体真正的能力、性格和想法能如实地表现出来，个体便能以自己的本来面目出现在别人面前，既不用掩饰自己的努力，也不怕暴露自己的缺点，从而有利于结合自己的特长，发挥自己的实际能力，促进个体健康发展。这是理想自我和现实自我的一致感。但如果理想自我和现实自我不能实现一致，大学生就会出现理想自我和现实自我的失衡感。

以现实自我占优势的个体为例，他们往往表现出较强的虚荣心、自我陶醉感和自我认同感，特别在乎他人对自己的评价，期望事事处处得到他人的赞赏；担心暴露自己的缺点，常常炫耀自己的知识和能力，甚至哗众取宠，以换取他人的赞赏。而理想自我占优势的大学生，往往将"客体我"自我否定，萎缩到实际能力之下，总认为自己事事处处不如人，往往自卑感较强，形成自我怜悯或伤感的心理状态。

总之，自我意识的分化促进了大学生的思维和行为主体性的形成，从而为客观地评价自己和他人、合理地调节自身的言行奠定了基础，这是自我意识开始走向成熟的标志。

(二)自我意识的冲突

由于自我意识的分化，大学生开始发现理想自我与现实自我的差距；同时，由于处于发展阶段，自我形象尚未明确确立，自我概念不明确，内心存在痛苦和不安感，自我冲突加剧。总体来说，主要有以下几个方面：

1. "理想自我"与"现实自我"的矛盾

这是大学生自我意识矛盾最突出、最集中的表现。大学生一方面对未来充满信心，抱负远大，成就感强，但由于社会关系相对狭窄，阅历简单，自我认知参照点少，因而理想自我和现实自我难以很好结合，当"理想我"与"现实我"之间产生较大差距时，会给大学生带来苦恼和不满。另一方面可能激发大学生奋发进取的积极性，也可能导致自我意识的分裂，从而带来一系列心理问题。

2. 自主意识与依附心理的矛盾

进入大学后，个体离开原有的生活环境和社会环境，特别是远离父母的管束，大学生的独立意识迅速发展。在学习、生活、思想和经济等方面希望摆脱成人的管束，自主地处理所遇到的一些问题。但受限于生理和心理的不成熟，大学生在心理上又无法完全独立，需要依赖成人，因而无法真正做到人格上的独立自主，这种自主意识与依附心理也会形成矛盾。

（三）自我意识的同一

自我意识的分化带来的自我意识的冲突是大学生自我意识发展中的正常现象，也是大学生实现自我意识同一、迅速走向成熟的集中体现。自我意识矛盾冲突一方面会使学生感到焦虑、痛苦和不安，从而引发心理问题；另一方面也会促使他们设法解决矛盾，来实现"理想自我"和"现实自我"的同一，最终实现自我意识的完善。一般来讲，自我意识的同一可归纳为五种类型。

第一种是积极型。不断完善自我、提升自我，使之符合社会发展要求，从而达到二者同一。这反映了大学生积极向上、努力进取的精神，是有理想、有抱负的大学生所体现的一种类型。

第二种是现实型。一方面不断完善现实自我，另一方面又根据现实自我的实际状况修正理想自我，达到两者同一。这是降低理想自我标准的一种类型，但仍在完善自我，不失为一种积极的统一。

第三种是庸碌型。放弃理想自我，迁就现实自我，达到同一。这是安于现状、得过且过的一种同一，反映的是一种消极的人生观。

第四种是虚假型。通过对现实自我的过高评价或虚妄的判断，获得与理想自我的同一。这种类型人往往狂妄自大，以主观臆想代替客观现实。

第五种是消极型。理想自我和现实自我不符合社会发展要求，这类人多为执迷不悟型，有时理想自我与社会进步相悖，有时现实自我滞后于理想自我，最终破罐破摔，使现实自我与消极的理想自我同一。

大学阶段是大学生理想自我与现实自我矛盾分化突出时期，也是使其趋向同一和转化的关键时期。过了青年中期这一阶段，自我意识逐渐趋于稳定。一般而言，大一年级学生具有一定的依赖性和盲从性，大二年级的学生理想成分较多，大三年级及以后就显得沉着稳定了。

二、大学生自我意识的来源

心理学者的许多研究都表明，当人们面对生活中重要的转折点时，往往都会主动寻求自我认识，并整合到自己已有的自我概念中去。

（一）物理测量

大学生对自己的认识是基于现实情况而来的，物理世界为大学生认识自己提供了手段。如果一个人想了解自己的体重，就可以用秤去称量下；如果想知道自己的视力，就可以去医院眼科进行视力测查。

但是，如果一个人想知道自己视力的强弱，光进行视力测查是不够的，还必须知道普通人群的视力水平，自己的视力在人群中所处的位置，这时候就需要进行社会比较才能达成自我了解。

（二）社会比较

西方心理学者盖洛普的研究发现，从一生下来就与母亲隔离而独立饲养的黑猩猩无法进行自我识别，只有将它带入黑猩猩群体里经过 3 个月的社会交往以后，这只黑猩猩才能表现出自我识别的信号。人类也是如此，人们对自我的认识并不是独立完成的，而是需要一定的线索才能界定自己。

我们在进行自我了解时，选取与我们情况类似的人进行比较时所获得的自信是最可靠的。比如一个人想知道自己的跑步水平，与同年龄同性别的群体进行比较即可，如果去与老年人或幼童进行比较，那么得到的结果会有偏差，因为老年群体或幼童群体与自己在跑步水平上的差异太大，无法比较。

有时候，人们为了使自己感觉良好，会进行下行社会比较，也就是说会选择在比较领域中比自己差的人进行比较。有时候，人们为了激励自己，会进行上行社会比较，即选择在比较领域中比自己强的人进行比较。而另外一些时候，当人们处于某种环境下，便无可选择地自发自动地进行下行社会比较或上行社会比较。例如，一个在声乐系并不出众的大学生，选择去边远地区支教一年。在支教的学校，所有的师生员工都认为这名大学生歌声优美动听，简直就是歌唱家。这名大学生长期处于这样的环境中，也不由自主地进行了下行社会比较，对自己的唱歌水平感觉良好。

（三）反射性评价

大学生获得自我认识的另一种方式就是观察他人对自己的反应。比如，一个在中小学时从未参与过公开演讲的学生，在大学的课堂中被要求就某一方面的知识进行讲述，如果他的讲述吸引了很多同学的注意，任课教师也点头称是，那么他就可以得出自己具有较强的演说能力的结论，这个过程就被称为反射性评价。

大学生往往很在意别人对自己言行的反馈，并以此为标准，形成自我认识。如果我们在人群中总能得到关注的目光，我们就可能会认为自己是个有魅力的人。当然，他人对我们的真实想法，也要通过我们自己对此进行解释或评价后，才会对我们的自我认识和自我感受产生影响。如果我们把他人对自己关注的目光解释为欣赏、友好，我们就会产生自己有魅力的判断；如果我们把他人对自己关注的目光解释为怀疑与审视，我们就会对自己产生不确定的感觉。反射性评价过程对我们形成自我意识有一定的参考价值，但是它并不是那么客观。首先，别人对我们的态度和反应，很多时候仅仅是由于他自己心情特别好或者特别差，或者是他习惯对人友善或者对人苛刻；其次，大学生已经形成了一定的自我意识，这种自我意识又会反过来使其对他人的反应进行选择性吸收，或者对他人的反应做出积极或者消极的认知评判。

（四）内省

当人们直接考虑自己的态度、情感和动机，向内寻找自我的答案时，就是内省的过程。假定我想知道自己是否富有同情心，我就会选择考虑在别人受苦受难时我自己的内心感受。如果我感受到了同情并愿意伸出援助之手，那么我就会认为我是一个富有同情心的人。

（五）自我觉知与归因过程

当我们并不知道自己行为的原因时，我们就会分析行为所发生的背景并提取恰当的线索来推断我们行为的原因，这时我们就用到了自我觉知与因果归因。假设在足球比赛中，我总是输球，如果我把这个原因归结为是我踢球的实力不行，那么我就会得出我踢球能力较差的结论；如果我把这个责任归结于裁判的不公正、场地的不利等因素，那么我就不会得出自己踢球能力差的结论了。

大学生的自我认识就是在物理世界、社会比较与反射性评价、内省和自我觉知与归因中逐渐完善，达到较稳定的自我意识状态。

三、大学生不良自我意识的调适

大学生的自我意识与自身的心理健康水平、发展目标的制定等很多方面存在着较大的关系。在对自身审视的过程中，大学生难免会面临适应与发展的严峻挑战，从而遇到“理想我”与“现实我”的碰撞，如果二者不能整合一致，就会导致自我意识的偏差。大学生存在的自我意识偏差及其调适方法如下：

（一）以自我为中心的调适

以自我为中心的大学生希望周围人能满足自己的欲望，但对别人的需求却不管不顾，要求别人以自己为中心。在集体内，只要求集体的照顾，但不遵守集体纪律，不能服从他人及集体的安排。以自我为中心主要表现在以下几个方面：

1. 固执己见

以自我为中心的人认为别人应该与自己有一致的观点和态度，在知道别人正确时，也不愿改变自己的态度去接受别人。

2. 不关心他人

以自我为中心的人时常从自己的利益出发，不会换位思考，对人缺乏热情，认为别人应该为他服务，围着自己转。

3. 自尊心过强，易产生嫉妒心理

以自我为中心的人自尊心往往较强，希望别人能尊重自己，对于别人的成绩，易产生嫉妒心理。

以自我为中心是由于自我意识畸形发展而产生的，它会严重影响人际关系和个人的发展，在人际交往中受挫后，易诱发一些消极情绪，比如焦虑、抑郁等。克服以自我为中心应该学会换位思考，学会关爱、尊重、帮助他人，必要时适当让步，并加强自我修养，学会调控自己的言行和需求。

（二）自负心理的调适

自负是指个体自以为是、自命不凡的情感体验及情绪表现。当今的大学生大多属于“00后”，对事物有自己独特的见解，大部分学生对自己的才能较有信心，对自己的未来也充满了自信。但是，部分大学生由于过度自信而发展成为自负。自我意识上自负的大学生往往置同伴的意见于不顾，不听他人教诲，也不听同伴的意见，骄傲自大，从而过高地估计个人的能力，失去自知之明，影响个人素质的提高。

自负心理的调适方法如下：

1. 学会与人平等相处

人与人之间是平等的。在人际交往中，不能目中无人、自视甚高、把自己凌驾于他人之上。在与他人交往过程中，学会尊重别人，与他人平等相处。

2. 要善于接受批评

自负者往往认为自己比别人优秀，但人无完人。自负者在生活中往往易受到他人的批评，此时，自负者应学会审视自己，有则改之，无则加勉，从善如流。通过接受批评，从而改变自己固执己见的特点。

（三）自卑心理的调适

自卑者往往觉得自己各方面不如人，从而产生低落的情绪状态。这是在对自己认识不足的情况下产生的对自己的过低评价。自卑心理会让大学生失衡，如果自卑心理严重，还会导致性格上的重大缺陷，影响人生的发展。

自卑心理的调适方法如下：

1. 全面认识自己，悦纳自我

每个人都有优缺点，但自卑的人时常只关注别人对他的过低评价，不愿接受别人的过高评价。同时，喜欢以己之短比人之长，从而觉得自己处处不如别人，产生自卑的感觉，这是对自己的一种不全面的自我意识。

调适自卑心理，首先要全面认识自己，学会欣赏自己，学会发现自己的优点和长处，多关注自己努力做成功的事例，肯定自己的成绩，慢慢产生自信。不要只关注自身缺点而把自己看得一无是处，偶尔的失败只是暂时的，不要以偏概全，产生“自己很笨”的错误念头。

2. 学会自我满足，消除自卑

自卑的人遇到挫折容易灰心丧气、意志消沉，产生自卑感。挫折是人生的“磨刀石”，要学会从挫折中吸取经验和教训。抱一种平常心态生活，学会自我满足，知足常乐。根据自身的实际情况制定目标，如此较易实现目标，避免产生挫折感。

3. 坦然面对挫折，保持心理平衡

自古英才多磨难，一个人成长成才就要学会从挫折中重新开始，吸取挫折的经验教训，学会客观分析环境与自身条件，遇到挫折，不牢骚满腹，不怨天尤人，更不能轻视自己，要把挫折失败作为自己成长的垫脚石，从而保持心理平衡，笑对人生。

4. 多参加各种社会活动，体验人生的精彩

自卑的人大多性格比较孤僻、内向、不合群，往往把自己孤立起来，与周围人交往较少，心理比较闭锁。自卑者要多参加各种社会活动，在交往过程中，学会理解他人，体验人生的精彩，知道每个人都有自己的优缺点，学会欣赏他人，接受他人，从而进一步悦纳自我，战胜自卑。同时，在交往中，收获友谊，从而使自己的心情变得开朗，恢复自信。

（四）自尊过低的调适

自卑者往往有很强的自尊心和抱负，自我评价设定高，在学习生活中，由于自己方法不当，或缺乏处世能力而陷入困境时，自尊心会受到伤害，优越感严重失落，往往容易从自尊自信走向另一个极端，变成一个完全失去自信的人。

一个自尊水平过低的人要想摆脱痛苦，生活得快乐，最重要的是要把贬抑了的自我提升起来，放回自尊的世界里。一个人必须先能自尊，然后才能自爱；自尊自爱之后，他才能够形成和谐统一的人格。具体可以从以下几个方面着手：

1. 认知法——正确评价自己

常言说：“金无足赤，人无完人。”每个人都有自己的弱点和优点，我们应该坦然地接受自己的优点，但也不忌讳自己的缺点，这样就能正确地与人比较，在看到自己不如人之处时，也能看

到自己如人之处或过人之处。其实,最重要的比较是自己跟自己比。每个人应根据自己的兴趣、爱好、能力、特点等来确立自己的事业和人生道路,为此发奋努力,不断进步,最后实现人生的价值。这样的人生才是积极的、有意义的人生。

2. 作业法——正确地表现自己

自卑感往往是在表现自己的过程中,由于受到挫折,对自己的能力发生怀疑而造成的。有此心理问题的同学,不妨在手机备忘清单上列举一些力所能及、把握较大的事情,一举成功后便会有一份喜悦,每一次成功都是对自信心的强化。而自信心的恢复需要有一个过程,切不可着急。应从一连串小小的成功开始,通过不断的成功来表现自己和确立自信,来消除对自己能力的怀疑。表现自己时,期望值不要过高,不要操之过急,要循序渐进地锻炼自己的能力,逐步用自信心取代自卑感。

有自卑感受的人往往性格内向、敏感多疑,因此,表现自己还得从锻炼自己的性格入手。有自卑感受的大学生应多参加集体活动,在活动中培养自己的坚韧性、果断性以及勇于进取的优秀品质,确立自信,以逐步克服自卑心理。

3. 补偿法——正确地补偿自己

补偿法即通过努力奋斗,以某方面的成就来补偿自身的缺陷。生理上的补偿现象,如盲人尤聪、聋者尤明,这是大家常见的。其实,人还有心理上、才能上的补偿能力。"勤能补拙是良训,一分辛苦一分才。"还有,个人都有自己的长处和短处,要学会扬长补短。亚历山大、拿破仑,他们并不因身材矮小而自卑,能看到自己的长处并立志在军事上取得成就,经过不断努力,最终他们都成功了。所以说,人的某些缺陷和不足,不是绝对不能改变的,而要看自己愿不愿意去改变。只要找到正确的补偿目标,就能克服自身的缺陷或者从另一方面实现补偿。

4. 领悟法——心理分析

领悟法即主动求助于心理咨询老师,进行心理咨询。其要点是在心理老师的帮助下,通过自由联想和对早期经历的回忆,经分析找出导致自卑的深层原因。经过心理分析,让求助者领悟到,一个人之所以有自卑感,并不是自己的实际情况很糟,而是潜藏于意识深处的症结使然。自卑者会发现,被过去生活中的阴影影响今天的心理状态是没有道理的,从而有豁然开朗之感,最终从自卑的阴影中解脱出来。

5. 暗示法——自我鼓励

暗示法就是个人通过积极的自我暗示、自我鼓励,进行自助的方法。人的自我评价实际上就是人对自我的一种暗示作用,它与人的行为之间有很大的关系。消极的自我暗示导致消极的行为,而积极的暗示则带来积极的行动。普通人的智力相差都不是太大。我们在做事的时候,就应不断地暗示自己,别人能做的我也一定能做好,始终坚信"我能行""我也能够做好"。成功了,自信心得到加强;失败了,也不应气馁,不妨告诉自己"胜败乃兵家常事,慢慢来,我会想出办法的"。

6. 成功性格训练法——自我训练

有自卑心理的人常常在性格上表现出不当之处,如不与人交往、敏感多疑等,为此我们不妨进行一下成功性格的训练。其具体做法是:

第一,随意找到四个你熟识的人,问他们对你的印象如何,确定你是否喜欢他们的回答,判断你为什么喜欢或不喜欢留给别人的那种印象。

第二,假设一下,如果你是一名演员的话,愿意扮演什么角色,以及你为什么喜欢这个角色。

第三，选择任何一个你所崇拜的人，列出他身上那些使你崇拜的特征和品质。

第四，把第二项和第三项综合为你自己所选择的性格。

第五，改变你的形象、行为、个性中你所不喜欢的东西，强化你所喜欢的东西。

第六，敢于表现你的新个性。需要提醒的是，不要指望很快便能成功地改造自己的性格，还必须以自己性格的内核为基础。

(五)自我控制能力差的调适

自我控制是对自己的思想、行为和言语的调控，是自我意识的关键环节。大学生常常眼高手低，缺乏自我控制能力，或者自我调控能力较差，在自我的控制和调节方面经常出现极大的起伏，缺乏持久性。比如，“我总是因为自己做过的事情后悔”“我控制不住自己”，或时常发生非理性的冲动行为。

自我调控能力的调适的方法如下：

1. 正确认识自我，树立适宜目标

在全面了解自我的基础上，为自己制定长期目标和近期目标。近期目标的制定要达到“跳一跳够得着”的适合自己的程度，既有一定挑战性，又力所能及。要在实践中不断增强自我调控能力。

2. 学会自我监督，不断调节行为

在实现目标过程中，不断反省自己的言行，学会自我监督，在头脑中将自己的活动结果与活动目的加以比较、对照，并对自己的言行实行监督。对于偏离目标的言行加以修正，以平和心态及时调整自己的行为。

3. 培养坚强意志，不断磨砺自己

大学生的意志品质是衡量自我调控能力的重要依据，意志过程是自我调控的心理过程。大学生在培养自我调控能力时，一定要培养坚强的意志，才能更好地调控自己的言行。培养意志品质可以从一些难度低的学习、文体娱乐活动开始，逐渐增加难度。遇到困难要积极寻找解决办法，把克服困难作为提升自己意志力的一次快乐尝试。

四、大学生自我意识的培养

(一)培养成熟的自我防御机制

安娜·弗洛伊德是弗洛伊德最小的女儿，她是精神分析历史上很有创造力的一位分析家，也是对儿童精神分析和发展心理学有着重要贡献的人物，她最主要的论述记载在著名的《自我及其防御机制》(*The Ego and the Mechanisms of Defense*)一书中。安娜发展了弗洛伊德关于防御机制的概念，并在弗洛伊德提出的压抑等防御机制的基础上提出了更多的防御机制类型，并创立了“自我心理学”流派。

安娜认为，自我承担着令人畏缩的任务，需要不断协调本我与超我之间的冲突，这就相当于要构筑一套防御工事，以使自己能够存活下来。并且，个体能够在此防御工事的保护下，逐渐发展自身。所以，增强自我的防御功能，提高防御的成熟度是促进心理发展的首要目标。

随着安娜及后人对弗洛伊德防御机制概念的补充，防御机制的类型又被逐渐丰富和完善，表 2—2 中是一些常见的防御机制类型。

表 2—2 自我的主要防御机制类型

成熟度	防御机制	内　容
初级防御机制	否认	拒绝承认负性体验的存在
	全能控制	认为自己无所不知、全知全能
	极端理想化和贬低	认为养育者是全知全能的，以及破灭后的失望感
	投射	认为内部的心理过程来源于外部
	分裂	全好或者全坏，不能同时具备好和坏的特征
	躯体化	用躯体形式(如生病)来代替语言或情绪
	付诸行动	无法控制内心的焦虑以至于行动化
次级防御机制	压抑	潜意识地遗忘或忽略某些引起焦虑的情感
	退行	因遭遇挫折而退至早年的幼稚行为习惯
	隔离	将情绪从认知中剥离开来
	理智化	在消极情绪中保持理性
	抵消	潜意识中指望通过某些行为来消除某些情感
	攻击自身	将对别人的愤怒转向自身来缓解焦虑
	置换	将情感或行为由初始目标转移到更少焦虑的目标
	反向形成	否认情感的矛盾性，坚持认为只有一种
	升华	以符合更高社会价值的方式来取代本能目标

其中，初级的防御机制较为原始，个体和外部的界限较为模糊，最严重时会丧失“现实检验能力”。例如，一些躁狂病人常常无意识地采用否认的防御机制，他们并不认为自己存在睡眠需求、财政危机或个人弱点，将事实看得无足轻重，一直保持一种欣快感和常人难以想象的精力状态，不眠不休直到精疲力竭。

而次级的防御机制相对较成熟，个体内部的界限较为清晰，自我的功能也相对较好。例如，“酸葡萄和甜柠檬”的想法，吃不到葡萄就说葡萄很酸，吃到了就觉得自己吃的是最甜的，这就是一种合理化的防御机制。这种无意识的操作，避免了自我体验到一种得不到的挫败感和遗憾。当我们无法得偿所愿，便自然觉得原先的追求毫无意义；当不幸降临，感觉其实也没有那么糟糕。

并不是说，个体身上存在初级防御机制就说明个体的自我发展不够健康，因为每个人身上或多或少都存在一些从小发展过来的痕迹。不太健康的情况是，个体没有发展出次级的防御机制，也没有较为成熟的自我功能，这样就会影响现实的适应能力。

(二)充分发挥自己的机能

前面提到过“以人为中心治疗”的代表人物罗杰斯，他认为自我天生具有实现趋向，这是人的本性。只不过一些人的自我是沿着原有的实现趋向自然向上生长，而另一些人的自我实现趋向则因为一些重大挫折，受到了扭曲，失去了本来的面貌。罗杰斯在他的著作《个人形成论》(*On Becoming a Person*)中，提出了他觉得健康的自我状态所具有的几点普遍规则。

首先，是对经验的开放。这是指看待世界就像世界本身的样子，如实地看待现实。就像是用一面镜子去照这个世界，用平面镜的人会看得更加真实，用放大镜的人会把事实真相放大，而用哈哈镜的人则是根据镜子的形状来认识世界，不再能看到世界的本来面貌，这就是一种扭曲。比如，有的同学对人际关系这个经验的反映就有点“失真”，现实是明明宿舍同学吵架与其没有太大的关系，但自己也会紧张害怕地道歉。其实，我们每个人或多或少都会对这个世界有所扭曲，因为大家都有自己独特的经历，只是扭曲的程度不同。而越是趋向于不扭曲、真实、开放地去看待这个世界，心境或许会更加平和，对现实的适应也会更强。但这说起来容易，做起来却很有难度，因为每个人的镜子背后都隐藏着自己难以克服的恐惧。

其次，是信任自己的有机体。我们每个人的身体、心理、与别人关联的部分都是一套有机的系统，里面蕴含着我们学到的知识、体会过的感受、从别人那里获得的经验，以及一些行之有效的规则。当我们需要做出一个选择的时候，这个系统中的各个部分都会敏感地调动起来，不同的方面会涌现出来，并且被我们的喜好赋予不同的权重，最后综合做出一个决定。我们对自我的各个部分越是理解和接纳，这些部分之间就越是能够流动起来，畅通无阻，做出的决定就越是能够符合我们长远的需要。哪怕临时的决定有所偏差，也能够及时做出调整。就像是一些人在寻找伴侣的时候，如果只根据一个僵硬的标准来确定是否与对方共度一生，比如说这个标准是“有钱”，那么他(她)就忽略了自身有机体的其他各个方面对伴侣的需要，对自己的各种感受失去了信任，哪怕最后真的找到一个有钱人，也会因为其他各种未考虑到的因素而受到影响。

再次，是内在的评价源。我们所选择的生活是否真的适合我们自己？我们是否活成了自己希望活成的样子？也就是说，我们对自己的评价主要来源于自我内部，这个很重要。因为只有这样，我们才能真正做到为自己的生命负责。有时候放弃这种内在的评价，我们或许也能获得暂时的快乐，比如说我们得到了好的成绩让父母为我们骄傲和开心，我们也会感觉自己很棒。但如果我们对自我的评价全部是来自外在，我们的自我就会失去自由、变得不太稳定。

最后，是成为过程的意志。我们似乎习惯了为结果而活，比如考上一个好大学，找到一份好工作，组建一个幸福的家庭……殊不知这样的习惯有一个代价——我们失去了很多让自己感到快乐和满意的机会。当结果没出来的时候，我们会担心和害怕；当结果出来的时候，我们也只是短暂地满足，然后又向下一个结果奔去。实际上，每个人的自我都是一条变化之路，蕴含着无数的潜能和精彩的体验。我们如果学会享受过程，享受在这个过程中自己丰富而鲜活的体验，可能会经历一段不太一样的、或许更令自己满意的生活。就如罗杰斯在他著作中所表述的那样：“这一整串的体验，以及我在其中所发现的种种意义，似乎把我抛入了一个既美丽动人，有时又让人感到惊恐不安的运动过程中。至少当我试图去理解体验的当下意义时，它好像是想让我的经验载着我，沿着一个看似是朝前的方向，向着那些我朦朦胧胧看不清楚的目标前进。我感觉到它是一种漂流，带着一系列令人眼花缭乱的体验又带着一种令人着迷的可能，那就是我们可以不断努力，试图理解它那永远变动不居的丰富性。”

罗杰斯对健康自我的表述或许可以带给我们一些启发，当一个人越是真实地面对现实，越是信任自己的有机体，越是从内在去评价自己，越是享受过程，那么他的自我状态可能会越健康。也就是说，自我意识的健康并不是有或者无，而是我们要如何才能让自己更加健康，有较好的自我状态去享受生活。

实践互动

活动 1:我是谁(主观我)

活动目的:认识主观自我

活动时间:约 10 分钟

活动准备:白纸、笔

活动规则和程序:这是帮助你认识自己的一种方法,首先问你自己 20 次:你是谁?请你把头脑里浮现出来的答案一一写出来。如:“我是一个________的人。”(可以描述你的身体状况、情绪状况、智力、能力、社会关系等)

活动 2:假如我是________(理想我)

活动目的:认识理想自我

活动时间:约 15 分钟

活动准备:白纸、笔

活动规则和程序:同学们根据顺序进行想象,进行造句,完成回答

(1)假如我是一种动物,我希望是________因为________。

(2)假如我是一朵花,我希望是________因为________。

(3)假如我是一棵树,我希望是________因为________。

(4)假如我是一种食物,我希望是________因为________。

(5)假如我是一种颜色,我希望是________因为________。

活动 3:自画像(认识自己)

活动目的:认识自己

活动时间:约 15 分钟

活动准备:白纸、笔

活动规则和程序:

(1)白纸一张长边对折后打开。

(2)根据对自己的认识,左半页纸上画一张自画像,自画像不要求写实,但一定能表现自己的特点。

(3)右半页纸写上自己的名字,并附上名字背后的寓意;写出自己的优点、优势、特长等;最后,用一句话概括自己。

(4)每位同学分享自己的自画像。

作业和思考

1.“自我意识”概念首次提出是在( )。

A. 霍妮(K. Horney)著的《自我的挣扎》

B. 弗洛伊德(S. Freud)著的《集体心理学和自我分析》

C. 米德(J. Mead)著的《意识、自我与社会》

D. 詹姆斯(W. James)著的《心理学原理》

2.社会心理学意义上的自我意识包含三种成分,它们分别是(　　)。

A. 自我觉知、自我情感、自我评价

B. 自我评价、自我情感、自我意向

C. 自我认知、自我情感、自我控制

D. 自我认知、自我表现、自我意向

3.下列对自我意识内容的分类,由罗杰斯(C. Rogers)提出的是(　　)。

A. 现实自我、理想自我　　B. 实用自我、原则自我

C. 公我意识、私我意识　　D. 生理自我、社会自我、心理自我

4.个体由于自身人际关系紧张而产生焦虑不安的体验,这属于(　　)。

A. 自我认知　　B. 自我情感

C. 自我意向　　D. 自我觉知

5.公开的、社会的、与他人密切相关的自我是(　　)。

A. 实用自我　　B. 社会自我

C. 理想自我　　D. 公我

6.在意向上表现为追求智慧、能力的发展和追求理想、信仰的自我意识属于(　　)。

A. 生理自我　　B. 物质自我

C. 社会自我　　D. 心理自我

7.有一种自我意识,是个体对自己某一方面有潜力的自我构想,是自我意识系统中有关未来取向的成分,这种自我意识是(　　)。

A. 可能自我　　B. 心理自我

C. 理想自我　　D. 实用自我

推荐书目

1.《自卑与超越》

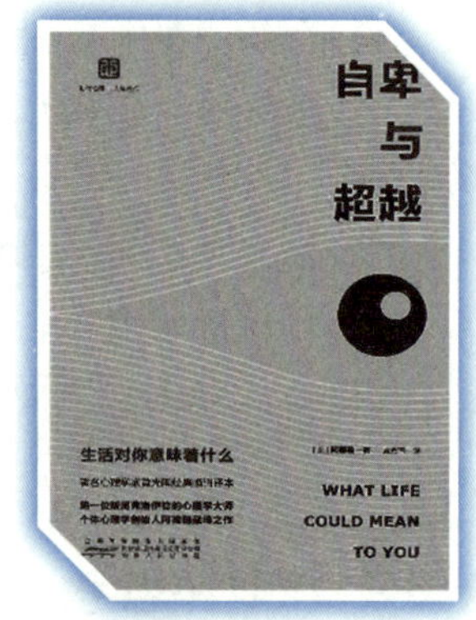

作　　者:[奥地利]阿尔弗雷德·阿德勒

出 版 社:安徽人民出版社

出版时间:2017年1月

作品简介:

这是阿德勒最为畅销的作品之一,多年来不断再版重印。本书作为阿德勒的后期作品,系统地体现了其个体心理学的基本观点,行文生动,通俗易懂,从心理学角度出发深度剖析和阐明了人生道路与人生意义。全书共分十二章,分别论述了十二个主题:生活的意义、心灵与肉体、自卑感与优越感、早期记忆、梦、家庭影响、学校影响、青春期、犯罪及其预防、职业、人及其同伴以及爱情与婚姻。他围绕这些主题着重阐述了自卑感的形成及其对个人成长的影响,个人如何超越自卑感,如何将自卑感转变为对优越感的恰当追求以取得成就。

2.《认识自己，接纳自己》

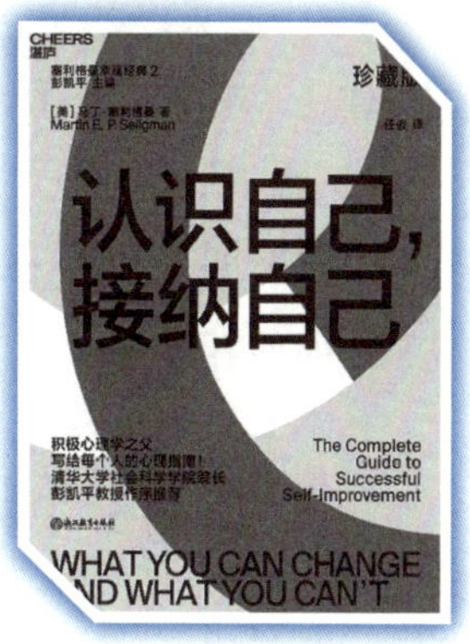

作　　者：［美］马丁·塞利格曼

出 版 社：浙江教育出版社

出版时间：2020 年 10 月

作品简介：

这是“积极心理学之父”马丁·塞利格曼的重磅之作，这本书告诉我们如何正确认识困扰自己的问题，以及如何做出有效的改变。这是一本助力你达成自我完善的心理指南，更是实现幸福人生的一个起点。一直被焦虑、抑郁、不安全感困扰怎么办？想减肥却一直不成功怎么办？想戒烟却一直戒不掉怎么办？童年创伤对人的影响有多大？……通过这本书，你会得到很多颠覆性的观点，也会清楚地认识到自己的哪些方面是可以改变的，哪些方面是无法改变而必须接受的。塞利格曼从改变的可能性和生物局限性出发，告诉我们：对于那些可以改变的行为，用积极的态度去改变；对于那些有着一定生理限制的行为和人格特质，坦然接受，然后学习一些方法来应对，不让它们影响自己的生活和工作。只有这样，才是明智的自我提升方式。

3.《蛤蟆先生去看心理医生》

作　　者：［英］罗伯特·戴博德

出 版 社：天津人民出版社

出版时间：2020 年 8 月

作品简介：

蛤蟆先生一向爱笑爱闹，如今却一反常态地郁郁寡欢，他一个人躲在屋里，连起床梳洗的力气都没有。朋友们非常担心他，建议他去做心理咨询。在 10 次心理咨询中，蛤蟆先生在咨询师苍鹭的带领下，勇敢地探索了自己的内心世界，也逐渐找回了信心与希望……

这并不是一本写给孩子看的书，而是一本非常有深度的心理疗愈读物。出版 20 多年来，它已成为英国国民级心理咨询入门书。它基于 TA 沟通分析心理学的理论，讲述了一个抑郁症患者通过 10 次心理咨询，终于找回快乐和自信的全过程。在书中，可以看到心理咨询的倾听、共情、沟通技巧，也可以看到一个标准的心理咨询流程的模板。读者犹如亲临现场，体验心理咨询的每一个细节，见证疗愈和改变的发生。

在这本书中，作者借由蛤蟆和心理咨询师苍鹭的互动，探索了蛤蟆先生自卑、软弱、爱炫耀的个性与抑郁的情绪究竟来源于何处，让读者看到童年经历对人格的深刻影响，以及如何才能在心理上真正长大成人，独立、自信、充满希望地生活。

4.《少有人走的路》

作　　者：[美]斯科特·派克

出 版 社：吉林文史出版社

出版时间：2007 年 1 月

作品简介：

这本书处处透露出沟通与理解的意味，它跨越时代限制，帮助我们探索爱的本质，引导我们过上崭新、宁静而丰富的生活；它帮助我们学习爱，也学习独立；它教诲我们成为更称职的、更有理解心的父母。归根到底，它告诉我们怎样找到真正的自我。正如开篇所言：人生苦难重重。斯科特·派克让我们更加清楚：人生是一场艰辛之旅，心智成熟的旅程相当漫长。但是，它没有让我们感到恐惧，相反，它带领我们去经历一系列艰难乃至痛苦的转变，最终达到自我认知的更高境界。

第三章

人格发展

导入案例1

案例背景：小林是某高校的大二学生，出身农民家庭，家中有父母及一个弟弟，小时候因成绩好，倍受父母的宠爱和弟弟的敬佩。父亲虽性格暴躁，但很爱她；母亲性格温和，从来没有责骂过她。从小学到初中毕业，小林成绩一直在班上名列前茅，优越感较强。但进入高中后，小林感觉学习较吃力，一度成绩下降，心情十分烦闷，情绪强度太大，无法自控，不想继续上学，在家里不同意的情况下，自作主张休学一年，后考入大学。自进入大学以来，小林与宿舍其他同学难以共处，已换了七八间宿舍，每一次住宿时间不到两周，就开始与他人对立，矛盾重重，最终爆发冲突。冲突都由一些小事引发，如东西存放的位置、开关门的声音、作息时间的不太一致等。每次冲突的方式都是她与全宿舍的同学对立，以致后来同学都不愿与其同居一室，认为与她在一起特别难受、紧张、压抑。最后，学校只好安排她同新生住在一起。小林认为同住的新生属于高职单招的学生，不如她普高毕业的学生优秀，瞧不起新生，甚至极端情绪化地将同住的新生称为“垃圾”。在小林看来，新生应听从她的指挥，因而她经常训斥新生，动不动就骂她们“神经病”“二百五”，不懂得尊重新生，新生早睡，她迟睡，还故意弄出很大的声响。

小林上进心强，学习认真，不迟到早退。但是，深入了解之后，同学们发现她具有极强的以自我为中心意识，遇事多“我”字当头，日常生活中谁要触犯她一点点利益，无论是有意还是无意，都将引起她不假思索的剧烈反应，且强度极大。大家都认为小林言语尖刻，待人不够真诚，敌意较强。另外，小林对外界具有超过实际需要的警惕与防御，当她一个人住在宿舍时，需在具有反锁功能的门背后堆放椅子方可安心睡觉。小林在家时与其亲戚来往很少，几乎没有什么朋友。小林的父亲认为她总是很任性，一切事情都由自己做主。

“我觉得其余七位舍友总是联合起来欺负我，我一个人孤军作战，但我一定不能示弱，不能服输，她们有什么资本欺负我？我要与她们斗到底！我每天都要绞尽脑汁思考如何对付舍友，脑细胞都不知死了多少。我晚上睡不好，第二天没有精力听课，作业不会做，学习成绩下降，且体重减轻不少。我很烦恼，她们搞得我心力交瘁，我觉得自己好无能，怎么办？”坐在咨询室里的小林愁容满面。

案例分析：小林总是毫无根据地认为同学在欺负她，持久地心怀怨恨，对侮辱、伤害或轻视绝不饶恕，容易感到名声被别人攻击，并马上发怒或回击，表现出心胸狭隘、敏感多疑的心态。心理测验的结果也均表明，小林具有固执、不善交际等特点。综合分析之后，心理咨询师将小林诊断为偏执型人格障碍。无论是在日常生活中，还是在诸多学科领域，“人格”都是一个常用词汇，但其含义往往不同。比如说“侮辱人格”，这主要是从法律的角度陈述人身侵犯；而说某某人格卑鄙、某某人格高尚，这主要是从道德或伦理的角度对人的评价；一些化妆品的广告上说“增进你的人格”，是指经过化妆后使你的外表更吸引人。与这些不同，心理学中所谓的人格，大体相当于我们平常所说的性格。心理学对人格的研究颇为丰富，人格与心理健康之间的关系也一直受到重视。临床心理学的大量研究发现，同样的压力、打击等精神刺激发生在不同人格特征的个体身上时，他们的表现、程度、结果却各不相同。也就是说，人格是通过一个人对压力事件的反应而对心理健康产生影响的。现在，人格心理学的知识也越来越被大学生们所熟知，其中一个重要原因就是人格与人的身心健康、精神疾病有密切的关系，健全的人格是心理健康的基础。

导入案例 2

理解与接纳——探索人格多样性

在大学校园里，我们会遇到各种各样的人，他们或许开朗活泼，或许内向沉默，每个人都有着独特的人格特质。理解并接纳这些差异，对于大学生的心理健康和人际交往至关重要。以下是一个关于人格多样性的案例，旨在帮助学生认识到每个人都是独一无二的，学会尊重和欣赏彼此的不同。

案例背景：李明是一位大一新生，性格内向，喜欢独自阅读和思考。他的室友张强则完全相反，是个典型的外向型人格，热爱社交和体育活动。两人一开始因为性格差异产生了一些摩擦，比如张强晚上经常邀请朋友到宿舍聚会，而李明则希望有一个安静的环境看书。随着时间的推移，两人开始意识到需要找到一种方式来和谐相处。

案例分析：在这个案例中，我们可以看到两种截然不同的人格特质。李明的内向性使他倾向于独处和深度思考，而张强的外向性则让他在社交活动中获得能量。这种差异在大学生活中是很常见的，因为每个人都带着自己独特的性格特点来到这个多元化的环境。

人们常说：“性格决定命运。”研究自我心理学的大师威廉·詹姆斯（William James）说过：“播下一个行为，你将收获一个习惯；播下一种习惯，你将收获一种性格；播下一种性格，你将收获一种命运。”这里所说的性格，就是本章所要谈到的人格。

随着当今社会对人的综合能力的要求不断提升，非智力因素在个体成长和发展中的地位越来越突出，人格在个体成才成功中的作用也越来越凸显。了解人格与心理健康的关系、大学生人格发展的特点、健全人格的塑造和发展，将促使个体得到更健康、全面的发展和成长。

第一节 人格的概念、特点、内容

在现实生活中，为什么有的人外向开朗，有的人内向腼腆；有的人健谈幽默，有的人沉默寡言；有的人豪爽果敢，有的人优柔谨慎；有的人冲动暴躁，有的人理智沉稳。其中，人格素质起着决定性的作用。人格是人的综合素质的重要组成部分，更是大学生综合素质的重要组成部分。寻找通向健全人格之路，塑造健全人格是大学生心理健康教育的重要目标之一。

一、人格的概念

“人格”是日常生活中使用较频繁的一个词，它被广泛运用于伦理学、法学、心理学等不同领域。伦理学提倡为社会、为他人着想的高尚人格，其人格与品质同义；法律解释的人格指权利、义务主体的资格；心理学则从人的心理活动和行为特点讨论人格。“人有千面，各有不同。”人格是一个具有丰富内涵和鲜明个性特征的概念，人格的差异铸就了个体千差万别、千姿百态的心理面貌。

二、人格及其特点

《西游记》中的唐僧师徒四人是人们非常熟悉的人物。师徒四人人格各异，唐僧心地善良、严格执着、昏庸顽固，孙悟空善恶分明、不畏强权、敢于牺牲，猪八戒吃苦耐劳、憨厚率直、知错就改，沙僧忠心耿耿、正直无私、任劳任怨。师徒四人的人物形象深入人心，他们的性格与命运成为无数读者的讨论焦点。那么，什么是人格呢？

（一）什么是人格

人格（personality）一词最初来源于古希腊语“persona”，是指希腊戏剧中演员戴的面具，心理学中的人格是指构成一个人的思想、情感及行为的特有统合模式，是相对稳定、具有独特倾向性的心理特征的总和。

（二）人格的特点

1. 独特性

人们经常听说的“人心不同，各如其面”，就是指人格具有鲜明的个体特征。个体的人格是在遗传、成长环境及教育等先天、后天多种因素交互作用下形成的。不同的遗传、生存及教育环境，会形成各自独特的心理特点。而成长教育条件的不同，也会使同一人格品质在不同人身上表现出不同的特点。例如，勇敢这一人格特质，对在一个缺乏父母爱护的家庭中成长的孩子来说极易产生争斗；而对在一个民主型家庭中成长的孩子来说，则易产生见义勇为。

2. 稳定性

稳定性是指个体的人格特质具有跨时间的持续性和跨情景的一致性。在行为中偶然发生的、一时性的心理特征，不能称为人格。例如，一位性格内向的大学生，在不同的场合都表现出沉默寡言的特点，这种特点从入学到毕业不会有很大的变化，这就是人格的稳定性。俗话说“江山易改，本性难移”，就是这个道理。当然，强调人格的稳定性并不意味着人的一生中人格是一成不变的，随着生理的成熟和环境的改变，人格也有可能产生或多或少的变化。

3. 统合性

人是极其复杂的，人的行为表现出多元性、多层次性的特点。人格的组合变化并非一潭死水。各种人格结构的组合千变万化，因而人格表现得“色彩”纷呈。在每个人的人格世界里，各种特征并非简单的堆积，而是如同宇宙一样，依据一定的内容、秩序与规则有机组合起来的系统。人格的有机结构具有内在一致性，受自我意识的调控。当一个人的人格结构的各方面彼此和谐一致时，就会表现出健康的人格特征，否则就会出现各种心理冲突。

4. 功能性

人格能引导行为，驱使人趋向或回避某种行为，寻求或躲避某些刺激，是一个人生活成败、喜怒哀乐的根源。正如人们常说的“性格决定命运”，人格决定了一个人的生活方式，甚至有时会决定一个人的命运。面对挫折与失败，坚强者能够认真总结经验教训，在失败的废墟上重建人生的辉煌；而怯懦者则一蹶不振，失去了奋斗的目标。当人格功能发挥正常时，会表现为健康而有力，支配着人的生活与成败；当人格功能失调时，就会表现出懦弱、无力、失控，甚至变态。

5. 可塑性

虽然人格具有稳定性，但并不意味着人格是永恒不变的，它随着现实环境的变化而变化，因此人格同样具有可塑性。儿童期和青年期人格正在形成和定型中，还不稳定，易受环境的影响而发生变化，因而可塑性较大；而成年期的人格比较稳定，可塑性较小。大学时期是人格形成的重要阶段之一，因此，大学生在大学期间要有意识地培养自己健全的人格。

6. 社会性与生物性

人格的形成与发展，不仅受生物因素的制约，更多地受社会因素的制约。人格是个体的自然性与社会性的总和。人格是社会人所特有的，是在社会化的过程中形成的。通过社会化，个人获得了价值观和自我概念等人格特征。人格既是社会化的对象，也是社会化的结果。从这个意义上来说，人格的形成是生物因素与社会环境交互作用的结果。

三、人格现代特质理论

（一）三因素模型

英国心理学家艾森克主要从自然科学的角度看待心理学，把人看作一个生物性、社会性的有机体。在人格问题研究中，艾克森用因素分析法提出了外倾型、神经质和精神质的三因素模型。三因素模型是人格的现代特质理论。

1. 外倾性

这是指内外倾的差异。外倾者人格外向，可能好交际，渴望刺激和冒险，情感易于冲动；内倾者人格内向，可能好静，倾向于内省，除了亲密的朋友之外，对一般人缄默冷淡，不喜欢刺激，喜欢有秩序的生活方式，情绪比较稳定。

2. 神经质

这是指情绪稳定性，反映的是正常行为，并非神经症。神经质者常常焦虑、担忧、闷闷不乐、忧心忡忡，遇到刺激有强烈的情绪反应，以至出现不够理智的行为；非神经质者情绪反应轻缓，很容易恢复平静，稳重、性情温和、善于自我控制。

3. 精神质

这是指孤独、冷酷、敌视、怪异等偏于负面的人格特征，并非暗指精神病。它在所有人身上都存在，只是程度不同。神经质者孤独、不关心他人，难以适应外部环境，不近人情，感觉迟钝，与他人不友好，喜欢寻衅搅扰，喜欢干奇特的事情，并且不顾危险；非神经质者能与人相处，较好地适应环境，态度温和、不粗暴，善从人意。

（二）五因素模型

塔佩斯等运用词汇学的方法对卡特尔的特质变量进行再分析，发现了五个相对稳定的因素。后来，许多学者进一步验证了“五种特质”的模型，形成了著名的“大五”因素模型。

“大五”因素模型（OCEAN），也被称为人格的海洋，可以通过人格量表 NEOPI-R 进行评定。

1. 外倾性

好交际对不好交际，爱娱乐对严肃，感情丰富对含蓄，包括热情、社交、果断、活跃、冒险、乐观等特质。

2. 神经质或情绪稳定性

烦恼对平静，不安全感对安全感，自怜对自我满意，包括焦虑、敌对、压抑、自我意识、冲动、脆弱等特质。

3. 开放性

富于想象对务实，寻求变化对遵循惯例，自主对顺从，包括想象、审美、情感丰富、求异、创造、智慧等特质。

4. 随和性

热心对无情，信赖对怀疑，乐于助人对不合作，包括信任、利他、直率、谦虚、移情等特质。

5. 尽责性

有序对无序，谨慎细心对粗心大意，自律对意志薄弱，包括胜任、公正、条理、尽职、成就、自律、谨慎、克制等特质。

（三）七因素模型

北京大学教授王登峰进行了关于中国人人格的研究，发现中国人主要呈现出“大七”人格。

1. 外向性

反映人际情景中表现出的活跃、主动、积极和易沟通、轻松、温和的特点，以及个人的乐群、合群的倾向。高分者的特点是在人际交往中表现为活跃、积极，擅长与人交往，容易与人沟通和受人欢迎；低分者的特点是在人际交往中表现为被动和不易接近。它包括合群、活跃和积极情感三因素。

2. 善良

反映中国文化中“好人”的总体特点，具有关心他人、对人真诚、宽容、正直和重感情等内在品质。高分者对人真诚、友好、顾及他人和有同情心；低分者对人虚假、欺骗以及利益为先、不择手段。它包括利他、诚信和重感情三因素。

3. 行事风格

反映个体的行事方式和态度。高分者做事踏实认真、谨慎、思虑周密、行事目标明确、切合实际以及守规矩、合作；低分者做事浮躁、别出心裁、不合常规以及不切实际和难缠。它包括严谨、自制和沉稳三因素。

4. 才干

反映个体的能力和对待工作任务的态度。高分者敢作敢为、坚持不懈和积极投入；低分者做事犹豫不决、容易松懈、无主见和回避困难。它包括决断、坚韧和机敏三因素。

5. 情绪性

反映个体的情绪稳定性特点。高分者急躁、冲动，对情绪不加掩饰和难以控制；低分者情绪稳定、平和，情绪表达委婉和可控。它包括耐性和爽直两因素。

6. 人际关系

反映个体人际交往中的基本态度。高分者待人热情友好、与人为善并乐于沟通和交流；低分者把人际交往看作达到个人目的的手段，以自我为中心，待人冷漠、计较和拖沓、盲目。它包括宽容和热情两个因素。

7. 处世态度

反映个体对人生和事业的基本态度。高分者目标坚定、明确，理想远大，对未来充满信心，追求卓越；低分者安于现状，得过且过，不思进取，甚至退缩平庸。它包括自信和淡泊两个因素。

第二节 气质与性格

一、气质

在芸芸众生中，很难找到相同的两个人，就像没有两片完全相同的树叶一样。有的人热情奔放，有的人沉着稳重；有的人刚毅坚强，有的人优柔寡断；有的人生来活泼好动，有的人喜欢宁静；有的人天生敏感，有的人"神经大条"；有的人思维刻板，有的人才思敏捷。这些就是一个人所表现出来的气质上的区别。那么，人为什么会有如此大的区别呢？这完全是由一个人的气质决定的。

（一）气质的内涵

"气质"一词最早起源于古希腊。在公元前 5 世纪，古希腊著名医生希波克拉底与他的学生们观察到不同的人有不同的脾气，对此他们认为：有机体的状态主要取决于机体内液体（血液、黏液、黄胆液和黑胆液）的数量关系，这些体液的混合比例中哪一种占优势，就把人划分为哪一种类型的气质。从心理学上讲：气质是一个人与生俱来的心理活动的动力特征，是高级神经活动类型在后天行为或活动中的表现，是一个人心理活动发生的速度、强度、稳定性、灵活性和指向性等动力方面特点的综合。

（二）气质类型与特点

人们一般把气质分为四种类型，即多血质、胆汁质、黏液质和抑郁质，不同的气质具有不同的心理特征。

（1）多血质：心理学家把类似于燕青、王熙凤等人的气质，称作多血质。具有这种气质的人显得乖巧伶俐、富有朝气，情绪丰富而外露，喜怒哀乐皆形于色。多血质的人喜欢并且善于跟人交往，他们的语言表达能力强而且富有感染力，思维灵活且行动敏捷，对各种环境都能很快适应，可塑性也很强。活泼、好动、乐观、灵活是他们的优点，弱点则是缺乏耐心和毅力，稳定性差，容易见异思迁。这类大学生因性情活泼而善于交际，在新的群体生活中很快就会有不少朋友，面对各种挫折常能机智地摆脱困境，在学习和其他活动中肯动脑、主意多，常表现出较强的学习能力和较高的办事效率。但是，这些同学虽然兴趣广泛却缺乏坚持性，所以又经常显得过于浮躁，很多事情都是浅尝辄止，不能充分发挥出自己的潜力。

（2）胆汁质：心理学家把类似于李逵、张飞这类人的气质，称作胆汁质。具有这种类型气质的人就像"夏天里的一团火，来去匆匆"。胆汁质的人精力旺盛，争强好胜，做事勇敢果断，为人热情直爽、朴实真诚。但是，他们常常是粗枝大叶，不求甚解，遇事欠思量，鲁莽冒失，常常感情用事、刚愎自用，但表里如一。这类气质的大学生生性倔强，有股"十头牛也拉不回来"的倔劲儿，整个心理活动都笼罩着迅速而突变的色彩。优点是一旦认准目标，就希望尽快实现，遇到困难不折不挠，往往富有冒险和开拓精神，但学习和工作带有明显的周期性特点，能以极大的热情和旺盛的精力投入学习和工作，一旦精力消耗殆尽，又会失去信心，情绪顿时转为沮丧而心灰意冷。

（3）黏液质：心理学家把类似于林冲的气质，称作黏液质。黏液质的人安静、稳重，反应缓慢，沉默寡言，情绪不易外露，注意稳定，做事情特别有耐心；凡事深思熟虑，力求稳妥，一般不做无把握的事情，在各种情况下都表现出较强的自我克制能力；他们外柔内刚，沉静多思，不愿流露内心的真情实感；在与人交往时，不太积极主动，一般朋友少但知心朋友多。这种大学生在学习上接受慢，但基础却很扎实，是踏踏实实在学习，学习、工作有板有眼地严格恪守既定的生活秩序和制度；但过于拘谨，不善于随机应变，固定性有余而灵活性不足，有墨守成规、因循守旧的表现。

（4）抑郁质：心理学家把类似于林黛玉的气质，称作抑郁质。抑郁质的人性情孤僻、行动迟缓、情感体验深刻，善于觉察别人不易觉察到的细小事物。这类大学生在生理上难以忍受或大或小的神经紧张，厌恶那些强烈刺激；他们的感情细腻而脆弱，常为区区小事引起情绪波动；自己心里有话，宁愿自己品味，不愿向别人倾诉；喜欢独处，与人交往时显得腼腆、扭捏；遇事三思而行，求稳不求快，对力所能及的工作能认真负责地完成。在学习、工作一段时间后，常比别人更易感到疲倦。在困难面前常怯懦和优柔寡断。

气质是人的天性，本身无优劣之分，任何一种气质都有其积极和消极的方面。气质也不能决定一个人的社会价值和成就的高低。因此，大学生要正确对待自己的气质类型，经常有意识地控制自己的消极品质，发扬积极品质，以利于形成良好的个性。

二、性格

性格是一个人对现实稳定的态度，以及与之相适应的习惯化了的行为方式的总和，是个性心理特征中最核心的内容。它决定个人的活动方向，是一个人区别于他人的最主要特征。你对生活是乐观还是绝望，对朋友是关心还是冷漠，对自己是谦虚还是自傲，都是对现实不同的态度。在这种态度驱使下，我们形成了一种习惯化的稳定的行为方式。例如，大学生对学习有不同的态度：有些同学认为多数课程都没什么实用价值，因此采用平时得过且过、考前突击复习的学习方式；有些同学认为虽然这些课程暂时没什么用，但一则能锻炼自己的分析思考能力，二则为将来的学习打好基础，因此对每门功课都认真对待、刻苦钻研。

性格是人们对客观现实的主观反应，与人的气质一样，性格也是有差异的，从不同角度可以对性格类型做出不同的划分。由于性格这一心理现象极为复杂，至今没有一个公认的分类标准。下面简单介绍一些具有代表性的性格类型学说。

（一）心理功能优势分类法

按照理智、情绪、意志在性格中的表现程度，英国的培因等学者把人分为理智型、情绪型和意志型三种。理智型的人以理智支配自己的行动；情绪型的人情绪体验深刻，言行容易受情绪左右；意志型的人具有较明确的目标，行为主动。

（二）心理活动倾向分类法

按照个体的心理倾向，著名心理学家荣格把人分为外倾型和内倾型。外倾型的人心理活动倾向于外部，活泼开朗，善于交际，感情易于外露，处事不拘小节，独立性较强，但有时粗心、轻率；内倾型的人心理活动倾向于内部，一般表现为感情含蓄、处事谨慎、自制力强、交往面窄，适应环境比较困难。

（三）场依存性分类法

按照个体场依存性和场独立性的区别，美国心理学家威特金把人分为独立型和顺从型。

独立型的人不易受外来事物的干扰，他们具有坚定的信念，能独立地判断事物、发现问题和解决问题，在紧急和困难的情况下保持冷静，能够有效地发挥自己的潜力，但有时会把自己的意志强加于人，固执己见，不易合群；顺从型的人，随和、谦虚，易与人合作，但独立性较差，易受暗示，容易接受别人的意见，在紧急情况下易惊慌失措。

(四)医学人格分类法

根据人们在时间上的紧迫感和好胜心等特点，美国心理学家弗雷德曼和罗斯曼把人的性格分为 A 型和 B 型。A 型性格的人具有强烈的进取心和成功意识，好争善斗，易被激怒；他们的生活节奏较快，不愿浪费生活中的一分一秒，容易出现急躁的心态。B 型性格的人则表现平静，与世无争；他们不喜欢紧张的工作，没有时间紧迫感，愿意过着悠然自得的生活，很少与人一较高下。

性格与气质是构成人格的重要因素，二者有所不同的是，性格是人格中涉及社会评价的内容，更多受到环境的影响，具有较大的可塑性。性格具有社会评价的意义，反映了社会文化的内涵，有好坏之分；而气质更大程度上受生理上和心理上的特点制约，虽然在后天的环境影响下也会有所改变，但与性格相比，它更具有稳定性，变化比较缓慢。

第三节　大学生人格的特征与发展

大学阶段是人格发展的重要阶段。心理学者埃里克森指出，在 12～18 岁阶段，是个体努力寻找自我同一性的阶段，是“一种熟悉自我的感觉，一种知道个人未来目标的感觉，一种从他信赖的人们中获得所期待的认可的内在自信”。我国学生在中学阶段与社会接触不多，也没有足够的机会去独立探索自身和未来的目标，大多数学生将寻找“自我同一性”这阶段自然延缓到了大学阶段。大学生人格特点的逐步形成和发展，不断影响着其人际交往、专业适应以及心理健康。

整体上，当代大学生具有勇于开拓创新、努力取得成就的坚韧性，富有热情、自信心强等人格特征。但因个人的主观原因和受家庭、学校、社会的影响，大学生中也存在不同程度的人格缺陷。发现这些问题并进行改善，有助于大学生将来更好地适应社会。

一、大学生人格的基本特点

大学阶段的学生年龄一般是在 18～25 周岁，这个年龄阶段正是由青春期过渡到青年期的时期。大学生的生理发展状态在经历青春期的巨大变化之后逐步趋于稳定，与生理上的成熟一样，大学生人格的发展也逐步走向成熟和稳定。

(一)能正确认识自我

首先是能够悦纳自我，基本上能接受一切属于自我的东西，从而形成对自己积极的看法；其次是自我客体化，对自己的所有和所缺都比较清楚和明确，理解现实自我与理想自我之间的差别。大多数人都有明确的奋斗目标和愿望，并为之而努力。

(二)智力结构健全而合理

大学生具有良好的观察力、记忆力、思维力、注意力和想象力，没有认知障碍，各种认知能力能有机结合并发挥其应有的作用。

(三)对社会环境的适应能力较强,不断地进行社会化活动

当代大学生对外部世界有着浓厚的兴趣,有广泛的活动范围和爱好,人际交往范围宽广,积极参与各种形式的社会实践。同时,能容忍别人与自己在价值观与信念上存在差异,能根据实际情况看待事物,而不是根据自己的主观愿望来看待事物。

(四)富有事业心,具有一定的创造性和竞争意识

能把事业看成生活的重要组成部分,在事业上有较强的进取心和责任感;具有竞争意识,具有开放性的思想观念;喜欢创新、勇于突破、甘愿冒险,独立性强,富有幽默感,态度务实。

(五)情感饱满适度

情绪上稳定性与波动性、外显性与内隐性并存,情感丰富多彩,积极的情绪、情感体验在生活和学习中居主导地位。

这些特点表明,我国大学生人格发展状况基本良好,大学生在人格教育方面具有良好的自觉性。丰富多彩的大学生活给大学生人格的发展提供了肥沃的土壤,大学生在其中摸爬滚打,酣畅淋漓地表现自己、发展自己,形成了该群体独有的人格发展特点。

二、大学生人格发展缺陷的常见表现及因素分析

这里所说的人格发展缺陷,是介于健康人格与病态人格(即人格障碍)之间的一种人格状态,表现为人格发展的不良倾向。在大学生人格发展研究中发现,大学生中有相当一部分人存在着不同程度的人格发展缺陷。由于大学生心理发育还没有完全成熟,人格出现一些偏差也在所难免。大学生充分了解自身个性,找出缺陷并进行调适,对今后更好地适应社会很有帮助。

(一)自卑

自卑是自我评价过低的心理体验,在心理学上又称为自我否定意识。自卑主要表现为对自己的能力、学识、品质等自身因素评价过低,心理承受能力脆弱,经不起较强的刺激,谨小慎微,多愁善感,常产生猜疑心理,行为畏缩、瞻前顾后。

(二)社交障碍

社交障碍是一个人自我防御心理过强的结果,他们常常过于担心被动,过于谨小慎微,过于关注自己,自信心不足。对近100所高校心理咨询机构负责人、骨干人员的问卷调查显示,高校大学生咨询中首位问题是人际关系问题,约占84%;而在人际关系问题中占首位的是社交困难,约占57%。

(三)懒惰

懒惰是不少大学生为之感到苦恼又难以克服的一种人格发展缺陷,是意志活动无力的表现。懒惰是影响大学生积极进取、张扬青春活力的天敌。

(四)狭隘

受功利主义影响,大学生中的“狭隘”现象有增无减。凡事斤斤计较、耿耿于怀、好嫉妒、好挑剔、容不得人等都是心胸狭隘的表现。

(五)抑郁

抑郁是大学生常见的情绪困扰,是一种感到无力应付外界压力而产生的消极情绪,常伴有厌恶、痛苦、羞愧、自卑等情绪体验。我国学者对青少年抑郁的研究显示,大中学生抑郁检出率可高达18%~36%。

(六)焦虑

焦虑是个体主观上预料将会有某种不良后果产生或模糊的威胁出现的一种不安感，并伴有忧虑、烦恼、害怕、紧张等情绪体验。在紧张刺激不断增多、竞争不断增强的社会环境中，每个人都可能处于一定的焦虑状态。适度的焦虑对于保持生命活力是必要的，而这里所说的焦虑主要是指不适当的高度焦虑。根据报道，某学校大学生焦虑情绪检出率为 9.03%，严重影响了大学生们正常的学习和生活。

(七)以自我为中心

随着自我意识的发展，大学生越来越感到自己内心世界的千变万化、独一无二，他们越来越多地把关注的重心投向自我，尤其是那些有较强自信心、自尊心、优越感、独立感的学生，就比较容易出现以自我为中心倾向。对某学校大学生调查发现，有 57.9%的男生和 40.3%的女生具有以自我为中心倾向。当这种倾向与一些不健康的思想意识(如个人主义、自私自利思想)和心理特征(如过强的自尊心、唯我独尊等)结合时，就会表现出过分的、扭曲的以自我为中心。

三、大学生健全人格的特征与培养

(一)大学生健全人格的含义与特征

健全人格是指各种良好人格特征在个体身上的集中体现，具有健全人格的大学生最显著的特征是："他们能够有意识地控制自己的生活、掌握自己的命运，正视自己、正视过去，面对现实、着眼未来，渴望迎接生活的挑战，在实践中充分发挥自己的潜能并实现自身的价值。"具体来讲，大学生健全人格应包括以下 5 个方面的特征：

1. 对自身的态度

人格健全的大学生总是有意识地对自身进行适当的探索。他们能现实地评价自己的长处和短处，对自己的特点表示认同，做到悦纳自我。人格健全的大学生能够积极地开放自我，正确地认识自我，坦率地接受自己的不足并对生活持乐观向上的态度。

2. 自我成长

人格健全的大学生实现自己各种能力及才干的动机是高尚的，不是为了私利，而是为了公众利益。人格健全的大学生具有实现各种较高目标如关心他人、实现理想等的强烈愿望和能力，具有自我发展、自我塑造与自我完善的能力，能够充分开发自身的创造力，创造性地生活，发现生命的意义并选择有意义的生活。

3. 自主性

人格健全的大学生一般都会遵从自身的行为标准，行事有一定的规范。他们的行为一般来说独立性很强，内心平衡并且有完整的生活哲学。人格健全的大学生人生态度乐观向上、生活态度积极热情，有正确的人生观与价值观，能够理性分析生活事件，头脑中非理性观念较少，人格独立，自信自尊。

4. 适应性

人格健全的大学生在面对困难和挫折时具有忍耐力而不被其压垮。他们对事物的判断更注重现实的依据，而不是凭自己的主观想象。对于他人的内心活动，他们具有较为敏锐的觉察力。

5. 对环境的控制能力

人格健全的大学生具有爱的能力以及适应和调节自身的能力，能建立令人满意的人际关系，能够适应环境的要求，总是能有效地解决问题。人格健全的大学生心胸开阔、善解人意、宽以待人，尊重自己也尊重他人，对不同的人际交往对象表现出合适的态度，既不狂妄自大，也不妄自菲薄，在人际关系中具有吸引力。

（二）健全人格对于大学生成才的重要意义

大学生的成长与成才会受到主客观诸多因素的影响和制约，其中健全的人格是重要的主观因素之一。健全的人格对于大学生成才的重要意义主要表现在以下几个方面：

1. 健全的人格有利于大学生树立正确的人生观和价值观

人生的道路曲折漫长、坎坷不平，只有具有乐观向上和较强适应能力才能及时确立奋斗目标，形成强烈的社会责任感，为实现自己确立的奋斗目标自强不息、奋斗不止。

2. 健全的人格有利于大学生全面发展

大学生的全面发展是指德、智、体、美、劳等方面的充分和谐发展。大学生在校期间努力学习，经常参加学校组织的各种活动，培养锻炼各种能力，以达到身心等各方面素质全面发展的目的。这需要满腔热情、强烈的完善自身的欲望以及持之以恒的良好心理品质基础，即健全的人格做支撑，大学生如果没有健全的人格，其学习的积极性、主动性和持久性的发挥就会受到影响。

3. 健全的人格是大学生心理健康的重要内容

健全人格是一种内部心理机制和谐发展、外部活动具有高度效能的人格。大学生只有具备健全的人格才能拥有健康的心理，而心理健康可以使大学生保持平衡良好的状态，以愉快的心态投入紧张的学习。

4. 健全的人格有利于促进大学生的智力发展

大学生的学习活动是一种高层次的思维活动。健全的人格有利于培养开发大学生的良好学习动机，提高大学生克服学习困难的毅力，激发大学生学习的创造性，从而提高学习的效率。

5. 健全的人格有利于提高大学生的社会适应能力

大学生要想毕业以后立足社会、发展事业，除学业优秀、身体健康外，还必须具有能够从容应对各种社会变化的心理承受能力和应变能力，以社会认可的形式适应外部的环境。

四、大学生健全人格的塑造方法

自立、自信、自尊、自强是大学生健全人格的四大基础，也是未来创造型人才的必备素质。大学生应不断加强自我修养，成为自立、自信、自尊、自强的进取者。

（一）客观评价自我，完善自我意识

心理学研究表明，个体对自我的认识和评价越接近现实，自我防御就越少，社会适应能力就越强。反之，过低评价自己或过高评价自己，常会令人感到焦虑不安而产生心理问题。只有客观评价自己，不苛求自己，不为自己的缺点而沮丧，也不为自己的长处而自傲，能扬长避短、乐观自信、宽容豁达，才能促进个性的发展与完善。自我意识过强表现为以自我为中心、唯我独尊；自我意识过弱表现为唯唯诺诺、随波逐流。这些都不利于大学生的心理健康。自我意识良好的核心是自知与自爱。自知即了解自己的能力、兴趣、爱好、性格、气质以及自己的优点与缺点等。自爱即自我接受、自我理解、自我负责，包括自尊、自信、自强、自制等。大学生要完善自我意识，建议做好以下几个方面：

第一，客观评价自我，接纳自我。一个能够做到全面地、客观地评价自己并接纳自己的人，

才能不断地完善自己、发展自己。大学生处在一个特殊的心理发展阶段，很少有人能够正确地、客观地、全面地评价自己，或评价过高或评价过低。因此，大学生最好能够保持一个平常心态，即我不像自己所想象的那么好，也不像别人所说的那么坏。只有这样，才能发现和挖掘自己的潜力，克服自己的缺点，不断完善自我。金无足赤，人无完人，每个人身上难免存在一些不足的地方。在现实生活中，个人的发展和前途也不总是由个人的主观意志来把握和决定的。我们必须面对现实，接纳自我，“天生我材必有用”。

第二，不苛求自我。一个人应该有理想，但不可抛弃现实生活，去盲目追求实际得不到的东西。过高地期待自己，不切实际地苛求环境，都会损害自己，造成心理不平衡。大学生应当对自己的能力做出客观的评价，在学习和工作中付出最大的努力，但不要对自己提出不切实际的要求。

第三，不苛求他人。大学生在过高期望自己的同时往往过高期望他人，若他人达不到自己的要求，便大失所望、闷闷不乐。其实，每个人都有自身的个性与特点，他人是无法按照你的个人意愿来为人处世的，强人所难本身就是一种认知错误。因此，大学生在学习、生活和交友的过程中要正确把握自己，既不要强求自己，也不能苛求他人。

第四，疏导不良情绪。大学生要学会疏导不良情绪，生活中常常会遇到不顺心的事，如考试失利、恋爱受挫、人际冲突等均会引发焦虑、愤怒、忧郁等不良情绪，必须及时疏导、宣泄不良情绪。疏导的方法有合理宣泄、注意转移、目标升华等。同时，还应该培养幽默感，幽默可以起到消除误会、活跃气氛、缓和难堪、减轻焦虑等作用。

（二）调整认知结构，培养乐观的情绪

认知态度直接影响到一个人情绪的好坏，从而影响人们心理的健康。因为人的心理健康受情绪影响，情绪愉快，心理就健康，情绪不愉快，心理就不健康，而情绪是受人的认知态度所支配的。认知是人们对周围事物的看法和观点。一个人是否有正确、健康的认知方式，直接关系到他的心理状况。美国心理学家艾利斯认为，人的大部分情绪困扰的心理问题，都来自不合逻辑或不合理性的思考，即不合理的信念。其主要有三个方面的表现：一是绝对化。即以自己的意愿为出发点，对一切事物怀有必定会发生或必定不会发生的信念。二是过分概括化。这是一种以偏概全的不合理思维方式，常用一两件事来对自身及他人进行不合理评价。三是糟糕至极。即对事物的可能后果想得非常可怕、糟糕，一旦发生了一点不好的事情，他们就认为糟糕透顶。人们之所以陷入情绪的困扰，很多时候是因为自己使自己感到不快，是自己的不合理的信念所致。大学生在出现情绪困扰时，应当检查一下自己的认知是否出现了偏差。如果发现了偏差，应主动地调整自己的看法和态度，从而尽量减少自己的负性情绪。情绪是心理健康的窗口，情绪的好坏不仅影响人的身心健康，而且影响学习的效率、生活的质量、人际关系的和谐以及个人潜能的发挥。因此，大学生要学会调节和控制自己的情绪。乐观的情绪、积极向上的生活态度对于大学生健全人格的培养具有特别重要的意义。

（三）磨炼坚强的意志，提高心理承受能力

爱因斯坦说过，优秀的性格与钢铁般的意志比智慧和博学更重要。坚强的意志是一切成就大事业的人的共同特征。良好的意志品质对于在顺境中成长起来的大学生尤为重要，如果一个人能正确面对失败与挫折，能坦然对待不幸与痛苦，并在每一次失败和挫折之后，以更大的决心，迎接未来的挑战，相信他会成为生活的强者。意志薄弱的人往往会被消极不良情绪所控制，被困难和挫折所击倒，从而造成严重的心理压力而损害身心健康；意志坚强的人则可以

控制自己的情绪，克服各种困难和干扰，战胜挫折和逆境，以积极的心态和坚韧不拔的精神面对人生的各种挑战。在人生实践中经受困难和挫折的磨炼，在不利的环境中保持旺盛的精神状态，才能磨炼和形成自己坚强的意志。良好的心理素质可以使人保持一个良好的功能状态。人生难免遇到不顺心的事情，一个心理素质良好的人能较为轻松地克服困难和挫折，即使遇到较大心理上的伤痛也会在较短的时间内调整好自己的心态。提高心理素质重要的是真诚地对待自己、对待他人。大学生应努力做到：自信、积极、乐观向上，富有幽默感；坦率真诚，不怕暴露自我，无论优点缺点都敢于真实地袒露在别人面前，愿意让别人分享自己的快乐与痛苦；为人正直、不卑不亢，努力提高自己的心理承受能力，在遇到压力时学会理智思考问题，对生活环境中的一切学会多欣赏、少抱怨，有不如意之处设法加以改善。

大学生活中，由于种种主客观因素的影响和制约，不可避免地会遇到挫折，如环境不适应、学习不如意、身体不健康、专业不满意、人际关系出现冲突、择业不理想等，从而导致心理失衡。因此，大学生应有意识地提高自己的挫折承受能力。挫折承受能力是一个人适应环境的能力。提高挫折承受能力，首先要正确认识挫折对人的影响。挫折对人有利有弊：利者，能引导人的认识能力深化，成为成长的新契机；弊者，使人心理痛苦、情绪紊乱，甚至行为偏离正常轨道。其次要认识到挫折的不可避免，面对挫折不害怕、不逃避、不气馁，在挫折磨炼中成熟，在困境中崛起。最后，提高挫折承受能力还应该加强自身修养，自我反省、自我激励、积极进取、勇于实践，在社会生活中锻炼自己，向生活学习，向他人学习。

（四）志存高远，确立奋斗目标

高尔基说过，一个人追求的目标越高，他的才能就发展越快，对社会就越有益。理想目标是人们活动所追求的预期结果，是激发人的积极性，使之产生自觉行动的必要前提。人一旦没有了理想目标，就会意志消沉。大学阶段是人生道路上的重要一站，要使大学生活有一个良好的开端，过得充实而有意义，必须尽快确立起新的理想目标。具有明确的理想目标并且热爱自己专业的大学生，才能全身心投入所学的专业中，才会感到生活的美好，其人格才会朝着健全的方向发展。因此，大学生确定自己的理想目标对于健全自己的人格至关重要。大学生在确立理想目标时，首先，要将个人的理想目标与社会的需要相结合。其次，要将个人的理想目标与所学专业要求相结合。再次，要将个人的理想目标与自身的实际条件相结合。每个人的能力是有差异的，优势劣势各不相同。因此，大学生在确定自己的理想目标时必须考虑自身条件，全面分析自己的长处和短处，正视自己，扬长避短，切不可随波逐流。最后，要考虑长期、中期、近期目标。长期和中期目标必须有方案，近期目标是长期和中期目标指导下的具体目标，要具体可行。大学生应当积极进取，树立远大理想和志向，努力奋斗，乐观地看待未来，通过自己的努力实现理想，从而体验到成功的快乐、享受到生活的快乐。

（五）融入集体，建立良好的人际关系

个人格健全的大学生应拥有许多亲密的同学朋友，善于参加范围较广的活动，并在与人相处时诚恳热情，没有占有欲，无嫉妒心。因此，大学生要健全自己的人格必须建立良好而又广泛的人际关系，努力做到：在与人相处时能够尽力遵循理性和公正的原则，同时又有热情、诚恳的态度；识别他人的情绪，具有准确评价的能力；能有效地管理和调节自己的情绪，以利于营造和谐的人际氛围；尊重社会习俗，关心他人的需要；保持自尊和独立等等。集体是人格塑造的土壤，通过与集体交往，自己的某些人格品质或受到赞扬、鼓励，或受到排斥、批评，从而有助于大学生做出有针对性的调整，而且集体能够帮助集体中的个体择优汰劣。积极参加集体活

动和社会实践有益于大学生的心理健康。在社会交往中，可以与他人建立友好的、正常的人际关系；可以开阔自己的视野，拓宽知识面；可以发挥和锻炼自己的能力；可以使自己的心情变得开朗、心胸变得开阔、精神变得愉快。大学生在人际交往中，首先，要树立自信，大胆热情地与他人进行交往；其次，要学会关心别人，在做任何事情之前，要想到还有别人，应把有限的方便让给别人，待人处世宽宏大量，建立起同学间的友谊和信任；最后，要主动参加集体活动，热情帮助他人，扩大自己的交往范围。

总之，随着社会的发展，人类健康而幸福的生活越来越多地取决于人类自身的人格健康状况，而且人格的健康发展也是促进社会健康发展的一种力量。人格素质是大学生综合素质的重要组成部分，综合素质的发展和提高包含着人格素质的发展和提高，而人格素质的发展和提高对综合素质的发展和提高有着重要的促进作用。因此，健全人格的培养应成为大学生提高综合素质的重要内容。健全人格的自我塑造过程，就是大学生维护自身心理健康、促进自我心理成熟的过程，也是长期的自我认识、自我评价和自我调控的过程。大学生要善于自我觉察，确立人格完善的目标，从小事做起，不断塑造和完善自己的人格。

实践互动

活动 1:看到我自己

“看到我自己”活动是一个用于自我发现和增进自我认识的心理健康练习。这个活动通过创造性的方法帮助参与者探索自身的情感、想法和行为模式。

活动目的：

(1)提升个人的自我认识和自我接纳。

(2)促进内省和反思，帮助参与者更好地理解自己的内心世界。

(3)增强表达和沟通个人感受的能力。

(4)培养同理心，通过分享经历使团体成员间建立更深层次的联系。

活动准备：

(1)场地：安排一个安静舒适的空间，让参与者可以在没有打扰的环境中工作。

(2)材料：提供绘画或写作材料，如彩色笔、画纸、日记本或写作纸。

(3)指导问题：准备一系列指导问题或提示，以激发参与者的思考和创作灵感。

(4)放松音乐：如果可能，播放一些轻柔的背景音乐，以帮助参与者放松并进入反思的状态。

(5)清洁工具：备好纸巾、垃圾袋等清洁用品，确保活动结束后可以清理现场。

活动规则：

(1)尊重每个人的隐私和创作成果，不得强迫他人分享不愿意分享的内容。

(2)保持安静的创作环境，避免打扰到正在深入思考的同伴。

(3)鼓励诚实和开放地表达，但也要确保表达方式尊重自己和他人。

(4)在分享环节中，倾听他人分享时要保持同理心和理解。

活动步骤：

(1)介绍环节(5～10 分钟)

• 解释活动的目的和重要性，以及预期的结果。

• 通知参与者活动是匿名和保密的，鼓励他们坦诚地表达自己。

(2)自我探索(20～30 分钟)

• 邀请参与者独立完成一项创造性任务(如绘画、写作等)，围绕几个核心问题进行自我探索。

• 这些问题可以是“我是谁?”“我最重视的是什么?”“我希望别人怎样看待我?”等。

(3)分享与讨论(20～30 分钟)

• 如果参与者愿意，可以分享他们的创作成果和背后的思考。

• 设置一个安全和支持的环境，让每个人轮流分享并得到他人的反馈和理解。

(4)集体反馈(10～15 分钟)

• 组织小组讨论，让成员就听到的故事和经验发表感想，寻找共同点和差异。

• 强调每个人的独特性和共有的人性价值。

(5)总结收尾 (约 5 分钟)

• 教师对本次活动进行总结，感谢大家的参与和勇气。

• 确保所有材料被妥善清理，并提醒参与者对今天的经历可以回家后继续思考。

“看到我自己”这个活动可以帮助参与者以一种有创造力的方式探索和表达自己的内在世界，同时在安全的环境下接受他人的见解和支持。通过互动，参与者不仅能够更好地了解自己，也能够加深对他人内心体验的理解。

活动 2:师徒四人气质匹配

“师徒四人气质匹配”活动是一个以《西游记》中的唐僧、孙悟空、猪八戒和沙僧为原型的团队建设与个人认知活动。通过这个活动，参与者可以探索自己的气质特点，并学习如何根据不同的性格特点进行有效的团队协作。

活动目的：

(1)增进团队成员之间的相互了解和沟通。

(2)识别和理解不同性格类型在团队中的作用。

(3)提升个人自我认识和对他人认知的能力。

(4)学习如何根据成员的不同气质优化团队结构和工作流程。

活动准备：

(1)场地：安排一个可以进行小组讨论和活动的室内或室外空间。

(2)材料：准备气质测试问卷、纸笔、贴纸或胸牌等用于标识不同角色。

(3)投影/展板：如果可能，使用投影仪展示《西游记》人物的图片及其主要特质。

(4)指导说明：事先准备好对师徒四人气质的简要描述和活动中的角色分配规则。

(5)音乐/背景：播放一些轻松的音乐，营造愉快的活动氛围。

活动规则：

(1)诚实地完成气质测试，并根据结果进行角色分配。

(2)尊重每个人的角色选择和个性差异，避免负面评价。

(3)在讨论和互动环节中，鼓励积极参与并尊重他人的意见。

(4)在角色模拟环节，尽量真实地展现被分配角色的特点。

活动步骤：

(1)引入介绍(5～10 分钟)

• 简介《西游记》中师徒四人的背景和他们各自的性格特征。

• 解释活动流程和目的以及气质测试的重要性。

(2)气质测试(15～20 分钟)

• 让参与者独立完成一份简化版的气质测试问卷。

• 根据问卷结果，将参与者分为唐僧、孙悟空、猪八戒和沙僧四个类型。

(3)角色分配与讨论(20～30 分钟)

• 公布测试结果，并让每位参与者贴上对应的角色标识。

• 分组讨论各自角色的优缺点，以及如何在团队中发挥最佳效用。

(4)团队任务挑战(30～40 分钟)

• 设计一项需要团队合作的任务(如解决难题、策划一次旅行等)。

• 每组成员根据自己的角色特点，在团队中扮演相应的角色，共同完成任务。

(5)分享与反思(15～20 分钟)

• 各组分享他们的合作经验和完成任务的过程。

• 讨论在实际工作中如何应用今天的体验和学到的知识。

(6)总结(约 5 分钟)

• 对本次活动进行总结，强调性格多样性对团队成功的贡献。

• 鼓励参与者在日常工作和生活中更好地运用自身优势和理解他人。

通过这个实践活动，参与者不仅能够认识到每个人独特的气质和能力，还能学会如何在多样化的团队中寻找平衡点，实现高效的团队合作。

作业和思考

一、气质类型测试

由陈会昌编制的气质测验 60 题，是目前国内应用较广的一种气质测验工具。它既可以用于大学生班级、年级的集体测试，也可用于个人自测。测试时间一般为 15～20 分钟。

下面 60 道题，可以帮助我们大致确定自己的气质类型。在回答这些问题时，你认为：

很符合自己情况	2 分
比较符合	1 分
介于符合与不符合之间	0 分
比较不符合	−1 分
完全不符合	−2 分

1. 做事力求稳妥，一般不做无把握的事。

2. 遇到可气的事情就怒不可遏，想把心里话全说出来才痛快。

3. 宁可一个人做事，不愿很多人在一起。

4. 到一个新环境很快就能适应。

5. 厌恶那些强烈的刺激，如尖叫、噪声、危险镜头等。

6. 和人争吵时，总是先发制人，喜欢挑衅。
7. 喜欢安静的环境。
8. 善于与人交往。
9. 羡慕那种善于克制自己感情的人。
10. 生活有规律，很少违反作息制度。
11. 在多数情况下情绪是乐观的。
12. 碰到陌生人觉得很拘束。
13. 遇到令人气愤的事，能很好地自我克制。
14. 做事总是有旺盛的精力。
15. 遇到问题总是举棋不定、优柔寡断。
16. 在人群中从不觉得过分拘束。
17. 情绪高昂时，觉得干什么都有趣；情绪低落时，又觉得干什么都没意思。
18. 当注意力集中于一些事物时，别的事很难使我分心。
19. 理解问题总比别人快。
20. 碰到危险情境，常有一种极度恐怖感。
21. 对学习、工作、事业怀有很高的热情。
22. 能够长时间做枯燥、单调的工作。
23. 符合兴趣的事情干起来劲头十足，否则就不想干。
24. 一点小事就能引起情绪波动。
25. 讨厌做那种需要耐心、细致的工作。
26. 与人交往不卑不亢。
27. 喜欢参加热烈的活动。
28. 爱看感情细腻、描写人物内心活动的文学作品。
29. 工作学习时间长了，常感到厌倦。
30. 不喜欢长时间谈论一个问题，愿意实际动手干。
31. 宁愿侃侃而谈，不愿窃窃私语。
32. 别人总是说我闷闷不乐。
33. 理解问题常比别人慢些。
34. 疲倦时只要短暂的休息就能精神抖擞，重新投入工作。
35. 心里有话宁愿自己想，不愿说出来。
36. 认准一个目标就希望尽快实现，不达目的，誓不罢休。
37. 学习、工作同样一段时间后，常比别人更疲倦。
38. 做事有些莽撞，常常不考虑后果。
39. 老师讲授新知识时，总希望他讲得慢些，多重复几遍。
40. 能够很快地忘记那些不愉快的事情。
41. 做作业或完成一件工作总比别人花的时间多。
42. 喜欢运动量大的剧烈体育运动或参加各种文艺活动。
43. 不能很快地把注意力从一件事转移到另一件事上去。

44. 接受一个任务后，就希望能把它迅速解决。
45. 认为墨守成规比冒风险强些。
46. 能够同时注意几件事物。
47. 当我烦闷的时候，别人很难使我高兴起来。
48. 爱看情节起伏跌宕、激动人心的小说。
49. 对工作抱认真严谨、始终一贯的态度。
50. 与周围人的关系总是相处不好。
51. 喜欢复习学过的知识，重复做能熟练做的工作。
52. 希望做变化大、花样多的工作。
53. 小时候会背的诗歌，我似乎比别人记得清楚。
54. 别人说我“出语伤人”，可我并不觉得这样。
55. 在体育活动中，常因反应慢而落后。
56. 反应敏捷、头脑机智。
57. 喜欢有条理而不甚麻烦的工作。
58. 兴奋的事常使我失眠。
59. 老师讲新概念，常常听不懂，但是弄懂了以后很难忘记。
60. 假如工作枯燥无味，马上就会情绪低落。

计算每种气质类型的总得分数：

多血质：4、8、11、16、19、23、25、29、34、40、44、46、52、56、60 题

胆汁质：2、6、9、14、17、21、27、31、36、38、42、48、50、54、58 题

黏液质：1、7、10、13、18、22、26、30、33、39、43、45、49、55、57 题

抑郁质：3、5、12、15、20、24、28、32、35、37、41、47、51、53、59 题

二、思考题

随着当今社会对人的综合能力的要求不断提升，非智力因素在个体成长和发展中的地位越来越突出，人格在个体成才成功中的作用也越来越凸显。了解人格与心理健康的关系、大学生人格发展的特点、健全人格的塑造和发展，将促使个体得到更健康、更全面的发展和成长。

曾有一位老教授，他昔日精心培养的三名得意门生前来看望他。这三人当下发展得都很不错：一个在仕途上正扶摇直上，一呼百应；一个在商海中正叱咤风云，日进斗金；一个在学术界享有盛誉，成为国内该学科的带头人。有人问这位老教授，如何评价他的三名高徒，以后谁会更成功。老教授说：现在还看不出来，人生的较量有三个层次，最低层次的较量是技巧的较量，稍高的是智慧的较量，最高层次的较量是人格的较量。他认为三位高徒目前的较量还只是智慧层面的较量，而最高层次人格的较量还远没有开始。老教授的一席话充分提示了人格在个体成长、成才中的重要地位。

1. 大学生常见的不良人格特征有哪些？如何进行调控？
2. 大学生健全人格的培养可以从哪些方面入手？

推荐书目

1.《独一无二:解开人格差异之谜》

作　　者:［美］朱迪斯·哈里斯

出 版 社: 上海译文出版社

出版时间: 2021 年 9 月

作品简介:

心理学上的难解之谜:是什么导致人有不同的个性和行为?这不只是先天(遗传)和后天(环境)的问题,因为即使是基因极为相似且成长背景相当一致的同卵双胞胎,个性都不一样。如果心理学连双胞胎的相异性都无法解释,更遑论其他人与人之间的差异——为什么没有完全相同的两个人?作者深入检视了从社会心理学的传统实验到神经科学的新领域,包括双胞胎研究,观察自闭儿、猩猩甚至蚂蚁。最后,她终于得到了自弗洛伊德以来有关“个性”的完整理论:以演化心理学为基础,哈里斯以地位系统、社会化系统和关系系统这三种心理机制,鞭辟入里地为我们解开了人格差异之谜。

2.《无处不在的人格》

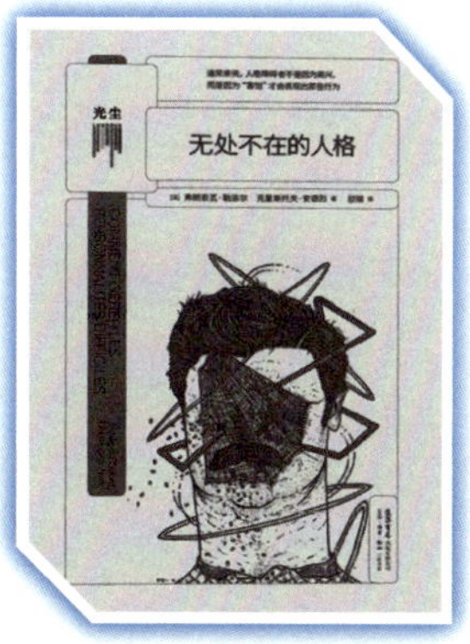

作　　者:［法］弗朗索瓦·勒洛尔/［法］克里斯托夫·安德烈

出 版 社: 三联书店

出版时间: 2022 年 3 月

作品简介:

通常来说,人格障碍者不是因为高兴,而是因为“害怕”才会表现出那些行为:他们害怕被抛弃,害怕不被理解,害怕受到侵犯,害怕让自己或所爱之人陷入险境……这本书中,作者以亲自诊疗过的案例生动真实地介绍了 12 余种人格障碍(如焦虑型人格、表演型人格、强迫型人格、自恋型人格等),并提供了应对这些人格障碍的建议,帮助人们更好地应对在生活中遇到的无法回避的人格障碍问题。

3.《人格心理学》

作　　者: 黄希庭

出 版 社: 西南大学出版社

出版时间: 2021 年 10 月

作品简介:

本书是一本导论性质的著作,共三编。第一编人格研究导言,主要讨论本学科中具有普遍意义的两个基本问题:人格心理学的研究对象、认识人格的途径。第二编人格研究范型,从人格心理学众多的研究范型中选取了四种主要的研究范型,即精神分析论范型(包括经典精神分析论和新精神分析论)、特质论范型、学习论范型和现象学范型，对其理论观点、研究方法和评鉴技术等进行了深入阐述。第三编人格研究专题，对人格领域中的五个专题，即能力、利他行为、攻击、性别与人格以及人格与健康展开系统详细的论述。

第四章 情绪管理

导入案例

野马效应

非洲草原上有一种吸血蝙蝠，它们依靠吸食动物的血生存，常叮在野马的腿上吸血。不管野马怎样暴怒、狂奔，就是拿它们没办法，不少野马被活活折磨死。动物学家发现，吸血蝙蝠所吸的血量极少，远不足以使野马死去。那究竟是什么原因呢？

原来，每当有蝙蝠在野马身上吸血的时候，野马会感觉到格外的愤怒，而愤怒使野马剧烈地跑动，试图将吸血蝙蝠从自己的身上甩下来，而蝙蝠却还是牢牢地吸附在野马体表。于是，周而复始，野马不停地愤怒，不停地奔跑，最后因力竭而亡。

这就是心理学上著名的“野马效应”。在生活中，难免会遇到困难。很多时候，打败我们的不是问题本身，而是我们因问题而产生的情绪。

第一节　情绪的内涵

在生活中，提到“情绪”这个词，我们并不陌生。无论是遭遇不同情境所引发的喜、怒、哀、乐，还是在亲密关系中寻求的情绪价值，抑或是在面对危机、压力、焦虑时的情绪管理需求，都与我们息息相关。在日常生活中，我们一般会将关注的重点放在身体健康问题上，容易忽视情绪对我们的影响。但情绪对我们的影响不容忽视，我们的思维、行为乃至身体健康，生活中的各种表现，都在很大程度上受到情绪的调控。

情绪，这一复杂多变的心理现象，有时瞬息万变，有时又持久深远，是影响大学生心理健康的关键因素。当前阶段的大学生正处于情绪与认知的波动期，容易受到各类信息和事件的干扰，进而影响其思维与行为。因此，深入了解情绪的本质至关重要。本章节将系统阐述“情绪”这一概念，涵盖情绪的定义、性质、特点，以及情绪的类别、表达、识别。通过这一章节的学习，大学生将能够更好地理解情绪管理的意义与方法，为培养健康心理奠定坚实基础。

一、情绪的定义

情绪是个体在面对特定事件、情境或对象时，内心所经历的心理活动与主观感受，它体现了复杂的生理与心理状态，并伴随着认知与意识过程。长期以来，情绪的研究一直是心理学、哲学和神经学等学科专家共同关注的焦点课题之一。情绪的探究不仅涉及个体的内在体验，还涵盖了其在社会互动中的表达、传递与影响。情绪作为人类心理活动的核心组成部分，对个体的行为决策、人际交往、心理健康以及生活质量等方面都发挥着至关重要的作用。

(1)从认知心理学的角度分析，情绪是个体在面对不同情境时所产生的一种主观感知、判断和评价，它反映了个体对外界刺激的内在反应。这种反应并非简单的喜好或厌恶，而是经过大脑加工、分析和评估后的综合表现。

以小张同学为例，他经过长达六个月的精心备考，每天付出巨大的努力和时间，克服了种种困难，终于成功通过了大学英语四级考试。当面对这一令人振奋的情境时，小张同学可能会感到内心的喜悦和激动，这是因为他通过自己的努力取得了预期的成绩，从而产生了积极的情绪体验。相反，小李同学的情况则完全不同。他心爱的限量版手办，不仅仅是一个物品，更是他情感的寄托和回忆的象征。然而，一个不小心，手办被打破了，这对小李同学来说无疑是一个沉重的打击。面对这一令人心痛的情境，小李同学可能会感到深深的悲伤和愤怒，这是因为他失去了自己珍视的东西，而这种失去带来了消极的情绪体验。

可见，情绪是个体在特定情境下主观体验的综合表现，它受到个体感知、判断和评价的影响。无论是喜悦还是悲伤，愤怒还是平静，都是个体对外界刺激做出的内在反应，反映了个体的情感状态和心理活动。

(2)从生理学的角度分析，情绪的变化不仅仅是心理层面的波动，它还会直接触动我们的生理机能，引发一系列连锁反应。假如当你突然被点名在公众场合发言，那种瞬间的紧张感如潮水般涌来。这种感觉并非凭空产生，而是身体在生理层面上做出的一系列应激反应。当情绪波动时，我们的身体会自动启动应急机制，开始分泌肾上腺素等应激激素。这些激素在血液中的浓度迅速上升，心跳开始加速，呼吸变得急促，血压也随之升高，为身体各部位提供更多的血液和能量。

这些生理反应并不是孤立存在的，它们与我们的情绪体验形成了紧密的联系。心跳的加速和呼吸急促让我们更加感受到紧张的情绪，而血压的升高则可能引发头痛或其他身体不适。这种相互作用形成了一个闭环，情绪与生理反应相互增强，共同构成了我们对特定情境的整体感知。在日常生活中，我们往往容易忽视这种伴随情绪而产生的生理反应。然而，当情绪的强度和频率超出身体所能承受的范围时，这些看似微不足道的生理反应就可能会累积并演化成更严重的身体疾病。

(3)从神经科学的角度分析，情绪可以被视为对我们身体内部状态的精细感知。它是身体与那些旨在维持我们生存的身体自动调节机制之间的关键接口，同时，它也是身体感受与我们的意识体验之间的桥梁。这种复杂的连接意味着情绪不仅仅是由简单的生理因素，如激素和神经递质，所驱动的。实际上，情绪还深深地根植于我们的性格特质、心理状态、生活经历以及文化背景中。

多元因素相互交织，共同塑造了我们所经历的每一种情绪。因此，在不同的情绪状态下，我们的行为方式、决策过程以及内心体验都会发生显著的变化。例如，当我们处于积极的情绪状态时，我们可能更加乐观、富有创造性，并更愿意与他人合作；而当我们陷入消极的情绪时，我们可能会变得焦虑、封闭，甚至做出一些冲动的决定。

综上所述，情绪在人们的生存中占据了不可或缺的地位，它不仅仅是一种心理现象，更是引发和推动人们认知活动、心理活动以及行为举止的重要动力之一。情绪是人们内心世界的晴雨表，它以复杂而微妙的方式影响着人们的思维、决策和行动。

二、情绪的性质

情绪，作为人类内心的一种复杂反应，涵盖了喜、怒、忧、思、悲、恐、惊等多种表现形式。当面对令人愉悦的事物时，我们可能会产生喜爱的情绪；而面对令人不安或害怕的事物时，恐惧的情绪可能油然而生；当遭遇令人厌恶或痛恨的事物时，愤怒的情绪可能占据主导。这些情绪构成了我们日常生活中的基础情感反应。

在特定的情境、事件或对象面前，我们的情绪可能变得更为复杂，如悲喜交加、喜忧参半、爱恨交织等，显示了情绪的多样性和复杂性。情绪并非单一存在，而是由多种因素交织而成的生理过程。一般而言，情绪由主观体验、外部表现和生理唤醒三个部分组成。主观体验是指个体对情绪的主观感受；外部表现则通过面部表情、肢体动作等方式展现给他人；生理唤醒则涉及身体内部的生理反应，如心跳加速、血压升高等。这三个部分共同构成了情绪的整体表现。

（一）主观体验

主观体验是个体对各种情绪状态的深刻内在感受与反应，它是人们情感世界的重要组成部分，同时也是情绪产生的重要源泉。不同个体在面对不同情境时，所产生的情绪反应是多种多样的。这种多样性源于每个个体独特的感知深度、判断依据、评价标准以及情感体验度。

主观体验是影响个体情绪反应的关键因素。个体的文化背景、生活经历、性格特点等因素会对其主观体验产生影响。例如，一些人可能更倾向于积极乐观地看待生活中的挑战和变化，而另一些人则可能更容易陷入消极悲观的情绪中。这种情绪倾向不仅会影响个体的情感体验，还会影响其决策和行为。只有深入了解个体的主观体验，才能更好地理解其情绪反应和行为表现，从而更好地与其沟通和交流。

（二）外部表现

外部表现是一种生动而富有感染力的信息传递方式，它在很大程度上塑造了人们对情绪状态的理解和感知。这种表达不仅仅是一种简单的身体动作，更是一种情感状态的细致刻画，是情绪在身体各部位产生的微妙变化的量化表现。

外部表现通过一系列复杂的信号，如面部表情、肢体动作和语音语调的变化，将内心的情感状态传递给外界。这些信号是情绪的直观体现，也是情绪传递的重要途径。例如，手舞足蹈不仅展示了身体的活力，更传递了内心的喜悦和兴奋；眉开眼笑则通过面部肌肉的舒展和眼睛的神采，传递出愉悦和满足的情绪；泪如泉涌则通过眼泪的流淌，展示了内心的悲伤和感动；大惊失色则通过面色的骤变和眼神的惊恐，表达了内心的惊恐或惊讶；而坐立不安则通过身体的紧张和不断变换的姿势，揭示了内心的焦虑和不安。通过观察和解读他人的外部表现，我们可以更好地理解他人的情感状态；通过有意识地调整自己的外部表现，也可以更好地控制自己的情绪，以更加积极、理性的态度面对生活中的挑战。

（三）生理唤醒

生理唤醒，这是一种深刻的生理反应，描述了情绪如何对外界刺激做出敏感的响应。以小王同学为例，他长期以来对大型犬怀有一种深深的恐惧感。这种恐惧并非无中生有，而是源于他小时候一次不愉快的遭遇，那次经历给他留下了深刻的心理阴影。

某日，小王同学在公园里散步。突然，一条威猛的大型犬急速地向他奔来。面对这突如其来的情况，小王同学的恐惧情绪立刻被激活。此刻，小王同学的恐惧反应实际上已成为生理唤醒的警报。这种警报通过神经系统和内分泌系统迅速向全身扩散，激发了他身体的应激反应。在生理唤醒的驱动下，小王同学的反应变得异常激烈。他可能会大声尖叫，试图用声音驱散内心的恐惧；或者，他可能会泪流满面，以泪水表达内心的恐慌；又或者，他可能会转身就跑，试图逃离这个让他恐惧的源头。可见，生理唤醒是情绪对外界刺激做出的直接而深刻的生理反应。

三、情绪的特点

情绪在人的日常生活中具有举足轻重的地位，它不仅左右着人们的思维模式和反应状态，还深刻影响着个体的行为决策。因此，对情绪特性的深入研究和理解，有助于我们更有效地调控自身情绪，提升情绪管理的能力。总体来说，情绪主要展现出以下特点：导向性、两极性、主观性、过程性、持续性和转换性。

（一）导向性

情绪具有显著的导向性，能够深刻影响人们的行为和思维方式。具体来说，情绪的变化会引导个体的思维方向和行为选择，使人们在不同的情境下展现出不同的心理和行为特征。

以愤怒情绪为例，当人们感到愤怒时，其思维和行为可能会变得冲动而富有攻击性。在这种情绪的驱使下，人们可能会失去理智，做出一些不明智的决策或行为，这不仅会损害他们的个人形象，还可能导致不良后果。

相反，当人们感到喜悦时，他们的思维和行为通常会变得更加积极和乐观。这种情绪会使人们更加关注积极的信息和可能性，更加努力地追求自己的目标和梦想。同时，喜悦情绪还能激发人们的创造力和创新能力，帮助他们在工作和生活中取得更好的成绩。

（二）两极性

情绪变化的维度包括动力性、激动性、强度和紧张度等方面，在这些特征的变化幅度中均呈现出两极性的对立状态。具体而言，情绪的变化可能表现出积极与消极、激动与平静、强烈与微弱、紧张与放松等对立的状态，这种两极性使得情绪变化具有复杂性和多样性。

1. 动力性

动力性是个体在生活中追求目标、激发行为及体验活动的重要能力，可划分为增力与减力两个层面。当个体处于积极情绪状态时，动力性会表现得尤为突出。例如，当我们体验到喜悦时，会极大地激发我们的积极性，使我们在工作和生活中展现出更高的能力。再如，当我们感到自豪时，就会对所取得的成就感到满足和骄傲，激励自己不断挑战更高的目标。

而当我们处于消极情绪状态时，动力性则会受到一定的削弱。例如，当我们感到沮丧时，我们可能会对生活失去信心、对未来感到迷茫，这种情绪会让我们失去尝试新事物的动力，甚至会对新的挑战感到恐惧和不安。如果我们长期处于这种状态，就可能会陷入恶性循环，导致我们失去追求目标的能力，进而影响我们的生活质量。

2. 激动性

激动性可划分为激动与平静。在激动状态下，人们体验到的情绪强度极高，这种强烈的情感反应可能会引致身体和思维的活跃度显著提升。比如，在体育赛事的关键时刻，当比赛结果悬念重重，观众往往会感受到一种紧张而激动的情绪氛围。这时，身体会自动释放出肾上腺素和多巴胺等神经递质，使人感到心跳加速、呼吸急促，甚至产生出汗等生理反应。这些生理反应会进一步加剧个体的情绪体验，使其对比赛结果更加关注，反应更加激烈。

相比之下，平静状态则表现出一种相对稳定和温和的情绪特征。在这种状态下，人们的思维更加清晰，能够更加冷静地应对问题和做出决策。平静状态可以帮助个体在面对复杂或困难的局面时，保持冷静的头脑和稳定的心态，从而更好地分析问题，寻找解决方案。

3. 强度

强度可以分为微弱和强烈，可以从轻微到强烈不断变化，展现出丰富多样的情绪状态。例如，从愉悦到狂喜，情绪体验的强度可以像涟漪般逐渐扩散，从内心深处荡漾至整个身心。从微愠的不满情绪到狂怒的暴躁状态，情绪的强度也可能像火山爆发一样猛烈，瞬间席卷个体。

可见，随着情绪强度的不断变化，个体可能会表现出一系列冲动、不理智、不适当的行为。这些行为可能源于情绪的激烈波动，使得个体难以保持冷静和理智。在强烈的情绪驱使下，个体可能会做出一些后悔的决定，或者表现出一些破坏性的行为。这些行为不仅会影响个体的内在真实感受，还会对个体的外在行为和社交互动产生深远影响。

4. 紧张度

紧张度是从极度紧张到完全放松的程度变化。当紧张度处于高水平时，个体会体验到强烈的焦虑、不安和担忧等负面情绪。这种心理状态不仅会影响个体的心理健康，还会引发一系列生理反应，如心跳加速、呼吸急促、肌肉紧张等。这些生理反应会进一步加剧紧张情绪，使个体难以保持冷静和理智。

相反，当紧张度处于较低水平时，个体则能够体验到一种轻松、舒适和安全的感觉。在这种情绪状态下，个体的身体放松、呼吸平稳，思维也变得更加清晰和敏捷。这种状态有助于个体更好地享受当下、体验愉悦，并更好地发挥其创造力和社交能力。轻松的情绪状态还有助于促进个体的身心健康，降低产生焦虑和抑郁等负面情绪的风险。

（三）主观性

情绪的主观性涵盖了个体对情绪强度、质量和持续时间等方面的感知和评价，体现了情绪体验的个性化特点。在情绪的主观性中，不同个体对相同事件的反应可以大相径庭，这源于他们的个人经历、性格特点、认知水平等因素的千差万别。例如，在面对一场突如其来的大雨时，一个曾经在雨中嬉戏的孩子可能会感到兴奋和愉悦，因为雨水带给了他快乐的回忆；而一个曾经在大雨中失去重要物品的人，则可能感到焦虑和烦躁，因为雨水唤起了他不愉快的记忆。主观性使得每个人在面对相同的情境时，可能有截然不同的情绪反应。这种截然不同的情绪反应，正是情绪主观性的生动体现。

（四）过程性

情绪过程性不仅仅指的是情绪产生的瞬间，更是一个包含多个阶段和层面的持续过程。这一过程不仅仅是由外界刺激直接引发的，更是个体内部心理机制与外部环境因素相互作用的结果。当人们受到外部的刺激，如人际交往中的言行举止、自然环境的变化或者社会事件的发生，都可能成为情绪的触发点。这些刺激通过个体的感知系统进入大脑，激活相应的情绪中枢，从而产生特定的情绪体验。情绪体验可以是积极的，如喜悦、兴奋，也可以是消极的，如悲伤、愤怒。这些体验不仅受到外部刺激的影响，还受到个体内部心理状态、情绪状态以及个人特质等因素的调节。

（五）持续性

情绪持续性是情绪在时间和空间上的恒定性与一致性。具体而言，情绪持续性反映了情绪状态在个体内心持续时间的长短，以及在不同情境下情绪表现的一致性。这种持续性不仅体现在情绪的强度和烈度上，更体现在情绪对个体行为和认知产生的深远影响上。

面对不同事件，情绪持续性的表现各异。有些情绪可能会迅速消退，例如短暂的惊吓或喜悦；而有些情绪则可能持续较长时间，例如长期的抑郁或焦虑。这种差异可能与个体的性格特点、生活经历以及情境本身的性质有关。在某些特定情境下，个体可能会反复体验到相同类型的情绪，例如，在面对工作压力时，个体可能会多次体验到焦虑或不安。这种反复的情绪体验可能会影响个体对这些情境的认知和评价，进一步影响他们的行为决策和应对策略。

（六）转换性

情绪转换性是指在面对不同情绪刺激时，个体能够灵活调整自身情绪反应，实现情绪状态的有效转换。这种转换性不仅体现在情绪与情绪之间的转变，更表现在情绪与行为之间、行为与行为之间的相互影响和转化。具体而言，情绪转换性要求个体在面对积极情绪时，能够保持冷静，不被过度的喜悦冲昏头脑；在面对消极情绪时，能够调整心态，找到积极乐观的方向。这种转换性使得个体能够在复杂多变的情绪环境中，保持相对的情绪稳定，避免因情绪的过度波动而影响到生活和工作。

此外，情绪转换性还体现在行为与行为之间的转换上。个体在面对不同情境时，需要灵活调整行为策略，以适应变化。这种灵活性和变通性，正是情绪转换性所要求的重要特质。成语“喜极而泣”和“破涕为笑”，就生动地描绘了情绪转换性的特征。在经历极度喜悦之后，个体会因内心感动而流泪；而在经历悲伤之后，个体又能调整心态，从悲伤中走出，重新展现笑容。这种情绪状态的转变，正是情绪转换性的生动体现。

掌握情绪的内涵对大学生而言具有重要意义，可以更好地帮助同学们认识自己、维护心理健康、处理人际关系、提高学习效率以及助力个人成长。因此，同学们应该积极学习情绪管理知识，不断提升自己的情绪素养。

第二节　情绪的分类和识别

情绪是人类内心体验的重要组成部分，对人们的生活、工作、学习和社交等方面都有着深远的影响。为了更好地理解和应对情绪，人们需要具备一定的心理学知识和实践经验，对情绪进行分类和识别。只有深入了解情绪的本质和特点，才能更好地应对情绪，提高情绪管理的能力，从而更好地适应生活和工作的挑战。

一、情绪的类别

（一）基本情绪与复合情绪

从生物演化的视角来审视情绪，我们可以将其划分为基本情绪与复合情绪两大类。这种分类方式不仅揭示了情绪的起源，还深入探讨了情绪的功能以及在社会交往中的重要角色。

1. 基本情绪

基本情绪，作为人类与动物所共有的情感基础，是我们生命中最原始、最直接的情感体验。它们像无形的力量，无声无息地影响着我们的决策、行为和反应。了解基本情绪，深入探索它们如何塑造我们的内心世界，不仅可以帮助我们更好地理解自己，还可以提升我们的情感智慧，使我们能够更好地与他人沟通和交流。

基本情绪在个体出生时便已具备，并在生命初期迅速成熟，无须经过复杂的社会化过程或学习训练。它们是人类生存和繁衍的基本保障，帮助我们在面对外界刺激时迅速做出反应。心理学专家一般将喜、怒、哀、惧等视为基本情绪的范例。

2. 复合情绪

复合情绪，这是一种深层次的情感反应，通常是基于基本情绪而构建的。这些基本情绪，如快乐、悲伤、愤怒、恐惧等，是人类与生俱来的情感基础。然而，复合情绪并不仅仅是这些基本情绪的简单叠加，而是涉及对社会情境的深入评估和个人经验的解读。这意味着，我们的情感反应不仅仅受到即时环境的影响，也受到我们过去的经历、文化背景、个人价值观等多种因素的影响。

复合情绪是由基本情绪的不同组合和衍生而来的。这种组合并不是随意的，而是基于一定的逻辑和规律。如图 4－1 所示，一种基本情绪可以与相邻的情绪混合，产生出一种全新的复合情绪。例如，恐惧与悲伤的结合可能产生绝望，恐惧与愤怒的结合可能产生狂暴。同时，一种基本情绪也可能与相距更远的情绪结合，形成更为复杂的复合情绪。例如，恐惧与快乐的结合可能产生紧张，悲伤与愤怒的结合可能产生痛苦。

图 4－1　面部表情情绪分析

（二）积极情绪与消极情绪

情绪，作为人类心理活动的重要组成部分，可以根据其属性被细分为积极情绪和消极情绪。这两种情绪不仅体现了情绪本身的不同性质，而且深刻地影响了个体的心理和行为状态。

1. 积极情绪

积极情绪，是一种深深植根于我们内心、与接近行为相伴而生的情感状态。它不仅仅是一种单纯的愉快感觉，更是一种能够带来深层的满足感、宁静的内心以及丰富的正面心理体验的情绪。积极情绪与个体的幸福感和生活满意度有着密切的关联。当处于积极情绪状态时，我们会更容易看到生活中的美好，感受到世界的善意，进而产生对生活的热爱和满足。这种情绪状态还能促使我们更好地应对生活中的困难和挑战，增强我们的心理韧性。

同时，积极情绪在社会关系的建立和维持中也起着至关重要的作用。当我们以积极的心态去对待他人，会更容易赢得他人的信任和尊重，从而建立起深厚的人际关系。而这种良好的社会关系，又能进一步促进我们的身心健康，形成一个良性的循环。

2. 消极情绪

消极情绪，是一种复杂的心理状态，通常与回避行为相伴产生。这种情绪状态具有显著的不愉快、痛苦或负面心理体验特征，对个体的心理平衡产生深远影响。消极情绪往往与生活中的压力、挑战和逆境密切相关，是人们面对困难和不幸时的自然反应。

在适度的情况下，消极情绪能够发挥积极作用。它可能会激发个体对问题的深入反思，促进自我成长和适应性提升。当消极情绪过于强烈且持久时，其负面影响便不容忽视。过度的消极情绪可能导致个体陷入心理困境，影响日常生活和社交功能。长期而言，持续的消极情绪还可能对个体的身心健康产生严重损害，如焦虑、抑郁等心理问题的出现，甚至可能引发一系列生理疾病。

案例——踢猫效应

一个父亲在忙碌而紧张的工作日结束后，身心疲惫地回到家。他在公司里遭受了老板的批评，这种挫败感像一块沉重的石头压在他的心头。他试图控制自己的情绪，但当他看到沙发上嬉戏的孩子时，所有的压力和不满突然爆发出来。他愤怒地对着孩子大声斥责，声音里充满了不满和痛苦。

孩子无辜而困惑，他无法理解父亲为什么突然变得如此可怕。他的心里充满了委屈和怒火，而这一切的源头，只是因为他在沙发上活泼地跳跃。孩子无法忍受这种不公正的对待，于是他把怒火转向了身边打滚的猫。他狠狠地踹了猫一脚，猫的尖叫声划破了家里的宁静。

猫被吓得魂飞魄散，它仓皇地逃出了家门，跑到了街上。正当猫咪试图找到一个安全的地方躲避时，一辆满载货物的卡车疾驰而来。司机远远看到路中央的猫咪，他的心跳瞬间加速，紧张的情绪涌上心头。他深知，如果不及时避让，猫咪将命悬一线。于是，他迅速转动方向盘，试图避免这场悲剧。然而，在紧急避让的过程中，司机没有注意到路边的一个孩子。孩子正沉浸在自己的世界里，完全没有意识到即将到来的危险。卡车猛然冲向孩子，无情地撞上了他的身体。孩子的身体在空中翻滚了几圈，最终重重地摔在地上。周围的行人见状惊呼，纷纷上前查看孩子的伤势。而猫咪也被这突如其来的变故吓得躲到了一旁的草丛中，瑟瑟发抖。

思考题：

1. 请阐述通过本案例你获得了哪些深刻的启示？
2. 针对此案例，请详细剖析其中父亲、孩子以及卡车司机各自展现出了哪些情绪？

这个悲惨的故事，就是心理学上著名的“踢猫效应”。情绪是具有传递性的，就像多米诺骨牌，一旦倒下一块，就会引发一连串的反应。踢猫效应是一个生动而深刻的心理现象描绘，揭示了人类情绪传递如何在不知不觉中对他人造成伤害。

二、情绪状态及其分类

情绪状态，指在特定生活事件影响下，个体于一定时间段内所展现出的各类情绪体验。这种状态可根据情绪发生的强烈程度和持续时间长短进一步细分为心境、激情及应激等类型。

（一）心境

心境，是一种情感状态，其特点在于微弱、宁静与持久。此种情绪状态并非局限于某一特定对象，而是能够弥漫性地影响个体的整体生活，为之赋予特定的情感色彩。其产生的原因多种多样，涵盖学习、工作、人际互动、健康状况乃至自然环境等诸多方面。

心境的变化并非偶然，它的产生有着众多的原因。当我们面对学习压力时，可能会感到焦虑不安，这种情绪就会渗透到我们的心境中，使我们的生活充满了紧张感。工作中的挑战、人际关系的复杂程度、健康状况的起伏以及自然环境的变化，这些都可能成为心境的触发点。它们以不同的方式和程度影响着我们的心境，就像是一块块投入湖中的石头，激起不同大小的涟漪。值得注意的是，一个重大的事件，如失业或疾病，可能会对我们的心境产生深远的影响，使得我们在一段时间内都沉浸在悲伤或焦虑中。而一些微不足道的小事，如一个微笑或一句赞美，也可能在瞬间改变我们的心境，使我们的生活焕发出新的光彩。

（二）激情

激情是一种强烈的、短暂的、爆发式的情绪状态，通常由对个人有重大意义的事件所引发。这种情绪状态具有一定的指向性，并伴随着生理变化和明显的外部行为表现。这种状态通常源自那些对个人具有深刻影响和意义的事件，这些事件可能是积极的，如重大的成功或喜悦的消息，也可能是消极的，如令人沮丧的失败或悲伤的别离。

当激情被激发时，它往往伴随着明显的生理变化，如心跳加速、血压升高、呼吸急促等。这些生理变化与强烈的情绪体验相互交织，进一步推动了激情的表达。激情状态下的情绪反应多种多样，可以是狂喜、兴奋、愤怒或悲痛等。这种情绪状态具有鲜明的指向性，使得个体在激情的驱使下产生特定的行为倾向。例如，当个体处于兴奋状态时，可能会全身心地投入某项活动中，而当愤怒占据主导时，则可能采取冲动的行动或表达不满。

（三）应激

应激，作为一种急速而高度紧张的情绪状态，常常源于生活中出乎意料的紧迫情况。这种状态不仅仅是简单的紧张或焦虑，而是涉及个体对自身能力的评估、对情境的理解以及生理变化的综合反应。

在面对如考试或比赛这样的关键时刻，人们往往会体验到应激反应，可能会感到心跳加速、手心出汗，甚至出现呼吸急促等生理变化。这些反应是由于大脑在应激状态下释放了大量的应激激素，如肾上腺素等，以帮助个体应对当前的挑战。短暂的应激状态通常不会对个体造成太大的影响，一旦考试或比赛结束，应激状态往往会迅速减轻。然而，当一个人长时间处于高压力、高强度、高竞争的环境中，持续的应激状态可能对他的身心健康造成严重的损害。因此，对那些面临高压工作、学习或生活压力的人来说，学会有效地应对和管理应激状态是非常重要的。

这三种情绪状态在个体生活中占据着举足轻重的地位，它们共同为情绪体验增添丰富的内涵和多样性，并在不同的情境中得以充分展现。这些情绪状态对个体的思维、行为和健康状况具有深远的影响。因此,深刻理解和准确识别这些情绪状态,对于个体有效管理情绪、提升心理健康水平以及增强社会适应能力具有重要意义。

三、情绪的表达

情绪表达,作为人们情感释放与宣泄的重要途径,对于维护身心健康发挥着至关重要的作用。在日常生活中,我们不可避免地会经历各种情绪波动,如喜悦、悲伤、愤怒、焦虑等。这些情绪若无法得到及时有效的表达,将对我们的身体和心理健康造成不可估量的影响。

相反,如果我们能够恰当地进行情绪表达,不仅能够舒缓内心的压力,还有助于与他人建立更为紧密和真诚的联系。具体来说,情感表达可以分为生理表达和心理表达两种形式。

生理表达主要体现在我们的行为和生理反应上,如面部表情、肢体语言、声音变化等。这些生理表达是我们情感状态的直接体现,能够帮助他人更直观地了解我们的内心感受。当一个人感到紧张或恐惧时,他的心跳可能会无规律地加速跳动。这种心跳加速的现象,是身体在应对紧张或恐惧情绪时自动启动的一种生理应激反应。同样,血压升高和呼吸急促也是身体在面对压力或危险时,为了更好地应对可能出现的挑战,而自动调整生理状态的表现。而当情绪转变为平静或放松时,身体则会相应地调整生理状态,肌肉也会从紧张的状态中松弛下来。

心理表达体现在我们的思维和认知过程中,通过语言表达、艺术创作等方式,将内心的情感转化为具体的作品或观点,从而更深入地探索和表达自己的情感世界。

四、情绪的识别

情绪识别,即通过细致观察与分析个体的面部表情、肢体语言以及语音语调等多维度信息,深入理解与把握自身及他人的情感状态。掌握这一技能对于深化自我认知、构建和谐人际关系以及实现高效沟通具有不可替代的作用。

面部表情是情绪表达的重要载体,能够通过细致入微的肌肉运动传达出丰富的情绪信息。这些肌肉运动主要包括眼部肌肉、颜面肌肉和口部肌肉的变化,它们协同工作,以微妙而独特的方式展现各种情绪状态。例如,当一个人感到开心时,眼角会上扬;当一个人生气时,眉头会紧锁;而当一个人悲伤时,眼圈可能会红肿。在人际交往中,学会观察和解读他人的面部表情,有助于进行情绪识别。

肢体语言,作为一种非言语的沟通方式,在情感识别中发挥着不可或缺的作用,涵盖了一系列细致入微的动作,包括手势、身体姿势以及整体的动态表现,这些都能为我们提供关于个体情绪状态和内在意图的重要线索。当某人表现出频繁的肢体动作,如手抖、咬唇、眼神游离不定、身体状态不自然等,这些迹象揭示出个体可能正处于紧张或焦虑的状态中。这种紧张或焦虑可能源自对即将到来的事件的担忧、对自我表现的过度关注或是对某种情境的压力反应。

语音语调在情绪识别中扮演着至关重要的角色,它是我们理解他人情感状态的关键线索之一。通过对人们在不同情绪状态下的声音特征进行深入分析,我们可以更准确地洞察他们的内心情感。当个体充满自信时,他们的语调则显得更为稳定和坚定。他们的声音仿佛有一种内在的力量,能够让人感受到他们的自信和决心。在这种情况下,语速通常会保持适中,既不过快也不过慢,以确保自己的话语能够有条不紊地传达给他人。而当人们感到惊讶时,他们的语调可能会发生突然的变化,突然升高或降低,给人一种出乎意料的感觉。同时,语速也可能短暂地加快或减慢，反映出他们内心的惊讶和困惑。

随着科技的进步和研究的深入，情绪识别技术在许多领域中展现出了令人瞩目的应用价值。在人机交互方面，通过准确地识别和理解用户的情绪，机器可以提供更为贴心、个性化的服务。在心理治疗中，心理医生可以借助情绪识别技术，更准确地评估患者的情绪状态，制订更为有效的治疗方案。由此可见，情绪识别，在心理学和社会科学中占据着举足轻重的地位，不仅可以帮助我们更全面、更深刻地理解人类情绪的丰富性和复杂性，还能够揭示情绪变化的内在机制，为心理健康和幸福感的提升提供有力的支持。

第三节　大学生情绪管理的意义和方法

在大学生活的每一个阶段，情绪管理都扮演着至关重要的角色。在大学生活的初期，我们面临着从中职、高中到大学的巨大转变，新的环境、新的同学、新的课程都要求我们迅速适应。这时，学会积极调整心态，保持乐观向上的情绪就显得尤为关键。随着大学生活的深入，我们会面临越来越多的挑战和困难。学业压力、人际关系、职业规划等问题都可能引发我们的情绪波动。这时，要学会在面对困难时保持冷静和理智，不被情绪所左右。到了大学后期，即将面临毕业和就业的压力。需要学会在压力面前保持冷静和自信，不被焦虑和恐惧所影响。因此，学会有效地管理情绪不仅有助于个人的健康成长，更能够为其未来的职业发展和人际交往奠定坚实的基础。

一、大学生情绪管理的意义

情绪管理一直是大学生活中不可或缺的一部分，面对学业压力、人际关系和未来规划等各种挑战，有效地调节情绪成为每位大学生必须掌握的技能。它不仅仅意味着要能够识别和理解自己的情绪，更要能够科学、有效地管理和调控这些情绪。这种管理并非简单的压抑或忽视，而是通过一系列恰当的方法和策略，让情绪得以合理释放和转化，进而为个人的成长和发展提供助力。

可以说，情绪管理能力的高低往往直接影响到一个人的生活质量和幸福感。那些具备高水平情绪管理能力的大学生，他们通常具备较为深厚的心理学素养和情绪智慧。他们了解情绪的本质，知道情绪是如何产生、发展和消退的。在面对各种情绪时，他们能够保持冷静和理性，不被情绪所左右，而是能够主动调控自己的情绪，使之朝向积极、健康的方向发展。而那些在情绪管理方面表现得相对较弱的大学生，在面对情绪时，往往显得手足无措，不知如何妥善应对。这些情绪可能会给他们带来极大的困扰和压力，导致他们长期处于焦虑、烦闷等不良情绪中。这不仅会影响他们的学习和生活，更可能对他们的心理健康造成潜在的威胁。因此，作为大学生，不断提升自己的情绪管理能力显得尤为重要。

案例——小杰克钉钉子

在一个遥远的小镇上，住着一个名叫杰克的男孩。他聪明伶俐，但脾气暴躁，常常因为小事发脾气，让周围的人都感到困扰。每当他遭遇波折时，他的情绪就会如同狂暴的洪水般肆虐，对身边的人恶语相向，言辞尖锐如刀。他的愤怒如同熊熊燃烧的火焰，不仅烧毁了内心的平静，也让周围的人感受到炙热与恐惧。在愤怒的驱使下，他会随手拿起身边的物品，毫无顾忌地砸向四周，仿佛这样才能宣泄他内心的压抑与不满。这种状态持续了很长一段时间，杰克的父亲目睹着儿子的变化，心中充满了忧虑与痛苦。他深爱着杰克，不愿意看到儿子被情绪所困，成为一个无法控制自己的人。于是，他决定寻求帮助，向周围的邻居请教如何引导儿子走出情绪的泥潭。

邻居们纷纷给出了自己的建议，其中一位智慧的老者对杰克父亲说："你要让杰克学会控制自己的情绪，而不是被情绪所控制。你可以尝试一种方法，每当他发脾气的时候，就让他钉一个钉子在后院的围栏上。"杰克的父亲觉得这个方法很有意义，于是他买了一袋长长的钉子，递给了杰克，并告诉他这个特殊的任务。每当杰克感到愤怒，想要发泄情绪时，他就会想起父亲的嘱托，然后自觉地拿起钉子，狠狠地钉在围栏上。每一个钉子都代表了一次情绪的失控，每一次的敲击都提醒着杰克要控制自己的情绪。随着时间的推移，杰克渐渐发现，钉子越来越多，围栏上的孔洞也越来越密集。

终于有一天，杰克觉得自己可以控制住脾气了。他把这件事告诉了父亲。父亲说："从现在开始，每当你能控制自己的脾气时，就拔出一根钉子。这样，你不仅能让自己的心灵变得更加平和，也能减少对别人的伤害。"杰克欣然接受了父亲的建议。在接下来的日子里，他努力克制自己的情绪，每当他成功控制住脾气时，就会拔出一根钉子。时间一天天过去，杰克发现自己变得越来越有耐心，脾气也越来越好。

终于有一天，杰克兴奋地告诉父亲，他已经把所有的钉子都拔出来了。父亲微笑着拉着杰克的手，来到后院。他们站在围栏前，父亲指着那些曾经被钉子戳过的洞说："你做得很好，我的孩子，这些洞虽然丑陋，但它们是你成长的见证。然而，就像这些围栏无法恢复到从前的样子一样，你曾经控制不住情绪时说的话和做的事，也已经在别人的心里留下了疤痕。"

杰克低头看着那些洞，心中充满了愧疚和后悔。他之前只想着发泄自己的情绪，却没有意识到这些伤害是如此难以弥补。他看着父亲，眼中闪烁着坚定的光芒，说道："我明白了，爸爸。我会记住这个教训，以后不会再让情绪控制我的言行。"父亲微笑着点头，他知道杰克已经真正明白了他的意思。他轻轻拍了拍杰克的肩膀，说道："记住，情绪是我们内心的一面镜子，它反映出我们的真实想法和态度。我们要学会控制它，而不是被它控制。只有这样，我们才能成为更好的人。"杰克深深吸了口气，他感受到了父亲话中的智慧和力量。

思考题：

1. 从这个案例中，你获得了哪些深刻的启示？
2. 在日常生活中，你通常采取哪些方法来调整自己的情绪？

二、大学生情绪管理的理论

情绪 ABC 理论，也被称为情绪认知行为理论，是一个广泛而深刻地解释个体情绪产生机制的心理学理论。此理论自 20 世纪 50 年代由美国心理学家阿尔伯特·艾利斯首次提出以来，吸引了无数心理学专家的关注并对其进行研究，不断被丰富和完善，如今已成为现代心理治疗领域不可或缺的重要理论之一。

情绪 ABC 理论认为，激发事件 A(Activating event)只是引发情绪和行为后果 C(Consequence)的间接原因，而引起 C 的直接原因则是个体对激发事件 A 的认知和评价而产生的信念 B(Belief)。而人们对事件的认知和想法有时是不合理的，这种不合理信念可能会导致消极的情绪后果。该理论的核心观点在于个体的情绪并非直接由外部事件触发，而是受到个体对事件的认知评价的影响。这一理论强调了个体在情绪产生过程中的主动性和主导性。即使面对同样的外部事件，由于个体的认知评价不同，他们的情绪反应也会截然不同。这种观点突破了传统心理学将情绪视为单一反应的观念，让我们对情绪的理解更为丰富和深入。

案例——运用情绪 ABC 理论

有一个青年在情感的挫折中沉溺，始终难以摆脱其阴霾，致使他的情绪持续低落，严重影响了他的日常生活和工作表现。他深感自己无法集中精力，脑海中不断回响着前女友的冷漠与无情。他觉得自己在感情上付出了许多，却未得到相应的回报，因此自感愚蠢和不幸。为此，他决定寻求心理医生的帮助。

心理医生对他进行了耐心的辅导，指出他的处境并非如他所感的那般糟糕，而是他自己过于悲观地看待了自己。通过一系列放松训练，减轻了他的紧张情绪后，心理医生给他举了一个生动的例子："设想这样一个场景，当你在公园的长凳上休息时，将你最珍爱的一本书放在长凳上。这时，一个人走过来，未经允许就坐在了书上，使其受损。面对这种情况，你会有何感想？"

"我一定会非常生气，他怎么能这样随意破坏别人的东西呢！这简直太无礼了！"青年回答道。心理医生接着问："那么，如果我告诉你，这个人是个盲人，他又看不见，你又会怎么想呢？"青年摸了摸头，稍作思考后说："哦，原来他是个盲人。那他肯定不知道长凳上有东西！"他继续说道："谢天谢地，只是压坏了一本书，如果是油漆或其他尖锐物品，那后果不堪设想。我甚至开始同情他了。"

心理医生微笑着说："同样的事情他压坏了你的书，但你的情绪反应却完全不同。你知道原因吗？"青年回答说："可能是因为我对事情的看法发生了变化。"对事情的不同看法确实能够引发不同的情绪反应。实际上，让人们感到痛苦和难过的，并不是事件本身，而是对事情的不合理解释和评价。

思考题：请结合个人实际情况，探讨如何运用情绪 ABC 理论进行情绪的有效调控。

同样是失恋，有些人能够坦然接受，认为这可能是一个新的开始，而有些人却深陷痛苦，认为自己再也无法找到真爱。再比如，面对面试失败，有的人可能认为这只是一次尝试，还有机会再试，而有的人则可能觉得自己一无是处，对自己的能力产生怀疑。这两种人因为对事情的评价不同，所以他们的情绪体验也不同。

对这位失恋的青年来说，失恋只是激发事件 A，结果 C 使他情绪低落，影响了他的生活和工作。而导致这一结果的，正是他的认知 B，是他认为自己付出了就必须得到回报，觉得自己愚蠢和不幸。如果他能换个角度思考，那么他的情绪体验就不会如此糟糕了。

可见，情绪 ABC 理论为我们理解和管理情绪提供了新视角，让我们在面对生活中的各种情境时，保持理性思考和积极心态，以更好地应对和解决问题。通过深入探索个体的认知与情绪之间的关联，我们能够更好地理解自己的情绪反应，并学会通过调整认知评价来管理自己的情绪。

三、大学生情绪管理的方法

(一)生理调解法

生理调解法是情绪调解的有效策略之一,旨在通过影响自主神经系统的平衡来调节和控制情绪反应。这些方法在临床和健康心理学中被广泛应用并被认为是自我调节情绪的有效途径。生理调解法主要包括腹式呼吸、放松训练、正念冥想等。

1. 腹式呼吸

腹式呼吸,也被称为深层呼吸或全呼吸,是一种通过特定呼吸技巧达到身心放松的方法。在练习时,建议将双手置于腹部肚脐处,以确保呼吸的正确性。首先,需放松全身,采取自然呼吸的方式。随后,通过鼻子进行吸气,努力扩张腹部,使腹部鼓起,而胸部则保持静止。接着,再慢慢通过嘴巴进行呼气,尽可能地收缩腹部,将肺部内的废气全部排出,同时胸部依然保持静止。

腹式呼吸是一种简单易行的自我调节技巧,其效果非常显著。通过腹式呼吸,人们可以快速达到放松状态,降低心率,进而有效管理情绪和压力。此技巧不受时间和地点的限制,适合在任何时候、任何地点进行练习,对于提升人们的日常生活质量具有积极的意义。

2. 放松训练

放松训练是一种自我情绪管理方法,其通过身体肌肉群的放松来有效减轻紧张和焦虑的情绪。这种方法简单易行、效果显著,被广泛应用于心理治疗和日常压力管理中。

心理生理学的研究表明,当个体处于紧张或焦虑状态时,其身体肌肉群往往会呈现出不自主的紧张反应。这种紧张状态不仅会导致身体不适,而且可能进一步加剧心理压力,形成恶性循环。放松训练正是针对这一现象而设计的,要求练习者通过有序的指导和自我感知,逐步交替收缩和放松身体的各个部位,从而体验不同肌肉群在不同紧张程度下的松弛感觉。这一过程不仅有助于练习者建立对身体的感知和控制能力,而且能有效缓解紧张和焦虑状态,提升个体的心理韧性和应对压力的能力。

3. 正念冥想

冥想训练是一种寻找内心宁静的有效方法。在忙碌的生活中,我们常常被各种琐事所困扰,无法静心思考,导致内心充满焦虑和压力。而冥想训练则可以帮助我们摆脱这些负面情绪,使我们的内心恢复平静和安宁。

正念冥想旨在培养个体对生活中美好事物的感恩、欣赏和积极关注,进而增强内心的平静和幸福感。冥想时根据指令,可以选择一个不被干扰的环境,把身体调整到最舒服的姿势,把眼睛慢慢地闭起来。为保障冥想训练效果,可戴上耳机并播放舒缓安静的轻音乐,将身体慢慢放松下来。正念冥想可以帮助练习者更好地了解自己的思维模式和情绪反应、专注于积极的肯定和感受、减轻心理压力。通过冥想,我们可以更好地掌控自己的情绪,保持平衡和稳定的心态,从而更好地应对生活中的挑战和困难。

(二)认知调解法

认知调解法是通过改变个体对情绪刺激的认知来调节情绪反应的一种方法。它涉及对情绪事件的认知重构,即个体在面对情绪刺激时,通过调整自己的思维方式,重新评价和理解事件,从而达到改变情绪反应的目的。这种方法的核心在于认识到情绪并非由外部事件直接引发,而是由个体对事件的认知和评价所决定。

情绪的产生与认知紧密相连，认知是情绪和情感产生的基础。大学生的情绪通常是通过认知折射而产生的。当大学生面对各种挑战和压力时，他们的情绪反应很大程度上取决于他们如何解读和理解这些事件。正确的认知方式会产生积极的情绪和情感，帮助同学们保持乐观和自信；而错误的认知方式则可能导致消极的情绪和情感，使同学们陷入焦虑、沮丧等负面情绪中。具体调解方式如下：

1. 认知重构

认知重构是一种至关重要的心理认知调解策略，对大学生而言尤为重要。认知重构要求大学生在面对情绪刺激时，不仅要进行简单的反思，而且要进行深入的分析和重新评估。通过这一过程，他们能够更准确地理解情绪刺激背后的真正含义和重要性，进而做出更为明智和理性的决策。

情绪刺激的认知重构过程，需要大学生对自身情绪反应进行深度剖析，审视情绪反应的背后原因和动机，理解情绪刺激往往包含多种复杂的因素，而非仅仅局限于表面感受。大学生通过深入分析，准确地把握情绪刺激的真实原因及其影响因素；随后，重新评估情绪刺激，运用批判性思维和独立思考能力，从多个维度审视情绪刺激，并思考其对自己的意义和价值，做出客观、公正的评价。比如积极重构，这是一种将消极情绪转化为积极经验的方式。大学生在遭遇挫折或困难时，可以通过寻找学习和成长的机会，将负面情绪转化为积极动力。这种方式不仅可以提升他们的情绪管理能力，还可以促进他们的个人成长和进步。

2. 自我对话

自我对话是一种非常实用的情绪认知调解方式。大学生可以通过积极的内心对话来调整自己的情绪反应。例如，当面对学习压力或人际关系挑战时，可以在心中对自己说："这是暂时的困难，我有能力克服它"，或者"我的情绪只是暂时的，我需要冷静下来，找到解决问题的方法"。这样的内心对话有助于他们保持冷静，并激发内在的力量去应对各种挑战。

此外，自我对话还可以帮助大学生更好地认识自己，可以通过对话来反思自己的行为和态度，发现自己的优点和不足，从而找到改进的方向。例如，当他们在学习或生活中遇到挫折时，他们可以对自己说："这是一个学习的机会，我需要从中吸取教训，提高自己。"这样的内心对话可以帮助他们更积极地面对困难，提高自己的能力和素质。通过积极的内心对话，他们可以激发内在的力量，提高自我认知，从而在学习和生活中取得更好的成绩和发展。

3. 心理暗示

心理暗示是一种非常有效的心理认知调节方法，能够帮助大学生在面对压力、挑战和困难时保持积极的心态和情绪。通过语言暗示、形象暗示、想象暗示等方式，大学生可以对自己施加积极的影响，从而调整自己的心态和情绪，更好地应对各种挑战。

(1)积极的语言暗示对大学生来说具有重要意义。例如，当面对困难时，可以说："我一定能够克服这个困难，实现自己的目标。"当面临挑战时，可以说："我绝不会退缩，我会勇往直前，尽我所能去迎接这个挑战。"当需要集中精力完成一项任务时，可以说："我会保持专注，不受任何干扰，全力以赴完成这项任务。"这样的语言暗示，不仅能够增强我们的自信心和勇气，还能帮助我们更好地应对生活中的各种挑战。

(2)积极的形象暗示是一种心理调节技巧，它利用人们的自我暗示能力，通过正面的、积极的形象来影响个体的情绪和行为。对大学生而言，这种技巧不仅可以帮助他们放松身心，还能提升他们的自信心和应对压力的能力。当大学生面临压力时，他们的内心往往会充满负能量，这些负能量会进一步加剧他们的焦虑感。然而,通过积极的形象暗示,他们可以将注意力转移到积极、乐观的事物上,从而改变内心的情绪状态。例如,当感到焦虑时,他们可以想象自己正在完成一项成功的任务,或者想象自己正站在舞台上接受掌声和赞美。这样的想象可以帮助他们重新找回自信和勇气,从而战胜焦虑。通过积极的形象暗示,大学生可以在内心深处建立起一个强大的自我形象,从而增强他们的自信心。这种自信心的提升不仅可以帮助他们在学业上取得更好的成绩,还可以帮助他们在人际关系中更加自如地应对各种情况。

(3)想象暗示在激发个人积极性和动力方面扮演着举足轻重的角色。大学生面临着众多的选择和挑战,通过运用想象暗示,他们可以更好地调整心态,激发内在潜力,以更加积极的心态迎接未来的挑战。想象暗示的原理在于,通过激发大脑中的视觉、听觉等感官体验,将个体带入一种虚拟的情境中。这种情境通常与个体的目标和期望紧密相连,使个体能够提前感受到成功实现目标后的喜悦和满足感。这种积极的情感体验能够激发个体的内在动力,促使他们更加努力地去实现目标。

在大学生活中,想象暗示的应用场景十分广泛。例如,当大学生面临期末考试时,可以通过想象自己取得优异成绩的场景,来激发自己的学习动力。这种想象可以包括自己在考试中表现出色、获得老师和同学的赞扬等。通过反复进行这样的想象暗示,大学生可以逐渐建立起一种积极的自我形象,从而更加自信地面对考试挑战。当面临就业压力时,大学生可以通过想象自己成功找到心仪工作的场景,来提升自己的求职信心。这种想象可以包括自己在面试中脱颖而出、获得理想职位等。通过这种方式,大学生可以在求职过程中保持积极的心态,从而更加从容地面对各种挑战。

值得注意的是,想象暗示虽然具有强大的激励作用,但也需要适度运用。过度依赖想象暗示可能导致个体产生不切实际的幻想,甚至影响他们的现实表现。因此,大学生在运用想象暗示时,应该结合实际情况,将其作为一种辅助手段,而非替代现实的行动。

(三)宣泄调解法

宣泄调解法是一种有效的心理调节方式,是指个体通过适当的方式表达和释放内心的情绪,从而降低负面情绪的累积,缓解心理紧张和压力。在实际应用中,宣泄调解法包括多种具体的方法,每种方法都有其独特的作用和应用场景。

1. 倾诉宣泄

倾诉宣泄是一种非常有效的情绪释放方式,它能够帮助人们舒缓内心的压力,减轻情绪的负担。除了面对面交流、电话、书信等方式外,现在还有许多其他的方式可以进行倾诉宣泄,例如网络聊天、社交媒体、心理咨询等。

面对面交流是最直接的倾诉方式,可以让人们感受到对方的情感支持和理解。在与朋友、家人、心理医生等交流时,可以表达自己的感受和想法,获得对方的反馈和建议,从而缓解情绪上的困扰。电话交流则是一种更为私密的倾诉方式,可以在不方便面对面交流的情况下使用。通过电话,人们可以随时随地与亲朋好友、心理咨询师等进行联系,倾诉自己的烦恼和困惑,获得及时的帮助和支持。书信则是一种更为内敛的倾诉方式,可以让人们在不便或不愿意直接表达情感的情况下,通过文字来宣泄内心的情感。通过写日记、写信、写博客等方式,都可以帮助人们整理思绪,明确自己的感受和想法,从而缓解情绪上的压力。

除了以上几种方式,现在还有许多网络聊天工具和社交媒体平台,如微信、QQ、微博等,也可以成为人们倾诉宣泄的渠道。在这些工具和平台上,人们可以匿名或实名地发布自己的感受和想法，与志同道合的人进行交流，获得情感上的支持和帮助。

2. 运动宣泄

运动宣泄是一种被广泛认可的心理调节方式，可以帮助人们释放内心的压力和负面情绪，提升身心健康。通过参与体育运动或其他身体活动，人们可以暂时忘记生活中的烦恼和压力，专注于身体的运动和感受。

运动宣泄的好处不仅仅在于释放情绪，还可以提高身体的代谢率，增强免疫系统的功能，改善睡眠质量，甚至有助于减轻焦虑和抑郁症状。不同的运动项目适合不同的人群，无论是跑步、游泳、瑜伽还是篮球等，都可以成为运动宣泄的有效方式。当然，运动宣泄并不是一蹴而就的过程，需要持续的坚持和适当的调整。在选择运动项目时，人们应该根据自己的身体状况和兴趣爱好来选择，避免过度运动或选择不适合自己的运动方式。此外，运动前的热身与运动后的放松同样重要，可以帮助人们更好地享受运动带来的好处。

3. 艺术宣泄

艺术宣泄，这一在现代社会逐渐受到重视的情绪调节方式，为我们打开了一条全新的心灵治疗途径。无论是生活中琐碎的压力，还是工作中沉重的负担，都能在这些精心创作的艺术作品中找到共鸣和释放。宣泄时，可选择符合自己情绪的音乐，伴随着旋律进行歌唱、冥想、创作，放松心情；可选择符合自己心境的电影，通过与电影角色的共鸣，达到情感宣泄的目的；可选择自己感兴趣的剧集，跟随剧情发展体验不同的情感，达到情绪宣泄的效果；可以参观艺术展览或进行艺术创作，通过绘画、写作、摄影等方式，表达内心的情感，实现情绪的宣泄。

艺术宣泄的魅力在于，它不仅能够让我们暂时忘却烦恼，更能够让我们在欣赏的过程中得到心灵的滋养和升华；让我们明白，生活中的种种困扰和挫折并不是无法逾越的障碍，而是我们成长和进步的阶梯。

当然，我们需要明确的是，虽然宣泄情绪有其积极的作用，但过度宣泄却可能带来一系列问题。情绪失控不仅可能对我们自身的健康和心理平衡造成威胁，而且可能对他人产生不利影响。因此，在宣泄情绪时，我们必须注意控制宣泄的程度和方式。

情绪对大学生的身心健康、个人发展、学习和工作效率以及人际交往能力具有重要影响。深入理解情绪的概念、性质及其特性，熟练掌握情绪的类别、表达及识别方式，对于提升大学生的心理健康水平、推动个人发展、提高学习和工作效率以及增强人际交往能力均具有重要意义。同时，掌握情绪管理的方法也可以在大学生活中更好地适应和成长，提高自己的综合素质，获得良好的人生体验。

实践互动

活动 1：放松训练

亲爱的同学们，让我们共同开启一场心理之旅。在这个旅途中，我们将一同探索如何通过简单的练习来放松身心，感受那份宁静和平和。

请先找一个安静的地方坐下，确保周围没有噪声或干扰。然后，让我们轻轻地调整室内的光线，让它变得柔和而温暖。接下来，请调整你的坐姿，确保身体舒适，放松肩膀，让脊柱自然挺直。然后，请慢慢地闭上眼睛，深呼吸，感受气息在鼻腔中流动的感觉。

现在，请跟随我的指引，进行一项简单的面部放松练习。首先，请用力地皱紧眉头、嘟起嘴巴，仿佛要将所有的烦恼和紧张都凝聚在眉心和嘴巴上。想象你的眉心像一个握紧的拳头，或者一条打着结的绳子，紧紧地绷着。同时，感受嘴巴向前突出的状态，体会脸部肌肉的紧张感。保持这种状态3秒钟，然后慢慢地放松眉头和嘴巴，让脸部的肌肉逐渐松弛下来。仔细体会这种放松的感觉，仿佛所有的压力和疲惫都被吸走了一般。在这个过程中，你可能会感到一种轻松和愉悦，这就是身心放松的表现。

请耸起你的双肩，用力向上提，同时下巴向上抬高。在这个过程中，你会感到肩膀的肌肉在紧绷，仿佛在与重力进行抗争。保持这种紧张状态3秒钟，让身体充分感受肩膀的紧张。然后，慢慢地放松肩膀，让它们自然地垂下。你会感到一种轻松和舒适的感觉，仿佛肩膀上的重担已经卸下。

请将双手攥成拳头，用力握紧，仿佛要抓住什么重要的东西。再紧一点，让双手的肌肉更加紧绷。保持这种紧张状态3秒钟，让身体充分感受双手的紧张。然后，慢慢地张开双手，让手指自然地伸展开来。你会感到双手的紧张感在逐渐消失，取而代之的是一种轻松和舒适的感觉。

请伸直你的双腿，用力伸直，让双腿的肌肉紧绷。同时，向上勾起脚尖，感受双脚和双腿的紧张感。这种紧张感可能会让你感到有些不适，但请记住，这是为了放松而做的准备。坚持3秒钟，让紧张感逐渐渗透到你的双腿中。然后，慢慢地放松双腿和双脚，让紧张感逐渐消失。你可以感受到下半身放松的感觉，仿佛重量都减轻了。这个过程不仅有助于缓解双腿的疲劳，还能让你的心灵得到放松。当你专注于身体的感受时，你会逐渐忘记烦恼和压力，进入一种平静的状态。

通过这些简单的练习，我们可以发现，放松身心并不是一件困难的事情。只要我们掌握了正确的方法，随时随地都可以进行。这种放松练习不仅可以帮助我们缓解压力，提高专注力，还可以改善睡眠质量，提高生活质量。希望每一位同学都能在生活中找到适合自己的放松方式，让心灵得到充分的休息和滋养。当我们学会放松自己时，会发现生活变得更加美好和充实。

活动2:冥想训练

各位同学，今天我们将一起进行冥想训练。在开始冥想之前，请确保你处在一个安静、舒适的环境中，挺直身体，放松肩膀。你可以闭上眼睛，深呼吸几次，让自己进入一种平静的状态。

首先，请调整坐姿，让自己的身体处于一个自然、放松的状态。可以选择盘腿坐或坐在椅子上，只要确保身体挺直，头部微微仰起，让呼吸更加顺畅。然后，慢慢地闭上眼睛，将外界的喧嚣隔绝，让自己的心灵逐渐沉淀下来。

为了提升冥想的效果，我们推荐戴上耳机，播放一些舒缓、宁静的轻音乐。音乐能够引导我们进入冥想状态，让我们的心灵得到放松和滋养。随着音乐的旋律，我们将逐渐感受到内心的平静与安宁。

在冥想的过程中，我们需要将注意力集中在呼吸上。深呼吸能够帮助我们放松身心，减轻焦虑。请尝试深呼吸，吸气时想象将自己身体中的紧张和压力吸走，呼气时想象将负面情绪排出体外。如此反复，你会发现自己的内心逐渐变得宁静而平和。

除了呼吸，我们还可以尝试关注身体的其他部位。从头部开始，逐渐扫描身体的每一个部位，感受它们的存在和状态。在这个过程中，你可能会发现一些部位的不适或紧张，这是正常的现象。

现在,请你想象有一束光,一束柔和而温暖的光,照在你的身上。这束光将会在你身上缓缓地移动,照到哪个部位,你就会感到那个部位很温暖、很舒服。此刻,让我们伴随着音乐,带着宁静的心情走进大自然,去寻访你向往已久的心灵家园。

现在,请想象你进入了一片翠绿的树林。这片树林空气清新,蕴含了大自然无穷无尽的生机和能量。树林的深处出现了一片开阔的草地,令人感到心旷神怡。绿油油的草地上点缀着一些鲜艳的小花朵,它们随着微风向你点头致意。你感到如此亲切和温馨,找到了一种舒缓放松的感觉。

你静静地躺在这片绿茵上面,尽情地呼吸着清新的空气,吸收着大自然赋予你的生命能量。吸气、呼气(腹式呼吸,重复 3 次)。你会感到自己的呼吸与自然的节奏完美地融合在了一起,仿佛成为大自然的一部分。你闭上眼睛,感受着阳光透过树叶洒在你身上的温暖,听着鸟儿在枝头欢快地歌唱,感受着微风拂过你的脸颊,带走你内心的疲惫和焦虑。你感到自己的心灵得到了净化和升华,仿佛置身于一个纯净而美好的世界。生命的能量随着清新的空气渗透到你的血液里,经由血液循环,输送到你全身每一个部位,使你的身体充满活力。渐渐地,你感受到这神奇的能量在你体内汇集并慢慢地进入了梦境(伴随音乐,进行冥想)。

虫鸣声响起!你能听到远处潺潺的流水和树木中鸟儿鸣叫的声音。太阳光从蓝蓝的天空上洒下来,暖暖地照在你的身上。你感到无比的宁静、无比的轻松。吸气、呼气(腹式呼吸,重复 3 次),慢慢收回意识。双手举过头顶,用力伸展,伸一个大大的懒腰,用双手搓揉一下面部和耳朵,慢慢睁开双眼。

以上就是冥想的全过程。冥想可以让人们更加接近内心深处,感受自己内在的力量和智慧,使其感到身心更加平静和放松,思维也更加清晰和集中。这种接近内心深处的体验可以帮助人们探索自己的灵性,放松身心,减轻压力和疲劳,帮助人们更好地应对日常生活中的挑战和压力,寻找人生的意义和价值。

活动 3:情绪垃圾桶

“情绪垃圾桶”并不是一个真正的垃圾桶,而是一个象征性的比喻,它代表着一个安全、私密的空间,让学生们可以在这里自由地表达自己的情绪,不受任何评判和指责。活动通常通过小组讨论、角色扮演、绘画、写作等多种形式进行,旨在帮助学生识别和表达他们的情绪,从而找到适合自己的情绪调节方式。

1. 活动目的

“情绪垃圾桶”活动有助于培养情绪表达和情绪管理的能力。在活动中,参与者需要勇敢地面对自己的情绪,学会如何正确地表达自己的感受。通过不断练习和反思,参与者能够逐渐提高自己的情绪表达和情绪管理能力,从而在日常生活中更好地应对各种挑战和压力,达到释放压力、改善情绪的目的。

2. 活动准备材料

情绪垃圾收集箱(可用纸箱 DIY)选择一个大小适中的纸箱,可以是一个废弃的快递箱或者购物箱,这样既可以节约资源,又能够实现环保。在纸箱的外面,可以用签字笔写上“情绪垃圾收集箱”的字样,在纸箱的一侧开设一个小口,方便将情绪垃圾投入其中。

除了基本的纸箱和签字笔外,为了更好地利用这个情绪垃圾收集箱,还可以添加一些辅助工具。例如，便利贴或小信封，这些可以用来记录心情和感受。当感到难过、愤怒或焦虑时，可以将这些情绪写在便利贴或小信封上，然后投入情绪垃圾收集箱中。这样，不仅可以及时地将负面情绪排出体外，而且可以通过回顾这些记录，更好地了解自己的情绪变化。

此外，笔记本也是非常重要的辅助工具。在每次投入情绪垃圾后，可以在笔记本上记录下日期、时间和具体的情绪内容。这样，可以形成一本情绪日记，据此分析情绪变化的规律和原因。通过观察和总结，逐渐掌握情绪特点，从而更好地应对各种情绪挑战。

3. 活动导入

在活动开始之前，每位参与者都可以根据自己的喜好和需求，选择扮演情绪输出者、情绪输入者或情绪疏导者的角色。这种多样化的角色设置，旨在让每个人都能在活动中找到适合自己的位置，从而更好地参与和体验。

作为情绪输出者，你可以将内心的情感写在便利贴上，然后通过扔进情绪垃圾收集箱的方式，将负面情绪排出体外。这种直观且富有创意的方式，有助于你迅速地将内心的压力释放出来，让你的心情变得更加轻松和愉悦。

作为情绪输入者，你将在情绪垃圾收集箱内随机抽取一张情绪便利贴，然后根据自己的理解和感受，在便利贴上写下相应的情绪。这个过程不仅能够帮助你更好地理解他人的情感，而且能够让你在记录的过程中，更加深入地反思自己的内心世界。同时，将情绪输入的过程记录在笔记本上，也为日后的回顾和总结提供了宝贵的资料。

而情绪疏导者则可以在活动中同时承担输出者和输入者的身份，既可以发泄自己的情绪，又能够与他人进行深入的互动。当你查看他人的情绪便利贴后，你可以写下自己的感受和建议，帮助他们更好地应对和处理情感问题。这种角色设置不仅展现了你的同理心和关怀，还能够让你在帮助他人的过程中收获更多的成长和满足感。

4. 活动过程

(1)宣泄情绪。情绪输出者及情绪疏导者可以在附上化名的便签纸条上，写下困扰自身的问题或当下想要抒发的情绪，然后将这些纸条投入"情绪垃圾收集箱"中。这一过程不仅让参与者有机会审视自己的内心，而且能够有效地发泄情绪，将内心的痛苦、焦虑和压力转化为外在的形式，从而减轻内心的负担。

(2)调解情绪。情绪输入者及情绪疏导者可以在这个纸箱内随机抽取一张情绪便利贴，然后在便利贴上写下自己看到内容后的情绪或真实感受。这个过程既是对自己情绪的梳理，也是对他人情绪的感知和理解。当情绪输入者抽取到便利贴时，他们可能会读到各种情绪描述，如快乐、悲伤、愤怒、焦虑等。这些情绪描述就像一面镜子，反射出人们内心的情感状态。情绪输出者通过写下自己对这些情绪的真实感受，能够更好地认识自己的情绪。情绪输入者和情绪疏导者也可以通过这个过程来感知和理解他人的情绪。他们可以看到情绪输出者写下的内容，了解他们的情感状态，并给予适当的关心和支持。这种情感共鸣和理解有助于增进人与人之间的信任和沟通，促进情感的交流和共享。

(3)疏导情绪。本环节是所有参与者心灵互动的过程，请所有参与者传阅笔记本上的内容，这是一个记录和反思的过程。通过回顾这些情绪记录，同学们可以更加清晰地看到自己的情感变化和成长轨迹。这有助于他们更好地认识自己的情绪模式，找到适合自己的情绪调节方法，并在未来的生活中更加从容地应对各种情绪挑战。

目前，大学生面临着各种各样的压力，如工作压力、学习压力、生活压力等，这些压力常常导致情绪积压，甚至引发心理问题。“情绪垃圾桶活动”通过提供一个安全、舒适的环境，让人们能够自由地表达自己的情绪，帮助人们释放情绪、减轻心理压力并培养情绪表达和情绪管理的能力。

作业和思考

1. 请各位同学以小组为单位，分享生活中令你最快乐及最难忘的一件事。

2. 请各位同学以小组为单位，分享当你面对焦虑、紧张、烦躁等情绪时，通常会采用哪些处理方式。

3. 请各位同学结合实际情况，谈谈如何利用本节课学习到的内容，有效面对生活中的不良情绪。

推荐书目

1.《情绪，请开门：放出困在情绪中的自己》

作　　者： 张维扬

出 版 社： 人民邮电出版社

出版时间： 2021 年 4 月

作品简介：

本书由澳门城市大学心理分析学博士张维扬倾力撰写，全书共分为 16 个章节。作者运用情绪 ABC 理论、分析心理学以及情绪建构理论，深入剖析情绪的复杂内涵与多维面向。本书从对情绪的基础认知出发，逐步拓展至对不同类型情绪的深入了解。通过能量、身体、信使、状态、动机五个维度的综合审视，引导读者重新审视自身情绪，进而学会有效应对和处理情绪。

书中详细探讨了关于情绪的认知误区，帮助读者接纳情绪，并重新聆听情绪背后所蕴含的需求与信息。同时，本书也提供了应对、处理及表达情绪的实用方法，使情绪敏感成为个人成长的优势，而非困扰。通过阅读本书，读者将能够更好地理解和管理自己的情绪，实现内心的和谐与成长。

2.《拥抱情绪：我为什么不开心》

作　　者： 桓佳笈

出 版 社： 上海交通大学出版社

出版时间： 2023 年 3 月

作品简介：

本书内容严谨、结构清晰，分为两大部分，实现了理论与案例故事的生动结合。本书聚焦于“情绪管理”这一核心议题，深入探讨了情绪的产生机制、情绪管理的有效策略、压力舒缓的途径，以及如何在日常生活与工作中提升幸福感。理论篇着重介绍了与情绪管理相关的基本概念和原理，为读者提供了扎实的知识基础。通过深入剖析情绪的本质和作用，帮助读者更好地理解和管理自己的情绪。故事篇则通过生动的故事情节，将日常生活中的常见场景与情绪管理紧密结合起来。作者巧妙地将主人公面对不同境遇时的情绪处理方式融入故事中，使读者能够在轻松愉快的阅读中，领悟情绪管理的智慧，学会如何在不同情境下拥抱情绪。

3.《情绪词典：你的感受试图告诉你什么》

作　　者： 朱建军、曹昱

出 版 社： 中国人民大学出版社

出版时间： 2023 年 2 月

作品简介：

本书内容深入浅出，既富有通俗性，又蕴含了作者深厚的学术底蕴与独到见解。对“委屈”“惭愧”等词汇进行了别具一格的阐释，同时也在文化交融的背景下，对“快乐”“愤怒”等情绪词汇的演变进行了深刻而富有洞见的思考。读者在阅读过程中，既可以选择自己感兴趣的感受词、情绪词进行品味与领悟，也可以带着探索的心态去尝试理解那些较为陌生的情绪。

第五章
人际关系

导入案例1

案例背景：小娟（化名）是家中的独生女，学习成绩优秀，在班上不爱与同学交往，认为学习是最重要的，由于经常受到母亲的打骂，对周围的同学不怎么信任。初中时小娟经常被同学欺负，很少与同学交流，经常一个人独来独往，有写日记的习惯。有一次，小娟的日记本无意中被人看到，而且在班上传开了，班上的人叫她“心理变态”，从此，她就更不愿意与班上的人交往了。小娟认为，初中是很痛苦的日子。高中时，她意识到人际关系的重要性，发现自己的朋友少，就尽量主动去交往，因而高中的朋友还比较多。现在上大学后，高中的朋友很少联系了，关系也淡了许多，她觉得朋友没有什么意思，到目前为止还没有算得上交心的朋友。

小娟现在是大三的学生，最近两周以来，她感觉人际关系很紧张。“人际关系影响了我的考试，感觉自己与人相处很失败，现在与同学交往我就有些害怕了。我感到焦虑、郁闷、苦恼。前天考试遇到了一道难题，心里很着急，又想到前段时间与寝室同学关系的问题，心里本来不想去想的，但就是忍不住要去想，越想越心烦，觉得自己遇事老是不顺。”对于寝室里发生矛盾的经过，小娟讲道：“我经常在寝室说一个同学，主要是说她上厕所忘记关水，早上起来开水龙头开得很大声，既浪费了水又影响我睡觉，上个星期一晚上熄灯后，我用台灯在看书，她觉得影响了她，就说早点睡觉，明天还要考试呢。我就关了灯。第二天早上起来她把水龙头开得特别大，我想她肯定是在报复我，我就让她开小声点。她很冒火地和我吵了起来。这件事过后，我觉得也没有什么，本来就是她不对。中午看见她在和寝室的另外一个同学微信聊天。看到她说‘我才不像你那么容忍她！’我一看就知道是在说我。从那天中午以后，她们两个变得很要好了，我心里特别不舒服，因为突然之间我感觉自己是被孤立的人。她们两个以前关系不好，就因为这么一件小事她们就成为好朋友了，我心理很不平衡。”

案例分析：大学生离开了父母和家庭，开始独自面对人生。他们需要与同学、异性、教师等进行各种交往，经常要面对和处理多种多样的人际关系。小娟与人相处过于自我，不能站在对方的角度去思考，不能体谅他人，总认为同学不好。当发现问题时，原有的知识结构中缺乏人际沟通与交流的方法，不知如何突破并改变现有的被孤立的状态，被此焦虑情绪困扰，不能自行解决，其家庭教育与自身性格等多重原因造成小娟难以与同学和谐相处。人类心理的适应最主要的就是对人际关系的适应，人们的心理健康水平则有赖于正常的人际交往和社会生活的和谐、友爱。和谐的人际关系可以使人感到温暖、安全、愉快，从而激发人的积极性和创造性；相反，冷漠、排斥、充满敌意的人际关系则使人时时不快、事事不乐，甚至产生焦虑、强迫等症状，极大地限制人的发展。相关调查及心理咨询的实践表明，目前大学生人际关系的状况并不理想，这不仅直接影响到大学生的心理健康，还会广泛地影响到他们在学习期间及将来走入社会后很长一段时间的生活。

导入案例 2

建立良好人际关系——在差异中寻找共鸣

大学生在校园中不仅需要学习专业知识，还需要学会如何与不同背景和性格的人建立和维护良好的人际关系。人际交往能力对于个人的心理健康和社会适应都至关重要。以下是一个关于大学生人际交往的案例，旨在帮助学生认识到在差异中寻找共鸣的重要性，并提供了实用的交往技巧。

案例背景：王丽（化名）是一位性格开朗的大学二年级学生，她善于与人交流，经常参与各种社团活动。然而，她的室友陈娜（化名）却是一个比较内向和安静的人，更喜欢独自在图书馆阅读或在宿舍里画画。一开始，王丽尝试邀请陈娜参加各种社交活动，但陈娜总是婉拒。王丽感到困惑，不知道自己是否做错了什么。随着时间的推移，两人开始意识到需要找到一种方式来改善她们间的关系。

案例分析：在这个案例中，我们可以看到两种不同的交往风格。王丽的外向性使她在社交活动中感到自在，而陈娜的内向性则让她在小范围的互动中更为舒适。这种差异在大学生活中是很常见的，因为每个人都带着自己独特的性格特点和交往偏好。

通过这两个案例的学习，大学生可以更好地理解人际交往的复杂性，学会在尊重差异的基础上与他人建立良好的关系。这不仅有助于个人的心理健康发展，也是培养未来社会适应能力的重要一课。

每个人的生存和发展都离不开与别人的交往。学会与人交往是每个大学生的人生必修课，是促进个人成长、成熟、成才的必经之路，也是提升个人幸福感的重要途径。建立高质量的人际关系对每一个人来说都是非常重要的。

第一节　人际关系的内涵

一、人际关系的含义及其形成

人际关系也称为人际交往，是指个体间在社会互动中形成的心理联系和情感距离。这些关系反映了个体为了满足社会需求而进行互动的心理状态和程度，它们是通过交往的深度、亲密程度以及协调性等心理维度来体现的。它由认知、情感和行为三种心理因素构成。认知反映个体对人际关系状况的理解，是人际交往的结果，是理性的条件。情感是对人际关系的评价态度，是关系双方在情感上满意的程度和亲疏关系，是人际交往的基础。行为是双方实际交往的外在表现和结果，即能表现个性的一切外在行为。

在心理学上，人际关系是指人与人交往互动时的心理距离。从心理联结的不同性质看，两人（或多人）间的人际关系不外乎三大类：①以感情为基础的人际关系。这类人际关系的特征是，存在于人与人之间的心理性联结靠感情。根据感情性质的不同又区分为两种：一种为亲情关系，指亲子间与手足间的人际关系；另一种是友爱关系，指朋友间的友谊和爱人间的爱情关系。②以利、害为基础的人际关系。这类人际关系的特征是，存在于人与人之间的心理性联结靠当事人经济、社会、权力、政治诸多方面的利害得失。社会上一切“交易”式的活动，都是以利害关系为基础的。③缺乏任何基础的陌路关系。这种人际关系存在于路人之间，彼此间不存在心理性联结。社会心理学家的研究，主要集中在人与人之间友谊和爱情建立的心理历程上。

第一阶段：彼此陌生，互不相识，甚至彼此均未注意到对方的存在。第二阶段：单方（或双方）注意到对方的存在，单方（或双方）也可能知道对方是谁（如同校同学），但从未有过接触。第三阶段：单方（或双方）受到对方的吸引，与对方（或彼此）接近，构成表面接触。在表面接触时，往往是源于学业或工作上的往来，即使当时单方（或双方）心存情意，但也只是很表面化的人际关系。不过这阶段所获得的第一印象对于人际关系的发展很重要。如单方（或双方）对对方的第一印象不深，可能他们之间的人际关系即到此为止了。很多人做同学、同事多年，彼此交往泛泛就是因为他们间的关系只停留在第三阶段的缘故。一个人在日常生活中，与很多人维持着这种关系。第四阶段：双方交感互动，开始了友谊关系。在此阶段，双方在心理上有一个重要的改变，开始将对方视为知己，愿意与对方分享信息、意见和感情。这种对人开放自我的心理历程，称为自我表露。人际关系发展到彼此都能自我表露的程度时，那就到了友谊的阶段。个人在日常生活中，能使他自我表露的对象并不太多。因此，同学、同事虽然很多，难得其中有几个知己的朋友，原因就在于此。第五阶段：朋友之间的感觉，也有程度深浅之分。就朋友间自我表露的程度而言，有的朋友间重在信息与意见的交换，而在感情上则表露得较少。这是以事业或学问为基础的友谊关系。另有的在信息与意见之外，更重视感情的表露，在感情上达到相互依赖的地步。特别是当他处在或痛苦或快乐等激动的情绪状态时，立即就会渴望他的朋友在自己身边。人际的友谊发展至此，也就达到了“你中有我，我中有你”的地步。人际关系发展到第五阶段时，通常同性之间会成为莫逆之交；而异性之间，如果在感情上又有性的需求、奉献与满足的心理成分，那就成为爱情。

二、人际关系的意义

当代大学生都希望有好的人缘，尝试建立广泛的“人脉”，让自己拥有归属感，获得友谊与信任，赢得他人的支持与帮助。但是，在经营亲情、爱情、友情的过程中，我们往往因缺乏基本常识而不知所措，轻者深感孤独寂寞，重者身体不适、形成心理障碍甚至伤人害己。人际交往问题在大学生的心理咨询中基本居于首位。因此，了解大学生人际交往的特点，提高人际交往技巧，对大学生而言就显得非常必需且紧迫。

所谓“交往”，是指人与人往来的表现形式。交往具有两个最主要的特征，即信息交流和心理沟通。凡交往必须有人们之间的信息交流，如知识、经验的交流，需要、欲望、态度、情绪的交流。凡交往必须有交往双方心理上的接触和相互作用，即心理沟通，交往的双方都是活动的主体，通过交往和互动，实现着对认知、情感、个性等的相互交流、相互影响。

简言之，人际交往是指人与人之间的相互作用的动态过程，它不仅包括信息的交流和心理沟通，而且体现了人们通过相互作用形成情感联系，以满足内在的多种需求，这些需求包括：

（一）满足需要

需要是因缺乏而力求满足的心理倾向，是活动积极性的源泉。在现实的社会生活中，每个人都有与他人保持相处和与群体保持某种关系的需要，以及与他人保持往来、获取伴侣和友谊的需要。良好的人际关系可以满足人们归属与爱的需要、尊重与成就的需要乃至自我实现的需要。

(二)维持动力

亲和动机是促使人们进行交往和群集的原始动力。社会心理学认为，亲和本能形成于人的婴儿时期。新生婴儿受饥渴生理本能的驱使，产生对母亲的依恋。每当母亲给婴儿喂奶时，婴儿便建立了母亲形象与温暖、舒适、安全等美好感受的连接。婴儿感受到无数次的温柔爱抚、亲昵语音、慈爱表情，就无数次与愉快的情境联系起来，通过这种条件反射的知觉过程，婴儿逐步学会了依恋母亲，把这种依恋逐步泛化到其他人身上，希望有人陪伴的动机就成了某种“习惯”而被固定下来，使人的一生都渴望建立良好的人际互动。

(三)克服孤独

英国哲学家培根说：“得不到友谊的人将是终身可怜的孤独者。没有友情的社会则只是一片繁华的沙漠。”人类“存在的孤独”是人对自身孤立性的认识，每个人都有孤独感。当人际交往缺乏或人际关系不和谐时，人就会感到孤单和不安全。无论是由于客居他乡、远离亲友，还是因为死亡或人际冲突造成亲人与朋友的离去，我们都能体会到强烈的孤独感。人们长期忍受孤独感的折磨会造成身体和心理的不健康，而治疗孤独感、克服孤独恐惧的最重要的方法之一就是与他人积极主动交往，继而建立良好的人际关系。

(四)发展自我

美国人本主义心理学者罗杰斯(C. Rogers)认为，自我概念比真实自我对个体的行为及人格有更为重要的作用，因为它是个体自我知觉的体系与认识自己的方式。自我也称自我意识或自我概念，是个体对自己存在状态的认知，包括对自己生理状态、心理状态、人际关系及社会角色的认知。通过交往，了解交往对象的信息并取其长处，以人为镜，更客观地认识自我，促进自我的成熟与发展。

(五)舒缓压力

美国社会心理学者贝克曼(Beckman)的研究发现，在年龄、性别、经济收入和日常生活习惯基本相同的条件下，有密切社会联系诸如家庭、婚姻、非正式社团组织联系的人，寿命较长。那些缺乏密切社会关系的人死亡概率提升3%～30%。另一位心理学者的研究结果显示，在大企业中，男性工作人员若有良好的社会支持，可以大大降低工作压力。越来越多的研究显示，亲密和可信任的关系，是压力的有效缓冲器。其他研究表明，倾诉聚会、旅游可以消除压力带来的紧张感，良好的人际交往及其形成的社会支持系统可以使压力事件的强度相对降低。

人际关系的意义主要体现在以下几个方面：

(1)心理健康。良好的人际关系有助于个体的心理健康。与他人建立稳定、亲密的关系可以给个体带来情感支持，减轻压力，增强心理韧性，提高生活满意度。

(2)信息交流。人际关系是信息交流的重要渠道。通过与他人建立联系，个体可以获取各种信息，包括知识、经验、观点等，从而拓宽视野，提高自己的认知水平。

(3)社会支持。人际关系为个体提供社会支持。在面对困难和挑战时，良好的人际关系可以帮助个体获得他人的帮助和支持，增强应对能力，减轻心理负担。

(4)个人成长。人际关系对个人成长具有重要影响。通过与他人交往，个体可以认识自己、发现自己的优点和不足，从而促使自我改进、自我提升。同时，交往还可以激发个体的潜能，促进个人才能的发展。

(5)团队合作。人际关系对团队合作具有重要意义。在工作或生活中，许多任务需要团队协作完成。良好的人际关系有助于团队成员之间的沟通、协调和合作，提高团队的效率和凝聚力。

(6)社会稳定。人际关系对社会稳定具有重要作用。良好的人际关系有助于减少冲突、增进理解、促进和谐，维护社会秩序和稳定。

(7)跨文化交流。人际关系有助于跨文化交流与融合。随着全球化的发展，不同文化背景的人们越来越频繁地交往。通过建立良好的人际关系，人们可以了解不同文化的特点，增进相互理解和尊重，促进文化的交流与融合。

总之，人际关系对于个体和社会都具有重要的意义。良好的人际关系有助于个体的心理健康、信息交流、社会支持、个人成长和团队合作等方面的发展，同时也对社会稳定和跨文化交流具有积极作用。因此，培养良好的人际关系能力对于个人和社会都是非常重要的。

第二节　大学生人际关系的特点、类型和原则

一、大学生人际关系的特点

人际交往对于大学生并不陌生，从出生到大学学习，一直就在与各种人打交道。但是究竟什么是人际交往，大学生人际交往有哪些特点，大学生人际交往的影响因素有哪些，那些“人缘儿”有何特点？以下将予以探讨。

大学生的人际交往大多是在学习生活基础上发展起来的，在学校主要有承上启下、潜移默化的同学、师生关系，在家里主要是与父母及其他亲属的血亲关系。随着时代的发展，大学生的人际交往会注入不同的内容，交往形式也会不断丰富和多样化。大学生的生理和心理日趋成熟，比较重感情，因此，其人际交往具有与其他社会交往不同的特点。

(一)平等性

大学生随着自我意识的发展，独立和自尊的要求日益增强，于是产生了强烈的成人感，对交往的平等性要求越来越高。他们渴望平等交往，追求人格上的完全平等。大学生经常回避居高临下的教训，更多地选择与同辈交往而远离父母。以诚待人、宽容大度的学生在人际交往中往往是最受欢迎的。但是，独生子女家庭中成长起来的部分学生，容易将在家庭中养成的唯我独尊的特性带到同学交往中，造成人际交往障碍，引发自己内心的人际焦虑。因此，学会平等相处是大学生的必修课。

(二)独立性

大学生随着身心发育的成熟，其自我意识得到了迅速发展，发现了自己的内心世界，对自己以及周围关系有了新的认识。自我意识的发展带来了独立意识的增强，这使学生逐步摆脱了对父母和老师的依赖，但同时对同龄人的依赖有所增长，需要在新的环境中获得同伴的友谊。大学生因个性差异而使其人际交往趋于个性化、自主化。其交往多为兴趣、意愿所驱动。参加活动时个人选择的成分增多，被动强迫的成分减少，有很强的理性与选择性。

(三)与异性交往愿望强烈

大学生处于青年期，性生理成熟、性意识被唤醒，因此，对异性兴趣浓厚，而大学的生活又

提供了广泛交往的机会。实际上，异性交往是相互学习、相互了解适应的过程，有利于丰富学生的校园生活，陶冶其性情，更好地发展自我。

（四）理想化

大学生的人际交往具有浓厚的理想色彩，比较重思想，纯洁真诚。无论是对朋友还是对师长，都希望不掺杂任何“杂质”，也以理想的标准要求对方，一旦发现对方某些不好的品质就深感失望。与其他人群相比，大学生人际交往的挫折感较强，致使其出现渴求交往和自我封闭的双重性的局面。

（五）情感化

大学生普遍希望通过交往获得友谊。对友谊的珍惜与渴望，以及青年人情感丰富的心理特点，使其在人际交往中十分注重感情的交流，讲求情投意合和心灵深处的共鸣。但是，大学生情感往往很不稳定，变化无常，时而欢欣鼓舞，时而焦虑悲观，也经常容易用感情代替理智。

（六）迫切性与开放性

人际交往是学生身心发展的需要。对大学新生来说，大学是一个全新的环境。远离了父母、同学，来到一个完全陌生的生活环境，怀念昔日的亲情、友情，又渴望新的友谊。大学校园生活相对而言比较轻松，学生又处于精力充沛、思想活跃的时期，交往意识强。由于毕业后就要走向社会，人际交往的需要还可能从学校扩展到社会生活中，因此交往范围广、方式多，比如参加各种社团、协会等。与异性交往则具有开放性和直接性。

（七）重交往能力

当今社会，人际交往能力成为衡量现代人才的标准之一。大学生普遍重视交往，有强烈的交往意识，渴望提高自己的交往能力，扩大交往范围。大学提供了交往的外在条件，学生自身又有内在的心理需求，尤其是刚入学的学生体现得更明显。

大学生人际交往特点也可从以下几个具体要素来分析：

第一，动机与目的。

由于正值青春期，大学生精力充沛、兴趣广泛、好奇心强，渴望友情、爱情，具有很强的情感性。但随着社会的发展变化，尤其市场经济的发展，大学生随着年龄的增长在社交目的上从“理想化”趋于“理性化”。选择什么样的人交朋友，并不是纯粹出于情感和志同道合。低年级大学生主要是为了结识朋友、切磋学问、交流信息、沟通感情、丰富大学生活，而到了高年级，比较注重寻求有利于将来事业发展的社会资源。可以说，大学生的人际交往在注重情感交流的同时，越来越注重与自身社会利益相关的务实性。因此，从交往动机和目的来看，大学生人际交往呈现出情感型交往与功利型交往并重的趋势。

第二，范围与频率。

现代化通信与交通工具的迅速发展为大学生交往提供了超时空的广阔交往空间，大学生人际交往对象由以前的血缘、地缘、业缘以及朋辈、老师交往转向更广泛的社会交往群体。大学生不仅与校内外同学交往，也发展到与校内外社会各阶层的人士交往；不仅与同性、同年龄的交往，也与异性、不同年龄的人交往；不仅与现实人士交往，也与网络虚拟的广泛人士交往。其交往距离更远、范围更广，呈现出比较明显的开放性。

大学生交往由以前的偶尔相聚、互访发展到较为经常的聊天、社团活动、聚会、体育等活动，交往频率明显提高。

室友关系是大学生最为重要的人际关系。除了课堂、阅览室等场所之外，还有很多时间都是在宿舍中度过的。大家朝夕相处共同生活，抬头不见低头见，如果相处不好，会给学习和生活带来很多麻烦。近年来，由宿舍人际不和引发的极端案例并不少见。大学生的宿舍人际交往问题表现有以自我为中心、容易冲动、面子问题、个人习惯等。

第三，手段与方式。

现代通信、电子网络技术如QQ、微博和微信等新兴社交手段的发展，使得大学生的人际交往变得更方便、更快捷，交往方式具有非直面性、神秘性、随意性和自由性。大学生往往以寝室为中心，以社团活动、学术活动、志愿服务、实习和网络社交占主导，人际交往手段与方式出现多元化特征，而网络交往有逐渐取代现实人际交往的趋势。

当下网上广为流传一句话："世界上最远的距离不是天涯海角，而是我站在你面前，你却在玩手机。"这反映了人们对手机用于人际交往的复杂心态。网络交往是指，人们基于网络通信技术，通过数字化信息进行各种信息交流，从而实现人与人之间信息、情感的交流活动。

大学生网络交往的主要特点有：交往对象无限性，交往主体角色虚拟性、模糊性，交往动机多样性，交往内容复杂性，交往形式和类型间接性、简单性，交往心态平等性，思想情感表达直接性，交往过程弱社会性、弱规范性，交往时空超越性等。

大学生网络交往动机可分为工具性交往动机和社会性交往动机。工具性交往动机包括获取信息、辅助学业两种动机；社会性交往动机包括表达情感、确证自我及便利生活（即充分展示、实现自我；满足现实社会所无法满足的各种欲望；寄托、宣泄情感；自主地扮演角色和转换角色；归属心仪的群体；随心所欲地谈情说爱等）。有研究显示，大学生年级越高，网络交往动机越强，且男生强于女生，文科生显著强于理工科学生，重点本科学生强于一般本科学生，中西部学生强于东部学生。此外，大学生网络交往动机与社会支持和网络成瘾存在明显正相关，并对网络成瘾有良好的预测作用。

有研究表明，网络交往作为一种网络时代的新型交往方式，正深刻地影响着当代大学生的心理发展，这种影响利弊并存。其积极影响表现在：网络交往的自由、开放性为大学生提供了没有约束和限制的自由环境，扩大了大学生的信息来源渠道，开阔了大学生的视野，增加了大学生的信息量，为大学生探索自身潜力和生命价值提供了更多的机会和条件。同时，网络增强了大学生的人际交往手段，为大学生提供了便利的条件，为大学生提高素质提供了新的发展机遇。网络交往的消极影响表现在：首先，网络交往的虚拟性、弱社会性容易引发大学生的心理信任危机和人格障碍，不利于其自身社会化过程的顺利完成。其次，长期沉迷于网络造成孤独感。再次，网络人际交往的安全性容易导致大学生人际交往的简单化和片面化。最后，互联网所提供的跨时空、跨地域的多人多向的交流技术，具有极大的诱惑力，很容易使人沉溺其中以致网络成瘾。

网络引发的种种问题根源在于大学生本身，人是解决问题的关键。美国麻省理工学院电脑科学实验室的高级研究员D.克拉克曾指出："把网络看成电脑之间的连接是不对的。相反，网络把使用电脑的人连接起来了。互联网的最大成功不在于技术层面，而在于对人的影响。"人创造了网络，网络改变了人，因此，大学生要树立正确的网络交往观念，提高自身道德、自律、信息素质，理性掌控自己的网络交往行为。必要的话，应寻求专业机构如学校心理咨询中心的帮助。

二、大学生人际关系的类型

大学生既不像中小学生那么幼稚、单纯，又不像其他社会人员那么独立和擅于人际交往。

在日常生活中，每个人必然要同周围的人接触，与他们和睦相处将有助于自身的学习和成长。虽然人际关系错综复杂，但是真正对学生产生重要影响的人际关系集中在以下几个方面：同学关系、宿舍关系、师生关系、家庭关系和网络关系等。

（一）同学关系

同学关系是大学生最重要、最珍贵的人际关系。年轻人一般好胜，表现欲强，人际关系处理不好容易产生矛盾。如果同学之间有矛盾，那么将直接影响他们的学习和成长。人们一般都喜欢那些同样喜欢自己的人，希望得到对方的认可。

处理好同学关系的方法是：善于发现别人的优点，耐心聆听别人倾诉，不要炫耀自己，小事讲风格，大事讲原则，即使原则问题也要有分寸，要关心、体谅别人，不要当众揭短，要恰当真诚地表扬他人，要有同情心，要平等待人。

处理矛盾的方法是：先缓和，暂时不接触；静心思考对方有哪些优点和长处；冷静思考自身的不对之处；进行换位思考；主动缓和矛盾，诚心诚意去化解矛盾。

（二）宿舍关系

宿舍关系是大学生人际交往中接触最多、最密切，关系最难相处的人际关系。宿舍关系处理好了，同学之间情同手足；处理不好，矛盾容易激化，更无法逃避。由于同室而居，距离太近，在长时间的接触中，彼此的优缺点暴露无遗，而且由于个人的性格、生活习惯、思想观念、兴趣爱好、人生追求、品行修养、家庭背景等方面的不同，容易造成宿舍关系的不和谐。理顺宿舍关系，应做到以下几点：

第一，要正视问题，多找自己身上存在的原因。宿舍矛盾突出地表现在各种各样的琐碎小事中：乱扔垃圾、制造噪声、计较小钱、随便吸烟、作息紊乱、言论霸权和过分亲密等。若自己有不妥的地方，应适当调整自己的生活习惯，改变自己的说话方式，以他人可以接受和理解的方式与他人相处。

第二，争取多沟通、多交流。不要因为大家对自己有些误解而避免交流和沟通，而应主动与大家沟通，参与大家的讨论与活动。只有这样才能更好地与他人沟通，消除彼此之间的误会，增进相互理解和信任。

第三，心胸宽广，对别人多加理解和包容。新时代的青年人应海纳百川，多吸收别人的优点。对他人的缺点，应多加理解和包容。平时对一些生活中出现的鸡毛蒜皮的纠纷，不要耿耿于怀，该忘记的忘记，该原谅的原谅，该和解的和解，不要放在心上。即所谓“大事聪明，小事糊涂”，把有限的精力用在主要的事情上，比如，搞好自己的学习。

第四，真诚地对待他人。俗话说：“种瓜得瓜，种豆得豆。”只有播种真诚，展现真实的自我，才会收获别人的真诚。因为人们在无意识中遵守“人际关系互惠”原则，我们袒露真诚，也会得到相应的回报。有的人害怕自己的缺点被别人看到从而影响自己在别人心目中的形象。心理学研究表明：人们并不喜欢各方面都十分完美的人，而一个各方面都表现优秀而又有一些小缺点的人更容易被人接受和喜爱。所以，你不用太在意自己的缺点，对这点要有足够的信心。

第五，发自内心地赞美他人。学会欣赏、赞美他人，每天至少说一句让人感觉舒服的话，比如，“你太棒了”“你这个发型很好看”。这种赞美的话语会给被赞扬者带来快乐，引起积极的情绪反应，并会传染给周围的人，也为其带来快乐。快乐会消融人际关系的僵局，使宿舍关系变得融洽。

(三)师生关系

俗话说:“名师出高徒,严师出高徒。”老师并非完人,高校的老师在某一专业方面可能是你的启蒙者,而在某项技能方面可能还不如某个学生,可能开设的课程也不尽善尽美,但总体而言,课程设置是合理的,是学生全面发展所需要的。传授知识、答疑解惑的老师境界有高低,学识水平有差别,即使水平高的老师,其个性风格也并非人人都认同。学生要明确,不要在情感上与老师对立,否则会移情到他所讲的课程中,这样受损失的是自己。

大学生在师生关系中有很大的主动性。乐于交往、善于交往的学生,可以从老师那里得到更多的帮助。要建立密切的师生关系,不仅需要老师具有强烈的事业心和责任心,也需要学生自己积极、主动地与老师交流。

(四)家庭关系

作为家庭的一员,子女是父母生命的延续,父母是子女的第一任老师、第一保护人。家庭是子女的后盾,子女需要父母的支持和呵护,也要承担将来的赡养义务。孩子与父母间的理解沟通怎样、相互间的了解有多少对家庭关系至关重要。青年时期,有些人与父母的代沟加深,这源于不同的生活环境、教育背景、价值取向、兴趣爱好、生理年龄、心理年龄,此时彼此不去沟通就更难以相互理解和尊重。大学阶段,不仅需要父母经济上的支持,更需要他们精神上的支持,后一点对我们一生都很重要。

(五)网络关系

青年学生是网络应用最充分的群体,网络为人们提供了广阔的人际交往平台,同时也在排斥和改变着传统的交往方式。一方面,网络交往掩盖了真实的自我;另一方面,网络交往也使人们表露了真实的自我。因为空间距离的存在,更因为网络本身的虚拟性,很多人在网络交往中都给自己戴上一副面具,在网上可以填写或注册虚假信息。正因为个人信息是假的,所以人们在网上可以畅所欲言,说出自己在现实生活中想说而不敢说的话,在某种程度上表露了真实的自我。但是,网络毕竟只是虚拟的交流空间,网络交往不能替代现实交往。部分学生过于关注或沉溺于网络交往,反而忽视了现实生活。不少同学遇到现实问题舍近求远,在一定程度上导致自我封闭,降低了与周围群体交往的能力。尤其对那些不善交往的人来说,网络交往为他们制造了回避人际接触的理由。

三、大学生人际交往的原则

人际交往能力是现代大学生应具备的重要素质,也是衡量大学生能否适应社会的标志。大学生想要在现代社会生活中有所作为,应该努力培养自己交往的能力,掌握交往的主动权,而了解人际交往的一些基本技巧则会使交往更加有效。

俗话说:“没有规矩,不成方圆。”人与人的交往也有规矩。人际交往中只有大家都遵循一定的原则,才能使交往顺畅地进行下去,交往双方才可能在交往中皆大欢喜。大学生要改善人际关系,就必须明确人际关系的原则。了解这样的原则,就会更清楚自己的人际交往怎样做会更好。

(一)平等原则

平等是指交往双方在态度上的平等,它是建立良好人际关系的前提。尽管人与人之间在许多方面存在差异,但是每个人都有自己的尊严,都有自己独立的人格。因此,在交往中任何一方都要以此为出发点,尊重自己,自尊自爱;同时,尊重他人的观点、情感、愿望、习惯和爱好等,与人平等相处。

在人际交往中总要有一定的付出或投入,交往双方的需要和这种需要的满足程度必须是平等的,平等是建立人际关系的前提。人际交往作为人与人之间的心理沟通是主动的、相互的、有来有往的。

赠人玫瑰,手有余香。互相帮助、理解就是心理学上的互惠定律。人际交往就像一种回声,你对我友善,我对你也友善。交往双方互相关心、互相帮助、互相支持,既可满足双方各自的需要,又可以促进相互的联系。在最需要的时候,一方的举手之劳、滴水之恩,都会使对方铭记在心,从而加深双方的情谊。

(二)互惠原则

互惠是指交往过程中能够满足双方的需要,达到互利共赢的目的。互惠不仅指物质上的互相交换,还包括情感上的互相慰藉、困境中的互相扶持、人格上的互相尊重。人际交往从本质上讲是一个社会交换过程,人们在交往时都希望获得物质或精神上的满足。只有双方在交往中能够实现各自需要的满足,才能保持良好的互动,反之则可能彼此疏远。

(三)真诚原则

"人无信不立",诚信是人际交往的基础,是做人的根本。一个人不讲信用,说话不算数,容易让人反感,长此以往不但交不到朋友,就是好朋友也会离他而去;已经做出承诺,就要尽心尽力去做。自己力所不能及的事情,一开始就不要应承,正如美国前总统华盛顿所说:"一定要信守诺言,一定不要去做力所不能及的承诺。"正直是忠于我们的良知,信守诺言,并维护我们的信仰。正直不同于诚实,诚实是告诉别人真相,而正直是告诉自己真相。拥有正直意味着个人的"全面发展",也会拥有好的人缘。因此,我们在不同情况下所说的话和所做的事应该是前后一致的,而不是互相矛盾的。

(四)宽容原则

宽容是指在交往中能够宽厚待人,能够容忍他人的过失和不足。宽容并不是软弱、怯懦,也不是无原则地接受一切,而是在非原则性的问题上不斤斤计较,心胸大度。宽容是维系人际关系的纽带,也是增强人际吸引的要素。"海纳百川,有容乃大。"一个胸怀宽广的人才能够赢得他人的友谊和尊重。容人者,人容之。人非圣贤,孰能无过。世界上不存在一无是处的人,也不存在完美无缺的人。我们自己缺点与优点并存,他人亦然。与人交往时,我们要宽以待人、严于律己,多发现他人的长处,对别人的错误要学会原谅。古语曰"水至清则无鱼,人至察则无徒"说的也是这个道理。当然,宽容也要有原则,忍让是明他人之长,知他人之短,容他人之过。吃得了亏,受得了气,"忍一时风平浪静,退一步海阔天空"。如此才能和睦相处。因为世界上没有完全相同的两个人,与我们相处的人,年龄不等、经历不同、性格有异,为人处世的风格也不一样,因此总会存在分歧和矛盾。所以,我们遇事要多忍让,但忍让并不是不讲原则,也不是提倡当"滥好人",而是在不违背原则的情况下,以忍让为主,得饶人处且饶人,以宽广的心胸去面对别人、与人为善。

(五)适度原则

适度原则是指交往中在朋友的选择上要把握好深度和广度,言行举止要把握好尺度等。深度要适度,人际交往一定有程度之分,不可能人人都交,人人都成朋友。深交与浅交、益友与损友要心中有数,择优而交。距离要适度,把握适当的人际距离。俗话说"距离产生美",距离太近,没有私人空间,易产生厌烦心理,影响关系存续;距离太远,会有陌生、不理解的感觉,也难以进入审美状态。即使是亲人、朋友，也需要私人空间。一般来说，离你近的人，愿意与你交往。距离近，感情深，交往频率高，交往中不断增进感情，但也易产生冲突摩擦，使好感度下降。

第三节 大学生人际关系障碍及其调适

每个人都希望被人接纳、招人喜欢，希望与他人建立和谐、亲密的关系。但是，人与人之间的交往总会有冲突发生，不少学生常为此感到困惑和苦恼，陷入人际关系的旋涡中不能自拔。那么，人际交往中有哪些阻碍人际关系建立和发展的不良心理和行为呢？如何去跨越这些人际交往的障碍呢？

一、自负

（一）自负及其表现

他那点算什么啊？要是我，肯定比他强……从这样的语言中，你能听出什么？你觉得说话者是什么样的心态？

自负的人不能客观地认识自己和他人，过高地评价自己，自命不凡，自以为是。自负的人自我感觉甚好，喜欢自我陶醉。他们在人际交往中往往以自我为中心、目中无人、傲气轻狂、居高临下，喜欢自吹自擂。自负的人可能会有一些优势，但常常有自恋的成分。他们过于相信自己而不相信他人。

（二）自负心理的调适

（1）学会正确评价自己。每个人都不可能完美无缺，都有自己的弱项和劣势，要学会全面地看待自己，多听取别人对自己的评价和反馈，避免过度地自我膨胀。

（2）学会发现别人的长处。要提醒自己，每个人都有自己的优势，要学会发现和接纳他人的优点，虚心地取人之长，补己之短。

（3）树立正确的人际交往理念。在交往中，每个人都希望得到别人的尊重，希望被接纳、认同和肯定，只考虑自己的感受而不顾及他人，过分的自我表现会让他人在交往中受损。因此，在人际交往中，要学会从他人的角度考虑问题，注意双方需求的满足。

二、自卑

（一）自卑及其表现

自卑心理是人际交往中比较突出的一种，也是大学生人际交往中常见的心理问题。有自卑心理的大学生常常缺乏自信心，处事过分小心谨慎，在交往中畏首畏尾，多思、敏感、多疑、孤僻。一般来说，有自卑心理的人性格多内向、感情脆弱，常常自惭形秽，总感到别人瞧不起自己。

（二）自卑心理形成的原因

（1）消极自我暗示。认为自己生理上、智力上、能力上以及气质、性格等方面不如别人、低人一等，拿自己的短处与别人的长处相比，担心别人瞧不起自己，丧失交往的勇气和信心。

（2）归因错误。有自卑心理的学生常常把事情失败的原因归咎于自己的能力、性格或运气，导致意志消沉，不愿与人交往。

（3）过度自尊。自尊过强能导致自卑心理。例如，有的学生非常看重自己在别人心目中的形象，害怕自己的弱点和不足暴露在别人面前，害怕出现挫折而有损自己的形象，因而为了维护自尊，不积极主动交往。

（4）个体条件相对不足。生理条件或生活条件相对不足常常能引起心理上的自卑。例如，有的学生有生理上的缺陷或容貌不佳，总觉得别人看不起自己，从而影响与人交往。再如，有的学生生活条件差，经济拮据、出身贫寒，担心别人看不起自己，在人际交往中往往不主动积极，而是尽量回避，离群索居，表现出自卑倾向。

（三）自卑心理的调适

（1）正确认识自己。要学会正确认识自己，善于发现自己的成绩；同时，要正确看待他人，学会正确比较，扬长避短。

（2）欣赏自我。把最满意的照片选出来，并悬挂。不可忽视端正的外表，外表形象将帮助你看重自己。

（3）建立乐观的生活态度。积极能使人的力量与自我形象相吻合。培养积极乐观的生活态度，是建立自信的基础。

（4）自我暗示、自我鼓励。要学会积极地自我暗示、自我鼓励。在公众场合，要有积极的心理暗示；别人能行，我也能行。

（5）积极与他人交往。只有积极主动投身于人际交往中，才能使自己得到锻炼，发现自己的价值，增强自己的信心，尤其要有意识地加强同性格开朗、乐观、豁达、尊重人、关心人的人交往，这对克服自卑心理大有益处。

三、以自我为中心

（一）以自我为中心及其表现

以自我为中心的人凡事都从个人的需求和利益出发，不会设身处地地考虑他人、考虑自己与周围环境之间的关系。

以自我为中心的主要表现是：遇事只为自己打算，不顾及他人的感受和合理需要；行为上往往颐指气使、盛气凌人；与人相处总认为自己对、别人错，习惯于把自己的意志强加于人。因而，以自我为中心的人不易赢得他人的好感和信任，人际关系大多不和谐，做事难以得到他人帮助，易遭受挫折。

以自我为中心的人往往有一些不合理的观念。例如：①我属于我自己，想干什么就干什么，与别人不相干；②我的能力强，别人应该听我的；③我没做错什么，全是他们的错；④别人应该对我好：⑤我是最重要的，我的需求应当先被重视和满足。

（二）以自我为中心心理的调适

（1）改变不合理的自我观念。要克服以自我为中心，需要从内心深处挖掘自己所抱持的不合理观念。例如：①我属于我自己，但人是社会性动物，不能随心所欲；②我的能力强，但并不代表我所做的都是正确的；③我不能保证自己不出错；④我希望别人对我好，但不能要求别人都对我好；⑤每个人都是重要的，我在乎自己的需要，别人也一样。

（2）学会移情。学会设身处地地从他人、环境的角度思考问题，尊重他人的内心感受和需求。

（3）树立积极的交往心态。交往需要互惠互赢。如果个体只考虑自己的需要、感受而忽视他人，这种关系本身就不平衡，不可能与他人建立起真正和谐、平等的关系。

四、嫉妒

(一)嫉妒及其表现

嫉妒是指在与他人的比较中,发现自己的能力、名誉、地位或境遇等方面不如别人时而产生的一种不服、愤怒、失落、怨恨等组成的复杂的情绪状态。爱嫉妒的人看到别人超过自己便会产生忌恨、不满;看到别人遇到困难或陷入麻烦就幸灾乐祸;当自己无法超越他人时,就怨天尤人,诋毁、中伤他人,甚至采取极端的行为来发泄自己的怨恨。

(二)嫉妒心理的调适

(1)正确面对嫉妒心理。人与人之间进行相互比较是很普遍的,关键是比较之后应采取什么样的心态。嫉妒心理不仅妨碍良好人际关系的建立,而且也给嫉妒者本人带来心理上的痛苦和折磨。此时要主动地调整自己的情绪和行为,客观冷静地分析自己,找出自己的长处和短处、与他人的差距,把嫉妒心转化为激励自己上进的动力。

(2)充实自己。嫉妒心往往是自信心和能力不足的间接表现。一般来说,能力很强的人不用担心别人超过自己,只有那些无所事事、想优秀又不愿努力的人,才有时间嫉妒别人。因此,有嫉妒心理的人应化嫉妒为上进的动力,以积极的心态充实自己,变自己的劣势为优势。

(3)优化自己的人格。嫉妒的人心胸狭隘、斤斤计较,不能宽容别人,挫折承受力差,在某种程度上缺乏自信,自尊心过强,这些都是需要努力加以改变的人格特点。有强烈嫉妒心理的人,需要经常对自己的人格特点加以反思,注意培养开阔的胸襟、积极的心态、对待失败的理性态度,以积极的人生观来引领自己。

(4)克服以自我为中心的思想。嫉妒心理是以自我为中心思想膨胀的产物。有嫉妒心理的人往往目光短浅、气量狭小、处处考虑自己。克服以自我为中心的思想就会去接纳别人的进步和发展,就会使自己的心态不因嫉妒别人的进步和成绩而失衡,从而使自己的情绪和情感升华。

五、猜疑

(一)猜疑及其表现

猜疑是指个体在交往中凭主观臆测而对他人持不信任的、怀疑态度的复杂心理,喜欢猜疑的人往往很难信任别人,怀有很强的戒备心,喜欢发挥自己的主观想象,容易产生对别人的误解。有猜疑心理的人常常敏感固执、谨小慎微,事事要求十全十美,把自己置于一种苦恼的心态中,很难与别人建立亲密、信任的关系。

(二)猜疑心理的调适

(1)提高自己的理性思维能力。在交往中,对于陌生人保持必要的戒备和防范心理是可以理解的,也是很有必要的。但是如果不分对象,对任何人都采用怀疑的眼光,不敢相信任何人,就走向了极端。现实生活中许多猜疑在戳穿以后都是很可笑的,但在戳穿之前,由于猜疑者的头脑被封闭性思路所主宰,只会觉得自己的猜疑顺理成章。此时,冷静思考是十分必要的。

(2)学会正确的人际认知方法。对他人和客观事物的认知方法要力求客观、全面、公正,切忌只凭一两次交往、共事或一种偶然现象,就做出以点带面、以偏概全的结论。

(3)培养自信心。喜欢猜疑别人的人,往往过分担心自己的不足,害怕别人揭开自己的伤疤,敏感、自卑。因此,要不断加强交往能力的锻炼,提高自信心,相信自己会与周围人处理好人际关系，会给别人留下良好的印象。

(4)及时沟通。猜疑者生疑之后，冷静思索是很重要的，但冷静思索后如果疑惑依然存在，就应通过适当的方式，同对方进行推心置腹的交流。若是误会，可以及时消除；若是看法不同，通过谈心，了解对方的想法，也很有好处；若真的证实了猜疑并非无端，那么，心平气和地讨论，也有可能在冲突之前就将问题解决。

(5)要学会自我解脱。人际交往中的误会和隔阂是客观存在的社会现象，要学会解脱。例如，当别人议论自己的缺点时，要暗示自己：有则改之，无则加勉。当听到一些不利于自己的言语或主观感觉到别人议论自己的时候，要暗示自己：人生在世，怎能不受他人议论，走自己的路，让别人说去吧。

六、自我封闭

(一)自我封闭及其表现

自我封闭是指不愿与他人亲密接触，喜欢独来独往，却又经常感到孤独、寂寞的心理现象。自我封闭的人常常把自己真实的想法、情感、愿望、态度等掩盖起来，不愿与别人敞开心扉，不愿自我表露。这种人往往对人冷漠，对别人的善意无动于衷，戒备心理较强。

(二)自我封闭心理的调适

(1)充分认识自我封闭的危害性。亚里士多德说过："从本质上讲，人是一种社会性动物；那些生来离群索居的个体，要么不值得我们关注，要么不是人类。"事实上，只要是人，就会有归属的需要，需要友谊和爱。自我封闭使个体的心理需要无法得到满足，难以得到有效的社会支持，对个体的身心健康极为不利。当自己内心感到孤独而又不愿与人交流时，可以让自己静下来，认真分析自己内心深处的想法，找到自我封闭的缘由，并想想它的危害。

(2)更新观念。要充分认识到人际交往能力是衡量一个现代人是否具有适应开放社会的能力的标准之一。开放意识是现代人的基本特征之一。在社会向信息化转变的今天，大学生要适应现代社会的要求，就必须更新观念，克服传统落后的思想意识。

(3)进行适当的自我表露。适当的自我表露有利于增进交往双方彼此之间的信任，有助于亲密关系的建立。因此，在交往中要意识到自我表露的重要性，并有意识地将一些个人信息与他人分享。

(4)积极参与社会交往。自我封闭的人往往喜欢独来独往，很少参与集体活动。有封闭心理的人需要鼓励自己积极参与集体活动，逐步扩大自己的交往范围，在交往中感受友谊的乐趣。

第四节　合理运用人际交往策略

与欧美大学生相比，中国大学生与人交往的经验相对较少，而且在进入大学以后这一问题便十分凸显，这在很大程度上给大学生建立良好的人际关系带来了压力。而同学们往往只感受到这一问题的重要性和压力，却缺少必要的经验和技巧。要在短期内建立起一种和谐的人际关系，除了遵循以上交往规则外，还要掌握一定的交往技能，才能事半功倍、心想事成。可以从以下几个方面做起：

一、了解健康的人际交往模式

(一)爱利克·伯奈人际交往模式

美国著名心理学者爱利克·伯奈(Erik Berne)依据个体对自己和他人所采取的基本态度,提出了四种人际交往模式:

一种是我不好你好、我不行你行。这是一种自卑恐慌模式。著名心理学者阿德勒指出,人在生命的初始是依赖于周围的人而生存的。与周围的成人相比,儿童常常感到自己的无能,因而从小就有自卑感,因而在潜意识中形成了"我不行你行"的心理模式。其最为极端的表现是社交恐惧症。

第二种是我不好你也不好、我不行你也不行。这是一种不喜欢自己也不喜欢别人的模式。这种人既看不起自己也看不起别人,既不会去爱人也不能体恤和接受他人。

第三种是我好你不好、我行你不行。这是一种骄傲自大、自以为是的模式,常常表现为充满优越感,骄傲自大,自以为是,总以为自己是对的、别人是错的,把人际交往失败的原因都归咎于他人的责任。

以上三种交往模式都会阻碍人际交往,并且不利于心理发展和心理健康。成熟的、健康的人际交往模式应该是以下第四种:我好你也好、我行你也行。这是一种理性、理解、宽容、接纳的交往模式。具有这种心态的人能充分体会到自己成熟乃至强大的理性能力,相信自己也相信他人,爱自己也爱他人。这种人不是十全十美的人,却能客观地悦纳自己和他人,正视现实,并努力去改变自己能改变的事物,善于发现自己、别人和外部世界的光明面,从而使自己保持一种积极的、乐观的、进取的、和谐的精神状态。

(二)萨提亚人际交往模式

美国著名心理治疗学者维吉尼亚·萨提亚(Virginia Satir)根据多年的心理治疗与研究经验,总结出五种人际交往模式,希望提高个人的自尊、改善沟通及帮助人活得更"人性化",最终个人达到"身心整合,内外一致"的目标。

(1)讨好型。讨好型的人在与他人交往的过程中往往抬高对方、贬低自己,使自己处于弱势地位。这样别人才不会嫉妒自己、攻击自己,甚至会保护自己,自己心里才能感到踏实、有安全感。讨好型的人内心有"我很无助"之感,他们往往神经质、抑郁,有些会有自杀的倾向和行为。

(2)指责型。指责型的人常常忽略他人,习惯于攻击和批判,将责任推给别人。"都是你的错""你到底怎么搞的"是他们的口头禅。究其内在经历,指责型的人通常孤单失败,但他们宁愿与别人隔绝以保持权威。

(3)超理智型。超理智型的人极端客观,只关心事情合不合规定、是否正确,总是逃避与个人或情绪相关的话题。他们告诫自己"人一定要有理智","不论代价,一定保持冷静、沉着,决不慌乱"。这类人表面上很优越,举动合理,而实际上,他们内心很敏感,有一种空虚和疏离感。

(4)打岔型。打岔型的人永远抓不住重点,习惯于插嘴和干扰,不直接回答问题或根本文不对题。他们内心焦虑、哀伤,精神状态混乱,没有归属感,不被人关照,还常被人误解。

(5)一致型。一致型是萨提亚所倡导的目标。这种模式建立在高自我价值的基础上,达到自我、他人和情境三者的和谐互动。这种模式的人往往表现出一种内在的觉察、表情流露和言语一致,内心和谐平衡,自我价值感比较高。

由此可见，大学生要在人际交往中逐步学会真实、客观、准确地评价自我，建立恰当的自我意识，力争达成自我、他人和情境三者的和谐互动，在人际交往中学会一致性沟通，建立理性、理解、宽容、接纳的交往模式。

二、培养积极交往的态度

由于对内在自我的反省能力有待发展，在人际交往中，我们往往觉得别人不关心自己，或不尊重自己，却很少反省自身及对别人的关注。这种单向性思维容易导致交往中一厢情愿的倾向，并容易对挫折做出错误的归因。人际交往本质上是一个互动的过程，但许多时候互动链的运行需要有人主动激发。因此，我们首先向别人发出友好的信号，主动关心别人，主动帮助别人，主动与人打招呼，特别是当面临人际危机时，主动解释，消除误解，才能重新建立良好的人际关系。

三、学会微笑与倾听

微笑是一种无声的语言，它显示出一种力量、涵养和暗示。心理学研究表明，一个面带微笑的人很容易被他人接纳，微笑对于树立良好形象能发挥极大的效果。从本质上说，笑是一种受所在文明支配的社会现象，微笑所表达的是一种感情、一种吸引力。微笑虽然无声，但它是一种高级含蓄的语言，它包含了高兴、欢悦、同意、同情、赞许、尊敬等许多意思。

一位作家说过，很少有人能对别人专心听讲所给予的暗示性赞美无动于衷，有反馈的引导和鼓励的倾听有助于我们从别人那儿学到许多知识，有益于弥补和增长我们的经验。大多时候，每个人充满感情所谈论的往往是其感受颇深的。如果你冷静地聆听，就会更深入地了解对方，有时还可能化干戈为玉帛。比如发生争吵时，如果一方耐下心来，不加评论、不加辩解地倾听对方说下去，对方就会渐渐平息下来，甚至主动开始反省自己；或是待其冷静下来后，再平静地讲清一切，效果一定强于冲动之举。

四、常常感激与赞美

作家安妮·赫斯特德·伯利（Anne Husted Burleigh）认为："感激就像爱一样，不是一种情感，而是一种意愿产生的行为。我们选择去感激，就像我们选择去爱一样。"感激提醒我们，我们所喝的水都不是从自己挖掘的井里取得的。感激常常被描述为幸福生活的秘方，也是开启良好人际交往的"金钥匙"。

由衷的赞美会使人感到自身价值得到肯定，感到愉悦和鼓舞，并对赞美者产生亲近感，彼此的心理距离因赞美而缩短、拉近。真诚的赞美要注意两点：第一，赞美事实而不是人。要把赞美的焦点放在对方所做的事情上，比如说"你的书写得真好"要比说"你真棒"更容易让人接受。第二，赞美要具体。针对某件事赞美会更有力量。比如"你的领带跟西服很配"要比"你今天穿得很好看"更能说到对方的心里去，每一次真诚地赞美别人，不但对方快乐，同时也会让自己获得满足。

五、注意"特殊对待"

在人际交往中，人人都希望得到尊重、自我价值得到承认。因此，在交往中，我们首先要学会"特殊对待"。受到"惯例对待"会让人认为自己的地位和价值被低估，从而也将对方的好意视为贬低;而受到“特殊对待”则让人感到自己受到重视,于是对对方也会抱有特殊的好感和态度。给对方“特殊对待”,让你所欲深交的人感觉到他在你心中独一无二的地位,是密切关系的良好技巧。其次,在生活中,少挑他人毛病,保住他人面子,也是“特殊对待”的重要内容。

六、适度自我曝光

大学生常常会与密友说说悄悄话,彼此袒露自己的小秘密,这便是自我暴露。这种极私密的交流往往会巩固友谊,使双方关系更“铁”。当我们想让人际关系升温时,适度的自我暴露不失为一种十分有效的方法,尤其对女性而言。倾诉一点自己内心深处的烦恼,吐露一点不为人知的小秘密,能让对方感到深受信任,出于感动和交往中的对等原则,也会向你倾吐心声。而且有过一次这样的交流,双方都会视彼此为心腹之人。

七、掌握批评的艺术

有些时候,当别人的错误损害了自己及周围人时,就需要运用适当的批评方法促其改变。但批评要想奏效,必须尽量减少对方的防卫心理。这就要做到:第一,批评场合尽量私密。如果在大庭广众下批评,会引起对方的反感和抵触,可能马上以敌视的态度来反击你,以保护受到威胁的自尊心。第二,从检讨自己和诚心感谢入手。检讨自己的失误和感谢对方可以提高对方的自信和自尊,让对方从感情上接纳。第三,批评对事不对人。首先肯定其能力、人品,再指出其某一个具体的错误,对方往往容易接受。第四,批评应针对现在而不是翻旧账。尽量不用“你怎么总……”之类的形式批评别人,因为这样的说法暗示对方“你旧习难改”。

在慎重批评别人时也要学会理性对待他人的批评,首先要冷静,不要随意辩解或严厉地反击,先弄清楚对方的动机,以免误会他人的好意,或是让他人的恶意得逞。教育家卡耐基说:“虽然我不能阻止别人对我做任何不公正的批评,我却可以做一件更重要的事:我可以决定是否要让我自己受到那不公正批评的干扰。”其次,认真地分析批评中是否含有可供参考、有助于自我完善的内容。只要我们愿意,一切都可以拿来为我所用,一切都可以成为我们学习的源泉。

八、选择合适的交谈形式

一般来说,与人交谈有商讨式、说服式、静听式和闲谈式四种。如果你想求得某些问题的意见,达成某种程度的合作与协议,那么就选择商讨式交谈。商讨式对话的双方既严肃认真地表述自己的见解,又耐心听取对方的意见,求同存异,达到交谈对话的目的。如果你要劝导与说服某人,就选择说服式交谈,但要细心观察对方的表情和表现,在说而不服时,要及时转移话题,向其他交谈对话方式转移。如果想倾听他人对某些问题的反应,或一时把握不住对方的思路,可选择静听式交谈,通过静听争取时间,理清头绪,变被动交谈为主动交谈,但要注意保持双方情绪和谐,特别要注意不要曲解人意。如果没有什么明确的宗旨和专门的目的,只是联络感情,可选用闲谈式交谈。交谈时,应当平等相待、以诚相见、内容健康,不可违反原则乱谈。

实践互动

活动1:盲人拐杖

盲人拐杖活动旨在通过模拟视障人士的行走来提高参与者的同理心、信任和沟通能力。

活动目的：

(1)增进对视障人士日常生活挑战的理解。

(2)提升团队成员间的信任与依赖。

(3)改善非言语沟通技巧。

(4)增强同理心和社会责任感。

活动准备：

(1)场地：选择一个安全的活动区域，确保没有危险物品或障碍物，最好有一定的行走空间。

(2)盲人拐杖：准备足够的拐杖，或者可以使用简易的棒状物品作为代替。

(3)眼罩：为扮演盲人的参与者准备足够的眼罩。

(4)急救包：预防意外受伤，应准备好急救物资。

(5)水：提供足够的饮用水，尤其是在户外进行活动时。

(6)其他：准备好记录工具，如照相机或录像机，用于记录活动过程。

活动规则：

(1)在活动过程中，扮演盲人的参与者必须全程戴上眼罩，且不能以任何方式看见周围环境。

(2)“盲人”只能通过拐杖和拐杖持有者的非言语指导来行动。

(3)拐杖持有者不得口头交流，只能通过手势、轻推等身体语言来引导。

(4)参与者在活动中需彼此尊重，避免过度玩笑或造成恐慌。

(5)所有参与者都必须遵守安全规范，注意自己和他人的安全。

活动步骤：

(1)介绍环节(5～10 分钟)

- 解释活动的目的和意义，以及如何安全地进行。
- 分发拐杖给一部分参与者，让他们站成一排，成为“拐杖”。
- 其余参与者戴上眼罩，成为“盲人”。

(2)沟通训练(约 5 分钟)

- 向拐杖持有者展示如何通过触摸和简单动作来引导盲人。
- 让拐杖持有者实践一下基本的引导技巧。

(3)行走练习(15～20 分钟)

- 让“拐杖”与“盲人”配对，并开始慢速行走，拐杖持有者负责引导“盲人”避开障碍物。
- 观察员或教师须在场监督，确保安全。

(4)轮换角色(约 10 分钟)

- 让一半的拐杖持有者和“盲人”互换角色，以便每个人都能体验两种角色。

(5)反思分享(10～15 分钟)

- 活动结束后，让大家摘下眼罩，围坐成圈进行分享。
- 讨论扮演不同角色时的感受，以及从活动中学到的东西。

(6)总结(约 5 分钟)

- 总结今天的体验和学习点，鼓励将这种同理心应用到日常生活中。

• 确保所有设备和道具被妥善收回，并对参与者表示感谢。

通过实践活动，参与者可以更好地理解视障人士的生活状态，同时培养出更强的团队精神和相互支持的态度。

活动 2:合力绘画

合力绘画活动是一种旨在通过集体艺术创作来促进团队合作、沟通和表达感情的心理健康教育方式。

活动目的：

(1)增强团体成员间的协作和沟通能力。

(2)提供一个创造性的平台，让团队成员能够表达自己的情感和想法。

(3)降低个体压力，通过集体创作享受乐趣。

(4)增进团队成员之间的理解和尊重。

活动准备：

(1)场地：准备一个宽敞的空间，足够所有参与者围坐或站立在画纸周围。

(2)材料：大幅画布或多张拼接的大画纸、足够的颜料(水彩、油画颜料或丙烯)、各种画笔和工具(如滚筒、刮刀等)、调色盘、水桶、围兜或围裙、纸巾等清洁用品。

(3)灵感：提前准备一些主题或启发性的问题以激发创意，例如“和平”“自然”或“梦想”。

(4)音乐：准备一些轻松的背景音乐，以营造舒适的创作环境。

(5)摄影：准备相机或手机用于记录活动过程和成品。

活动规则：

(1)尊重每个人的创作空间，避免负面评价和干预他人作画。

(2)鼓励积极交流和分享想法，但不得强迫他人接受自己的想法。

(3)保持环境的整洁，使用完的材料要归位。

(4)鼓励创新和实验，没有正确或错误的答案。

活动步骤：

(1)引入环节(约 10 分钟)

• 简单介绍活动目的和流程。

• 分享绘画的主题或启发性问题，并邀请大家思考。

• 分组或个人参与可根据具体情况设定。

(2)计划阶段 (约 15 分钟)

• 参与者讨论作品的构思，可以决定画面布局、颜色方案等。

• 每个人都可以提出意见和建议，通过协商一致的方式做出决策。

(3)创作阶段 (30～60 分钟)

• 参与者开始在画布上共同作画，根据之前的计划进行分工合作。

• 工作人员巡视指导，确保活动按规则进行。

(4)反思分享 (约 15 分钟)

• 完成作品后，全体参与者共同欣赏并分享彼此的感受和体验。

• 鼓励每个人谈谈自己在作品中的贡献以及整个过程中的感受。

(5)总结收尾(约10分钟)

• 对本次活动进行简短总结,感谢大家的参与和努力。

• 拍照留念,并确保场地清理干净。

通过上述合力绘画活动不仅有助于提升团队协作和创造力,还能为个人提供情感表达的机会,同时创造美好的集体回忆。

作业和思考

1. 大学生社交能力自测

下列30道社交能力自测题,你可按照自己的符合程度进行打分。凡符合者打2分,基本符合者打1分,难以判断者打0分,基本不符合者打—1分,完全不符合者打—2分,最后统计总得分。

(1)我上朋友家做客,首先要问有没有不熟悉的人也出席,如有,我的热情就明显下降。

(2)我看见陌生人常常觉得无话可说。

(3)在陌生的异性面前,我常感到手足无措。

(4)我不喜欢在大庭广众面前讲话。

(5)我的文字表达能力远比口头表达能力强。

(6)在公众场合讲话,我不敢正视听众的眼睛。

(7)我不喜欢广交朋友。

(8)我的好朋友很少。

(9)我只喜欢与同我谈得拢的人接近。

(10)到一个新环境,我可以接连好几天不讲话。

(11)如果没有熟人在场,我会感到很难找到彼此交谈的话题。

(12)如果要在"主持会议"与"做会议记录"这两项工作中挑一样,我肯定是挑选后者。

(13)参加一次新的聚会,我不会结识多少人。

(14)别人请求我帮助而我无法满足对方要求时,我常常感到难以处理。

(15)不到万不得已,我决不求助于人。这倒不是我个性好强,而是感到很难对人开口。

(16)我很少主动到同学、朋友家串门。

(17)我不习惯与别人聊天。

(18) 领导、老师在场时,我讲话特别紧张。

(19)我不善于说服人,尽管有时我觉得自己很有道理。

(20)有人对我不友好时,我常常找不到恰当的对策。

(21)我不知道怎样同嫉妒我的人相处。

(22)我同别人的友谊发展,多数是别人采取主动态度。

(23)我最怕在社交场合中碰到令人尴尬的事情。

(24)我不善于赞美别人,感到很难把话说得自然、真切。

(25)别人话中带刺揶揄我,除了生气外,我别无他法。

(26)我最怕做接待工作,同陌生人打交道。

(27)参加聚会,我总是坐在熟人旁边。

(28)我的朋友都是同我年龄相仿的。

(29)我几乎没有异性朋友。

(30)我不喜欢与地位比我高的人交往。我感到这种交往很拘谨、很不自由。

注:得分越低,社交能力越强。30分以上,应该承认,你的社交能力是相当差的;0～30分,说明你的社交能力较差;－20～0分,意味着你的社交能力还可以;低于－20分,那么应当祝贺你,你是一个比较善于交往的人。

2. 结合自身经历,谈人际关系与心理健康的关系。

3. 结合自身特点,提出有针对性的人际关系改进措施。

推荐书目

1.《人间游戏:人际关系心理学》

作　　者:[美]艾瑞克·伯恩

出 版 社:北京联合出版有限公司

出版时间:2022年5月

作品简介:

你是否对烦琐的日常生活感到索然无味?你是否对复杂的人际关系感到束手无策?你是否想要挣脱外界施加的情感枷锁?你愿意为此做出什么样的改变?《人间游戏》是"沟通心理学之父"艾瑞克·伯恩的代表作,他从亲子关系、亲密关系到职场生活,深入浅出地讲述人们的互动和沟通隐藏着的各式各样无意识的"心理游戏"。本书破解了这些"游戏"背后隐藏的沟通心理学"密码",全面覆盖PAC模型、36种日常心理游戏等内容,帮你洞悉人性,实现有效沟通,拥有良好的人际关系。

2.《极简人际关系心理学》

作　　者:左岸

出 版 社:中国商业出版社

出版时间:2017年6月

作品简介:

《极简人际关系心理学》介绍了关于心理的技巧,想要获得亲密关系,先要学会有担当;一味让自己舒服,就会走向孤独;只想让别人舒服,你终究会心力交瘁;若双方均不舒服,则波及更广;只有双方均舒服有平衡点,互为权益、互为义务,才是更佳的人际关系模式。采取什么样的人际关系模式,不仅取决于自己,还取决于对方。如何保持自我,不被同化掉?在本书中你会得到答案。

3.《交际心理学》

作　　者： 马甲

出 版 社： 天津科学技术出版社

出版时间： 2017 年 8 月

作品简介：

人是社会性动物，我们不可能离开社会独自一人生活，这使得我们少不了与他人交往。所以说，人际交往能力是社会生活中不可缺少的一项“软技能”，但它绝不等同于“善于交往”“成功”“招人喜欢”这么简单。可以这么说，人际交往能力是高情商的一个重要部分。《交际心理学》无疑是一本社交问题应急手册，内容涉及社交所需技能的方方面面，包括如何从心理学角度看待你的社会关系，从交朋友到找伴侣，从发表个人观点到说服他人，从学会怎样适时说话到解决日常社交冲突问题……

可以说，《交际心理学》能教会你如何带着自信和勇气，充满魅力、坦然无惧地应对每一个你身处的情境，并轻松地获得你想要获得的新工作、新朋友、新客户。

第六章

挫折与压力

导入案例

从双耳失聪到清华博士

1992 年,江梦南出生在湖南省郴州市宜章县的一个瑶族家庭,但在她三个月大时,因耳毒性药物导致极重度神经性耳聋,半岁后,就一直生活在无声的世界里。江梦南的父母都是中学教师。在她的印象里,父母都爱读书、看报,眼界很宽。为了让江梦南更好地融入社会,他们决定教她学习发音和唇语。江梦南说:"我从小就是通过摸父母的喉咙感受声带振动学习发音。如果一个音重复一千次学会了,那已经算非常快了。"

即便如此,好强的江梦南依旧凭借不服输的劲头,以全市第二名的成绩考入郴州市六中。当时,江梦南的父母不放心她离家求学,但她却说:"我不可能一辈子都待在你们身边,正是因为自身情况特殊,才更想早一点去适应社会。"就这样,好强的江梦南一路以优异的成绩考上吉林大学的本科、硕士,2018 年考上了清华大学生命与科学学院的博士。大学期间,江梦南多次到家乡的特殊教育学校做义工,鼓励和帮助身体有残疾的儿童。2022 年 3 月,江梦南被评为"感动中国 2021 年度人物"。现如今,她正在学术道路上不断精进,笃定地向着"解决生命健康难题"的目标前进。

不畏挫折,顶住压力,向阳而生,逐光而行。江梦南的人生虽起于低谷,却逆风而行,迎难而上。江梦南的成长,是自强者用不懈努力踏出的奋斗之路。

挫折与压力,作为大学生成长道路上的重要组成部分,其存在无疑是不可或缺的。无论是面临学业上的各种挑战、人际关系的复杂变化,还是面对未来的不确定性,这些都会不可避免地给大学生的心灵带来一定程度的冲击与压力。唯有学会以积极的心态应对这些挑战,并灵活调整自身的心理状态,才能有效地克服困难、迎接挑战,并最终实现个人的梦想与目标。

第一节　压力的概念、影响、形成与发展

人生的旅途既有繁花似锦的坦途,也不乏荆棘密布的崎岖。在这条道路上,我们总是不可避免地遭遇各种机遇与挑战,同时也不得不面对各种压力和挫折。大学,作为人生中的一段重要时光,既承载着大学生的身份,又逐渐迈向成年人的行列,因此将面临来自学业、人际交往、

就业等多个方面的考验。因此，如何正确认知压力与挫折，并学会有效地管理压力与应对挫折，成为大学生亟须掌握的核心技能。

本章将对“压力”与“挫折”这两个概念进行系统的梳理与解析，深入剖析其形成的因素与发展过程，进而为大学生提供一套切实可行的管理与应对思路，帮助大学生更好地应对人生的挑战与压力，实现个人的成长与发展。

一、压力的概念

“压力”一词起初属于物理学领域的专有术语，具备明确的客观属性，特指施加于流体或固体界面单位面积之上的力量。随着研究的深入与领域的拓展，这一概念被引入生物学和心理学领域后，被赋予了更加丰富的含义。美国著名生理学家坎农首次将“压力”这一概念引入社会科学的范畴。通过观测人体生理变化作为衡量指标，对个体在适应压力过程中所付出的生理学代价进行了详尽而深入的描述。开创性地探讨了身体如何应对环境要求所造成的“生理压力”，揭示了应激反应的生理机制。比如逃跑，这是生物体为应对威胁而激发的一系列生理变化。

20 世纪 70 年代，心理学家拉扎勒斯对压力的概念进行了心理领域的拓展，他特别指出了个体认知评价在压力体验中的核心地位。拉扎勒斯提出，压力并非仅仅由外部事件触发，而是个体对这些事件进行解释和评估后，所引发的心理和生理反应的综合体现。这表示，相同的外部事件在不同个体中可能产生不同程度的压力感受。这一理论强调了个体主观体验的重要性，为理解个体差异在压力反应中所扮演的角色提供了坚实的基础。

如今，当我们提及“压力”这一概念时，实际上涵盖了心理压力与精神压力两大层面，它并非单一的情感体验，而是由诸多因素交织而成的认知与行为体验过程。这一过程涉及个体对压力源的感知与评估，以及随之产生的压力反应，共同构建了一个复杂而精细的心理体验网络。这种压力是个体在面对特定事件或环境时，内心深处所涌现出的主观感受。这种感受可能是微妙的情绪波动，也可能是强烈的心灵震撼，体现了个体对外部世界的认知和理解。压力的大小，不仅取决于压力源本身的强度和性质，还深受个体身心状况、性格特质以及应对能力等多重因素的影响。

适度的压力能够积极促进个人成长、提升工作效率，以及增强解决问题的能力，这种压力被称为“良性压力”或“挑战性压力”。当个体能够积极面对、理性分析并有效应对压力时，这种压力便能转化为推动其前进的动力，促使其不断挑战自我、实现自我超越。然而，当个体无法有效应对压力时，压力便可能成为一种负担，对个体的身心健康产生负面影响，甚至导致心理失衡和情绪崩溃。

因此，我们有必要深入理解和研究“压力”这一概念，以便更好地应对压力，减轻压力带来的负面影响，并充分利用压力所带来的正面效应。通过科学的方法和手段，建立健康的应对压力机制，提高抗压能力，保持身心健康和积极乐观的生活态度。

二、压力的影响

压力对大学生的影响，犹如一把双刃剑，在激发大学生潜能的同时，也可能给他们带来困扰。因此，在全面剖析压力对大学生产生的影响时，既要正视其可能造成的负面影响，也要看到其蕴含的积极因素，并积极探索有效的应对策略，以减轻压力对大学生造成的潜在威胁，最大限度地发挥其正面效应。

案例——感觉剥夺实验

1954 年，贝克斯顿教授等在加拿大麦克吉尔大学进行了一项具有深远影响的感觉剥夺实验，该实验旨在探究人类感知能力在缺乏刺激环境下的变化。实验吸引了众多大学生志愿者的参与，他们被承诺每天将获得 20 美元的报酬，以换取在特定环境中度过一段时间的体验。

在实验开始之前，贝克斯顿教授对志愿者们进行了详细的解释和指导。他们被安置在一个精心设计的环境中，这个环境几乎完全剥夺了视觉、触觉和听觉的刺激。参与者们需要躺在舒适的帆布床上，身处一个缺乏图形知觉、触觉受限且听觉被限制的空间中。这样的环境对大多数人来说，无疑是一种全新的体验，充满了未知和挑战。

实验的消息一经传出，便引起了大学生们的广泛关注。许多人纷纷报名参加，希望通过这次机会体验一种不同寻常的生活方式。他们或许认为，在这个充满压力和刺激的现实世界中，能够暂时逃离喧嚣，享受一段宁静的时光，是一种难得的放松和享受。

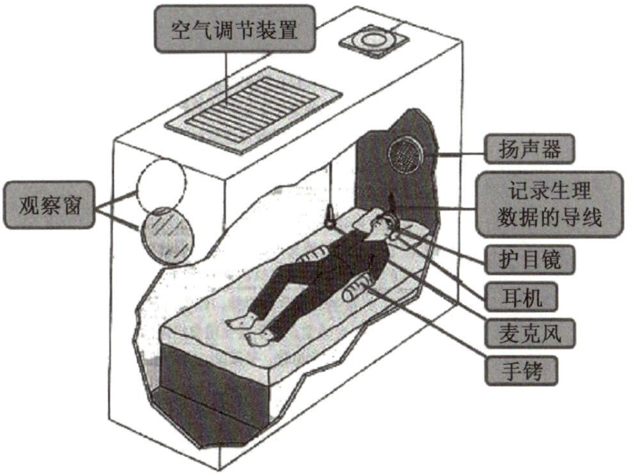

然而，当志愿者们真正置身于这个缺乏刺激的环境时，他们很快便发现事情并没有想象中那么简单。一开始，他们或许还能感受到一种轻松和自在，但随着时间的推移，他们开始逐渐感受到一种难以言喻的不适和焦虑。在缺乏视觉刺激的情况下，他们无法看到周围的环境和色彩，这使得他们的空间感和方向感变得模糊不清。触觉受限则让他们无法感受到外界的质感和温度，进一步加剧了他们的不适感。而听觉被限制则让他们无法听到声音，无法与外界进行交流，这使得他们感到更加孤独和无助。

在这样的环境中，许多志愿者开始出现情绪低落、焦虑不安等心理反应。他们开始怀念起曾经丰富多彩的生活，渴望能够重新获得感知世界的能力。一些人甚至开始出现幻觉和错觉，仿佛置身于一个虚幻的世界中。大多数被试者在实验开始后 24～36 小时内要求退出，没有人能坚持 72 小时以上。

贝克斯顿教授和他的团队通过观察和记录志愿者的反应，深入探讨了人类感知能力在缺乏刺激环境下的变化和影响。他们发现，当人类的感知能力受到限制时，不仅会出现心理上的不适和焦虑，还可能导致生理上的变化。例如，一些志愿者的心跳加速、血压升高，甚至出现了失眠和食欲缺乏等症状。这些反应凸显了人类对环境刺激的基础需求,这些刺激不仅是维系生理功能的必需,也是维护心理健康的基石。贝克斯顿教授的实验不仅是对感知剥夺影响的探索,更是对人类存在本质的一次深度省思,警示我们生活多样性与适度挑战对于精神健康的重要性。

思考题:

1. 为什么在缺乏外界刺激的情况下,志愿者会出现不适症状?
2. 针对此案例,你获得了哪些深刻的启示?

(一)压力的正面作用

在面对适度的压力时,个体往往能够展现出更为出色的警觉性和专注力,这种压力在一定程度上有助于提升我们的表现,促使我们更加努力地追求目标。适度的压力不仅对我们的学业表现产生积极影响,还能激发我们面对各种机遇和挑战的勇气,进一步提升我们的适应能力和应变能力。

在学业方面,适度的压力能够推动学生更加努力地学习,提升他们的学习效果。例如,小明同学在面临期末考试的压力时,通过调整学习策略,提高学习效率,增加复习和准备时间,最终取得了显著的成绩提升。这一案例充分展示了适度压力对学业表现的积极作用。适度的压力不仅对学生的学业表现有积极影响,还能激发他们的创造力和进取心。在压力的作用下,学生会更加专注于学习任务,深入思考问题,努力寻求解决问题的方法。这种过程不仅有助于提升他们的思维能力,还能培养他们的创新精神和解决问题的能力。

在工作领域,适度的工作压力同样能够激发个体的创造思维和进取心。在压力的作用下,员工们会更加关注工作的进展和成果,努力提升工作效率和质量。适度的压力能够促使员工们更加深入地分析问题,寻找解决问题的方法,进而提升他们的适应能力和应变能力。此外,适度的压力还有助于提升员工的责任心和使命感。这种责任心和使命感,不仅有助于员工在工作中取得更好的成绩,还能让员工在人生的道路上更加坚定和自信。

综上所述,适度的压力在个体的学业和工作表现中发挥着积极的推动作用,能够有效激发个体的内在潜能,并为学习和工作带来新的动力。因此,在面临压力时,我们应当保持理性冷静、积极向上的态度,善于把握压力所带来的机遇,从而实现个人潜能的最大化和高效发挥。

(二)压力的负面影响

生活中,压力是无处不在且不可避免的,生命活动的正常维持需要一定水平的外界刺激。适度刺激产生的压力能够激发个体潜能、提高个体适应能力、促进个体成长,即压力的正面影响。而过度刺激产生的压力则会导致人们的心理、生理、行为等方面产生不良倾向或变化,即压力的负面影响。

1. 情绪方面

在面临过度的心理压力时,人们往往呈现出一种敏感与警觉的状态,伴随着不安、恐惧以及无助感,导致他们对生活的兴趣和动力逐渐丧失,容易陷入消极情绪的旋涡。人们可能频繁地体验到愤怒、生气、焦虑和恐惧等情绪,甚至会出现突如其来的流泪或大笑等情感失控现象。那些通常沉稳冷静的人也可能变得情绪激动,而原本随和宽容的人则可能表现出暴躁易怒的特质。长此以往,这些不良情绪会逐渐累积,形成沉重的心理负担,甚至可能诱发心理崩溃、抑郁症、焦虑症等心理疾病,对个体的学习、工作和生活产生严重的不良影响。

2. 生理方面

压力对生理层面的影响是广泛而深远的，不仅会影响肌肉和心血管系统，而且会对消化系统、免疫系统和内分泌系统等多个方面造成损害。当一个人承受巨大压力时，身体的反应往往首先从肌肉开始。在感受到压力的逼近时，身体内的肌肉瞬间紧绷起来，开始调整能量的供应途径，以应对这一挑战。在此过程中，交感神经系统会迅速地向肾上腺发出强烈的信号，促使其分泌出大量的肾上腺素和皮质醇等应激激素。这些激素如潮水般涌入血液，使得个体的生理状态发生显著的改变。同时，血压也会随之升高，这是身体在努力维持血液供应稳定的一种表现。然而，这种持续的高压状态如果长时间得不到缓解，就可能对心血管系统造成不可逆的损伤。

此外，压力还会对消化系统的正常运作产生干扰。由于激素的影响，消化液的分泌可能减少，导致食物消化不完全，引发消化不良等问题。长期的心理压力若未得到妥善应对，可能引发一系列慢性疾病，诸如高血压、糖尿病、肥胖症以及肠胃疾病等。持续的心理压力还可能导致免疫系统功能减弱，以及内分泌系统的失调。这些生理层面的影响不容忽视，须引起广泛关注并采取有效措施进行干预和缓解。

3. 行为模式方面

在面临巨大的压力时，个体的行为模式会发生明显的变化。原本自律严谨的人，可能在压力的重压下变得散漫，失去了往日的目标。他们可能会频繁出现放空的状态，难以集中精力完成任务；或者表现出拖延的倾向，对日常事务漠不关心；甚至可能出现闭门不出的行为，回避社交场合，与亲朋好友渐行渐远。而那些平日里冷静沉稳的人，在压力的摧残下也可能变得冲动易怒，情绪波动大。他们可能更容易与人发生争吵，甚至可能出现摔物、斗殴等过激行为，给自己和他人带来伤害。

此外，一些个体还可能通过不当的方式来应对压力，例如过度依赖酒精或药物来寻求短暂的解脱。然而，这种行为往往会引发更严重的问题，如酒精成瘾、药物滥用等，进一步损害个体的身心健康。同时，过度饮食也成为一些人应对压力的方式，但这种行为往往导致饮食失调，进而引发一系列健康问题。长期处于这种压力过大的状态下，个体的学习、工作效率势必受到影响，呈现出效率低下的状态。他们可能难以集中精力完成任务，频繁出错；或者缺乏工作动力，对事业失去热情。此外，这种状态还可能导致个体更倾向于自我封闭，不愿与他人交流，导致人际关系紧张。

由此可见，压力与刺激在人类生活中扮演着“双刃剑”角色。适量的压力，作为生活的一部分，能够激发个体潜能，增强对外界的适应力，推动个人全面成长。反之，当压力超负荷，转变为过度刺激，其消极后果显而易见，不仅破坏心理平衡，影响情绪稳定，还可能导致身体健康问题，甚至造成长期的心理困扰。因此，我们需要学会合理应对压力，保持适度的压力水平，具备自我调节的能力，学会平衡工作和生活，调整心态和情绪，及时寻求支持和帮助。只有这样，我们才能在压力与放松之间找到平衡，保持身心健康，迎接未来的挑战。

三、压力的形成与发展

压力的形成与发展是一个持续、动态、复杂的过程，其产生往往并非单一因素所致，而是由客观压力与主观认知在心理、生理、行为等多层面因素交织影响下共同作用的结果。

这一过程既可能激发个体的积极应对能力，也可能对个体造成消极影响，其变化性与不确定性使得它成为一个极具挑战性的议题。压力的发展是一个循序渐进的过程，其影响随时间的推移而逐渐加剧。倘若个体长期置身于压力状态之下，而又未能寻找到切实有效的应对策略，那么压力可能对个体的身心健康造成严重的负面影响。因此，深入理解压力的形成机制与发展过程（见图 6－1）显得尤为重要。

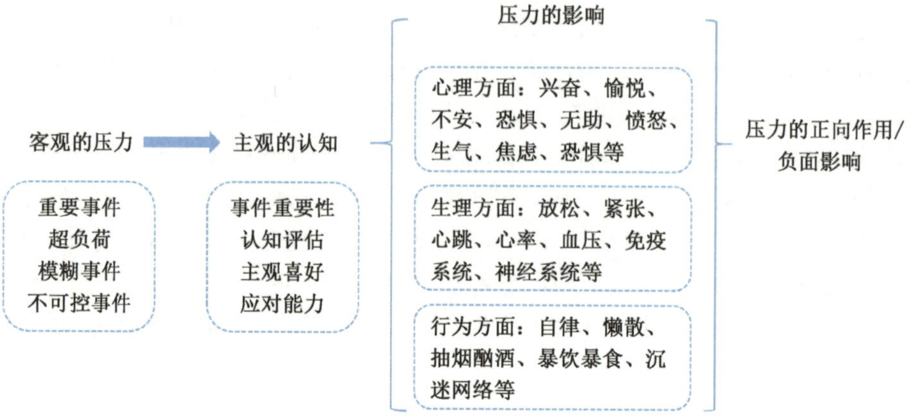

图 6－1 压力的形成与发展

（一）客观层面

从客观层面来看，压力的来源可谓多种多样，如繁重的工作负担、紧张的学业竞争、复杂的人际关系等，这些外部因素常常对个体造成直接或间接的压力。同时，突发事件如家庭变故、健康危机、职业变动等，更是可能给个体带来强烈的压力感。为了更好地梳理客观的压力来源，我们将其分为四个方面：

（1）重要事件，即具有重大意义、能够产生深远影响的事件。这些事件往往与人们的生活、工作、学习等方面息息相关，因其意义重大、不确定性以及社会舆论的影响而容易引起压力反应。

重要事件需要我们投入大量的精力、时间和智慧去应对。而这种投入往往伴随着高度的责任感和使命感。伴随着不确定性、社会舆论、期望的影响，事件的结果往往难以预测，很难准确地评估自己的能力及准备是否足够应对。这种情况让我们感到焦虑和不安，从而增加了压力感。

（2）超负荷，主要描述个体在工作、学习或生活中，超出正常承载体量的情况，或承担任务过重，导致个体或系统无法应对，从而超出其承受能力。这种状态往往伴随着巨大的压力，对个体或系统的健康、效率和稳定性产生负面影响。

在学习阶段，部分同学会为了追求好成绩，常常熬夜学习，参加各种补习班，导致大脑长时间处于紧张状态，难以保持高效学习。在工作阶段，许多人会为了追求事业成功，不断给自己加码，承担过多的工作任务。这种超负荷工作状态不仅容易导致身体疲惫、心理压力增大，而且可能影响工作效率和质量。超负荷现象的产生，往往与个体的期望、社会压力以及竞争环境有关。个体为了追求更高的目标，往往不自觉地增加自己的负担。长期超负荷工作或学习，还可能导致身体健康状况下降，出现各种慢性疾病。

（3）模糊事件对个体所承受的压力具有显著的影响作用。模糊事件因其缺乏明确性，往往给个体带来心理压力和困扰。在日常生活和工作中，个体常常面临各种模糊事件，如不确定的未来发展方向、模糊不清的工作任务要求、含糊不清的人际关系等，这些因素都可能导致个体产生焦虑、不安和紧张等负面情绪。

当面对不明确的情况时，个体需要花费更多的时间和精力去分析和解读，这就增加了认知负荷，可能导致思维混乱和决策困难。同时，由于缺乏明确的信息和指引，个体可能感到无所适从，难以确定合适的行动方向。不确定性常常与担忧、恐惧等负面情绪相联系，个体在面对模糊事件时可能感到沮丧、失落或无助。这种情绪状态不仅影响了个体的心理健康，还可能干扰其正常的工作和生活。

此外，模糊事件还可能影响个体的行为表现。由于缺乏明确的指导和预期，个体可能变得犹豫不决、行动迟缓或失去动力。这种行为上的变化可能导致工作效率下降、人际关系紧张等不良后果。

(4)不可控事件，是指无法预料、难以掌控的情境，常常打破人们日常生活和工作的平衡，使个体处于高度紧张与焦虑的状态。这种压力不仅来源于事件本身的突发性和不确定性，更在于个体对事件的无力感和无法预测结果的恐惧。当个体面临无法掌控的情境时，往往会感到无所适从，甚至可能产生恐慌和绝望的情绪。这种心理状态不仅影响个体的情绪状态，还可能导致工作效率下降、睡眠质量降低以及身体健康问题的出现。

(二)主观层面

在主观层面，个体对压力的认知和应对方式同样起着至关重要的作用。不同个体在面对相同的压力源时，由于心理素质、生活经历、价值观等方面的差异，可能会产生截然不同的反应。一些个体能够积极应对压力，将其转化为前进的动力；而另一些个体则可能因无法有效应对而陷入消极情绪中。例如，性格开朗、乐观的人往往能更积极地看待压力，将其视为挑战和机遇，从而更容易调整心态，采取有效的应对措施。相反，性格内向、悲观的人可能更容易被压力所困扰，难以有效应对。

在面临客观的压力刺激时，人们普遍会进行一系列主观认知的评估过程。这种评估并非简单的反应，而是深受个体特性、情感倾向及应对能力的深刻影响。由于每个个体都拥有独特的性格特点和主观喜好，这些内在因素在很大程度上决定了他们对压力刺激的感知方式和应对方式。

举例来说，当某一事件被明确界定为我们生活中的重中之重，它的重要等级无疑会被置于所有其他事件之前。在这种情境下，我们不仅会对其涉及的人、事、物倾注极高的关注与情感投入，而且往往会调动我们所有的资源和精力以确保其顺利完成。我们会时刻保持对这件事的警觉，关注着它的每一个进展和变化，以期能够掌控全局，应对可能出现的各种情况。在事件推进的过程中，我们难免遭遇各种风险和挑战。这些风险和挑战可能来自外部环境的变化、内部资源的不足，或是其他不可预见的因素，会对我们的心理、生理及行为层面产生深远的影响，引发我们的紧张、焦虑甚至恐惧等情绪反应。

如果一个人具备足够的适应能力和应变能力，他就能够迅速调整自己的状态，采取有效的措施来应对这些挑战。这种能力能够帮助他减轻所面临的压力，甚至将压力转化为提升工作动力与热情的积极因素，进而发挥出压力的正面作用。相反，如果一个人的综合能力不足以应对当前任务，他所面临的压力就会显著增大。他可能会感到力不从心，无法有效地解决问题或应对挑战。在这种情况下，他可能产生对自身能力的怀疑，以及未能达成目标时的失落感等负面情绪。这些情绪会进一步加剧他的压力感，甚至可能引发一系列身心健康问题。

客观存在的压力与个体主观上的深入认知，共同构筑了压力对个体在生理、心理以及行为等多个层面的深远而综合的影响，既包含生理层面的应激反应，也涵盖心理层面的情绪波动与认知调整，同时还体现在个体行为的改变与适应。

第二节 大学生常见的压力类型与管理

大学时期作为个体成长发展的重要阶段，充满了各种挑战与压力。在这一时期，学生们需要应对的冲突和矛盾种类繁多，如理想与现实之间的巨大落差、自尊与自卑之间的心理波动、独立与依赖之间的挣扎与困惑，以及交往与闭锁之间的情感纠葛。这些冲突不仅容易导致个体的情绪状态波动，而且容易引发诸如焦虑、抑郁等不良情绪，进而对个人的心理健康产生深远的负面影响。

因此，对大学生而言，了解常见的压力类型，掌握有效的压力管理方式显得尤为重要。这不仅有助于他们在面对压力时能够保持冷静和理性，而且能够培养他们的抗压能力，提升他们的心理韧性和适应能力。通过深入剖析各种压力来源，了解自身在应对压力时的心理机制，大学生可以更有针对性地制定压力管理策略，从而更好地应对大学时期的挑战和压力。

一、大学生常见的压力类型

(一)学业压力

当前，学业压力已成为大学生普遍面临的心理挑战。相较于中学阶段，大学生的学习方式呈现出显著的不同，除了要求学生扎实掌握基础知识外，还需不断锤炼其专业能力和社会实践能力。然而，许多大学生在进入大学后，常陷入迷茫之中，面对大量可自由支配的时间，却缺乏明确的利用规划。这种迷茫状态导致部分学生逐渐变得懒散，缺乏积极性，甚至产生逃避上课、拖延作业等不良习惯，进而降低了自我要求与标准。

大学教育的核心在于超越简单的记忆与复述层面，激发学生自主探索和协作学习的潜能，这无疑对学生的自我管理与时间规划能力提出了更为严格的要求。对每一位学子而言，如何在课程学习、备考以及社会实践等多元任务中寻求平衡，已然成为一项不可或缺的学习课题，同时也是导致学业压力显著增大的关键因素。在现行的高等教育体系中，课程设置既密集又具备高度的专业性，诸多学科不仅内容深邃，而且难度逐级递增，要求学生投入更多的精力与时间进行深入钻研，方能领悟其精髓。尤其是一些高难度的基础理论课程和专业课程，往往使部分学生感受到沉重的压力。

此外，期末考试、英语等级考试以及计算机等级考试等是对学生学业成果的全面检验，在无形中使他们的精神始终处于高度紧张的状态。在备考期间，学生们往往需要投入大量的时间和精力，面对繁重的课业压力和紧迫的复习进度，他们的心情容易变得焦虑、烦躁，甚至影响到日常生活作息。这种长期的精神压力不仅对学生的身体健康构成威胁，还可能对他们的心理健康产生不良影响。

(二)适应压力

大学生在进入大学时，往往会面临一系列复杂的压力和挑战，特别是对周围环境尚不熟悉的新生阶段，这种压力和挑战表现得尤为明显和突出。对很多刚刚进入大学的学生来说，这可能是他们人生中第一次长时间地离开父母，开始真正意义上的独立生活。他们需要适应从原先充满关爱与呵护的家庭环境，过渡到相对自立、需要自我管理的集体生活。这种生活环境和方式的巨大转变，使得许多学生在进入大学后，不可避免地出现明显的不适和困惑。部分同学可能面临着地域差异所带来的挑战。来自不同地方的学生，可能需要适应不同的气候、饮食习惯，甚至是语言交流方式。比如，有的学生可能喜欢吃辣，而有的则对辣的食物敬而远之。这种差异不仅影响着学生的日常饮食，而且在一定程度上影响着他们的心情和情绪。

除了饮食习惯带来的挑战外，大学生还需要学习如何独立管理日常生活。他们需要学会如何打扫卫生，保持宿舍的整洁卫生；如何合理管理个人财务，避免浪费和过度消费；如何制定合理的时间规划，确保学习、休息和娱乐之间的平衡。这些看似简单的日常琐事，却需要学生付出大量的时间和精力去学习和适应。这些压力和挑战可能会给学生带来各种烦恼和困扰，导致他们在适应过程中产生不安、无措、焦虑等情绪。这些负面情绪可能会进一步加重他们的心理压力，影响他们的学习和生活。如果不及时加以关注和解决，这种压力甚至可能对学生的心理健康造成不良影响，导致他们出现失眠、抑郁等心理问题。

(三)人际交往压力

进入大学阶段，大学生将面临众多全新的人际关系，涵盖与室友、同学、辅导员及任课教师等多元群体。在这一时期，学生们普遍展现出强烈的自尊需求、认同渴望以及归属感的追求，他们迫切期望在人际互动中寻觅情感的交流与共鸣。然而，由于固有交往模式的束缚，同学们在构建大学新的人际关系时，往往不自觉地沿用先前的标准进行评价或对比。

此种情形下，大学生普遍面临着诸多挑战。例如，在与宿舍室友相处时，他们往往感到困惑，常常因琐事产生摩擦；在与同学们互动时，他们难以融入集体，或频繁与同学发生对立；在与老师沟通时，他们要么过于详尽地报备事务，要么缺乏必要的交流。这些问题的出现，导致部分同学出现自闭倾向，不愿主动与他人交往；而另一些同学则可能因盲目追求社交或随波逐流，导致人际关系并不和谐，进而产生心理压力。

(四)就业压力

近年来，我国高校招生规模不断扩大，毕业生数量逐年攀升，就业市场竞争激烈。大学生在毕业时，往往对自己的第一份工作有很高的期待，包括行业、职位、薪资等。然而现实情况是，许多新兴产业和基础性岗位的薪酬水平较低，往往很难立刻达到他们的心理预期，这可能导致他们心理压力增大，感到焦虑、沮丧。随着就业形势的日趋不稳定和竞争压力的不断加剧，大学生对未来工作的不确定性和就业压力也在逐渐上升。他们担心难以找到理想的工作岗位，或者难以满足家人和社会的期望，这使得他们的心理压力进一步加重。

案例——小于求职

小于同学作为一名语言类专业的应届毕业生，学习态度端正，成绩优异。尽管在班级中没有担任班委，但她与同学们的关系却十分融洽，对摄影、旅游和音乐充满了浓厚的兴趣。这些爱好不仅丰富了她的生活，也为她未来的职业发展提供了更多的可能性。

在求职的过程中，小于明确了自己的目标，希望能在涉外旅游行业中发挥自己的专长。她认为，这个行业不仅与她的兴趣爱好相契合，还能让她在语言能力和人际交往方面得到进一步的锻炼和提升。于是，她满怀信心地向多家旅游公司投递了求职简历，希望能够在这些公司中找到一份能养活自己的工作。然而，现实却给了她一记沉重的打击。她的简历投递出去后，就如同石沉大海一般，没有收到任何回音。这让小于倍感压力。每当夜幕降临，她都会躺在床上，望着天花板发呆，心中充满了对未来的不确定性和恐惧。她担心自己无法在这个竞争激烈的社会中立足，担心自己无法承担起家庭的责任和期望。与此同时，父母的电话如同催命符一般，频繁地响起，也让她感到压力很大。

起初，她以为是自己对自己的定位过高，导致找不到合适的工作。于是，她降低了自己的要求，希望能够找到一份能养活自己的工作。然而，结果却依然不尽如人意。多次的失败让小于逐渐失去了信心，她开始变得焦躁、懊恼，甚至开始怀疑自己的能力和价值，常常无缘无故地跟别人发脾气。与此同时，她的整体状态也明显地变得不如以往，整个人似乎被无形的阴霾所笼罩。

起初，大家并没有太在意小于的这种变化，毕竟每个人都有自己的情绪波动。然而，随着时间的推移，小于的情绪问题愈发严重，她变得越来越易怒，甚至对一些微不足道的小事也会大发雷霆。她的朋友们开始察觉到她的异常，纷纷询问她是否遇到了什么困难或烦恼。小于自己也意识到了自己的情绪问题，但她不知道该如何调节。

思考题：

1. 小于同学的压力来源于哪些方面？
2. 如果你是小于，你会如何调整自己状态，缓解压力呢？

二、大学生压力管理

（一）理解和接受压力

理解和接受压力，无疑是管理压力的首要步骤。我们必须深入洞察，清晰地意识到压力在生活中所扮演的角色。无论是在学业追求上、环境适应上、人际交往中，还是在求职就业的过程中，我们都会遇到各种压力。这些压力不仅是我们生活中不可或缺的一部分，更是推动我们成长、进步的重要动力。深入了解其来源和本质，从而找到应对和管理它的有效方法，只有这样，我们才能真正地学会在压力中看到其积极的一面，发掘出其中蕴含的成长机会。

对大学生而言，学会理解和接受压力尤为重要。因此，我们需要培养一种积极、理性的心态，正视压力、接纳压力，并将其转化为促使我们成长和进步的力量。通过不断地学习和实践，我们可以逐渐掌握应对压力的技巧和方法，从而在未来的生活和工作中更加从容地面对各种挑战。

（二）适当的倾诉与表达

在压力逐渐积累至难以承受的程度时，不仅会对自己造成身心的伤害，而且有可能对周围人产生消极的影响。对正在经历人生重要转折期的大学生而言，适时且恰当地倾诉与表达所承受的压力，无疑是一项至关重要的技能。

在这一过程中，大学生们应当积极寻求与亲密朋友、家人或值得信赖的人士进行深入的交流与分享。他们可以选择一个安静而舒适的环境，以坦诚的态度，将自己的内心感受与所承受的压力详尽地倾诉出来。在倾诉的过程中，不仅要描述导致自己感到压力的具体事件和情境，还可以尝试剖析这些压力产生的深层次原因，以便更加全面地了解自己的内心世界。对大学生来说，学会适当地倾诉与表达压力，是一项既有助于个人身心健康，又能促进人际关系和谐的重要技能。通过不断提升这一能力，大学生将能够更加自信地面对人生的挑战与机遇。

（三）合理的规划与自我调节

制定明确且合理的目标与计划，对大学生来说，不仅关乎学业成绩的提升，而且是其个人成长与进行压力管理的重要基石。在此过程中,根据实际情况灵活调整目标和计划显得尤为重要。大学生应当深入思考个人发展方向,设定具体且可行的目标,并根据目标的重要程度、截止期限及工作量大小进行精细化拆分和规划。制定时间表,确保每一项重要任务都有足够的准备和完成的时间,这可以避免拖延和压力堆积。

在制定目标和计划的过程中,大学生应合理评估自身的时间管理能力与实际能力,避免过度承担任务,以免因任务量过大而引发过大的压力。通过合理分配时间与精力,大学生能够更好地平衡学业与生活,保持健康的心态和体魄。除了制定目标与计划外,大学生还可以通过多种途径释放累积的压力。积极参与体育锻炼是其中之一。慢跑、瑜伽、跳绳等有氧运动不仅能够锻炼身体,而且有助于放松心灵、释放压力。通过有氧运动,大学生能够感受到身心的放松与愉悦,进一步提升个人的抗压能力。

(四)寻求专业帮助与咨询

当心理压力逐渐累积并超出个体所能承受的范围时,众多大学生往往会陷入一种深深的焦虑和自我怀疑的困境中。他们可能感到无所适从,对未来充满迷茫,甚至对自我价值产生怀疑。这种心理压力不仅影响了他们的情绪状态,还可能导致一系列生理反应,如失眠、持续性头痛、食欲减退等,严重干扰他们的正常生活和学习节奏。在这种情况下,积极寻求专业帮助显得尤为重要。

各高校通常配备有专业化的学生心理健康中心或心理咨询中心。心理中心的专业老师们,能够耐心倾听学生的心声,深入了解他们的困扰和需求。他们运用专业的心理学知识和技能,帮助学生准确识别压力的来源,分析压力的性质和影响,并引导学生积极应对压力。在解决问题的过程中,老师们会提供一系列切实可行的应对策略。通过专业咨询和有效指导,大学生们能够更好地理解和应对心理压力,找到解决问题的方法,提高自我调节能力,从而缓解压力带来的不良影响,恢复健康及积极的生活状态。

第三节 挫折的概念及形成因素

挫折,无疑是大学生成长道路上的必经之路。挫折如同崎岖的山路,虽布满了荆棘与险阻,但每一步的攀登都让他们逐渐学会如何适应与克服。虽然挫折可能让人短暂地迷失方向,但也促使其更加努力地探索与思考。因此,对挫折的概念及形成原因进行深入的了解显得尤为重要。

一、挫折的概念

挫折,作为生活中的普遍现象,贯穿于每个人的成长历程。在实现梦想或目标的过程中,几乎无人能完全避免遭遇挫折。以高校大学生为例,他们正处于学业繁重、就业竞争激烈、人际交往复杂等多重压力交织的阶段,这无疑是对其心理承受能力的严峻挑战与考验。事实上,许多大学生都曾经历过不同程度的挫折。

面对困难和阻碍,每个人的反应不尽相同。有的人能够冷静分析,痛定思痛,从中发现问题并不断地调整自己的方向和方法;然而,也有一部分人可能会陷入抑郁烦闷的情绪中,自怨自艾,甚至深感怀才不遇。后者所表现出的心理状态,便是典型的挫折心理。

在心理学范畴内,挫折是一种复杂的心理现象,深入反映了个体在追求目标过程中所遭遇的困境和挑战。具体而言，挫折是指个体在有明确目标导向的活动中，由于遇到无法逾越或自认为难以克服的障碍和干扰，导致个体原本期待的需求无法得到满足或动机无法实现，进而触发一系列消极的情绪反应。这种情绪反应可能包括失落、焦虑、沮丧甚至愤怒等。总体来说，挫折包含了三个方面。

(一)挫折情境

挫折情境，又称挫折源，是指那些导致个体需求无法满足或动机无法实现的各种内外障碍、干扰以及不利的情境因素。在人们的日常生活中，挫折情境无处不在，它们可能源于学业、工作、人际关系等多个方面，对个体的心理和行为产生深远影响。

在学业方面，挫折情境可能表现为考试失利、学术成果未能达到预期等。例如，期末考试挂科、没有通过四六级考试、计算机考试没有获得优秀等，这些都是学生在学业上遭遇的挫折情境。这些挫折情境不仅会影响学生的学业成绩，还可能对他们的自信心和自尊心造成打击，甚至导致焦虑、抑郁等负面情绪的产生。

在工作方面，大学生所面临的挫折情境最为常见的可能表现为找工作迷茫、不知如何适应工作环境以及工作压力大等问题。这些问题不仅影响着大学生的职业发展，还可能对其心理健康产生负面影响。

由于缺乏社会经验和职业规划，许多大学生在求职过程中往往感到无所适从。他们可能不清楚自己的兴趣所在，也不了解市场需求和行业发展趋势，导致在求职过程中屡屡碰壁。从学校到职场，环境、人际关系和工作内容发生了巨大的变化，这使得许多大学生感到难以适应。他们可能面临与同事沟通不畅、难以融入团队等问题。这些都会成为挫折情境。这些挫折情境可能导致个体对工作失去热情，产生职业倦怠感，甚至影响个体的身心健康。

在人际关系方面，挫折情境可能表现为亲密关系破裂、友谊疏离等。个体在与人交往中可能遇到沟通障碍、信任危机等问题，导致关系破裂或疏远。这些挫折情境会对个体的情感造成极大的伤害，使个体感到孤独、无助和失落。

(二)挫折认知

挫折认知，是指个体在面对挫折情境时，如何认知、理解和评价这些情境的心理过程。这一过程不仅受到个体认知结构的影响，更与个体的生活经历、价值观念、性格特点等密切相关。因此，挫折情境能否真正构成挫折，很大程度上取决于个体对挫折情境的态度和评价。这种认知和评价，正是产生挫折感及后续应对挫折的关键所在。

当个体面临挑战或困难时，其大脑会首先对情境进行解读和认知。这一过程并非简单的信息接收，而是基于个体已有的知识结构和经验，对情境进行筛选、加工和重构。因此，不同个体在面对相同的挫折情境时，可能会产生截然不同的认知结果，直接影响着个体的情绪反应和行为选择。当个体认为挫折情境是可控的、有价值的，那么他们可能会更有动力去应对和克服；相反，如果个体认为挫折情境是无法改变的，那么他们可能会选择逃避或放弃。

(三)挫折反应

挫折反应，也称为挫折感，是人们在面对需要无法得到满足时产生的一种情绪和行为反应。这种反应可能表现为愤怒、焦虑、悲伤、失望等多种情绪状态，以及逃避、攻击、退缩等不同的行为模式。这些反应往往源于个体对现实的不满和无奈，以及对未来前景的担忧和不确定。

愤怒是一种常见的挫折反应，个体在面对无法达成的目标时，可能会产生强烈的愤怒情绪，甚至采取攻击性的行为。焦虑则是另一种常见的反应，个体在面临挫折时可能会感到紧张不安，担心未来可能发生的负面结果。除了个体差异外，挫折反应还受到多种因素的影响。环境因素是一个重要的方面，如家庭环境、社会环境等都会对个体的挫折反应产生影响。例如，一个支持性的家庭环境可能有助于个体更好地应对挫折，而一个充满压力和冲突的环境则可能加剧个体的挫折感。此外，个体的认知方式和应对策略也会对挫折反应产生重要影响。积极的认知方式和有效的应对策略有助于个体更好地应对挫折，减轻负面情绪的影响。

一般情况下，挫折心理的形成往往涉及挫折情境、挫折认知及挫折反应三个核心要素。在多数情况下，当这三者共同出现时，便会构筑起挫折心理的整体框架。具体而言，挫折情境的严重程度直接影响着挫折反应的强度，即情境越严峻，个体所展现出的挫折反应往往越剧烈。而挫折反应的程度又深受个体对挫折情境的认知所影响，不同个体对同一挫折事件的认知差异可能引致截然不同的挫折反应。此外，值得注意的是，即便在某些情境下，挫折情境并未明显呈现，仅有挫折认知和挫折反应这两个要素存在，也有可能构成挫折心理，这进一步强调了认知在挫折心理形成过程中的重要作用。

二、挫折形成因素

当个体在追求既定目标的道路上遭遇阻碍或延迟时，便会感受到挫折的打击。挫折并非偶然现象，而是由众多内外因素共同作用的结果，这些因素在无形中影响着个体为实现目标所付出的努力。在大学生群体中，挫折心理尤为普遍，当大学生无法顺利实现个人目标或满足内心需求时，就会产生消极的情绪体验。

(一)主观因素

大学生挫折心理的产生，往往受到多种主观因素的影响，可概括为个体的生理因素和心理因素两大类。这两大因素相互交织，共同作用于大学生的心理状态，进而影响其面对挫折时的反应和态度。

生理因素主要包括个体的身高、容貌、体重、身体健康状况以及身体素质等方面。这些因素在很大程度上决定了大学生在社交、学习、生活等方面的表现。例如，对身高、体重、容貌有过度关注的学生，可能在人际交往中感到自卑，而身体健康状况不佳的学生则可能因疾病而影响学业进度。这些限制使得大学生的需求无法得到满足或动机无法实现，从而产生挫折感。

然而，生理因素并不是唯一影响大学生挫折心理的因素。心理因素在挫折心理的产生中同样发挥着重要作用。心理因素主要包括个体的认知、思维方法、能力、自我意识以及意志品质等方面。这些因素共同构成了大学生面对挫折时的心理基础。大学生对自我、他人以及世界的认知偏差可能导致其无法正确评估自己的能力和价值，从而在面对挫折时产生过度焦虑或自责。在思维方法上，消极的思维模式如悲观、自责等容易使大学生在面对挫折时陷入困境，难以自拔。此外，个体的能力水平、自我意识和意志品质也直接影响着其面对挫折时的态度和反应。

挫折作为一种内在的主观体验，其形成往往与个体内心的冲突密切相关。当大学生的抱负水平与实际能力水平之间存在较大差距时，他们可能会因为无法实现自己的期望而感到挫败。同时，自我认知偏差也可能导致大学生在面对挫折时产生不切实际的期待或过分自责，从而加剧其挫折感。

(二)客观因素

挫折的客观因素，主要涵盖自然因素和社会因素两大类。自然因素是指非人为力量造成的时空限制、自然灾害和各种事故，以及人间的生老病死等，都是我们无法控制的客观现实。它们不仅可能直接导致我们面临困境和挫折，还可能影响我们的心理状态和情绪。例如，当自然灾害突然袭来时，人们往往无法应对，从而陷入困境。生老病死作为人生的必然过程，也会给我们带来不同程度的挫折感。

相较于自然因素，社会因素更为复杂，主要来源于个体所处的环境，包括社会环境、家庭环境、学校环境以及个体所面临的任务难度和社会文化等。以大学校园为例，刚进入大学的新生往往面临着诸多挑战和挫折。在人际交往方面，他们需要适应新的社交圈子和文化，建立新的人际关系；在生活环境方面，他们需要适应独立生活的节奏和压力；在学业任务方面，他们需要面对更为复杂和专业的知识学习。这些挑战和适应过程往往伴随着压力和挫折感，严重时甚至可能威胁到身体和心理健康。

因此，我们需要从主观和客观两个方面着手，提高大学生的心理素质和应对能力，同时为他们提供必要的心理支持和帮助。只有这样，我们才能帮助大学生更好地应对挫折，帮助他们建立正确的自我认知和价值观念，以更好地应对挫折带来的挑战。

案例——勇敢面对生命中的挫折

失去父亲的那一年，哈伦德还不足五岁，幼小的他尚未能完整地拼写自己的名字。家中笼罩着浓厚的悲伤氛围，大人们都沉浸在悲痛之中，无暇顾及他。然而，对这个年幼的孩子来说，这场变故却似乎成了他的一次“解放”。他不再受到严格的约束，可以自由自在地在小镇上奔跑玩耍，仿佛整个世界都成了他的游乐场。

随着年龄的增长，哈伦德的生活并没有变得轻松。14 岁时，他辍学回到了印第安纳州的农场。然而，无论是上学还是干农活，他都感到极度的不快乐。他那瘦削的小脸上总是笼罩着与年龄不相符的沉重与愁苦。

到了 17 岁，哈伦德决定开一家铁艺铺。他满怀希望地投入这项事业中，然而，生意还未完全做开就不得不宣告倒闭。这次失败给他带来了沉重的打击，但他并没有放弃。

在随后的日子里，哈伦德尝试了多种职业，包括卖保险、推销轮胎、经营渡船以及开设汽车加油站等。然而，每一次尝试都以失败告终。这些失败让他感到无比的沮丧和绝望，他几乎被失败判了“死刑”。经历了无数次的失败和挫折后，人到中年的哈伦德似乎已经被命运抛弃。然而，他并没有放弃对生活的追求和对未来的希望。在退休之年，他收到了 105 美元的社会福利金。虽然这笔钱并不多，但对他来说却是一个新的开始。他用这点福利金最后开了一家想以此维生的快餐店。

起初，这家快餐店并没有引起太多人的关注。然而，哈伦德凭借自己的毅力和智慧，不断改进菜品和服务质量。他注重食材的选择和烹饪技巧的提升，使得产品味道越来越受到顾客的喜爱。随着时间的推移，这家快餐店的生意逐渐兴隆起来，成为当地乃至全球知名的快餐品牌。

这便是肯德基创始人的故事。哈伦德用自己的坚持和努力创造了一个传奇般的商业帝国。他的成功不仅仅是因为他的厨艺和经营能力，更是因为他那不屈不挠、永不放弃的精神。

思考题：

1. 哈伦德在人生旅途中遭遇了哪些方面的挫折？

2. 当面对挫折时，我们应该用什么样的态度去应对呢？

第四节　大学生常见的挫折反应与应对

在人生的征途上，我们总会遭遇各种曲折与挑战。随着人际交往的日益多样化和复杂化，我们面临的机遇与考验也愈发繁多，同时伴随着相应的压力与挫折。然而，适度的压力与挫折对于个人的成长与发展具有积极意义。它们能够激励我们摒弃懒惰，激发我们的行动力，提升我们的意志品质与责任感，从而推动我们顺利完成各项任务，并最终取得成功。因此，面对压力与挫折，我们无须惧怕，关键在于学会以积极的心态去管理和应对这些挑战。

一、大学生常见的挫折反应

在日常生活和学习中，个体往往期望事情能够顺应自身的意愿或既定的规划进行。然而，当事情的发展轨迹与预期出现偏差，并遭遇一定的困难或阻碍时，个体往往会感受到来自内外的压力，并伴随强烈的挫败感。在面对挫折时，人们通常会经历一系列复杂的情绪体验，包括但不限于焦虑、惶恐、愤怒、沮丧等负面情绪，并会根据个人的真实内心体验，做出与之相应的情绪表达与行为选择。对大学生而言，常见的挫折反应包括但不限于攻击性行为、退化至更为幼稚的应对方式、固执己见不愿接受现实、表现出冷漠的情感隔离，以及选择逃避面对现实等。

（一）攻击

攻击反应作为挫折反应的一种重要表现形式，其外显特征明显，反应强度激烈，且破坏性强。当个体在面临挫折、冲突或压力时，往往会产生强烈的侵犯和对抗的情绪反应或行为，这就是攻击反应。攻击反应不仅影响着个体的心理健康，也对社会和谐稳定构成了潜在威胁。攻击反应的产生往往源于个体在面临困境时，无法有效应对或排解内心的不满和挫败感。这种情绪积累到一定程度，便会以攻击的形式释放出来。攻击反应的表现形式多种多样，按其表现方式可分为直接攻击和转向攻击。

直接攻击是指个体直接针对挫折源或冲突对象进行攻击。例如，在人际关系中，当个体感到被冒犯或受到不公正待遇时，可能会直接对冒犯者进行言语或身体上的攻击。这种攻击行为往往具有明确的目标和意图，其破坏性也最为直接和明显。例如，发送长篇并带有嘲讽或攻击性的文字给令自己受挫的人。

转向攻击则是指个体将攻击行为转向与挫折源或冲突对象无关的其他目标。这种攻击行为通常发生在个体无法直接面对或解决挫折源时，转而将攻击行为发泄在无辜的他人或物品上。

案例——成绩风波

小豪同学对上海市计算机等级考试非常重视，提前 3 个月就开始模拟练习。但当他的目光落在计算机等级考试的分数上时，心中的期待瞬间化为了强烈的挫败感。他难以置信地盯着不通过的成绩，心中充满了疑惑和自责。

正当小豪沉浸在自己的失落情绪中时，电话铃声突然响起，打破了这份寂静。小豪一看，是妈妈的来电。他知道，妈妈每次打电话都是询问他的学习情况，而这次，恐怕也不例外。小豪深吸了一口气，接通了电话。果然，妈妈的第一句话就是："小豪，你最近在学校怎么样啊？考试成绩出来了吗？"小豪顿时感到一阵烦躁，他觉得自己已经够努力了，但成绩却不尽如人意。他不想再听到妈妈只关心成绩的话，于是语气中带着几分不满和指责回答道："你就知道问成绩，一点也不关心我在学校的感受！"

妈妈听到小豪的回答，有些惊讶和不解。她原本只是想了解一下小豪的学习情况，没想到却引发了其激烈的反应。她试图解释自己的关心，但小豪却已经听不进去，他觉得自己需要发泄一下心中的情绪。

这场争吵让小豪更加沮丧和失落。他觉得自己在学校里已经够努力了，但成绩却总是不尽如人意。他觉得妈妈也不理解他，只知道关心他的成绩，而不关心他的感受。每次与妈妈交谈，他总是试图表达自己的想法和感受，但每次都被妈妈打断，让他感到无比压抑和无奈。

冷静下来后，小豪开始反思自己的行为。他意识到，虽然妈妈的表达方式可能有些欠缺，但她的关心是出于对他的爱和期望。他也意识到，自己的情绪发泄并不能解决问题，反而会让事情变得更糟。

于是，小豪决定主动与妈妈沟通，表达自己的感受和想法。他告诉妈妈自己在计算机等级考试中的困惑和挫败感，同时也感谢妈妈的关心和支持。妈妈听了小豪的讲述，也表示理解和支持，鼓励他不要放弃，继续努力。

思考题：

1. 小豪所展现出的挫折反应类型是什么？
2. 在面对类似的情况时，你将采取何种方式进行处理？

（二）退化

退化反应是个体在面对挫折时展现出的一种无助的情感表达形式。这种反应相较于攻击反应而言，更多地表现为发泄内心的不满情绪，并试图以此引起他人的同情和关注。退化反应往往表现为行为模式的倒退或回归，即个体在遭遇挫折时，会表现出与其年龄、身份极不相称的幼稚行为。

深入探究退化反应，我们可以发现它是个体在面对无法承受的压力或挫折时，一种自我保护机制的体现。这种机制使个体通过回归到更为熟悉、安全的行为模式来应对当前的困境，以求在心理上获得一种暂时的安慰和逃避。例如，当个体遭遇挫折时，他们可能会表现出突然开始大吵大闹的行为，以发泄内心的情绪。这种行为虽然看似激烈，但实际上却是他们试图通过情绪宣泄来减轻内心的压力。另外，有些人可能会选择蒙头大睡来逃避现实，通过暂时的睡眠来避免面对挫折带来的痛苦。还有一些人则会装病不起或拒食拒医，以此来吸引他人的关心和照顾，从而减轻自己的孤独感和无助感。

此外，退化的另一种表现是对他人的影响和暗示更为敏感。即人在受到挫折后，对自己丧失信心而盲目相信别人，会在他人的观点和建议面前失去自己的判断力和独立思考的能力，盲目跟随他人或执行相应的指示。这种反应如果不能有效应对，不仅会对学业、生活、工作产生影响，还可能对其长期的个人成长和发展造成负担。从心理学的角度来看，退化反应虽然在一定程度上可以帮助个体缓解内心的压力，但长期依赖这种反应模式却会对个体的成长和发展产生负面影响。导致他们在面对未来的挑战时更加无助和脆弱。

(三)固执

固执是个体在遭遇挫折后的一种常见表现形式。一般而言,当个体感知到挫折的存在时,会倾向于通过调整自身的行为模式或思维方式来寻求摆脱困境或降低阻碍的途径。然而,当挫折的强度超出个体的承受能力时,固执反应便可能产生。当个体在受挫后,由于难以找到其他有效的发泄途径,只能坚持某种特定的行为模式或思维方式,即便这些模式已被证实是无效甚至有害的。这种现象通常发生在个体反复遭遇类似挫折,难以克服,并逐渐失去信心的情况下。在此情境下,个体往往只能重复同样而无效的行为,形成刻板化的反应方式。

这种现象的普遍原因,往往在于个体对自身的期望过高或对某些问题过度恐惧,导致过度专注于某个特定问题或结果,而忽视了其他可能的解决方案或机会。因此,在处理固执反应时,需要引导个体调整心态,拓宽视野,以更开放、灵活的态度面对挫折和困难。

(四)逃避

在遭遇挫折后,个体可能会出现明显的逃避行为。这种逃避并非简单地回避问题,而是个体在面临预感的挫折情境时,因无法或不愿直面现实而选择退避至相对安全的环境中。他们可能会选择忽视或绕开问题,以避免面对可能的失败和痛苦。这种逃避行为不仅仅是一种心理反应,更是一种行为模式,它可能导致个体错失解决问题的机会,甚至陷入自我封闭的境地。

逃避反应在一定程度上反映了个体对问题严重性的过度预判。当个体认为问题超出自身能力范围或可能带来严重的后果时,他们可能会选择逃避以规避潜在的风险。此外,个体在自认为尚未充分具备独立解决问题的能力时,也可能选择逃避作为应对策略。这种情况下,逃避行为成为个体保护自我、避免伤害的一种方式。以部分同学为例,他们在面临重要的大型考试、竞赛或面试时,可能会出现身体不适等情形。这些症状可能并非完全由紧张压力所引发,而是个体在无意识中为避免遭遇困难或挫折而产生的生理反应。这种现象进一步证明了,逃避行为在个体面对挫折时具有普遍性。

(五)冷漠

冷漠与攻击行为形成了鲜明的对比。冷漠是指当个体在遭遇挫折或困境时,表现出对所处情境漠不关心、无动于衷的态度和行为。从心理学的角度来看,冷漠是一种典型的防御机制。当个体面临无法承受的压力或困境时,为了保护自己免受进一步的伤害,往往会选择以冷漠的态度来应对。这种反应可能是源于个体过去的失败经历,也可能是对未来的不确定性和恐惧所引发的焦虑。

冷漠的反应虽然可以暂时减轻个体的心理压力,但长期下来却可能导致更为严重的心理问题。因为冷漠不仅意味着对挫折情境的无动于衷,更意味着对生活中美好事物的忽视和麻木。这种心理状态会逐渐侵蚀个体的幸福感和满足感,使其陷入一种消极的循环中。同时,冷漠反应还容易在心理上产生压抑,会感到无助和绝望,从而产生一种对未来的恐惧感。这种恐惧感不仅会影响个体的心理健康,还可能引发一系列生理反应,如失眠、食欲缺乏等。长期下来,这些生理反应可能会对个体的身体健康造成严重的损害。

二、大学生应对挫折的方法

(一)充分认识挫折,客观分析原因

正确认识和对待挫折,是大学生能够应对或战胜挫折的关键所在。身为大学生,必须深刻

认识到挫折作为人生常态的一部分，既具有消极影响，也蕴藏着积极转化的可能。挫折的存在，一方面可能带来情感上的痛苦和失落感，但另一方面，它也可能成为激发我们深入学习和自我成长的契机。

面对挫折时，我们需保持冷静与勇敢，不应被其吓倒。事实上，真正引发心理挫折感的，并非困难本身，而是个体对所面临的困难或阻碍的认知和态度。鉴于客观存在的竞争压力以及主观心理发育尚未完全成熟的情况，大学生在学业、就业等方面可能会遭遇诸多不确定性和挫折，进而产生一系列不良的心理反应，严重时甚至可能影响到其身心健康和未来发展。

因此，当大学生遭遇挫折时，应当冷静客观地审视自身目标、方法、所面临的阻力和助力，深入挖掘导致挫折的真实原因，并对挫折进行符合实际的精准归因分析，以便更好地应对挑战，实现自我成长。

（二）主动寻找解决困难的方法和策略

在面对生活中的挫折时，大学生们应当展现出积极主动的态度，勇于面对挑战，努力寻找有效的解决方法和策略，可以通过阅读相关书籍、观看视频学习资料等方式，增进对问题的理解。这些学习资源不仅能够提供理论知识，还能分享他人的经验教训，帮助我们更全面地了解问题的本质和可能的解决方案。同时，适当向知心人倾诉心声，以及咨询专业人士，以获取更具针对性的指导。通过这些途径，大学生们可以逐步改变当前的挫折情境，不断探寻解决问题的核心所在，并在此过程中不断提升自身的解决问题能力和技巧。

在应对挫折的过程中，社会支持、家庭支持以及朋友支持均发挥着举足轻重的作用，不应羞于开口寻求帮助，因为主动寻求支持并不代表个人的无能，反而是心理逐渐走向成熟的一种表现。通过积极寻求帮助，大学生们能够更好地应对挫折，实现个人成长与发展。

（三）冷静理智，积极进行自我调适

对大学生而言，学会应对挫折，不仅是一种生存技能，更是一种必备的素质。当挫折如暴风雨般袭来时，它往往会对我们的情绪产生深远的影响，让我们陷入愤怒、暴躁、沮丧、焦虑、抑郁等负面情绪的旋涡中。这些情绪如同一把双刃剑，既可能激发我们的斗志，也可能让我们陷入无尽的迷茫与困惑。

因此，在遭遇挫折时，我们首先要学会保持冷静与理智。这就需要我们具备坚定的意志力和良好的情绪管理能力，以便在困境中保持清醒的头脑，不被情绪所左右。我们要深入分析问题的本质，找出导致挫折的根源，并尝试从多个角度寻找解决方案。同时，我们还要不断尝试新的方法和途径，以应对不断变化的挫折情境。

此外，当我们发现个人抱负水平、能力水平及自我认知存在偏差时，我们应及时进行自我调整。这就需要我们具备自我反思和自我评估的能力，以便及时发现自己的不足之处，并制订相应的改进计划。我们要适度调整自己的抱负水平，避免过高或过低的期望给自己带来不必要的压力。同时，我们还要不断提升自己的综合能力，包括学习能力、沟通能力、团队协作能力等，以便更好地应对未来的挑战。在确立适合自己发展的目标时，我们应充分考虑自己的实际情况和外部环境的变化。我们要制定切实可行的目标，并分解为具体的小目标，以便逐步取得阶段性的成果。这样不仅可以增强我们的自信心和动力，还可以让我们在挫折面前更加坚韧不拔，持续努力谋求更大的发展。

挫折不仅是成长的催化剂，更是塑造个性与品格的熔炉。大学生们在面对挫折时，会逐渐

明白，人生并非一帆风顺，而是充满了挑战与机遇。正是这些挫折的洗礼，使得大学生们变得更加坚强和成熟。应对挫折的方法多种多样，每一位大学生都应该根据自己的实际情况选择适合自己的策略。面对挫折时，冷静和理智的态度至关重要，同时积极寻求帮助和支持也是必不可少的。要学会如何在逆境中保持冷静，如何在困境中寻找突破，如何在失败中汲取经验。每一次挫折，都是意志和能力的磨砺，让同学们可以在人生的道路上越走越稳、越走越远，能够更加从容地面对各种挑战与机遇。

实践互动

活动1:信不信由你

“信不信由你”活动为学生们提供了一个展示自我、突破自我的舞台。在这个舞台上，每一位参与者都有机会挑战那些曾经被认为是“不可能”的任务，从而不断挖掘和展现自己的潜能。无论是学习成绩的提升，还是运动技能的突破，甚至是社交能力的提高，这些看似遥不可及的目标，在“信不信由你”活动中都有可能变为现实。活动鼓励学生们勇于尝试、敢于挑战，即使失败了，也能从中吸取经验，为下一次的挑战做好准备。

1. 活动目的

“信不信由你”活动旨在解决大学生内心的压力与冲突。在挑战的过程中，学生们可以逐渐认识到自己的能力和潜力，从而增强自信心，减少自卑和焦虑情绪。同时，活动也为学生们提供了一个相互学习和交流的平台，使他们能够更好地理解和尊重彼此的差异，增强团队合作和沟通能力。

2. 活动准备材料

(1)积分卡用于记录参与者的得分情况，激发参与者的竞争精神，提高活动的趣味性。在设计积分卡时，我们需要确保卡片的大小适中，易于携带，并且上面的信息清晰易懂。此外，我们还需要准备足够的积分卡，以确保每位参与者都能得到一张。

(2)“信”或“不信”的手举牌是另一种常见的活动准备材料，它们通常用于需要参与者表达意见或态度的活动中。这种手举牌的设计应该简单明了，能够让参与者一目了然地表达自己的观点。同时，我们还需要确保手举牌的数量足够，以满足所有参与者的需求。

(3)练功钞模拟金钱交易或投资决策，可以作为基础分的替代材料，让参与者在活动中体验到金钱的重要性。在选择练功钞时，我们需要确保其大小、颜色和质地与真实的货币相似，以增加活动的真实感和代入感。

除了以上提到的几种活动准备材料外，根据活动的不同需求，我们可能还需要准备其他材料，如游戏道具、奖品、宣传海报等。在选择这些材料时，我们需要充分考虑活动的特点和参与者的需求，以确保活动的顺利进行。

3. 活动过程

(1)在“分组挑战”中，教师首先将学生按照人数进行分组，每组人数不超过10人。为了确保公平性，每个学生初始时都拥有基础分500分。

(2)教师会提出一系列富有挑战性的任务，如1分钟内鼓掌100下、3分钟内背完一则新闻、随机绕口令连说3遍且不出现错误等。这些任务旨在测试学生的反应速度、记忆力、口语表达能力等方面内容。

(3)组内成员需要共同商议,对每项挑战任务进行“信”或“不信”的判断,并下注。下注的金额每次不得少于100分,最终以下注多的一方选项作为本组的最终选择。

例如,选择“信”的小组比较多,完成挑战的几个小组可平分“不信”小组的下注;选择“信”,但未完成挑战的小组不扣本组的下注。又如,所有小组整体都选择“不信”,可询问是否有同学愿意调整,挑战成功即可获得全部小组的下注;如挑战的同学较多,成功后可平分下注,挑战不成功不扣基础下注。

(4)清算分数。在清算分数的过程中,我们必须确保每一项分数都被准确、公正地记录并计算。这不仅是对每位参与者努力的尊重,也是维护整体公平性的必要手段。

(5)分数最高的3位或3组同学,给予相应的奖励(根据实际参与情况决定)。

4. 活动总结

“信不信由你”活动是一个富有创意和启发性的活动,它鼓励学生们勇于挑战自我,挖掘自己的潜能。通过参与这个活动,学生们不仅可以提高自己的自信心和团队合作能力,还可以更好地认识自己和他人。最重要的是,无论挑战是否成功,每一位参与者都值得鼓励和表扬。因为在这个过程中,他们已经展现出了勇气、毅力和坚持,这些都是宝贵的品质,值得被认可和赞扬。因此,“信不信由你”活动不仅是一个挑战自我的过程,更是一个自我成长和自我提升的过程。

活动2:压力大拍卖

1. 活动目的

“压力大拍卖”活动并非传统意义上的物品拍卖,而是以“压力”为主题,旨在帮助同学们深入了解并认识自己的压力,并积极探索处理或减轻压力的有效方法。通过参与这场活动,同学们不仅可以提高对压力的认知和调节能力,还能通过交流讨论的方式,不断提升自己的合作能力和表达能力。

2. 活动准备材料

签字笔、便利贴等。为确保活动的顺利进行,我们需要准备足够数量的签字笔,以满足参与者的需求。选用粘贴度高的便利贴,记录拍卖物品的详细信息、价格变动等重要信息,方便参与者随时查看和了解。除了签字笔和便利贴外,我们还需要考虑其他可能需要的材料。例如,为了增加活动的趣味性和互动性,我们可以准备一些小游戏或抽奖环节,这时就需要准备相关的道具和奖品。通过精心准备这些材料,我们可以为参与者提供更加顺利、有趣且富有成果的拍卖体验。

3. 活动过程

(1)请同学们在10分钟内,将近期遭遇的压力与挫折详细记录在便利贴上,并对其进行明确的标注,以便在需要时能够快速、准确地定位到个人的便利贴。同学们在记录时,建议尽量保持客观冷静的态度,将事实和问题以简明扼要的方式呈现出来,避免掺杂过多的情绪色彩。这样做有助于保持记录的准确性。

(2)请同学们将写好的便利贴粘贴在黑板上。同时,为了确保便利贴易于查找,建议同学们按照一定的分类标准进行粘贴。如按照压力来源分类等。

(3)在接下来的15分钟时间里,同学们可以自由地在黑板前阅读便利贴上的内容。通过这个过程，同学们能够更深入地了解彼此所面临的压力和挑战，增进彼此之间的理解和关心。

(4)阅读结束后，进入拍卖压力环节。每个学生都有机会走上讲台，将自己的压力“拍卖”给其他同学。其他同学则可以用建议、鼓励或安慰等方式来“购买”这个压力。当提出的建议被采纳时，代表购买成功。

(5)教师可根据时间确定上台拍卖人数，确保每个同学都有机会参与。同时，其他同学也可以通过认领便利贴并递交回复的方式完成互动。这种方式可以让同学们更加深入地了解彼此，增进同学之间的友谊。

(6)活动结束后，教师可以组织同学们进行总结。他们可以分享自己的感受、收获以及未来的打算。通过这个过程，同学们不仅能够更好地应对压力和挫折，还能够提升自己的沟通能力和同理心。

这场“压力拍卖会”不仅为同学们提供了一个展示自我、关心他人的平台，还让他们学会了如何更好地应对压力和挫折。相信在未来的日子里，他们会更加勇敢地面对生活中的挑战，迎接更加美好的未来。

作业和思考

1. 请各位同学以小组为单位，分享一件你认为目前压力最大的事情。并请各位成员就如何有效应对谈谈自己的看法和思考。

2. 请各位同学以小组为单位，分享在面对挫折或压力时，你通常会采用怎样的方式解决？

3. 请各位同学结合实际情况，谈谈如何利用本节课学习到的内容，解决生活中面对的压力与挫折？

推荐书目

1.《走出困境——如何应对人生中的挫折与压力》

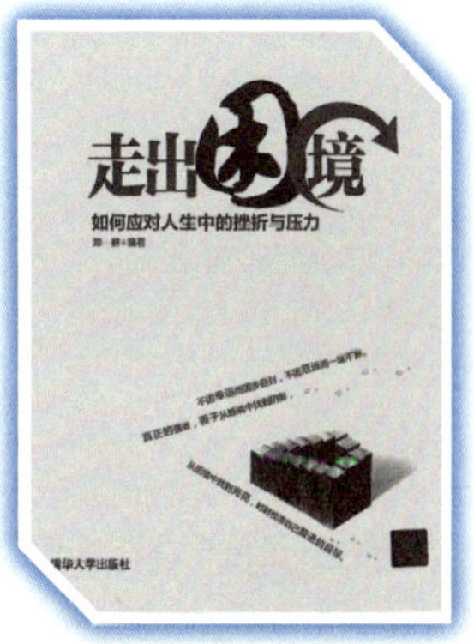

作　　者： 郑一群

出 版 社： 清华大学出版社

出版时间： 2011 年 5 月

作品简介：

《走出困境——如何应对人生中的挫折与压力》精心挑选了近百则成功走出困境的案例，从多个维度深入剖析了人们在面临困境时应采取的突围策略。这些案例生动描绘了一个个如何在逆境中积极进取、勇于开拓并最终成功实现突围的动人故事。本书内容兼具可读性与实用性，使读者在愉悦阅读的过程中，能够轻松掌握危机公关的核心技能和实战策略，为应对未来可能遇到的挑战提供有力支持。

2.《压力:评价与应对》

作　　者: [美]理查德·拉扎勒斯
出 版 社: 中国人民大学出版社
出版时间: 2020 年 1 月
作品简介:

《压力:评价与应对》一书由美国知名心理学家理查德·拉扎勒斯倾力撰写,全书共包含 11 个章节。理查德·拉扎勒斯以其丰富的心理学知识和独到的见解,引领我们深入探索压力的本质以及应对之道。从多个维度全面剖析压力反应,涵盖生命科学中压力的概念界定、认知评价过程的探讨、人的因素与环境因素的考量、应对概念的阐释及应对过程的剖析、评价与应对结果的深入解析、情绪的认知分析、治疗与压力管理策略的探讨等方面。

3.《你好,压力——心理减压手册》

作　　者: 西英俊、徐丽丽
出 版 社: 中国工人出版社
出版时间: 2019 年 10 月
作品简介:

《你好,压力——心理减压手册》通过分析压力的来源、压力中的自我状态、压力表现、压力与沟通、压力与时间管理、压力与情绪,让读者对压力有个全面的认识。心理学专家用通俗易懂的语言和生动鲜活的案例,将专业、科学的心理学知识讲述出来。让读者在轻松的阅读中,了解压力从何而来,又将去往何处,知道如何管理压力。

第七章 学习心理

导入案例1

小A，大学一年级新生，入校后不久便出现频繁旷课的情况，辅导员与其进行了谈心谈话，询问其旷课的具体原因。谈话过程中，小A情绪低落，表示自己不适应大学学习节奏，学习的内容以专业知识为主，自己本身就缺乏专业基础，而大学课堂教学节奏又比较快，没有办法跟上课堂教学的节奏，去上课也听不懂，索性就不去上课了。

导入案例2

小J，大学二年级学生，入校时就立志要通过专升本考试考取本市某著名高校本科，故入学以来保持着高昂的学习斗志，面对任何学习任务都极其亢奋，也害怕错过学校任何一次学习的机会，每天都在高度的紧张与忙碌中度过。大一期间，该生校内期末考试成绩也比较理想，更加激励了其学习斗志。大二上学期，小J积极投入英语四级与计算机一级的备考中，每天埋头苦读，然而，四级成绩出来发现自己没有达到及格线，感觉自己的未来一片暗淡，陷入自暴自弃中，学习激情减退，生活状态也十分低沉。

“活到老，学到老”道出了学习是贯穿我们每个人一生的主题，而学习更是大学生的主要任务，占据着大学生大部分的校园生活时间。学习的过程是增长智慧才干的过程，也是一种复杂的心理过程，只有对学习的本质有了更加深刻的认识，掌握了正确的学习观念，树立了健康的学习心态，才能够快乐而有效地学习。

第一节 学习概述

一、学习的内涵

学习是人类与生俱来的能力，我国古代教育家对“学习”有着许多精辟的论述。著名思想家、教育家孔子是最先将“学”和“习”联系在一起的，《论语》第一句谈到的便是学习，“学而时习之，不亦说乎”。虽然这里的“学”和“习”还未成为一个词，但是却在一定意义上揭示了古代儒家教育思想中的学习观，将学习与练习、学习与情感等联系在一起。

学习的概念有广义和狭义之分。从广义上说，学习是有机体由经验引起的行为或行为潜能相对持久的变化，是把信息和经验转化为技能、行为或态度的过程。这里的“有机体”指人或动物，学习是人与动物共有的一种心理现象，既有共同之处，也有质的区分。例如，动物中的鹦鹉学舌，北宋《景德传灯录》卷二十八注释：“如鹦鹉只学人言，不得人意。经传佛意，不得佛意而但诵，是学语人，所以不许。”《论语集注》说：“习，鸟数飞也。学之不已，如鸟数飞也。”可见动物学习一般都是靠重复练习与无意识的条件反射行为。而人的学习主要是有意识的，且具有创新性，能主动地认识和改造世界。人的学习很多来源于已有的生活经验，以语言为媒介学习历史经验知识，通过认知、思维、记忆、反复练习过程来产生行为或行为潜能的变化，这种学习方式是动物无法完成的。

从狭义上说，“学习”即指人的学习。人的学习方式是复杂多样的，有先天性的，也有后天习得的。从呱呱坠地开始就伴随着人类的先天性非条件反射，如吮吸、膝跳、吃酸的食物会不自觉地流口水等，这些与生俱来的能力称为非条件反射。

区别于以上这些本能活动的行为，称为后天习得行为。这种行为能力的学习主要分两个方面：第一，借助语言和思维等认知活动的参与，以此来获得间接经验，如学生在课堂中学习，从书本中获得知识，参加学术论坛、讲座，听他人分享奇闻趣事，查找资料，与同学进行讨论等，这些又被称为知识信息的输入过程，内隐学习在此类学习中的作用很大。第二，学习具有能动性和社会性，这种活动发生在人与社会互动的过程中，是一种主动地去探索、去创造、去改变的过程，如科学家们使用已有的知识技能去不断尝试发明创新，医药的一次次实验，每一次失败都是宝贵的知识、经验积累，直到最终成功；又如学生做作业、日常考试或其他时候运用习得知识解决实际问题等，这些是知识信息的输出过程。无论是知识的输入还是输出都具有主观能动性。

我们常说的学校学习是一种更狭义的学习，它指在学校情境下，学生掌握知识技能、发展智力和形成行为习惯的活动过程，是在教师指导下，有目的、有计划、有组织地进行认知活动，即“学生的学习”。在日益发展的社会，大学生不应满足于学校课程学习，要树立新的学习观，不局限于掌握科学知识，还要学会思考、学会学习，拓宽知识面，开放视野，形成大局观和多角度看问题的习惯，全方位寻找解决问题的技巧，开拓创新思维，培养终身学习理念。

智能时代，学习已不仅仅是储备知识的被动活动。社会的发展、科学的进步，都需要大量受过良好教育、会思考、能创新的人才。因此，大学生在学习时不应只局限于课堂，要理论联系实际，在实践中学习，也要立足信息技术发展动态，更新学习方式与学习观念，构建自己的知识体系，努力成为能独立、有能力、会学习、敢创新的新时代大学生。

二、学习的特征

(一)过程性

学习是一个复杂的过程，它需要付出较长的时间和较大的努力。学习过程中，个体不断地获取新知识、掌握新技能、形成新观念。

从心理学的视角来看，学习过程涉及多个阶段和因素。

1. 动机阶段

这是学习的开始阶段，涉及学习者的兴趣和期望。当学习者对某个主题或技能有兴趣时，他们更有可能投入时间和精力去学习。此外，学习者的期望也会影响他们的学习动力，例如，如果他们认为某个技能对他们未来的职业发展有用,他们可能会更加努力地学习。

2.注意与知觉阶段

在学习过程中,学习者需要集中注意力并选择性地知觉信息。这取决于他们的学习目标、动机和预期。例如,当学习一门新的语言时,学习者可能会更加关注与语言学习相关的刺激,如单词、语法规则等。

3.记忆与编码阶段

学习涉及信息的存储和记忆。学习者需要将新信息与已有的知识体系进行整合,并将其编码为长期记忆。这可以通过反复练习、使用记忆策略(如联想记忆)以及建立信息之间的联系来实现。

4.理解与应用阶段

在学习过程中,学习者需要理解所学内容的意义和内涵,并能够将其应用于实际情境中。这需要学习者具备批判性思维、问题解决能力和创新能力等认知技能。

5.反馈与评价阶段

学习过程中的反馈和评价对于学习效果至关重要。通过反馈,学习者可以了解自己的表现和不足之处,从而调整学习策略和方法。评价则可以帮助学习者了解自己的学习进度和效果,以便及时调整学习目标和计划。

(二)持久性

学习是一个不断积累的过程,且引起的行为变化是相对持久的。个体通过不断的学习,可以逐渐获得更多的知识和技能,进而引起持久的行为或行为潜能变化。持久性主要有以下表现:

1.知识的层级构建

心理学认为,学习是一个层级构建的过程。新的知识和技能通常建立在已有的知识基础上,形成一个相互关联的知识网络。随着时间的推移,这个网络不断扩展和深化,从而形成了一个复杂的知识体系。这种层级构建的过程强调了知识的积累性和连续性。

2.记忆的增强与巩固

记忆是学习的重要组成部分,而记忆的增强与巩固是一个长期的过程。通过反复的学习和实践,记忆痕迹逐渐加强,使得信息的提取变得更加迅速和准确。同时,记忆的巩固还涉及信息的整合和优化,使得记忆更加稳定和持久。

3.行为的持久变化

认知过程在塑造持久性行为变化中扮演着重要角色。认知心理学认为,人的行为和思维方式是相互关联的。当个体通过学习和经验获得新的知识和技能时,这些改变往往会反映在他们的行为上,并且这种改变是相对持久的。例如,通过学习新的沟通技巧,个体可能会持续地在日常交往中表现出更加积极和有效的沟通方式。

(三)实践性

学习是个体在与环境的交互作用中产生的,是实践性很强的活动。个体需要通过练习或积累经验等实践性活动才能使行为发生改变。实践性主要表现在以下两方面:

1.亲身体验

建构主义学习理论认为,学习是学习者在与环境交互作用的过程中主动地建构内部心理表征的过程。知识是学习者在一定的情境即社会文化背景下,借助其他辅助手段,利用必要的学习材料和学习资源，通过意义建构的方式获得的。个体通过与环境互动，将新信息与已有知识相结合，形成自己的理解和解释。这种建构过程需要个体亲身参与实践活动，通过亲身体验和实际操作来深化理解和记忆。

2. 知识的迁移与运用

知识的迁移和应用需要实践平台的支撑。在实践中，个体可以将所学的理论知识与实际问题相结合，通过运用所学知识来解决实际问题，实现知识的迁移。例如，在学习了物理学的力学原理后，个体可以在实际生活中运用这些原理来解决车辆安全问题，如设计更安全的车辆结构、改进车辆制动系统等。这种将理论知识应用于实践的过程，就是知识的迁移。

（四）自主性

首先，学习需要个体的自觉和主动参与；其次，每个人都有自己的学习方式和习惯，能够自主地选择适合自己的学习资源和方法，主动地进行学习。自主性主要表现如下：

1. 内在需要

自我决定论将人类行为分为自我决定行为和非自我决定行为，认为驱力、内在需要和情绪是自我决定行为的动机来源。其中，内在指的是个体对自主性和自由选择的渴望，即希望根据自己的意愿和价值观来行动。在学习领域，自主性就是满足这一需求的重要手段。当学习者能够自主选择和控制学习过程时，他们会更加投入、更有兴趣，从而取得更好的学习效果。

2. 学习动机

学习动机是指引发与维持学生的学习行为，并使之指向一定学业目标的一种动力倾向。它包含学习需要和学习期待两个成分。当学习者拥有自主学习的权利和能力时，他们会更有可能产生内在的学习动机，即出于对知识的热爱和渴望而学习。这种内在动机能够激发学习者的学习热情，使他们更加主动、积极地投入学习过程中。

（五）发展性

学习帮助个人实现自身的全面发展。不仅如此，随着社会的发展，知识迭代速度加快，发展性学习态度就显得尤为重要。发展性表现如下：

1. 认知发展

学习是个体认知发展的重要途径。随着学习的深入，个体的认知结构、思维方式和信息处理能力都会得到不断的发展和提升。例如，儿童通过学习逐渐从具体思维发展到抽象思维，从机械记忆发展到意义记忆，这都是学习带来的认知发展。

2. 情感发展

学习不仅影响个体的认知，还影响个体的情感发展。在学习过程中，个体可能会体验到成功的喜悦、失败的挫折、合作的快乐等，这些情感体验对于个体的情感发展和人格塑造具有重要作用。

3. 社会性发展

学习是个体社会化的重要过程。通过学习，个体可以更好地理解和适应社会环境，掌握社会规范，发展出符合社会期待的行为模式。例如，在学习过程中，个体需要与他人合作、交流、竞争等，这些社会互动对个体的社会性发展具有重要影响。

4. 自主性发展

学习有助于个体自主性的发展。随着学习的深入，个体逐渐学会独立思考、自主决策、自我管理，这些都是自主性发展的重要表现。自主性的发展不仅有助于个体在学习上取得更好的成绩，也有助于个体在未来的生活和工作中更好地适应和应对各种挑战。

5. 动机发展

在学习过程中，个体的学习动机可能会发生变化，从最初的外部驱动（如家长或老师的奖励和惩罚）逐渐转向内部驱动（如对知识的热爱和渴望）。这种动机的发展有助于个体形成持久的学习动力和兴趣。

三、学习理论

学习理论是说明人和动物学习的性质、过程和影响学习的因素的各种学说。古往今来，心理学家从不同的观点，采用不同的方法，根据不同的实验资料，提出了许多学习的理论或思潮，主要有以下四种：

（一）行为主义学习理论

行为主义学习理论由美国心理学家约翰·华生在20世纪初创立。行为主义学习理论认为，一切学习都是通过条件作用，是刺激S和反应R的联结。代表人物有斯金纳、班杜拉、巴甫洛夫等。他们的基本假设是：行为是学习者对环境刺激所做出的反应，用公式S—R来表示。他们把环境看作刺激S，把伴而随之的有机体行为看作反应R，认为所有行为都是习得的。

行为主义学习理论应用在学校教育实践上，就是要求教师掌握塑造和矫正学生行为的方法，为学生创设一种环境，最大限度地强化学生的合适行为，消除不合适行为。

1. 操作性条件反射

操作性条件反射，又称为工具性条件反射，是一种学习过程，通过这个过程，个体能够学会将特定的行为与其结果联系起来。它是由美国行为主义心理学家斯金纳在20世纪30年代提出的。

该理论的提出是基于他的动物实验，特别是他设计的“斯金纳箱”：箱内放进一只白鼠或鸽子，并设一杠杆或键，箱子的构造尽可能排除一切外部刺激。动物在箱内可以自由活动，当它压杠杆或啄键时，就会有一团食物掉进箱子下方的盘中，动物就能吃到食物。箱外有一装置记录动物的动作。斯金纳的实验与巴甫洛夫的条件反射实验的不同之处在于：

（1）在斯金纳箱中的被试动物可以自由活动，而不是被绑在架子上；

（2）被试动物的反应不是由已知的某种刺激物引起的，操作性行为（压杠杆或啄键）是获得强化刺激（食物）的手段；

（3）反应不是唾液腺活动，而是骨骼肌活动；

（4）实验的目的不是揭示大脑皮层活动的规律，而是为了表明刺激与反应的关系，从而有效地控制有机体的行为。

斯金纳通过实验发现，动物的学习行为是随着一个起强化作用的刺激而发生的。斯金纳把动物的学习行为推而广之到人类的学习行为上，他认为虽然人类学习行为的性质比动物复杂得多，但也要通过操作性条件反射。操作性条件反射的特点是：强化刺激既不与反应同时发生，也不先于反应，而是随着反应发生。有机体必须先做出所希望的反应，然后得到“报酬”，即强化刺激，使这种反应得到强化。学习的本质不是刺激的替代，而是反应的改变。斯金纳认为，人的一切行为几乎都是操作性强化的结果，人们有可能通过强化作用的影响去改变别人的反应。在教学方面，教师充当学生行为的设计师和建筑师，把学习目标分解成很多小任务并且一个一个地予以强化，学生通过操作性条件反射逐步完成学习任务。

2. 自我效能感理论

社会学习理论的创始人班杜拉(Albert Bandura)从社会学习的观点出发，在 1977 年提出了自我效能理论，用以解释在特殊情境下动机产生的原因。

自我效能感是个人对自己完成某方面工作能力的主观评估。评估的结果如何，将直接影响到一个人的行为动机。

(1)自我效能感形成的影响因素

①个人自身行为的成败经验。这是影响自我效能感的最直接和最重要的因素。成功的经验可以增强个体的自我效能感，使其更加自信；而失败的经验则可能降低自我效能感，使个体对自己的能力产生怀疑。然而，值得注意的是，成败经验对自我效能感的影响还受到个体归因方式的影响，即个体如何解释成功或失败的原因。

②替代性经验。通过观察他人的行为和结果，个体可以获得替代性经验，从而影响自己的自我效能感。如果观察到他人在类似的任务中取得成功，个体可能会增强自己对该任务的信心和期望；相反，如果观察到他人失败，个体可能会对自己的能力产生怀疑。

③言语劝说。他人的言语鼓励和建议也会对个体的自我效能感产生影响。正面的言语劝说可以增强个体的自信，提高其自我效能感；而负面的言语劝说则可能降低个体的自我效能感。然而，这种影响的效果取决于言语劝说的可信度和合理性。

④情绪唤醒。个体的情绪状态也会影响自我效能感的形成。高水平的唤醒状态可能会使个体感到焦虑或紧张，从而降低其自我效能感。相反，低水平的唤醒状态可能使个体感到放松和自信，提高其自我效能感。

(2)自我效能感提升策略

①积累成功的经验。由于自我效能感主要受个体过去成败经历的影响，所以多体会成功的经验是提高学生自我效能感的关键所在。个体可以降低成功的评判标准，即使取得较小成功时，也要看到自己每一步的进展，要及时给自己鼓励，逐步拥有乐观的学习自我效能感。

②树立合适的榜样。首先，个体可以通过观察学习能力相近者的学习进步来培养自己的自信心。当看到与自己水平相当的同学因为努力而获得成功时，那种积极向上的愿望会更强烈。其次，个体可以确立自我参照标准，从自身的进步中提高自我效能感。

③积极的自我暗示。积极的自我暗示可以提高学生的自我效能感。当自己在学习上取得进步时，要及时表扬和奖励自己；当自己在学习上还未取得进步时，要积极地暗示自己一定可以取得进步。

④做出正确的归因。对自己学习行为及结果产生原因的推论就是归因。国外许多研究表明，在成功时多将成功的原因归结为自己的努力和能力，失败时多将失败的原因归结为自己努力的程度不够，有利于个体自信心的提高。

⑤保持良好的情绪状态。个人的情绪状态会影响自我效能感。平静的情绪和良好的身心反应可以提高人们的自我效能感。

(二)认知主义学习理论

认知主义学习理论与行为主义学习理论相对立，源自格式塔学派的认知主义学习论。认知主义学习论经过一段时间的沉寂之后，再度复苏。从 20 世纪 50 年代中期之后，随着布鲁纳、奥苏贝尔等一批认知心理学家的大量创造性的工作，使学习理论的研究自桑代克之后又进入了一个辉煌时期。代表人物有布鲁纳、奥苏伯尔、加涅和皮亚杰。他们认为，学习就是面对当前的问题情境，在内心经过积极的组织，从而形成和发展认知结构的过程，强调刺激反应之间的联系是以意识为中介的，强调认知过程的重要性，即学习是一个比 S-O-R 联结要复杂得多的过程，他们注重解释学习行为的中间过程 O，即目的、意义等，认为这些过程才是控制学习的可变因素。

1. 认知发展理论

认知发展理论是著名发展心理学家皮亚杰所提出的，被公认为 20 世纪发展心理学上最权威的理论。所谓认知发展，是指个体自出生后在适应环境的活动中，对事物的认知及面对问题情境时的思维方式与能力表现，随年龄增长而改变的历程。

(1)基本概念解析

图式：皮亚杰认为，图式是认知发展的基础，它是个体对世界的初步认知和理解方式。随着个体经验的增加，图式会不断地得到修正和扩展。

同化与顺应：同化是指个体将新信息纳入已有的认知结构中，而顺应则是指当新信息与已有认知结构发生冲突时，个体需要调整或重构认知结构以适应新信息。

平衡：平衡是个体认知发展的重要动力。当个体遇到新的、与现有认知结构不符的信息时，会试图通过同化和顺应来达到新的平衡状态。

(2)认知发展阶段

皮亚杰将认知发展划分为四个阶段：

感知运动阶段(0～2 岁)：此阶段主要通过感官和动作来探索和理解周围世界。

前运算阶段(2～7 岁)：此阶段儿童的思维具有直觉性、非逻辑性和不可逆性，他们开始用符号来代表事物，但还不能完全理解逻辑关系和概念。

具体运算阶段(7～11 岁)：此阶段儿童的思维开始具有逻辑性和系统性，他们可以进行简单的逻辑推理，并能够处理具体的问题。

形式运算阶段(12 岁及以上)：此阶段个体的思维达到抽象和推理的水平，可以处理假设性问题，进行复杂的逻辑推理和问题解决。

2. 信息加工学习理论

美国教育心理学家加涅认为，学习是一个有始有终的过程，这一过程可分成若干阶段，每一阶段需进行不同的信息加工。在各个信息加工阶段发生的事件，称为学习事件。学习事件是学生内部加工的过程，它形成了学习的信息加工理论的基本结构。与此相应，教学过程既要根据学生的内部加工过程，又要影响这一过程。因而，教学阶段与学习阶段是完全对应的。

加涅将学习过程划分为八个阶段，这些阶段相互关联，共同构成了完整的学习过程。

(1)动机阶段

学习者的学习是受动机推动的，学习者的动机或期望对整个学习过程都有影响。加涅认为，通过学生内部形成一种期望，可以使学生形成动机。期望是指学生对完成学习任务后将会得到满意结果的一种预期。加涅指出，理想的期望只有通过学生自己的体会才能形成，光凭外界条件是不行的。形成动机或期望，是整个学习过程的预备阶段。

(2)领会阶段

有了学习动机的学生，首先必须注意与学习有关的刺激。例如，在阅读教材时，必须注意句子的意义，而不是字体或版面设计。当学生把所注意的刺激特征从其他刺激中分化出来时，这些刺激特征就被进行知觉编码，存储在短时记忆中。这个过程就是加涅所讲的选择性知觉。

(3)习得阶段

只有当学生注意或知觉外部情境之后，学习过程才真正开始。习得阶段涉及对新获得的刺激进行知觉编码后存储在短时记忆中，然后再把它们进一步编码加工后转入长时记忆中。

(4)保持阶段

学生习得的信息经过编码过程后，即进入长时记忆存储阶段，这种存储可能是永久的。加涅认为，相对于其他阶段，我们对保持阶段了解得最少，因为最不容易对它进行调查。

(5)回忆阶段

即信息的检索阶段，学生习得的信息要通过作业表现出来，信息的提取是其中必需的一环。在这一阶段中，提取线索很重要，提供检索的方法和策略有利于回忆。

(6)概括阶段

学生提取习得信息的过程，并不始终是在与最初学习信息时相同的情境中进行的，况且，学习需要举一反三，因此，学习过程中必然有一个概括的阶段。这里的概括，就是通常所讲的学习迁移。一般来说，学生学习某件事情时经历的情境越多，就越容易迁移。在教学中提供有利于把学习内容用于新情境的提示，或让学生在不同的情境中学习，都有利于迁移的发生。

(7)作业阶段

学习过程需要有作业阶段是很明显的，因为只有通过作业才能反映学生是否已习得了所学习的内容。一般来说，仅凭一次作业是很难对学生做出判断的，因此，教师需要根据几次作业才能对学生的成绩做出推断。

(8)反馈阶段

当学生完成作业后，他马上意识到自己已经达到了预期的目标，这时，教师需要给予反馈，让学生及时知道自己的作业是否正确。加涅所讲的信息反馈，类似于其他心理学家所讲的强化。信息反馈时，教师可以使用“对”“错”等词汇，也可以使用体态语言，如点头、微笑等。另外，信息反馈也可以从学生内部获得。如学生可以根据已学过的概念和规则，知道自己的答案是否正确。

加涅学习理论的一个主要特点，是博采各家各派之长。他吸收了行为主义、格式塔心理学、人本主义以及控制论等观点，并把它们融合进自己的理论中去。加涅学习理论的最大优点在于注重应用，即把学习理论研究的结果运用于教学实践。

3. 成就动机理论

成就动机理论是美国哈佛大学教授戴维·麦克利兰通过对人的需要和动机进行研究后提出的，20 世纪 40—50 年代起，他就开始对人的需要和动机进行研究，提出了著名的“三种需要理论”，即成就需要、权力需要和亲和需要，其中成就需要对于个人、团体和社会的发展起着至关重要的作用。成就需要高的人一般都具有关心事业成败、愿意承担责任、有明确奋斗目标、喜欢创造性工作、不怕疲劳等特点。

1963 年，美国心理学家阿特金森(J. W. Atkinson)对麦克利兰的成就动机理论进一步深化，提出了具有广泛影响的成就动机模型，认为成就动机可进一步分为追求成功动机和避免失败动机两部分。

(1)不同成就动机的差异

两种不同成就动机的人在任务选择上、任务完成方式上以及心理状态表现上会有很大差异。高成就动机的个体，往往会选择适度难度的任务和目标，成败机会各半往往能给他们带来最优的现实挑战，对任务难度低、不需要付出努力就可以完成的事情动机水平反而不高；低成就动机的个体，喜欢选择难度低、很容易成功的任务和目标，这种选择能最大限度地让他们避免失败。

①在任务难度选择上，高成就动机个体积极主动地设定目标，努力完成任务以避免失败；而低成就动机的个体采取防御性方式，尽量推脱、逃避任务以避免失败。

②在心理状态上，高成就动机个体通过不断努力，挑战难易程度适中的任务，从努力的过程和完成目标来收获心理的满足感，提高自尊心水平；而低成就动机个体尽量避免接受任务，降低失败的风险来防止自己自尊心受到伤害。

(2)成就动机对大学生学习的启发

成就动机对大学生的学习策略、学业归因方式、学业成绩均有重要的影响。

①在学习策略上，高成就动机的学生倾向于选择主动的自我管理为主的学习，而低成就动机更倾向于拖延的消极学习、被动的机械学习。研究表明，在取得较高学业成绩的同学中，高成就动机的学生人数是低成就动机学生人数的 2.5 倍，追求高成就动机的学生相比低成就动机的学生学业成绩要好，进步更快。

②在归因方式上，高成就动机的学生在取得良好学业成绩时，倾向于将原因归于稳定的内在因素，如自己的勤奋努力、综合能力提升、良好的情绪等；遇到失败时，习惯将原因归于自己的努力不足等可控方面，善于总结过程中的不足、失败的原因，为下次成功做准备。低成就动机的学生在取得良好学业成绩时，倾向于将原因归于不稳定的外在因素，如运气、考试难度较低等；当失败时，常将原因归于内在稳定的因素，如自己比较笨、能力差，缺乏披荆斩棘、努力奋斗的勇气。而将成功归因于内在稳定因素的学生比将失败归因于内因的学生更容易取得好的学业成绩。

(三)建构主义学习理论

建构主义的心理学基础是行为主义心理学和认知心理学理论。建构主义者更加关注学习者如何以原有的经验、心理结构和信念为基础来建构知识，更加强调学习的主观性、社会性和情景性。个体在进行学习的时候，头脑中并不是空的，而是由先前的生活经验在头脑中保存着自己特有的认知图式，在学习过程中，通过与外界环境的相互作用，而建构新的认知图式，这种新的认知图式是创造性的，在性质上不是原有图式的延续。认为学习的过程是一种质的变化，一种主动建构的过程，而不是被动的刺激反应模式的建立。教学不是知识的传递，而是知识的处理和转换。教师不应只是知识的呈现者，教师更应该重视学生自己对各种现象的理解，倾听他们的想法，思考这些想法的由来，并以此为据，引导学生丰富或调整自己的认知。

苏联心理学家维果斯基的“最近发展区理论”认为，学生的发展有两种水平：一种是学生现有的水平，指独立活动时所能达到的解决问题的水平；另一种是学生可能的发展水平，也就是通过教学所获得的潜力。两者之间的差异就是最近发展区。教学应着眼于学生的最近发展区，为学生提供带有难度的内容，调动学生的积极性，发挥其潜能，超越其最近发展区而达到下一发展阶段的水平，然后在此基础上进行下一个发展区的发展。

(四)人本主义学习理论

人本主义是 20 世纪 50 年代末 60 年代初在美国出现的一种重要的教育思潮，主要的代表人物是马斯洛、罗杰斯、凯利等。这些心理学家反对把对白鼠、鸽子、猫和猴子的研究结果应用于人类学习，主张采用个案研究方法。人的学习是个人潜能的充分发展，是人格的发展。马斯洛指出，学习的本质是发展人的潜能，尤其是那种成为一个真正人的潜能。学习要在满足人最基本的需要的基础上，强调学习者自我实现需要的发展。人的社会化过程与个性化的过程是完全统一的。因而，许多人本主义教育家认为，教育的根本目标是帮助发展人的个体性，帮助学生认识到他们自己是独特的人类并最终帮助学生实现其潜能。

人本主义者强调，在教学过程中应以学生为中心。这是其自我实现的教育目的的必然产物。教学以学习者为中心，让学生成为学习的真正主体。学校教师在教学过程中应重点帮助学生明确学习的目标和学习的内容，创设能促进学生学习的良好的心理氛围，保证学生在充满满足感、安全感的情境中通过教师安排的合适的学习活动，发现学习内容的价值、意义，使学习者成为充分发展的人。

1. 马斯洛需要层次理论

马斯洛需要层次理论是由美国心理学家亚伯拉罕·马斯洛在1943年提出的，该理论将人类需要从低到高分为五个层次，包括生理需要、安全需要、社交需要、尊重需要和自我实现需要。

(1)生理需要：这是人类最基本的需要，包括食物、水、空气、睡眠等。这些需要如果不能得到满足，人类的生存就会受到威胁。

(2)安全需要：在满足生理需要的基础上，人们会产生对安全的需要，包括身体安全、经济安全、职业安全等。人们希望避免疾病、灾难、失业等威胁，以及寻求保护自己和所爱的人的方式。

(3)社交需要：也称为归属和爱的需要。人们希望与他人建立联系，获得友谊、爱情和归属感。这种需要对于个人的心理健康和社会功能至关重要。

(4)尊重需要：包括自尊和他人对自己的尊重。人们希望自己的能力、成就和价值得到认可和赞扬，同时也希望能够尊重他人并被他人尊重。

(5)自我实现需要：这是人类需要的最高层次，指的是个人追求自我潜能的充分发挥和实现自我价值的需要。人们希望通过创造、探索、学习等方式，实现自己的潜能和成为自己所能成为的最好的人。

马斯洛需要层次理论不仅是一个动机理论，也是一种人性论和价值论。它强调人的需要是层层递进的，只有在低层次的需要得到满足后，才会出现更高层次的需要。同时，该理论也指出，不同人的需要层次和强度可能存在差异，而且人的需要并不是完全满足或完全不满足的，而是处于不断的变化和调整中。在教学过程中，可以根据学生的不同需要层次来设计课程和教学方式，促进学生的全面发展。

2. 非指导性教学

非指导性教学是一种以学生为主体的教学思想和方法，由美国心理学家罗杰斯倡导。非指导性教学强调学生的自我实现和自我指导能力，认为每个学生都有自我指导、自我成长的潜能。非指导性教学的特点包括：

(1)强调学生在课堂上的主体地位，教师要营造一个良好的人际关系心理气氛，让学生在课堂上自由表达、自由讨论，从而激发学生的自我实现动机。

(2)主张教育的目的不仅仅是知识的传递，而且是促进学生的个人发展和自我实现，通过学生自己提出问题、讨论问题，从而确定教学目标。

(3)教师的角色从传统的知识传授者转变为促进者和引导者,教师的任务是促进学生的自我探索和自我实现,而不是直接告诉学生答案。

非指导性教学在实际教学中的应用,需要教师创造一个积极、宽容、无威胁的学习环境,让学生感到安全、自由、被尊重,从而激发学生的学习热情和创造力。同时,教师还需要掌握一定的引导技巧,帮助学生发现问题、分析问题、解决问题,从而提高学生的自我主导能力。

第二节 大学生常见的学习心理问题及其调适

大学阶段的学习相比中学阶段的学习呈现出新的特点,学习的方式与内容等发生了变化,学习形式上更加强调学生的主动性,学习的专业性与广泛性凸显。大学生没有了升学压力,但也会随之出现心理不适、心理焦虑等问题。学会正确进行心理问题的调试,不仅有助于大学生更好地学习,也能够帮助其建立积极的大学生活态度。

一、学习动机缺乏及自我调适

学习动机是指引发与维持学生的学习行为,并使之指向一定学业目标的一种动力倾向。学习动机缺乏指的是学生学习缺乏内在驱动力,学习目标不明确,学习兴趣低,无求知欲,甚至厌倦学习。

(一)大学生学习动机缺乏的表现

1. 学业不适

学业不适问题主要出现在新生阶段。从监督式的中学学习模式切换到自主学习的大学学习模式,一些同学面临不会自主学习、专业知识学习起步难、跟不上课堂进度等适应不良问题。大学生学业不适的表现可能包括学业焦虑、学习动力不足、厌学、逃学等。学业焦虑可能会导致学生出现心烦不安、手足发麻、胸闷气短等症状。学习动力不足可能会影响学生的自我效能感,无法充分发挥自己的潜力。厌学和逃学则可能是学生对学习产生反感,无法积极参与学习活动的表现。

2. 学习懒惰

学习懒惰是大学生常见的一种现象。一些大学生进入大学后放飞自我,自控能力较弱,容易受外界因素干扰,不愿意上课,不愿意思考,不按时完成规定学习任务,学习态度散漫懈怠,行为懒惰。学习懒惰的几种典型表现:

(1)课堂参与度低。学习懒惰的学生在课堂上往往表现得不积极,他们可能经常迟到、早退,或者在上课时分心、玩手机、与同学聊天。

(2)拖延完成作业。学习懒惰的学生往往有拖延的习惯,他们可能会拖到最后一天才开始做作业,或者干脆不做。这种行为不仅会影响他们的学习成绩,还可能导致他们养成不负责任的习惯。

(3)缺乏学习计划。学习懒惰的学生往往没有明确的学习计划,他们可能不知道如何安排自己的学习时间和任务,或者根本就不愿意制订计划。这会导致他们在学习上缺乏条理性和系统性,难以取得好的成绩。

(4)逃避学习任务。学习懒惰的学生可能会想方设法逃避学习任务,会选择做一些轻松的事情来逃避学习,比如看电影、玩游戏等。这种行为会让他们错过学习的机会,影响他们的学业发展。

(5)注意力不集中。学习懒惰的学生在课堂上或做作业时往往难以集中注意力,他们可能会分心、走神,导致学习效果不佳。这种注意力不集中可能是由于缺乏兴趣、睡眠不足或其他原因引起的。

(6)缺乏自律性。学习懒惰的学生往往缺乏自律性,他们可能无法自我约束和管理自己的时间和行为。这种缺乏自律性不仅会影响他们的学习,还可能影响他们的生活和未来发展。

3.无心学习

大学生活丰富多彩,很多同学将精力花费在校园活动与娱乐生活中,对学习冷漠甚至忘记了作为学生的主要职责,学习兴趣极低,即使人在教室,心却在课堂外。无心学习主要表现如下:

(1)缺乏学习动力。无心学习的学生往往缺乏明确的学习动力和目标。他们可能不知道为什么要学习,或者觉得所学内容与他们的兴趣和职业规划不相符。这种缺乏动力的状态会导致他们对学习缺乏热情,难以投入时间和精力。

(2)上课走神分心。无心学习的学生在课堂上常常表现出走神分心的状态。他们可能无法集中注意力听讲,或者经常被手机、社交媒体等外部因素干扰。这种分心状态会让他们错过重要的知识点和信息,影响学习效果。

(3)对课程无兴趣。无心学习的学生对所学课程可能缺乏兴趣。他们可能觉得课程内容枯燥乏味,或者与他们的兴趣和职业规划不符。这种无兴趣的状态会让他们对学习失去热情,难以产生学习动力。

(4)学习态度消极。无心学习的学生往往持有消极的学习态度。他们可能觉得学习是一种苦差事,或者对自己的未来缺乏信心。这种消极态度会让他们对学习失去信心,难以取得好的成绩。

(5)沉迷娱乐活动。无心学习的学生可能会沉迷于各种娱乐活动,如电子游戏、社交媒体等。他们可能花费大量时间和精力在这些活动上,而忽视了学习的重要性。这种沉迷娱乐活动的行为会让他们分散注意力,影响学习效果。

4. 学无方法

动机不足的大学生把学习看作奉命的、被迫的苦差事,在学习上缺乏主观能动性,不愿意总结凝练适合自己的学习方法,以死记硬背应付考试,单一的方法无法适应大学的学习,从而影响学习动机。

(1)缺乏学习计划。学无方法的大学生通常缺乏一个清晰的学习计划。他们可能没有明确的学习目标,也不知道如何分步骤实现这些目标。这导致他们可能无法按时完成任务,或者无法有效安排学习时间。

(2)时间管理不当。有效的时间管理是学习成功的关键之一。然而,许多大学生在时间管理方面存在困难。他们可能无法合理分配时间给不同的学习任务,或者经常拖延到最后一刻才开始学习。这种不当的时间管理会严重影响他们的学习效率。

(3)被动接受知识。许多大学生在学习时采用被动接受知识的方式,他们可能过度依赖课本和教师的讲授,而不是主动思考和探究。这种学习方式限制了他们的批判性思维和创新能力的发展。

(4)缺乏批判思维。学无方法的大学生可能习惯于接受教师或课本的观点,而不会质疑或探究其他可能的解释。这种缺乏批判思维的态度会限制他们的学术成长和独立思考能力。

(5)难以深入理解。没有有效学习方法的大学生可能会发现难以深入理解学习内容。他们可能只是停留在表面层次的理解,而无法掌握知识的深层含义和应用。

(6)缺乏实践应用。理论知识的学习很重要,但将其应用于实践中同样重要。然而,许多大学生在学习过程中忽视了实践应用的重要性。他们可能只是机械地记忆知识,而不会将其应用于实际问题中。

(7)信息处理能力弱。在信息爆炸的时代,有效的信息处理能力对于学习至关重要。然而,学无方法的大学生可能在这方面存在困难,他们可能不知道如何筛选和整理大量的信息,或者无法有效地利用这些信息来支持他们的学习。

(8)学习效率低。由于上述各种因素的共同作用,学无方法的大学生通常表现出较低的学习效率。他们可能需要花费更多的时间和精力来完成同样的学习任务,而且效果往往不尽如人意。这种低效的学习状态会进一步打击他们的学习积极性和自信心。

(二)大学生学习动机缺乏的自我调适

1.确立明确目标

没有明确的学习目标也是导致学习动机缺乏的原因之一。大学生应该根据自己的实际情况和学习需求,制定出适合自己的学习目标,让自己在学习过程中有方向感。学习目标可以是长期的或短期的、具体或抽象的。在制定学习目标时,应该明确目标的内容、实现时间和方法途径等关键信息,以确保目标的有效性和可操作性。同时,还应该不断地对自己的学习目标进行评估和调整,以便更好地适应学习需要和自身发展。

清晰的学习目标不仅能够为学习提供方向,还能激励学生在面对挑战时保持动力和专注。大学生可以从以下方面确立明确的学习目标:

(1)自我评估与兴趣识别。首先,大学生需要对自己进行深入的自我评估。这包括了解自己的兴趣、优势、劣势以及长期职业目标。通过自我评估,学生可以识别出哪些领域是他们真正感兴趣的,从而在这些领域设定学习目标。

(2)确定短期与长期目标。大学生应该根据自己的兴趣和长期职业规划,制定短期和长期的学习目标。短期目标应该是具体、可衡量且可实现的,例如完成某一门课程的学习或获得某个证书。长期目标则应该更加宏伟,如获得学历学位、进一步深造或找到理想的工作等。

(3)制订具体计划。为了确保目标的实现,大学生需要制订具体的学习计划。这些计划应该包括学习的时间表、所需的学习资源以及应对挑战的策略。通过将目标分解为具体的小步骤,学生可以更容易地实现这些目标。

(4)保持灵活性。虽然制订具体计划很重要,但学生也需要保持一定的灵活性。大学生活充满了各种机会和挑战,学生可能会发现自己的兴趣和目标随着时间的推移而发生变化。因此,应该灵活调整自己的学习计划,以适应新的需求和机遇。

(5)寻求反馈与调整。在学习过程中,大学生应该定期回顾自己的目标和计划,并通过不同渠道寻求反馈,以帮助了解自己的进步和需要改进的地方。根据反馈,可以调整自己的学习计划,以确保目标的顺利实现。

(6)保持动力与决心。学生需要保持对目标的坚定信念和持续的动力。这可以通过设置奖励机制、找到学习伙伴或参与竞赛等方式实现。通过保持对目标的热情和决心,大学生可以克服学习过程中的各种困难,最终实现他们的学习目标。

2. 端正学习态度

正确的学习态度应该是积极主动、认真努力的。大学生应该充分认识到学习的重要性，保持对知识的渴望和对学习的热情，克服懒惰和消极情绪，努力提高自己的学习意识和能力。同时，还应该树立正确的学习观念，明确学习的目的和意义，以更好地指导自己的学习行为。学习态度是影响学习效果和个人成长的重要因素。对大学生来说，端正学习态度意味着更加积极地面对学业挑战、更有效地利用时间和资源。

(1)明确学习意义。大学生需要认识到学习不仅是获取知识的过程，更是培养能力、锻炼思维和提高综合素质的重要途径。明确学习的意义和价值，可以激发学习动力，让学生更加珍惜学习的机会。

(2)树立正确的价值观。学习态度与个人的价值观息息相关。大学生应该树立正确的价值观，明白学习是为了自己的成长和发展，而不仅仅是为了应付考试。

(3)培养自律和自主管理能力。大学生需要学会自律，制订合理的学习计划，并严格按照计划执行。同时，培养自主管理能力，合理安排时间，平衡学习、生活和娱乐等方面的需求，确保学习效率和生活品质。

(4)保持好奇心和探索精神。学习是一个不断探索和发现的过程。大学生应该保持好奇心和探索精神，勇于尝试新的领域和知识，不断拓宽自己的视野。

(5)主动参与课堂和实践活动。课堂学习和实践活动是大学生获取知识、锻炼能力的重要途径。大学生应该主动参与课堂讨论、提问和实践活动，与同学和老师互动，增强学习效果和实践能力。

(6)学会批判性思考和独立分析问题。在学习过程中，大学生应该学会批判性思考和独立分析问题。不仅要接受新知识，还要学会质疑、评价和应用这些知识。这样的态度将有助于他们在面对复杂问题时做出明智的决策和判断。

(7)保持耐心和毅力。学习是一个长期而持久的过程，大学生需要保持耐心和毅力，不断克服困难，积累知识和经验。即使在学习过程中遇到挫折和困难，也要保持积极的态度，相信自己的能力和潜力。

3. 优化学习方法

学无定法，贵在得法。每个人都应该根据自身实际情况，选择适合自己的学习方法，并不断探索、改进和完善。有效的学习方法应该包括课前预习、课堂听讲、课后复习、归纳总结等多个环节，同时结合实际需要，采用不同的学习策略和方法，以提高学习效率。此外，作为新时代大学生，还应该善于利用现代化的学习工具和资源，如网络、多媒体等，以便更好地获取信息和知识。有效的学习方法是学习成功的关键因素，学有法方有成。

(1)制定学习计划与目标。大学生需要根据实际情况，主次分明制定一个实际可行的学习时间表，并根据学习目标来安排学习内容。这有助于更好地管理时间，确保学习的连续性和深度。

(2)使用多种学习资源。不同的学习资源和工具各有优势。除了传统的教科书和课堂笔记，大学生还可以利用在线资源、教学视频、讨论论坛等。混合使用多种资源可以提供更多的学习角度和深入的理解。

(3)学会时间管理。随着课程的增加、社交活动的丰富以及个人兴趣的发展，大学生常常面临时间不够用的困境。因此，学会有效的时间管理对于提高学习效率、保持生活平衡以及实现个人目标至关重要。在时间管理上，要注重优先级排序，将任务按照重要性和紧急性进行分类，优先处理那些重要且紧急的任务，其次处理重要但不紧急的任务，最后处理紧急但不重要的任务。同时，遵循二八定律，将时间花在最有价值的20%的任务上，以实现80%的目标，避免在不重要的事情上浪费时间。

4. 寻求社会支持

如果在学习上感到压力过大或迷茫，不妨向家长、专业教师、同学、朋友或心理咨询师寻求帮助。通过别人的建议或专业上的指导，帮助自己重新找回学习的动力。

(1)请教专业教师。大学教师通常具有丰富的学术经验和知识，是大学生寻求学习支持的重要对象。学生可以通过课后请教、参与学术讨论、加入教师的研究项目等方式，获取专业指导和学习建议。

(2)与同学合作学习。同学之间的互助合作是另一种有效的社会支持方式。通过组建学习小组，分享学习资料和经验、相互讨论和解答问题。

(3)利用学校资源。大学通常提供各种学习资源和服务，如图书馆、学术讲座、实训实验中心等，学生可以通过利用这些资源，拓宽学习途径，提高学习效果。

(4)参与学术社团活动。学术社团，如科学协会、文学社团等，为学生提供了一个学术交流和合作的平台。通过参与社团活动，学生可以结识志同道合的同学，共同探讨学术问题，相互支持学习进步，共同提高学习效率。

二、学习疲劳及自我调适

学习疲劳是指学习者由于学习过度或学习方法不当而使学习效率逐渐降低，并伴有渴望停止学习活动的生理和心理现象。在极度的疲劳状态下，一个人可能陷入完全不能学习的状态，即所谓的学习疲惫或学习疲劳症。学习心理研究表明，凡是需要紧张注意、积极思维和加强记忆的学习活动，都容易使个体产生疲劳。

(一)大学生学习疲劳的表现

1. 生理表现

大学生学习疲劳的生理表现与学生自身体质、同一动作持续时间的长短以及这一动作是否有累积的经验基础有关，主要表现为肌肉受力过久或持续重复伸缩造成肌肉痉挛、麻木、乏力、手足发冷、动作失调、感觉失调、眼球发疼发胀、视力减退、食欲缺乏、面色苍白、头晕、腰酸背痛、打瞌睡、失眠等。

2. 心理表现

大学生处于青春迷茫期，情感波动较大，且对人际关系、学业与未来的焦虑也较多，这些情绪问题会导致其对学习产生疲劳感，主要表现为注意力涣散、思维迟钝、记忆衰退，情绪上躁动、忧郁、厌烦、易怒，学习效率下降。

(二)大学生学习疲劳的自我调适

1. 善于科学用脑

学习是一项高度复杂的脑力劳动，只有科学地使用大脑，才能更高效地提高学习效率和质量。人类的大脑有左右两半球，左半球主要同数学计算、语言分析的抽象智力活动有关；右半球主要同音乐、色彩、图形、空间想象等形象化思维活动有关。为了克服疲劳，个体就要使大脑左右两半球交替使用，把数学、语言等需要高度抽象思维的活动同音乐、绘画、文娱体育活动交替进行，以克服疲劳，提高学习效率。此外，大脑活动还有一种“优势现象”，即当大脑某一功能区的活动占优势时，可使其他功能区的活动相对地处于休息状态。因此，我们可以把读书—计算—读书—思考、写字—听音乐等脑力活动穿插进行，防止疲劳，起到事半功倍的效果。

2. 注重劳逸结合

劳逸结合就是均衡分配学习和休息的时间，让学习和生活达到平衡状态，从而保持一个平衡的心理状态。过度劳累或长时间学习会导致疲劳和压力，这可能会影响学习效率和身心健康。因此，大学生应该合理安排学习和休息时间，确保有足够的休息和放松。大学生在学习之余应适当进行文体活动缓解学习疲劳，如跑步、打球、游泳、瑜伽等，每周进行至少三次锻炼。另外，充足的睡眠对于身心健康和学习效率至关重要。大学生应该保证每天有足够的睡眠时间，尽量保持规律的作息时间，避免熬夜和过度疲劳。除此之外，大学生还可以通过其他方式放松自己，如听音乐、看电影、阅读等，这些活动可以帮助缓解学习压力，提高创造力。

3. 遵循人体生物节律

生物节律即生物钟，广泛存在于大自然的各种生命活动中，人体生物节律是人体内的一个重要的循环系统，包括体力、情绪和智力的周期循环。按照人体生物活动的规律，上午 7～10 点，机体的生物机能处于上升状态；10 点左右精力最充沛，是学习与工作的最佳状态，此后逐渐下降；下午 5 点后精力又再度上升，到晚上 9 点达到最佳状态。因此，大学生学习时间的安排应遵循人体生物节律，在适合的时间做正确的事，而非颠倒生物钟，打乱生活秩序。

4. 养成健康的生活习惯

充足的睡眠是保持精力充沛和缓解学习疲劳的重要手段。但是，熬夜已成为大学生的一个普遍现象。要想高效学习，首先应该养成良好的睡眠习惯，保证每天有足够的睡眠时间，避免熬夜和过度使用电子产品等影响睡眠质量的行为。不仅如此，应该选择一个安静、舒适的学习场所，避免干扰和诱惑。同时，还应该注意室内空气流通和光线适宜等环境因素，以保持舒适的学习状态。

三、习得性无助及自我调适

习得性无助是指个体经历某种学习后，在面临不可控情境时形成无论怎样努力也无法改变事情结果的不可控认知，继而导致放弃努力的一种心理状态。这种状态的形成通常是由于个体在过去的经历中，多次遭受失败和挫折，导致他们认为无论自己做什么都无法改变现状，从而放弃努力。

（一）习得性无助的表现

1. 低成就动机

成就动机是指个体希望从事有意义的活动并在活动中获得满意结果的内在心理动力。“习得性无助”学生成就动机低，他们往往不能给自己确立恰当的目标，学习时漫不经心。他们对失败的恐惧远远大于成功的希望，因而不再指望自己成功。

2. 低自我效能感

自我效能感是指个体在执行某一行为之前，对自己能够在什么水平上完成该行为所具有的信念、判断或自我感受。“习得性无助”学生的自我效能感低，对自己完成学习任务的能力持怀疑和不确定的态度，因而倾向于制定较低的学习目标以避免获得失败的体验。他们想的更多的是活动的失败。遇到挫折时，他们往往没有自信心，不加努力便会放弃。由于怀疑自己的能力，他们经常体验到强烈的焦虑，身心健康也受到损害。

3. 消极定势

消极定势是指个体在面对某些特定情境时，由于过去的经验和认知，形成了消极的预期和判断，从而影响其行为和表现。“习得性无助”学生大多数在过去的学习中收到的是消极的评价，从而逐渐形成了刻板的思维模式和认知态度。消极定势思维的学生认定自己学习成绩永远不会好，无论怎样努力也无济于事，于是便不再努力学习。

（二）习得性无助的自我调适

1. 正视挫折与失败

“人生不如意事十之八九”，每个人都会经历大大小小的挫折和失败，需要认识到挫折和失败是不可避免的，而且是成功的一部分。接受现实，不逃避、不否认，是应对挫折和失败的第一步。在面对挫折和失败时，我们需要深入分析原因，了解问题所在，找到问题的根源，寻找解决问题的方法和途径。我们不能因为一时的挫折与失败而全面否定自己，要相信一切挫折与困难都可以战胜。

2. 学会正确归因

归因是指个体对自身行为或结果的解释和评价。在面对挫折和失败时，正确的归因可以帮助我们更好地认识问题，找到解决问题的方法，从而克服习得性无助。在分析失败的原因时，我们需要保持客观的态度，不将失败归咎于外部因素或不可控因素。失败并不代表个人的无能或无价值，而是由于各种因素的影响。我们需要客观地看待自己的能力和不足。在归因时，需要关注可控因素，即自己可以控制和改变的因素。通过寻找可控因素，可以明确自己的行动方向和目标，从而更好地应对挫折和失败。

3. 调整思维模式

思维方式对于克服习得性无助至关重要。通过调整自己的思维模式，个体可以改变对困难和挑战的看法，从而更好地应对它们。例如，可以尝试以积极的方式重新解释失败的经历，从中找到积极的教训和经验；或者在面对困难时，思考解决问题的方法和策略，而不是陷入消极的情绪中。

第三节　学习能力的培养

大学是获取专业知识的殿堂，大学时代更是培养学生学习能力、夯实人生基础的重要阶段。随着科技的发展和社会的进步，知识的更新速度不断加快。因此，培养学习能力，特别是自学能力的培养与学习方法的积累对大学生来说至关重要。

一、自学能力

叶圣陶先生曾经讲过，凡为教，最终目的都在于达到不需要教。“教是为了不教，学生总是要离开老师的，做老师的平时要注意指导，使学生学会自学的方法、自学的习惯，培养自学的能力。”自学能力是一个人最优秀的品质。能力与知识、经验和个性特质共同构成人的素质，成为胜任某项任务的条件。

（一）制订学习计划

有计划地学习是提升自学能力的第一步。学习计划应具有明确的目标，并根据个人的实际情况进行制订。这不仅有助于提高学习效率，还有助于养成良好的学习习惯。在制订学习计划时，可以尝试将大目标分解为小目标，将长期目标分解为若干短期目标，这样可以增强可操作性，避免产生畏难情绪。同时，计划的执行要有一定的灵活性，以应对可能出现的意外情况。

桑代克在实验基础上提出学习要遵循的三条重要的学习原则，即准备律、练习律和效果律。

准备律：在学习活动开始之前，学习者如果做好了与相应的学习活动相关的预备性反应，包括生理和心理的，就能比较自如地掌握学习的内容。

练习律：对于学习者已形成的某种联结，在实践中正确地重复这种反应会有效地增强这种联结。桑代克非常重视练习中的反馈，他认为简单机械的重复不会造成学习的进步。

效果律：学习者在学习过程中所得到的各种正或负的反馈意见会加强或减弱学习者在头脑中已经形成的某种联结。效果律是最重要的学习定律。

（二）养成自觉自律意识

自觉自律意识是指个体在自我管理、自我约束和自我激励方面的意识和能力。作为具有一定自立能力的大学生，不仅要学会控制自己的行为和情绪，避免过度放纵和冲动，还应该学会激发自己的内在动力，鼓励自己不断前进，同时，时常反思自己的行为和表现，针对不足，及时进行调整和改进。

1. 设定明确目标

设定的目标应该具有可行性、可衡量性和时限性。明确的目标能够使大学生对自己的学习和生活有一个清晰的方向，从而更有动力去实现它。

2. 优化时间管理

时间管理是自律的重要体现。大学生需要学会合理地安排时间，优化时间管理。通过制定时间表、使用番茄工作法、避免拖延等方法，大学生可以提高自己的工作效率，更好地实现目标。

3. 养成良好习惯

良好的习惯是自律的基础。大学生需要养成一些良好的学习和生活习惯，如定期复习、按时作息、保持整洁等，这些习惯能够帮助大学生保持自律，提高生活质量。

4. 增强自控能力

自控能力是自律的核心。大学生需要通过锻炼和实践来增强自己的自控能力，学会抵制诱惑、控制情绪和冲动。

5. 反思与持续改进

反思和持续改进是养成自律意识的关键环节。大学生需要定期对自己的行为和结果进行反思，找出自己的不足之处，并制定改进措施。

（三）培养独立思考能力

自学不仅能够获取知识，更重要的是培养独立思考的能力。独立思考，就是实事求是，从实际出发，不盲从、会判断、能辨别，理性思考。独立思考能力的培养需要进行大量的实践和锻炼，可以尝试从不同的角度去理解和分析问题，积极发表自己的观点和看法，通过不断地质疑和思考，提高自己的独立思考能力。

1. 勇于质疑与挑战

培养独立思考能力的第一步是勇于质疑和挑战。大学生不应该盲目接受信息和观点，而应该学会独立思考，对已有的知识和观点提出疑问。勇于挑战权威，不畏惧错误，是培养独立思考能力的重要一环。

2. 广泛阅读与深入学习

广泛的阅读是培养独立思考能力的基础。通过阅读不同类型的书籍、文章和资料，大学生可以接触到不同的观点和思想，从而拓宽自己的视野。同时，深入学习某一领域的知识，可以帮助大学生建立自己的知识体系，为独立思考提供支撑。

3. 主动思考与讨论

大学生应该主动思考，对遇到的问题进行深入的分析和反思。此外，参与讨论也是培养独立思考能力的有效方式。在讨论中，大学生可以听取他人的观点，并与自己的思考进行对比和碰撞，从而进一步完善自己的观点。

4. 培养持续学习的习惯

独立思考能力是一个不断发展的过程，需要大学生保持持续学习的习惯。通过不断地学习新知识、新技能和新观点，大学生可以不断地更新自己的知识体系，提高自己的独立思考能力。同时，要学会从失败和错误中吸取教训，不断调整和完善自己的思考方式。

二、思维能力

人类的学习和发明创造活动，离不开思维。思维是人脑对客观现实概括的、间接的反映。思维能力是人类智慧的核心，包括理解力、分析力、综合力、比较力、概括力、抽象力、推理力、论证力、判断力等能力。这些能力的提升有助于我们更好地应对复杂多变的生活和工作环境。

（一）增强逻辑思考能力

逻辑思考能力是指按照一定的逻辑规则和推理方法进行思考的能力。它能够帮助我们正确地理解问题、分析事实和推导出结论。大学生可以通过阅读辩论性文章、参加辩论赛和思维推导等增强个人逻辑思考能力。

1. 注重基础知识的学习

大学生应该扎实学习逻辑学基础知识，包括形式逻辑、演绎推理、归纳推理等。这些基础知识可以帮助大学生建立起一个系统的逻辑框架，为后续的逻辑思维训练提供基础。

2. 大量练习与反思

理论知识的学习是基础，但要想真正提高逻辑思维能力，还需要大量的实践和反思。大学生可以通过解决数学题、逻辑题、案例分析等方式进行逻辑思维训练，并及时反思自己的思考过程，找出逻辑漏洞和错误。

3. 强化阅读与分析

大学生可以选择一些逻辑性强的书籍、文章或报告进行阅读，并尝试分析其中的逻辑结构和论证过程。通过不断地阅读与分析，大学生可以逐渐提高自己的逻辑思维水平。

4. 进行跨学科学习

不同学科有不同的思维方式和逻辑结构。通过跨学科学习，大学生可以接触到不同的思维方式和方法论，从而拓宽视野和丰富思维方式，以便更好地应对复杂多变的问题。

（二）注重创造性思维

创造性思维是一种开创性地探索未知事物的高级复杂的思维，是一种有自己的特点、具有创见性的思维，是扩散思维和集中思维的辩证统一，是创造想象和现实定向的有机结合，是抽象思维和灵感思维的对立统一。它可以帮助我们打破常规、拓展思路，为解决问题提供更多的可能性。创造性思维的培养需要不断挑战自己的思维定式，勇于尝试新方法和新思路。

1. 激发好奇心

好奇心是创造性思维的重要源泉。大学生应积极保持对未知事物的好奇心，不断探索和学习。可以通过参加学术讲座、研究项目、跨学科课程等方式，拓宽自己的视野，激发对知识的渴望。

2. 拓宽知识领域

创造性思维需要丰富的知识作为基础。大学生应广泛涉猎各个领域的知识，包括文学、艺术、科学、哲学等。拓宽知识领域有助于激发创新思维，提高解决问题的能力。

3. 学习创新思维方法

创新思维方法如头脑风暴、逆向思维、换位思考等，可以帮助大学生在解决问题时突破常规，产生新的想法和解决方案。通过学习和实践这些思维方法，可以提高创造性思维能力。

4. 积极实践锻炼

实践是检验真理的唯一标准，也是培养创造性思维的有效途径。大学生应积极参与各种实践活动，如实验、项目、实习等。通过实践锻炼，不仅可以增强实际操作能力，还可以培养创新思维和解决问题的能力。

(三)形成批判性思维

批判性思维是人们根据观察事物的事实、论据、结果等分析后形成的一种理性判断，也被称为一种合理的、反思性的思维方式。它可以帮助我们鉴别信息的真伪、评估观点的合理性，从而做出正确的决策。批判性思维的培养需要学会独立思考，不盲目接受他人的观点，同时要学会运用批判性思维工具，例如归纳和演绎推理、假说和推理检验等。要形成批判性思维，可以从以下方面进行强化：

1. 澄清问题

批判性思维的第一步是澄清问题。这要求我们在面对一个问题时，首先要明确问题的具体含义、范围和背景。心理学研究表明，明确问题有助于我们集中注意力，避免被无关的信息所干扰。

2. 收集信息

在澄清问题之后，需要收集相关的信息。信息收集的过程要求我们具有目的性和系统性，即要围绕问题收集相关、有用的信息。心理学研究指出，有效的信息收集能够帮助我们建立全面而准确的问题背景，为后续的分析和判断奠定基础。

3. 评估来源

信息来源的可靠性是批判性思维的关键。心理学建议我们在评估信息来源时，要考虑其权威性、公正性和专业性。只有来自可靠来源的信息，才能够作为我们得出结论的依据。

4. 分析比较

在收集到足够的信息后，我们需要进行分析和比较。心理学研究表明，通过对比不同信息之间的差异和相似之处，我们能够更好地理解问题的本质，发现潜在的模式和规律。

5. 识别偏见

批判性思维要求我们在分析和判断信息时，能够识别并避免个人偏见的影响。心理学研究表明，个人偏见可能导致我们在处理信息时出现扭曲或误判。因此，我们需要时刻保持警觉，反思自己的观点和判断，确保它们是基于客观事实的。

6. 形成结论

在分析和比较信息后，我们需要形成自己的结论。一个合理的结论应该是基于充分证据支持的，并且能够经得起推敲和质疑。此外，我们还需要考虑结论的可行性和实用性，确保其在实际生活中具有指导意义。

7. 避免因果误推

批判性思维要求我们避免陷入因果误推的陷阱。心理学研究指出，人们在面对复杂问题时，往往容易将某个事件作为另一个事件的直接原因，而忽略了其他可能的影响因素。因此，在形成结论时，我们需要充分考虑各种可能因素，避免简单地将一个事件归结为另一个事件的直接结果。

8. 寻求反驳证据

最后，批判性思维鼓励我们寻求反驳证据。通过寻找与自己的观点相反的证据和观点，我们能够更好地检验自己的观点和结论是否经得起挑战。同时，这也有助于我们发现自己的不足和局限，进一步完善自己的思维和决策。

(四)提高问题解决能力

问题解决能力是指能够找到有效方法解决实际问题的能力。它需要我们具备分析问题的能力、创造性思维和决策能力等多个方面的能力。问题解决能力的培养需要多进行实际问题的模拟解决。同时，要学会运用问题解决的工具和技术，例如头脑风暴法、鱼骨分析法等。

1. 头脑风暴法

头脑风暴法(Brain Storming)，由美国 BBDO 广告公司的亚历克斯·奥斯本首创，该方法主要由价值工程工作小组人员在正常融洽和不受任何限制的气氛中以会议形式进行讨论、座谈，打破常规，积极思考，畅所欲言，充分发表看法。

头脑风暴法主要通过集体讨论和思维碰撞来激发团队成员的创造力和想象力，从而产生新的创意和解决方案。在头脑风暴会议中，参与者可以自由发表各种想法和观点，不受任何限制和批评。这种方法旨在创造一种自由、活跃的氛围，让参与者能够畅所欲言，提出大量的新观念。

2. 鱼骨分析法

鱼骨分析法，又称因果分析法，是一种发现问题“根本原因”的分析方法。现代工商管理教育如 MBA、EMBA 等将其划分为问题型、原因型及对策型鱼骨分析等几类先进技术分析。鱼骨分析法因其形状如鱼骨而得名，它是一种透过现象看本质的分析方法。制图步骤如下：

(1)分析结构

①针对问题点，选择层别方法(如人机料法环等)。

②按头脑风暴分别对各层别找出所有可能原因(因素)。

③将找出的各因素进行归类、整理，明确其从属关系。

④分析选取重要因素。

⑤检查各要素的描述方法，确保语法简明、意思明确。

(2)分析要点

①确定大要因(大骨)时，现场作业一般从“人机料法环”着手，管理类问题一般从“人事时地物”着手，应视具体情况决定。

②大要因必须用中性词描述(不说明好坏)，中、小要因必须使用价值判断(如……不良)。

③脑力激荡时，应尽可能多而全地找出所有可能原因，而不仅限于自己能完全掌控或正在执行的内容。对人的原因，宜从行动而非思想态度面着手分析。

④中要因跟特性值、小要因跟中要因间有直接的原因—问题关系，小要因应分析至可以直接下对策。

⑤如果某种原因可同时归属于两种或两种以上因素，请以关联性最强者为准(必要时考虑三现主义，即现时到现场看现物，通过相对条件的比较，找出相关性最强的要因归类)。

⑥选取重要原因时，不要超过 7 项，且应标识在最末端原因。

(3)绘图过程

①填写鱼头(按为什么不好的方式描述)，画出主骨。

②画出大骨，填写大要因。

③画出中骨、小骨，填写中小要因。

④用特殊符号标识重要因素。

(五)提升决策能力

决策能力是决策者所具有的参与决策活动、进行方案选择的技能和本领。它需要我们具备批判性思维、问题解决能力和风险意识等。决策能力的培养需要学会评估各种选择的优缺点和风险，同时要学会权衡不同利益。大学生在实际生活中，可以根据实际情况、不同情境进行决策能力训练。

(1)增强自我认知：了解自己的价值观、兴趣爱好、优点和缺点，这将有助于在决策时明确自己的目标和偏好。

(2)收集信息：在做出决策之前，充分收集相关信息。这可以通过阅读、研究、调查或与专业人士交流等方式实现。确保自己了解所有可能的选择和后果。

(3)分析选项：对收集到的信息进行深入分析，评估每个选项的优缺点。使用逻辑和批判性思维，考虑各种可能的结果和风险。

(4)设定优先级：确定哪些因素在决策中最重要，并为它们设定优先级。这将有助于在面临多个选择时，更清晰地了解哪个选项最符合自己的目标和价值观。

(5)寻求他人意见：与他人交流并寻求他们的意见和建议。这有助于获取不同的观点和视角，从而更全面地了解问题。同时，也要学会辨别哪些建议是有价值的，哪些可能不适合自己的情况。

(6)勇于承担责任：意识到决策可能带来的后果，并勇于承担责任。这有助于在决策时更加谨慎和自信，也能培养解决问题和应对挑战的能力。

三、创造能力

创造能力是运用一切已知信息，产生出某种新颖而独特的、具有社会价值的产品的能力。在呼吁万众创新的当今社会，创造能力愈发重要，因为它是科学发明和技术革新的必备能力。培养大学生的创造能力，是培养大学生学习能力的关键。

(一)发掘好奇心

好奇心是创造力的源泉。一个充满好奇心的人,总是会不断探索、发现新的事物,从而激发创造灵感。大学生可以通过以下几个方面发掘好奇心:

(1)多读书。读书是获取知识、扩展视野的重要途径。通过阅读不同类型的书籍,可以深入了解各个领域的前沿动态,从而激发自己的好奇心。

(2)尝试新事物。尝试新事物可以让人接触到不同的环境和经历,从而激发好奇心。大学生可以参加各种学生社团、社会实践项目等,做出不同的尝试与挑战。

(3)多发问。在日常生活中,要多问问题,尤其是针对自己不了解的事物。通过提问,可以引发好奇心,深入探究事物的本质。

(二)拓展知识面

知识是创造力的基础。它为创造力提供了丰富的素材和思维模式。没有知识的积累和广度,就难以有创造性的思维和行动。只有具备了广泛的知识储备,才能在各个领域中发挥创造力。大学生可以通过以下几个方面开拓知识领域:

(1)广泛阅读。除了专业书籍外,大学生还应该阅读各种类型的书籍,包括社会科学、人文科学等领域的书籍。

(2)跨学科学习。通过跨学科学习,大学生可以掌握不同学科的知识和思维方式,从而开拓自己的知识领域。

(3)参加学术讲座和研讨会。参加学术讲座和研讨会可以了解各个领域的前沿动态和最新研究成果,从而丰富自己的知识储备。

(三)培养想象力

想象力是创造力的核心。人们通过观察可以获知事物的表象,但这些表象是概念化的,只有赋予了想象力,这些客观的信息、客观的事实才能被赋予生命。可以说,任何创造性的活动都离不开想象。大学生可以通过以下几个方面培养想象力:

(1)联想思维。联想思维即我们常说的举一反三,通过联想思维,可以将不同的事物联系起来,从而激发更多的想象力和创造力。例如,在写作、设计等方面可以通过联想思考来拓展思路。

(2)发散思维。又称辐射思维、放射思维、扩散思维或求异思维,是指大脑在思维时呈现的一种扩散状态的思维模式。它表现为思维视野广阔,思维呈现出多维发散状,如"一题多解""一事多写""一物多用"等。在解决实际问题时,大学生可以从多个角度思考解决方案的可能性。

实践互动

活动1:时间都去哪儿了?

1. 活动目的

帮助同学们从理性视角直观审视个人时间管理能力,在自评与互评中同学们能够树立正确的时间观念,提高时间管理能力,进而促进学习能力与方法的提升。

2. 活动导入

(1)用教室多媒体设备播放一小段《时间都去哪儿了》的歌曲或者图片。

(2)同步让同学们冥想1分钟。

活动准备：

每位学生准备一张2cm宽、24cm长的纸条，并提前沿纸条长边平分为24等分，折线或者用笔画均可(不要撕开)。

3. 活动规则与程序

(1)老师说明每个人手中的纸条代表的是时间，每等分代表1小时，24等分刚好是一天的24小时。

(2)老师给同学们1分钟的时间回想自己每天是怎么分配个人时间的？(主要分为睡觉、吃饭、玩手机(含打游戏)、社交、学习的时间)

(3)活动正式开始，老师依次提问：你每天花几个小时睡觉/吃饭/玩手机(含打游戏)/社交？

当老师问完每一个问题，学生根据自己每日实际花费在对应事件上的时间长度撕下同等分的纸条，最后留在学生手上的时间长度为每天花在学习上的时长。

(4)同学之间相互比一比谁留给学习的时间最多，也可与老师手上原始纸条比一比长度。感受差距。

(5)教师挑选同学分享。(可选择纸条留得长的与留得短的分别分享；还可引导同学们分享每天花费时间最多的是哪件事？也可让同学们分享整体感受等)

(6)教师总结。

补充说明：

(1)纸条需要课前准备好，教师可以在前一次课课堂进行布置，也可以由教师自行准备，统一下发。

(2)教师在提问时，务必将学习时间放到最后提问。

活动2:时间管理四象限

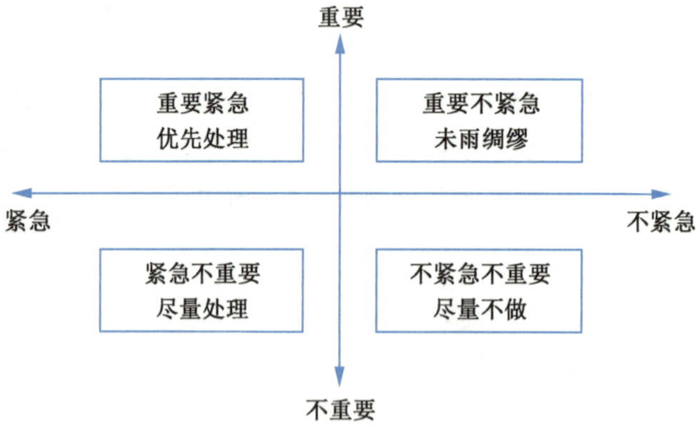

1. 活动目的

帮助同学们认识时间的有限性与重要性，同时区分事情的轻重缓急，掌握事务优先级，提升时间管理观念与学习效率。

2. 活动导入

(1)请同学们畅谈并分享“时间是否可以存储”。

(2)请同学把当周要做的事情写到笔记本或书本空白页上。

3. 活动准备

PPT 上播放时间管理四象限的图，并请同学们用一张空白纸画下来。

4. 活动规则与程序

(1)指导同学们将“活动导入”环节写下的当周要做的事情根据是否重要与紧急分别填入相应的象限中。

(2)学生填写完成后，引导同学们分享按这个方法进行分类会给自己带来哪些变化。

(3)教师总结。

补充说明：

(1)教师也可自行打印四象限图发给同学们直接填写。

(2)对活动导入环节写下的当周要做的事情，也可以让同学们进行重要性排序。

(3)若同学们在写当周要做的事情比较少，可以调整为写下当月要做的事情。

作业和思考

1. 结合课程所学，制订一份本学期学习计划。

2. 思考自己在学习中存在哪些困难？并根据不同的困难有针对性地进行解决策略制定。

推荐书目

1.《学习之道》

作　　者：[美]芭芭拉·奥克利

出 版 社：机械工业出版社

出版时间：2016 年 11 月

作品简介：

读完一本书，却不记得讲什么？

美剧看了一箩筐，英语还是没长进？

公众号、指导书、牛人帖，一个都没落，却还是没有形成自己的学习体系？

这些都是典型的低质量学习症状。

不了解学习的原理，就是在无效重复；缺乏有效的学习方法，就是在消耗天赋。

本书从脑科学和心理学的最新研究出发，跨学科解读学习的原理，提供最全面的学习方法和思维模式：

大脑如何处理图形、文字、数字等信息，不同类型的学习匹配哪种信息通路？

学艺术、学语言、学音乐、学数理，各种事物的学习原理有何差异？

对你而言，为什么 A 方法比 B 方法效果更好？

如果你翻开这本书，我相信你对学习是认真的。

2.《全新思维:决胜未来的6大能力》

作　　者：[美]丹尼尔·平克

出 版 社：浙江人民出版社

出版时间：2013年5月

作品简介：

著名未来学家、趋势专家丹尼尔·平克是21世纪商业思潮的拓荒者,他敏锐地察觉到,人类社会已经步入"右脑时代",在这个时代,知识不再是力量。他开创性地指出,未来属于那些拥有与众不同思维的人,唯有拥有右脑时代的6大全新思维能力——设计感、娱乐感、意义感、故事力、交响力、共情力,即"三感三力",才能决胜于未来。

本书标志了一个时代的转折,改变了我们看待并体验这个世界的方式。平克残酷地将人人为之奋斗的专家之路彻底颠覆,未来是那些跨领域型人才、故事型人才、创意型人才的天下。对当今那些仍然奋斗在会计、律师、工程师岗位的专家型人才来说,是时候给自己的工作来点不同于以往的色彩了。

3.《好好学习》

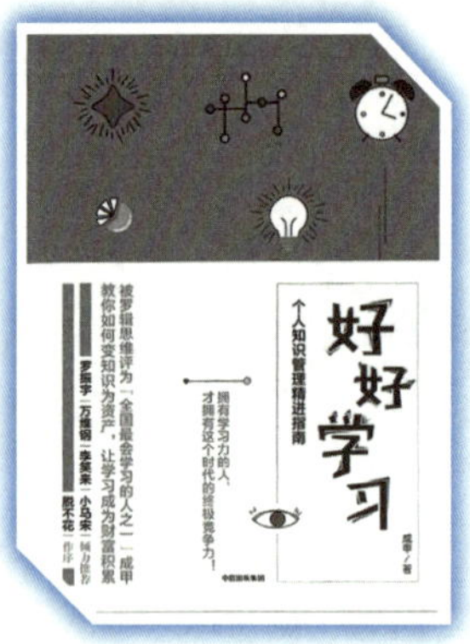

作　　者：成甲

出 版 社：浙江人民出版社

出版时间：2013年5月

作品简介：

为什么读了这么多书,依旧过不好这一生?

因为大多数人掉进了"低水平勤奋"的陷阱。我们读了很多书,却只是读到了一个个孤立的知识点,而并没有把新旧知识连成一张知识网、长成一棵知识树。

学海真的无涯吗? 到底什么样的"知识"值得我们花精力去学?

知识无穷无尽,但掌控这个世界运行的底层规律是有限的。你需要的是从海量知识中辨别出其中的"王炸",一通百通!

学海非无涯,知识有主次。

为什么学习"学习的方法",比学习本身更重要?

世界这么大,而我们的智慧有限。只有掌握了更有效的学习方法,才能在极为有限的时间里,把自己的认知水平比别人多往前推进一厘米。

拥有学习力的人,才拥有这个时代的终极竞争力。

如何从"知道"到"做到"? 怎么才能让知识变现?

刻意练习十多场景思维训练=构建底层认知,打通知识的底层结构。

让知识成为资产,让学习成为财富积累的过程!

参考书目与文献

[1]陈琦,刘儒德主编.当代教育心理学[M].北京:北京师范大学出版社,2007.
[2]顾明远.教育大辞典[M].上海:上海教育出版社,1998.
[3]张厚粲.行为主义心理学[M].杭州:浙江教育出版社,2003.
[4]方珏.阳光成长——高职大学生心理健康教育教程[M].北京:高等教育出版社,2020.
[5]高兰.大学生心理健康教育——心灵成长自助手册[M].北京:教育科学出版社,2023.
[6]刘纯娇,王军华.大学生心理健康教育[M].北京:新华出版社,2020.
[7]https://baike.baidu.com/.

第八章

家庭关系

导入案例

小怡是独生女,高中毕业后考取了一所离家两千多公里的上海的大学。刚入校时她很想家,每天都会给家里人打电话。小怡的父母每天白天工作繁忙,分散了注意力,晚上下班回家后会特别思念小怡,尤其是妈妈,总是盼着女儿每天晚上的电话,如果没有按时接到电话,妈妈就控制不住担心,怕女儿出了什么事,但又不敢打电话给小怡,怕影响她学习。渐渐地,小怡适应了新环境,与家里联系少了,妈妈感到很失落,时常望着电话出神或者暗自垂泪。爸爸发现了妈妈的不对劲……

但是,爸爸也无能为力,一方面他自己也很想念小怡,另一方面他也不知道该怎么安抚妻子,所以干脆借口单位忙躲在单位加班,其实是为了少和妈妈见面,想着过一段时间也许就好了。妈妈本来就因为女儿离家感到失落,现在连丈夫也难得见面,不免心生怨气,对爸爸横挑鼻子竖挑眼。爸爸因此也更加回避,以为这样矛盾会少一点,可是没承想妈妈的火气反而更大了,家里争吵不断……

第一节　家庭概述

家庭是一个微观社会系统,家庭成员之间的情绪交流、互动和关系将直接影响到家庭的整体运作和成员的心理健康。我们来自各种各样的家庭,每个家庭都上演着截然不同的故事,家在很大程度上将我们塑造成现在这个样子。家庭心理学对此进行了研究和概括,让我们在理性层面更好地理解家庭以及家庭与我们的关系。

一、家庭现象

在每个家庭里都发生着大量家人之间的相互作用,我们可以称其为互动。小到日常生活中的问候,丈夫回家妻子是笑脸相迎还是爱答不理;大到全家面对一个重大事件,如你高考之后填报志愿时父母是听你的想法、尊重你的意见,还是拼命说服你听他们的。家庭生活就是由成员间这样的点滴互动组成的,这些互动构建出了各种家庭现象。我们可以从三个方面来描述家庭现象,分别是家庭结构、家庭功能和家庭生命周期。

(一)家庭结构

家庭结构是指家庭的组织形式,家庭成员以一种什么样的方式组合在一起,包括家庭呈现出来的外部组织形式和在成员的互动中逐渐形成的内部组织规则,可称为家庭外部结构和家庭内部结构。

1.家庭外部结构

家庭外部结构包括家人数量、家庭角色和家庭关系三个要素，是由家庭成员构成的家庭外部形态，是家庭成员基于家庭角色和家庭关系而形成的联系模式。现代社会常见的家庭外部结构有六种类型：

(1)核心家庭。核心家庭的“核心”指的是一种核心关系即夫妻关系。典型的核心家庭是一对夫妻与其未婚子女组成的家庭，即通常所说的一家三口，或现在日益常见的一家四口。还有一种非典型的核心家庭，即只有一对夫妻而没有子女共同生活，这就包括“丁克”家庭(只有一对夫妻，没有生育或收养子女)和“空巢”家庭(子女成年后离家，只有父母独自生活)。

(2)直系家庭。直系家庭也称为主干家庭，是核心家庭纵向扩大的家庭结构模式，由两代或两代以上夫妻组成，每代最多不超过一对夫妻，且中间无断代。最常见的直系家庭是父母和已婚子女及其未婚子女所组成的家庭，即所谓的三代同堂家庭，祖辈、父辈和孙辈共同生活在一起。

(3)复合家庭。复合家庭也称为联合家庭，指的是家庭成员中任何一代含有两对或两对以上夫妻的家庭，是核心家庭同代横向扩展的结果。比较典型的复合家庭是一对夫妇和两个或两个以上孩子同住，且两个或两个以上的孩子已婚，已婚的孩子带着配偶、孩子和其他家人共同生活在一起，即所谓的大家庭。这种情况在以前子女较多的时候更为常见，随着计划生育的普及和人们生活水平的提高，这种家庭已经越来越少见。

(4)单亲家庭。单亲家庭是指一个人与其未婚子女组成的家庭。随着离婚率不断升高，这种家庭越来越常见。

(5)隔代家庭。隔代家庭也称断代家庭，指中间有断代的直系家庭，主要指祖辈与孙辈组成的家庭。留守儿童家庭就是典型的隔代家庭，父母到城市打工，留下孩子由老人抚养照顾。

(6)同代家庭。同代家庭也称同辈家庭，指没有父母、子女，由两个或两个以上兄弟姐妹组成的家庭。比较常见的情况是父母已经去世，兄弟姐妹都还未婚并居住在一起。

这六种家庭外部结构是比较常见的，但并不能囊括所有家庭。有些家庭形态比较特殊，可能是两种甚至更多种家庭外部结构的混合。例如，离婚的单亲妈妈带着孩子和自己的妹妹生活在一起，这就是单亲家庭和同代家庭的混合。此外，家庭外部结构并不是一直稳定不变的，它会随着家庭的发展变化而变化，描述一个家庭的外部结构只是针对它当前的状态而言。

2.家庭内部结构

与家庭外部结构从外在形态上描述一个家庭不同，家庭内部结构深入家庭内部试图描述家庭成员的互动规则，这套规则决定了家庭成员何时、与谁、如何发生联系，由此产生的互动又进一步维持了这套规则。如果过滤掉“潜规则”一词的贬义，它基本可以指代家庭内部结构的含义。家庭里的“潜规则”是在成员的互动中逐渐形成的，同时又在成员的互动中进一步维持。例如，孩子需要用钱会去找妈妈，因为他知道妈妈管账，想要玩会去找爸爸，因为他知道爸爸会陪他玩，这是家庭的成员分工规则；又如，家里爷爷是“老大”，爸爸要听爷爷的，儿子要听爸爸的，所以孙子有事会去找爷爷，因为他知道爷爷答应了，爸爸就不敢不答应，这是家庭的权力规则；再如，孩子总是黏着妈妈却疏远爸爸，这是家庭的情感联系规则。诸如此类，都是家庭内部没有明文规定却存在于每个人心里的“潜规则”或者称为家庭内部结构。

家庭内部结构有四个特性：

一是一般性，它是指支配家庭组织的一些一般性或普遍性的规则。这些规则适用于绝大多数家庭，包括家庭内的权力等级，如长辈的权力要大于晚辈，以及功能互补。

二是特殊性，它是指在家庭内形成的特定规则，如对一个家庭来说，妈妈负责照顾孩子；如男主外、女主内。

三是维持性，规则形成后家庭会尽可能地维持自身偏好的模式，并对超出一定范围的改变进行抵抗。这体现了家庭对于维持其稳定运行的需要，如形成了父母各司其职的规则后，所有家庭成员都会自觉地按照这一规则行事，如果发生变化，成员们都会努力试图恢复到既定规则。

四是适应性，它是指家庭内部结构必须能适应环境的改变，因此需要有足够多的可供选择的互动模式，以及拥有可以调用这些模式的弹性。如果家庭一味地要维持既定规则，缺乏足够的弹性，就会在面对变化时出现适应不良的情况，有时还会以家庭冲突甚至是成员出现症状的方式表现出来。如父亲职业变化导致在家的时间有限，不能再负责孩子的学习，这就需要全体家庭成员共同去适应这一变化，形成新的规则。每个家庭都需要一个与其各自的生活条件和发展阶段相适应的家庭内部结构，这种家庭结构主要通过子系统和边界体现出来。

子系统是任意家庭成员组合而形成的一个个小系统，可以依据代际、性别、兴趣或功能而形成，如夫妻子系统、母子子系统等。个体在子系统中拥有不同的权力等级，如夫妻子系统中妻子说了算，丈夫只能服从；但在父子子系统中，父亲说了算，孩子必须服从。子系统还能够实现特定的功能，如夫妻子系统要发挥协同抚养小孩、协商处理家庭事务等作用；又如为了对抗父母的权威，孩子与祖父母结盟，形成爷孙子系统。

边界是存在于子系统与周围环境之间的一道看不见的界限，它将子系统外的其他家庭成员排除在外，并且规定了谁能加入子系统以及如何加入。每个家庭都会有其合适的子系统边界。

依据家庭成员间交往模式的不同，子系统的边界可以分为三种：疏离型、清晰型和纠缠型。疏离型的边界是僵化的，子系统与其他成员的互动贫乏并且拒绝外界成员的加入，如母亲和孩子结成紧密的母子子系统，同时疏远父亲；纠缠型的边界是松散的，子系统与其他成员的互动紧密并且时常被外界成员侵入，如婆婆频频打扰新婚夫妻的生活，儿子难以在夫妻子系统与母亲之间建立起合适的边界，成为“夹心饼干”；清晰型的边界介于二者之间，子系统与外界的互动是适度的，接纳与拒绝是合适恰当的，如父子子系统与祖辈之间的边界清晰，祖辈不会打扰父辈的生活，不会过度干涉父辈对孙辈的教育，但是在父辈需要的时候会给予适当的帮助。对任何家庭来说，随着自身的发展变化，都会对边界作出协商，边界不断被逾越和修正，这是家庭生活的现实情况，如果边界长期固化不变并且对成员的发展造成阻碍，则有必要进行干预。例如，对新婚夫妻来说，由于新成员的加入建立起一个新的核心家庭，这个小家庭子系统要与长辈之间形成合适的边界，这一过程会经历一些磨合，在反复磨合之后最终形成对双方来说都觉得舒适的边界，这对于维持家庭的稳定和谐十分重要。

（二）家庭功能

“功能”是指事物、方法、行为所发挥的有利作用，因此“家庭功能”可以简单理解为家庭所发挥的有利作用。这种有利作用最根本的体现就是满足个人和社会的需要以及满足个人和社会需要的效能。因此，家庭功能可以概括为两大方面：一是满足家人的生存、发展与享受需要；二是维系和促进社会的延续、稳定、发展与进步。具体来说，家庭功能包括以下六个方面：

1. 生存功能

家庭的生存功能主要是指满足家人生存的需要，为家人进行各项活动奠定基础。主要体现为满足家人在衣食住行等方面的基本生活需要，包括夫妻互相供养、父母对子女（即长辈对晚辈）的抚养、子女对父母（即晚辈对长辈）的赡养、在父母去世等特殊情况下其他亲属对遗孤的扶助和照料、在生病等特殊情况下家人之间的互相照料等。

2. 安全功能

家庭的安全功能主要是指满足家人安全方面的需要，为家人活动、家人权力、家庭本身的组织稳定提供保护或保障。主要体现在协助未成年人、丧失生活自理能力或身体有重大残疾的家人，以避免其人身受到伤害；此外还体现在对个体行为的控制上，尤其是对尚未成熟的未成年人，父母要协助其有效抵制和防范安全和法律风险。

3. 发展功能

家庭的发展功能主要是指满足家人个体的发展需要，促进家庭人口素质的提高。家庭的发展功能最重要的载体和最突出的表现就是家庭教育活动，通过家庭教育培养和促进家人的身体素质、心理素质、思想道德素质、科学文化素质和参与社会活动的能力素质。

4. 心理功能

家庭的心理功能主要是指家人之间在情感上的相互理解、安慰、支持、疏解、依赖，互相满足心理上的需要。这是家庭成员健康成长发展的必要条件，是家人参与社会活动不可或缺的精神食粮，是维系家庭成员之间和睦相处的纽带，是家庭存在和家庭建设的重要基石。通过这一功能的发挥，人们的心理得到放松、调整和修复，家庭也充满凝聚力和亲和力。

5. 享受功能

家庭的享受功能主要是指满足家人在物质和精神、生理和心理方面的高层次需求，主要是指获得满足感、愉悦感和美好感。大体可分为三种情况：一种是在物质满足的基础上产生的，比如佩戴精美首饰；一种是在物质和生理满足的基础上产生的，比如美食；一种是在生理满足的基础上产生的，比如性爱。

6. 社会功能

家庭的社会功能主要是指满足社会的需要，维系社会的存在，维护促进社会的稳定、发展与进步。主要包括四个方面：一是抚育子女与赡养老人的社会责任与义务；二是维持自身的健康稳定，以促进社会的和谐安定；三是作为个体实现社会化的首要环节；四是家庭制度构建的部分的社会文化。家庭满足这些个人和社会需要的效能如何，或者说家庭功能的发挥情况如何，是家庭功能的另一个方面。对此有两种判断标准：

一种是静态的特征标准，是指通过评估家庭的一些关键特征，可以推断出家庭的功能状况。这些关键特征包括家庭成员的亲密程度、家庭的适应性和家庭成员的沟通情况。家庭成员的亲密程度反映了成员间的情感联系状况，成员间过于疏离或过于纠缠都不利于家庭功能的发挥。例如，疏远的父亲和把孩子盯得太紧的母亲都难以对孩子实施有利的家庭教育。家庭的适应性反映了家庭系统为了应付外在环境压力或婚姻家庭的发展需要而改变家庭内部结构的能力。家庭适应性过低会显得很刻板，缺乏弹性，难以应付压力和变化；家庭适应性过高又会丧失内部结构的稳定性而导致混乱。这两种情况都不利于家庭功能的发挥。例如，一对夫妻迎来了他们的第一个孩子，这既是一件喜事也是一个压力事件，对夫妻双方来说都需要调整自己的角色，同时改变家庭的一些既定规则，此时就需要家庭有较好的适应性去应对这一变化，从而更好地发挥养育小孩的功能。家庭成员的沟通是一个促进性因素，成员间良好的沟通有利于亲密度的提升和适应性的发展，进而促进家庭功能更好地发挥。例如，父亲通过与孩子的有效沟通拉近了父子关系，夫妻之间通过有效沟通形成了照料小孩的新的家庭分工，而不再疏远的父子关系和新的家庭分工会有助于家庭教育和抚养小孩的家庭功能的发挥。因此，通过评估一个家庭在亲密度、适应性和沟通三个方面的表现，可以判断出这个家庭的功能状况。

另一种是动态的过程标准，是指家庭功能的发挥要通过完成各种任务来实现（如满足个体在衣、食、住、行等方面的物质需要来发挥生存功能），在完成任务时家庭会产生一系列内部运作，因此可以通过评估家庭的内部运作情况来推断家庭完成任务的情况，进而推测家庭的功能状况。这些内部运作主要表现在家庭解决问题的能力、家庭成员间的沟通情况、家庭成员在完成任务时的角色分工以及受到自己和他人的情感影响的程度、家庭成员对自己和他人的情感进行反应的能力以及对自己和他人行为的控制能力等方面。例如，在孩子的教育问题上，夫妻双方分别承担什么职责、扮演什么角色，遇到问题时会如何解决，夫妻之间是否以及如何沟通，当夫妻或孩子在此过程中产生情绪时其他人如何反应，会在多大程度上受到自己和他人情绪的影响进而影响到对孩子的教育，在此过程中所有家庭成员对自己和他人行为的掌控情况等。我们可以通过这些动态的标准来评估家庭功能的发挥情况。

（三）家庭生命周期

家庭生命周期理论认为，如同人的生命会经历从开始、发展到终结一样，家庭也有一个形成、发展直至消亡的过程，这一过程被称为家庭生命周期。对一个典型、完整的核心家庭来说，依次会经历形成、拓展、稳定、收缩、空巢和解体六个阶段。具体来说，可以结合每个阶段的代表性事件将家庭生命周期划分为八个时期，每个时期的家庭结构和功能会表现出一些特殊性。

1. 新婚期

男女双方结为夫妻，尚无小孩。此时一个新的核心家庭形成，对夫妻双方来说要共同致力于在夫妻子系统与外界之间建立起适当的边界，这是家庭内部结构的一个重大变化。如果边界不清或者长时间无法建立边界，则更容易产生如婆媳矛盾或翁婿冲突之类的问题，进而影响夫妻关系。

此阶段是一个新家庭的初创期，会面临很多新任务，例如，家务分配、家庭的财务管理、性生活协调、生育计划、适应新的亲戚关系等等。在这个过程中，夫妻双方要不断地相互适应、沟通协作、解决问题，才能有助于家庭功能状况的提升。

2. 育儿期

从第一个孩子出生至 30 个月。随着新成员的诞生，家庭会发生一系列变化：夫妻二人身份的变化——升级为父母；家庭成员的变化——除了孩子之外，通常还会有其他的照料者进入家庭，成员间的关系变得更复杂；家庭消费的变化——需要供养小孩以及其他的照料者；生活节奏的变化——父母被孩子“带节奏”；等等。这一系列变化会对原有的家庭内部结构造成冲击，家庭内部要形成新的规则，每位成员都要承担新的职责、形成新的交往方式和子系统之间的边界。这个时期家庭要发挥的主要是保障孩子的生存和安全的功能，以及夫妻之间相互提供情感支持的心理功能。对一对夫妻来说，这个阶段既有抚养孩子的生理、心理以及现实压力，也要处理与其他照料者的关系；丈夫要注意妻子的产后恢复问题，同时要兼顾工作，是非常不易的。一项研究表明，这个阶段的家庭容易出现适应问题或功能失常，夫妻对婚姻的满意度会降低。所以，这个阶段对家庭的功能状况是一个考验，功能状态好的家庭能够更平稳地度过这个"危机"阶段,功能状态差的家庭则会有更多的矛盾冲突。

3. 学龄前期

从第一个孩子30个月至6岁。对家庭来说,这个阶段是相对轻松的一个时期,孩子的抚养已经进入轨道;其他照料者退出核心家庭,或者与夫妻子系统间建立起了明晰的边界;孩子上幼儿园,父母可以更安心地工作;下班放学后一起享受甜蜜的亲子时光。在这个时期,家庭内部结构的变化主要是形成一家三口的交往规则,建立健康的父母与孩子的三角关系,在父母子系统与孩子之间确立边界,让孩子明确自己在家里的位置以及与父母交往的方式。此外,与祖辈子系统之间的边界也应该明晰,除特殊情况外,一般应由孩子的父母承担主要的抚养和教育职能。与上一个阶段相比,此阶段家庭功能的变化是增加了促进孩子身心及其他素质发展的功能,主要通过父母对孩子进行家庭教育的方式来实现。夫妻双方在抚养和教育孩子方面各自发挥什么作用、承担什么角色、遇到问题时如何相互支持和商讨,都需要彼此沟通协作,才能有助于功能的良好发挥。

4. 学龄期

从第一个孩子6岁至13岁。这个阶段也是相对平稳的一个阶段,孩子步入小学开始接受全面系统的教育,父母主要是帮助孩子建立起良好的学习习惯,同时更进一步通过家庭教育促进孩子的素质提高;对夫妻来说,大多处于事业的上升期,要平衡好工作与家庭。由于孩子的学习要牵扯一部分精力,所以夫妻双方要协商好各自的职责,在家务分配和孩子的学习管理上达成一致并各司其职。此阶段家庭的主要功能与上一阶段基本一致,但是由于新增了孩子的学习管理事务,也需要夫妻双方的沟通和配合。

5. 青少年期

从第一个孩子13岁至20岁。经过了前两个相对平稳的阶段,这个时候家庭又迎来了新的挑战。在这个阶段,孩子从未成年人逐渐成长为成人,会经历一系列生理和心理上的变化。首先是孩子进入青春期这个身心发展极为迅猛的时期,一方面,孩子仍然需要父母的帮助指导,如性教育及与异性交往;另一方面,随着自我意识的成熟,他们又渴望独立自主,从而对父母的教育表现出反叛。所以,对有青春期孩子的家庭来说,处理好亲子关系是一个重要课题。这个时期的家庭内部结构会发生一些变化,父母权力等级下降的同时孩子的权力等级上升,父母不能再用以前对待小孩子的方式来对待青春期的孩子,而应多听孩子的想法,要在管束与商讨之间找到平衡点。青春期后孩子成年,父母更要调整心态以对待成年人的方式来对待自己的孩子,给孩子更多理解和尊重,让孩子有更多的话语权。这个阶段同样对家庭功能有较高的要求,需要家庭有较好的灵活性去应对家庭成员的成长变化,同时夫妻之间的相互支持、父母与孩子之间的沟通也是十分必要的。

6. 空巢期

子女离家上大学、工作。这个阶段的重要变化是孩子离家,夫妻要重新适应二人世界,并且与孩子之间保持适当的距离。虽然教养孩子的任务暂告一段落,夫妻会感到轻松一些,但是面对家庭成员的离开,夫妻都会感到失落。家庭结构的主要变化是要重新创造出家里只有夫妻二人时的相处模式,以及孩子不在身边时父母与孩子的交往方式。在这个时期,家庭的主要功能开始向享受功能转移,家庭已经积累了一定的财富,在工作和家庭事务都相对较少的情况下,夫妻可以更多地享受生活。然而,这个阶段也容易出现"中年危机",夫妻双方都会感受到衰老所带来的生理、心理、事业、婚姻等方面的变化,容易产生焦虑、紧张、自卑等情绪。因此,这个阶段对家庭的功能状况也是一个严峻的考验，需要家庭有较好的弹性去适应孩子离家和人到中年的变化，夫妻双方要多沟通，共同面对家庭生活中的问题，携手度过这样一个“危机”时期。

7. 空巢到退休

这是一个从空巢到退休的过渡时期。如果这一阶段孩子还未成家，父母会相对轻松，一方面工作已过了最艰难的爬坡期，另一方面家庭事务也比较少。如果孩子在此时成家，则会面对比较多的变化，一方面有新的家庭成员加入，另一方面孩子生育小孩，父母要给予帮助。

此时，家庭内部结构的主要变化是孩子要形成新的夫妻子系统，并且要与父母之间建立起适当的边界，祖辈、父辈和孙辈之间也要形成新的交往规则。此外，上一阶段的“中年危机”问题会延续到这个阶段，需要家庭有较好的功能状态来应对新的核心家庭成立和“中年危机”的持续性压力。

8. 退休

从退休至夫妻双方死亡。在这个阶段，夫妻陆续从工作角色中退出，回归到完全的家庭生活，一方面没有了工作的压力会感到轻松，但另一方面社会身份的丧失会让人感到失落，工作的缺失也让人感到空虚难熬。此外，身体的衰老、疾病的缠身、夫妻之间大量的相处时间，再加上不时传来的亲人朋友去世的消息，甚至要面对丧偶等，这些都会对家庭造成一些冲击。在这一阶段，家庭内部结构的主要变化是夫妻之间要形成新的交往规则，因为有大量的时间要共处，创造出一个让双方都舒适的心理空间是必要的，这一过程也需要双方的磨合和沟通。此外，丧偶后通常要建立新的家庭规则。在世的一方是否要与孩子同住、孩子如何赡养父母，这些都需要进行协商。

这个时期家庭的主要功能是享受功能和社会功能。享受功能体现为退休后有更多的时间享受生活；社会功能则体现在一方面父母要保重自己的身体，另一方面孩子要赡养年老的父母。面对这个时期身体和家庭成员丧失的变化，需要家庭有较好的功能状态去应对，包括成员间的相互支持、沟通、协作解决问题等。

以上所呈现的是一个典型的核心家庭的生命周期，它为我们提供了一个关于核心家庭的生活框架，让我们对每个时期家庭生活的变化有更清晰的了解，从而做好更充分的应对准备。家庭生命周期理论也被运用在临床心理学中，用于理解家庭成员的心理问题与家庭结构、家庭功能、年龄和历史时期的关系，以及预测个体与家庭的发展和其中存在的风险。该理论的主要局限性在于，它只能够对核心家庭的发展变化进行描述和预测，却无法描述其他的家庭结构形态，如当今社会常见的单亲家庭、隔代家庭等，这在一定程度上限制了它的应用范围。

（四）家庭系统观

“系统”是指任意组成部分通过多种关系相互联系在一起，并通过边界与外部环境区分开来。家庭就是一个由家庭成员相互关联所组成的系统。家庭系统观是一种看待理解家庭的理论视角，它主张从系统的观点来看待家庭现象、家庭关系和家庭问题，认为各种家庭现象的出现、家庭成员间关系的形成以及家庭问题的产生，都不只是某一个人的原因，也不是单纯的一方作用于另一方的结果，而是成员间的相互循环作用。例如，一个家庭中丈夫出轨，家庭系统观会从家庭内成员的互动，尤其是以夫妻互动去理解这个现象的发生，而不会单纯认为是丈夫的问题。此外，它还提倡将系统的外延扩大，从家庭系统扩展至家庭生命周期的发展系统、家庭所处的社会文化系统和生物学系统。在理解家庭的时候，把它放在所处家庭生命周期的背景里，如丈夫出轨时正是家庭刚生育第一个小孩，家庭压力大且夫妻对婚姻满意度下降的时期；放在家庭所在的社会文化背景里，如丈夫所处的职业环境中男性出轨现象比较常见，群体的接受度较高；放在家庭成员的生物学背景里，如妻子处于产后恢复期，夫妻的性生活不和谐；等等。将所有这些因素综合起来考虑以帮助家庭成员更好地理解家庭问题的发生。家庭系统观是通过将家庭置于系统的背景中来帮助我们从更广阔的视角更全面地理解家庭现象，不是追究某一位家庭成员的责任，而是更强调系统的影响，由此加深家庭成员相互间的理解，并通过改善成员间的互动方式来形成更和谐的家庭关系。

二、家庭对人的影响

家庭在人类生命的繁衍、生存和成长过程中都起着至关重要的作用，任何一个人从外表到内心，无不被刻上了家的烙印。家庭对人的影响表现在方方面面，如“三观”塑造、为人处世、人生抉择、性格形成、心理健康……下面我们就从人格形成、心理健康和主观幸福感三个方面来谈一谈家庭对人的影响。

（一）家庭对人格形成的影响

个体的人格形成主要受到遗传和环境的影响。一方面，父母的气质特点会遗传给孩子，如急脾气的父母常常会生出急性子的孩子；另一方面，家庭环境是影响个体人格形成的重要环境因素，家庭环境中最重要的影响因素就是父母的教养方式。

教养方式是父母的教养观念、教养行为及其对子女的情感表现的一种组合方式，主要由两个方面构成：要求—控制性和接纳—反应性。要求—控制性是指父母对孩子的管束、控制程度。高要求—控制性的父母会对孩子提很多要求，并且会检查以确保孩子执行；低要求—控制性的父母对孩子的限制较少，很少对孩子提要求，在决定自己的事情上，给予孩子相当大的自主权。接纳—反应性是指父母对孩子表现出的支持、喜爱程度。高接纳—反应性的父母会用微笑、赞赏、鼓励等方式对孩子表达大量的支持和喜爱，虽然孩子犯错时他们也会很严厉；而低接纳—反应性的父母则会时常批评、贬损、惩罚或忽视孩子。这两个方面高低不同的四种组合，形成了四种典型的教养方式。

1. 权威型

要求—控制性和接纳—反应性双高的教养方式被称为权威型。这类父母会对孩子提很多合理的要求，并且会认真告诉孩子为什么要遵守这些规则，同时他们也会尊重并倾听孩子的想法，对孩子的反应很敏感，在家庭决策时也会征求孩子的意见。他们对待孩子的方式是理性而民主的。在这样的沟通方式中成长起来的孩子，他们的自我表达是被鼓励的，所以孩子有自己的主见；同时也有较强的社会适应性，他们既能够理解并遵从社会的基本规则，遇到与他人意见不一致的情况时也能够积极沟通，所以与他人合作良好，情绪一般保持在积极稳定的状态。

2. 专制型

要求—控制性高而接纳—反应性低的教养方式被称为专制型。这类父母会对孩子设定很多规则，要求孩子严格遵守，很少向孩子解释为什么要遵守这些规则，并且经常运用惩罚、强制等方式要求孩子服从。对于孩子提出的与自己不一致的想法，他们往往不接受，只是一味地要求孩子顺从。由于父母对孩子过多的控制，极大地压制了孩子的自主性，所以这类孩子做事情往往没有明确的目标，要么是为了迎合外界的要求，要么是为了与之对抗。此外，孩子由于缺乏与人良性沟通的经验，所以在与他人合作有困难或遇到分歧时，要么不敢表达自己的想法，要么很容易被激怒，情绪波动剧烈。

3. 放任型

要求—控制性低而接纳—反应性高的教养方式被称为放任型。这是一种接纳但过于宽松的教养方式。这类父母很少对孩子提要求，允许孩子自由表达自己的想法和感受，对孩子的行为监控很少。这类父母养育出的孩子由于缺乏管束，自我意识往往过强，显得任性、以自我为中心、缺乏自控；他们也很难与他人沟通合作，一方面过于依赖他人、缺乏独立性，另一方面当遇到分歧时往往很情绪化，容易冲动。

4. 冷漠型

要求—控制性和接纳—反应性双低的教养方式被称为冷漠型。这类父母对孩子不闻不问，既不管教也甚少关爱，他们要么拒绝孩子，要么被自己的问题所困扰，没有时间或精力照顾孩子。这种教养方式是最糟糕的，孩子除了在父母那里感受到冷漠其他什么也得不到。在这种状态下成长起来的孩子通常有较强的攻击性，并且会有比较多的问题行为，他们似乎在用这样的方式报复冷漠的父母，也可能是用这种极端的方式“乞求”父母一点点的关注。

此外，不当的父母教养方式、不安全型依恋和童年期创伤（如忽视、憎恨、虐待等）与人格障碍的发生有关。人格障碍的认知理论认为，这些不良的家庭因素会给子女造成一些很深刻的体验，如拒绝、抛弃、受挫等，由此形成一些恐惧信念，如果刺激特别强烈或反复发生，这些恐惧信念将固化为功能不良的信念，此后个体在对外界信息进行加工时，就会受这些信念的引导，从而造成对信息的解释扭曲和行为的偏移。如幼时父母离异的孩子，如果没有得到父母足够的爱的滋养，容易产生被抛弃的感觉，与此同时会伴随着一些诸如“我是不值得被爱的”“任何人都可能离开我”的信念，在以后遇到恋人不及时回信息、吵架后几天没联系等情况时，都会受这样一些信念的指引，将这些外界信息解读为“他（她）不爱我了”“他（她）要离开我了”，即使这并非对方的真实想法也仍然固执己见，从而让双方都感到困扰和痛苦。

（二）家庭对心理健康的影响

一个人的心理健康程度、不良心理状态和心理疾病的易感性与人格有着密不可分的关系，因此，家庭会通过影响个体的人格进而影响其心理健康。家庭对心理健康的影响除了这种以人格为媒介的间接影响之外，还会通过亲子之间形成的依恋关系和家庭气氛对家庭成员的心理健康状态产生直接的影响。

亲子依恋是在婴幼儿期的孩子与照料者之间形成的一种情感上的依恋关系，这种关系会对一个人的心理健康产生重要影响。依恋会影响个体的抑郁水平，不安全型依恋者的抑郁比例和抑郁程度都显著高于安全型依恋者。幼年经历中有三种依恋状况最容易导致抑郁发生：一是父母死亡；二是儿童无论如何努力都无法与照料者建立稳定和安全的关系；三是父母给予儿童他没有能力或是不值得被喜爱的信号。依恋也会影响个体的焦虑水平，安全型依恋者的焦虑水平要低于不安全型依恋者，安全型依恋者的抑郁焦虑水平较低与他们更善于运用建设性的情绪调节策略有关，不安全型依恋者在情绪调节上存在缺陷，从而更容易出现消极情绪与适应不良。此外，依恋与自尊水平也有关，安全型依恋者的自尊水平最高。综上所述，安全型依恋者的心理健康水平在各方面都好于不安全型依恋者。这一结果告诉我们，在婴幼儿期，家长与孩子之间形成一种安全的依恋关系非常重要，它对一个人心理健康的影响是既深远又持久的。

家庭气氛是家庭成员在日常生活的相互联系中所形成的稳定的心理和行为环境。和睦的家庭氛围会让人感到放松和愉悦，充满争吵冲突的家庭气氛则会让人窒息痛苦。家庭气氛是否和睦会对孩子的心理健康造成显著影响，和睦家庭的孩子的心理问题发生率要明显低于不和睦家庭的孩子，他们的问题行为更少，心理健康水平更高，学业和品德表现也更好。

(三)家庭对主观幸福感的影响

什么样的家庭更幸福？列夫·托尔斯泰有句名言："幸福的家庭都是相似的，不幸的家庭各有各的不幸。"所有幸福家庭里肯定都有一样东西，那就是爱。爱是联结所有家庭成员的一条感情线，是让所有成员即使在现实条件不如意的情况下仍然能感受到幸福的法宝。缺爱的伴侣是不幸福的，缺爱的孩子也是不幸福的。可是为什么有时候明明相爱却要相杀，爱变成了桎梏，家庭变成了牢笼？家人之间的爱当然没有错，可有时候表达爱的方式却存在问题。妻子太爱丈夫而要掌控他的一切行踪，时刻提防丈夫出轨；母亲太爱孩子而过度保护，生怕孩子有危险；父亲太爱孩子而过于严厉，总用批评否定的方式来促使孩子进步……凡此种种，都是我们生活中常见的爱的表达方式，可是这些方式却让丈夫感到窒息，让孩子感到生活无趣、自己无能，孩子在家庭里感受到的不是幸福而是痛苦……

心理学的研究可以让我们了解更多家庭让人幸福的真相。权威型的教养方式是让孩子快乐的最主要和最有力的影响因子之一，父母的情感温暖更能让儿童感觉到幸福而拒绝否定则会让孩子感觉不到幸福。家庭功能状态也会影响家庭成员的幸福体验，功能状态良好的家庭内部有积极的、建设性的沟通，家庭成员之间能够相互支持，由此直接提升家庭成员的生活满意度。此外，家庭的社会经济地位是否会对家庭成员的幸福感产生影响呢？虽然不理想的现实条件会让家庭生活比较艰难，但是它对家庭成员幸福感的影响并不是绝对的，它会受父母支持、情感温暖、家庭亲密度等家庭环境变量的影响。在物质条件不令人满意的情况下家人之间的情感慰藉同样能让人感受到幸福；反之，即使家庭条件很优越，家人之间情感匮乏同样会让人感受不到幸福。

三、家庭的相关理论

(一)Bowen 家庭系统理论

作为家庭系统理论中的经典代表，Bowen 家庭系统理论通过对家庭情绪系统的研究，为我们提供了一种独特的视角去理解家庭内部的情感互动和成员间的关系。Bowen 家庭系统理论是由美国心理学家 Murray Bowen 提出的，它强调家庭成员之间情绪系统的相互影响和共性特征，强调家庭中情感的交流和传递。Bowen 家庭系统理论认为，个人不是一个情绪单位，核心家庭才是一个情绪单位。家庭是一个自然系统，家庭成员之间情感、认知和行为的互动将形成一个相对稳定的系统结构，这种结构将影响到每个成员的发展和行为。

1. 核心家庭情绪系统的构成

(1)情绪传递和共振。Bowen 家庭系统理论认为，在家庭中成员之间的情绪会互相传递和共振，即一个成员的情绪状态将会对其他成员产生影响，形成一种情绪的共振效应。这种情绪的共振效应将在家庭成员之间传递和扩散，直接影响到整个家庭情绪氛围的形成。

(2)情感联结和互相依赖。家庭成员之间的情感联结和互相依赖是家庭情绪系统中的重要组成部分。Bowen 家庭系统理论认为，家庭成员之间的情感联结形成了一种复杂的情感网络，成员之间的情感互相依赖和交织将直接影响到家庭的整体情绪状态和成员的心理健康。

(3)情绪回避和情感调节。在家庭情绪系统中，个体可能会对一些特定情感产生回避或者过度表达的行为。Bowen 家庭系统理论指出，这种情感回避和过度表达将导致家庭情绪系统的紊乱和不平衡，从而影响到家庭的整体运作和成员的心理健康。

2. 核心家庭情绪系统的影响

Bowen 家庭系统理论认为，核心家庭情绪系统的稳定与否将直接影响到家庭的运作和成员的心理健康，它会对以下几个方面产生重要影响：

(1)家庭氛围。核心家庭情绪系统将直接影响到家庭的整体情绪氛围，决定着家庭成员的情感体验和情绪表达。一个稳定和平衡的核心家庭情绪系统将有助于家庭成员的情绪稳定和心理健康。

(2)成员关系。核心家庭情绪系统对于家庭成员之间的关系起着决定性的作用。家庭成员之间的情感联结和互相依赖会影响他们之间的亲密度和沟通效果。一个健康的核心家庭情绪系统将促进成员之间的理解、支持和尊重，有助于建立良好的家庭关系。

(3)个体发展。核心家庭情绪系统对家庭成员的个体发展也具有重要影响。家庭的情绪氛围和互动模式会对个体的情感调节、自我认同和自我理解产生影响，进而影响到个体的心理健康和发展。

(4)代际传递。Bowen 家庭系统理论强调了代际传递的重要性。家庭成员之间的情绪系统将不仅仅影响当前的家庭氛围和关系，还会对下一代的心理健康和发展产生影响。未解决的家庭问题和不稳定的情绪系统可能会被代际传递，影响到子女的心理健康和家庭关系。

(二)依恋理论

依恋理论是一种关于人际关系和情感连接的心理理论，最早由约翰·鲍尔贝(John Bowlby)提出，后来由玛丽·爱因斯沃斯(Mary Ainsworth)进行了重要的实证研究。依恋理论强调了早期的亲子关系对于个体情感形成和发展的重要性，该理论认为，婴幼儿在与主要照顾者的互动中形成了一种内部关系模型，影响他们与他人的亲密关系。这些内部模型会在成年后继续影响个体的依恋风格，决定他们在亲密关系中的行为和情感需求。依恋理论对于理解个体在亲密关系中的行为和需求，以及对于解决依恋问题和改善亲密关系非常有价值。

1. 鲍尔贝依恋理论的核心观点

(1)婴儿天生具有与主要抚养者建立情感连接的倾向，这种连接是基于生物学的需求和保护。

(2)依恋关系的建立主要发生在婴儿期的前两年，这个时期被称为“关键时期”。

(3)安全的依恋关系对儿童的发展和心理健康至关重要，可以提供情感安全基础，促进儿童的探索欲和成长。

(4)不安全的依恋关系可能导致情感不安全和心理健康问题的发生，如焦虑、抑郁和行为问题。

2. 玛丽·爱因斯沃斯发展的依恋理论

玛丽·爱因斯沃斯在鲍尔贝依恋理论的基础上，进行了著名的陌生情景实验。在这个实验中，婴儿和他们的母亲或主要照顾者被引导进入一个陌生的房间，然后在一系列情境中观察他们的反应，包括母亲的离开和返回。通过这一实验，爱因斯沃斯提出了适用于婴幼儿的不同依恋模式。

(1)安全依恋。安全依恋的婴幼儿通常表现出信任和依恋的特征。他们在母亲离开时会经历短暂的焦虑，但当母亲回来时，他们会迅速寻求安慰，情感会迅速恢复。这表明他们对母亲的可靠性和可用性有信任感。安全依恋通常与父母的温暖、支持和一致性的养育方式相关。父母通常会积极回应婴幼儿的需求，建立信任和亲子关系。这些婴幼儿通常能够在探索与依赖之间保持平衡，他们在情感和社交发展方面通常较为健康，能够与人建立积极的关系。

(2)焦虑依恋。焦虑依恋的婴幼儿在母亲离开时表现出强烈的焦虑和不安，常常哭闹和寻求安慰。然而，当母亲回来时，他们可能仍然感到难以被安慰。焦虑依恋可能与父母的不一致性、不可靠性，或忽视婴幼儿需求的养育方式相关。这种不稳定性或不可预测性可能导致婴幼儿担心父母的可用性。他们通常会试图通过哭闹和寻求安慰来维护父母的接近。这些婴幼儿通常对母亲的离开和回归非常敏感，常常表现出依赖性和困扰的情感反应。他们可能对与母亲的分离感到不安，需要额外的安全感。

(3)回避依恋。回避依恋的婴幼儿通常在母亲离开和回归时表现出冷漠和疏离，似乎对母亲的离开不太在意。他们可能更注重探索和独立性，对母亲的安慰不太依赖。回避依恋通常与父母的疏离或情感冷漠的养育方式相关。父母可能不太回应儿童的情感需求，鼓励独立性和自主性。这些婴幼儿可能会表现出对情感的抑制，不太表达自己的需求，而更倾向于自我独立。

(4)混合型依恋。混合型依恋的婴幼儿可能在不同情境下或不同时间表现出不同的依恋特征，因此难以被划归到上述三个类型之一。他们可能会在某些情境下表现出安全依恋的特征，而在其他情境下表现出焦虑或回避的特征。

依恋理论不仅适用于婴幼儿和儿童，也适用于成人之间的依恋关系。成人依恋关系通常可分为以下四种类型：

(1)安全型依恋。安全型依恋的成人通常是情感上健康的。他们能够在亲密关系中表现出信任和亲密，同时保持个人的独立性。这意味着他们既能够依赖伴侣，又能够为自己提供情感支持。这些成人在亲密关系中通常能够建立健康的平衡，能够处理冲突和分离，而不会过分担心或回避亲密关系。他们通常具有较高的自尊心和情感安全感。

(2)焦虑型依恋。焦虑型依恋的成人通常强烈渴望亲密关系，但也伴随着对伴侣的担忧和焦虑。他们常常担心被拒绝、被抛弃或失去伴侣。这些成人可能会对伴侣的行为过分敏感，需要频繁的确认和安慰，以满足他们的情感需求。他们可能在亲密关系中表现出依赖性，而且更容易受到亲密关系中的冲突和不确定性的影响。

(3)回避型依恋。回避型依恋的成人通常试图避免过于亲密的关系，更注重个人独立和自主性。他们可能会对表达情感需求抱有保留态度，倾向于回避与伴侣建立深度亲密关系。这些成人常常追求独立性，希望保持个体的自主性，他们通常会对情感表达采取回避的态度。

(4)疏离型依恋。疏离型依恋的成人通常表现出冷漠、疏离和不关心的特征。他们对亲密关系的情感表达和需求有抵触情感，难以建立亲密的关系。这些成人通常表现出冷漠和疏离的行为，对亲密关系不感兴趣，或者对亲密关系的需求相对较低。

(三)原生家庭

原生家庭本是一个社会学概念，指儿女还未成婚，仍与父母生活在一起的家庭。而心理学上的原生家庭通常是指自己出生和成长的家庭。原生家庭的气氛、传统习惯、子女在家庭角色上的学效对象、家人互动的关系等都会影响子女日后在自己新家庭以及社会生活中的表现。

表 8—1 七种类型的原生家庭及其应对建议

类型	特点	影响	建议
完美主义	你的爸妈一直逼着你做超过你自己能力的事	在这种家庭中长大的人，情绪是焦虑的，行为是强迫性的，语言是“必须要……应该要……”，做得到也是焦虑紧张的，做不到会自卑沮丧 他是不能犯错的，他对自己这样，对爱人、孩子也是这样，这样会伤害夫妻关系和亲子关系	1. 我可以犯 2. 我够好了 3. 欣赏肯定自己
过度高压	任何话不允许你说，只有他们说。这个家只能他说，不能你说，因此你做了许多自己不愿意做的事	外向的人被高压，会逆反。如果父母继续高压，孩子一味逆反，长大后可能会产生行为偏差，用固执来保护自己，在独立自主方面会过度反应 内向的人被高压，会退缩	1. 我有得选择，我长大了，可以自我做主 2. 一面怕一面做 被高压长大的孩子，不管是内向还是外向，都缺乏安全感，不能独立自主，对自己没有信心。任何独立完成的事情，都能增加她/他对自己的信任
过度溺爱	总是让你去做明知不可以做的事，事实上是顺着你的心意去做的	被溺爱的孩子是任性的、有手段的，听到爸妈说不能时，他就出手段了，父母就答应了。以自我为中心，更喜欢从自己的角度看问题的。被溺爱的小孩，内心是空洞的	对自己说：不能，不行，不可以。这个世界并不是我的，不是围着我转的。别人也是有界限的
过度保护	父母总是过分担心、过度焦虑，什么事都不让你做，要帮你做	被过度保护的孩子特别有爱，特别容易与人联结，被拿掉的是独立自主、价值感和安全感，剩下只有爱的能力和联结的能力	1. 给我一点时间，我可以做到 价值感、安全感、独立自主的养成都是需要时间的。父母一直给他一个观念：靠你自己是做不到的 2. 我相信自己与别人一样好，一样有能力 3. 我不会，我可以学习
过度惩罚	遭受虐待性的惩罚，如常常被关到一个地方	生命力强的孩子，会心想爸妈是大坏蛋，全盘否定父母做的；同时又要接受父母养她/他，于是心理会分裂，感情复杂。这样的孩子是少的。他们认为这个世界是不可信任的，因为爸妈都不被信任。大部分的孩子即使被打，也比较能够忍受，认为这样可以消除自己已经犯的错。同时，吸收爸妈的所有指责，告诉自己“我是罪有应得的”	1. 仁慈 常常对自己说，要对自己仁慈。即使我做得不好，我做错，这个人是以仁慈在对待我 2. 做自己的好父母 无条件接纳自己：我足够好
忽略	父母工作忙碌或者兄弟姐妹竞争造成的忽略	竞争心是强大的，行为是竞争性的，争强好胜。如果父母太忙而被忽略的话，会觉得没有价值感。外向的人用说话大声或行为过头等方式来被看见，做些不恰当或不符合情境的行为来引起别人的注意	1. 我是足够重要的(会影响到我的存在感和价值感) 2. 我可以爱自己 3. 我是这世上古往今来独一无二生命的展现(萨提亚语言) 4. 我有自己的美丽(萨提亚语言)

续表

类型	特点	影响	建议
拒绝	父母情感冷漠，无法与孩子亲近，总是在拒绝	子女情感淡漠，无法处理亲密关系	1. 我可以接纳自己的联结 2. 别人可以亲近我，我可以去亲近别人 3. 我可以有要求

(四)分离个体化

分离个体化理论的提出者是客体关系理论学家、精神分析师玛格丽特·马勒(Margaret Mahler)。她作为一名强调儿童观察的儿科医生，认为相较于解决弗洛伊德提出的性器期的俄狄浦斯情结问题，解决儿童从与母亲的共生关系转向分离且独立的问题要重要得多。她的研究集中在孩子和母亲在生命前三年的互动上。她认为，个体从与母亲心理融合的状态开始，逐渐走向分离。早期融合状态中未得到解决的危机与残留，以及分离和个体化的过程，都会对个体未来的人际关系造成深远的影响。个体后来的客体关系都建立在寻求与母亲再度联结的基础上。心理发展是个体不断与他人分离并不断将自己与他人区分开来的发展过程。

1. 幼儿分离个体化三阶段

(1)正常的婴儿自闭期(0～1 个月)

刚出生的婴儿处在一个正常的自闭期中，这个阶段的婴儿，生理上的过程占主导地位，吃、睡、排便几乎占了全部时间。婴儿通过天生的无条件反射跟养育者建立关系，这构成了早期的母婴互动。但是，婴儿并没有客体的觉察和意识，在心理上，好像仍然活在一个封闭的蛋壳内，处于一个原始自恋的状态，所有的力比多都指向自己。这种自恋是一种保护，婴儿没办法容纳来自现实中的所有刺激，所以把自己“闭合”起来，避免受到过多的刺激。但是，在这个阶段，不能掉以轻心，相反需要提供良好的“孵化”环境，可以让婴儿从心理蛋壳内破壳而出，走向开放。

(2)正常共生期(1～6 个月)

社会性微笑标志着共生期的开始。这个微笑是真正的关系最先出现的征兆之一。此时的婴儿已经开始有客体感，会有更多的与母亲之间的互动。婴儿会在共生早期建立起对满足其需求之客体的朦胧觉察。这个时期，婴儿一方面处于全能自恋，觉得自己是神；另一方面，又极度虚弱无助，所以必须与妈妈共生在一起。他的行为就好像他和母亲是同一个全能系统——一个在共有范围内的二元整体的一部分。婴儿在共生期缺乏对边界的觉察，母亲就是我，我就是母亲，母婴融合为一体。此时，母亲身心上足够好的照顾将成为安全依恋、健康人格、促进母婴分离个体化的基础。

(3)分离个体化阶段(6～36 个月)

这是一个漫长的过程，当孩子逐渐学会爬、翻身、坐等动作，孩子的自恋开始爆发出来。在这个时期，孩子逐渐脱离共生阶段的相依关系。孩子经历了与母亲分离，但仍然会向他们寻求确认和安慰。他们可能表现出矛盾的心理，在享受独立和依赖这两种状态间徘徊。这个过程分为以下四个亚阶段：

①分化和躯体意象(4/5～10 个月)。这个时期开始孩子有独立诉求，能识别出母亲的面孔，越来越体验到与母亲的分离，意识到自己与母亲不是一个共同体，会有更多的母婴互动。如揪妈妈的头发、耳朵或鼻子，把食物放在母亲嘴里(Mahler et al.，1975)等都说明了跟妈妈有一个分化和对妈妈的探索。婴儿开始检查，什么是属于母亲的，什么是不属于母亲的。孩子

在这个时期开始使用过渡性客体。

②实践期(10～16个月)。这个时期的孩子,开始四肢爬行的运动,学会走路,似乎很乐于一遍又一遍地操作自发性的自我功能。他似乎绕着作为基地的母亲在打转,一次又一次地回到母亲身边,然后再次进一步探索。他陶醉于自己的能力和世界的广大。自恋在这个时期达到了高峰。

③和解期(16～24个月)。随着认知能力的成熟,孩子能觉察到自己的弱小,全能感的破碎、挫败感的体验使之表现得更依恋母亲。此时期的寻找母亲与回避显得更加主动、刻意和矛盾。孩子变得依赖,同时又需要独立,会出现更多分裂与攻击性,这对母亲的耐心将会是一个考验。这个时候,孩子就会越来越了解父母,他们有自己的兴趣、有自己的世界,要学习放弃一个幻觉——他自己是世界的中心,逐渐放弃自己全能的感觉。在这一阶段,幼儿情绪种类扩展,客体与规则开始内化。

④情感客体稳定与个体化(24～36个月)。孩子逐步明确自己是谁,形成对母亲的稳定的内在表象,可以将母亲内化,可以保持一种稳定的内在母亲的视觉。这是长期母婴互动内化的结果。即使母亲不在身边,他也能用心中母亲的影像来面对世界,相信母亲一定会在自己身边帮助自己。

2. 青春期分离个体化

"分离个体化"这个概念由儿童心理学扩展到发展心理学,提出青春期的分离个体化。青少年将早期的客体关系重现,回到幼儿期依赖与独立的矛盾中去。此时青少年处于矛盾中,一方面要面对失去客体联结的害怕与恐惧,希望能够与母亲紧密结合;另一方面又害怕被控制,失去自主性,而希望与父母保持距离。在这种矛盾中,青少年再一次确认了自我意识。

分化阶段:进入青春期后,开始有自己的秘密、有自己的空间,不喜欢和父母出行。叛逆,以此表明自己的独特性。

实践阶段:刻意地在各方面表现出与父母的不同,将关注重心转向同伴,以此达成与父母的心理分离。

期待和解阶段:体验到矛盾的情感,既想追求自主,又怕与父母分离。遇到挫折,期待父母的帮助。有的人回头找父母商量,得到父母的支持,依赖父母;有的人则是一直独自处理问题,缺乏经验,不断受挫。此时,父母合适的应对可以为孩子的个体化提供非常好的支持。

个体化阶段:青少年建立了一个内在稳固的个体,自己能做决定、选择、承担。和解是分离与个体化能够顺利发展的关键阶段。在与父母分离后,青少年一有所获,就会回头确认父母是否仍在原处,他们希望可以继续得到父母的爱与认可。这种矛盾的心理会持续好几年,这是分离与个体化发展最为艰难的阶段。

四、大学生在家庭中的困扰、成长与发展

家庭是每个人生命的起点,家庭关系是我们最早接触的人际关系,带给我们温暖与支持。大学生一定也希望与父母、亲人保持亲密,可也希望能够快快长大,独立面对生活。进入大学后,虽然可以自由生活,难免想念父母,希望能够回到温馨舒适的家中放松一把;可真到了假期,回到家中,两三天的其乐融融后,又不得不面对与父母争吵的风险,甚至偶有"相看两生厌"的时刻。

（一）亲密与独立之间的矛盾

从家庭生命发展周期来看，大学生正处在“离家”阶段，逐渐学习接受自己在情感和经济上的责任，从原生家庭中分化。从以往与父母非常亲密的家庭生活中走出来，逐渐发展出独立自主、为自己负责的生活状态。每个人的成长，都在不断地进行分化。从出生时候，身心方面与父母完全融合为一体的那种亲密状态，逐渐找到属于自己的认知、自己的情感、自己的世界观及价值观。如果不从家庭中分化，大学生可能很难离开家独立生活，很难适应大学校园生活，也许毕业后会成为“啃老族”，甚至无法拥有自己的亲密关系。

（二）理想状态的分化程度

亲密感与独立感达到动态平衡是一个理想状态，只有极少数大学生能够完全做到，大家不妨将这种状态作为一个努力的目标。可以通过改善与父母的沟通和互动，来提高自己的分化程度，具体方法如下：

1. 尝试建立边界

在家庭互动，甚至是人际关系中，可以通过询问、探讨的方式来确认对方的边界和规则。如长假回家时，思考自己的哪些信息是父母希望知道的，选择一些信息主动告诉父母，哪些安排是希望父母知晓时间却不希望其知晓细节的，也要有自己的坚持。

2. 主动提出期望

没有人可以知道另一个人的所思所想，父母虽然与大学生子女共同生活了十几年，也难免经常会获取不到其意图。比如，大学生在假期希望能睡懒觉，那么就要及时、多次地向父母表达期待。父母也许很难百分之百地满足大学生子女，但大概率他们不会在子女回家度假的第一天，一大早拉子女去晨练。当然，父母有自己的想法，可能很难每天按照我们想象的方式去生活，那么子女也可以尝试去理解。

3. 区分他人与自我情绪

情绪是无形的，要有能力分清哪些是对方的情绪，哪些是我的情绪。有位大学生说：“我以前听到妈妈对爸爸不做家务很生气，会跟着一起对爸爸很生气。后来，我与爸爸之间也关系紧张了。”当他学会区分情绪，就可以知晓夫妻关系是妈妈面临的困难，他可以从孩子的角度去理解或者提建议，而不是一同陷在愤怒的情绪中。

4. 区分当下情绪与过往情绪

明晰哪些是我此时的情绪，哪些是之前累积下来且没有得到处理的情绪。很常见的一个场景是，某次父母打电话询问买的一本学习资料为什么这么贵。可能当时自己就感觉到很生气，不由自主与父母争执起来。自己情绪激烈的程度超出了事件本身，就说明此时的情绪不仅是当下事件引起的，还有之前累积下来的一直没处理的情绪，比如曾经被指责生活花销过大。认识到这一点，就可以冷静下来，好好向父母解释这本学习资料的特别之处。

5. 能够承担责任，对自己的决定承担后果

对家人的依赖经常会阻碍大学生的分化，因为依赖可以带来很多好处，最明显的一条就是不必为后果承担责任。有一些同学在学习成绩不佳或者毕业找不到理想工作时，会责备父母：当初都是你给我选的专业。事实上，无论最初是怎样的过程，最终本人是同意和认可的，那就已经是自己的选择，就应该为此承担责任与后果。所以，当学生学着承担责任，面对后果，不去抱怨别人，更多去寻找达成目标的方法，就可以让自己慢慢地独立，完成自我分化，对自己负责。

第二节 家庭健康与家庭关系

一、家庭健康

（一）家庭健康的依据

1. 能否正常发挥家庭功能

家庭作为社会的细胞要发挥其功能。健康的家庭能够正常发挥功能，通过有效满足家庭成员的需要，让家庭成员在身心愉悦的状态下确保家庭的正常运转；不健康的家庭则会有功能发挥不良的一些表现，无法满足家庭成员的合理需要，从而让家庭出现各种不健康症状，如家庭矛盾冲突、家庭事务无人管理等。有的家庭应对方式可以较好地发挥夫妻之间相互支持安抚的心理功能，有的家庭应对方式则在这一功能的发挥上显得很无力。家庭功能长期不能实现又得不到有效解决会让家庭的健康状态越来越糟糕，甚至出现一些严重不良后果。如丈夫始终不对妻子思念女儿的情绪进行疏解，而妻子渴望得到疏导的需求又十分强烈，二者的不匹配使妻子通过“找茬”的方式来发泄对丈夫的不满，丈夫又始终不“接招”，在这样的循环往复中夫妻冲突越来越多也越来越激烈，家庭变成了“战场”。

家庭是否健康除了体现在家庭的各项功能能否正常发挥，还体现在发挥功能时的效力，简单来说，就是家庭在发挥功能时，成员间的协作情况。如果说上一条依据是看家庭功能发挥的结果，这一条则是看家庭发挥功能的过程。健康的家庭中成员间的相互协作更有效，从而能够促进家庭功能更有效地发挥；不够健康的家庭中成员配合不默契，冲突难以有效调节，甚至相互拆台，这些都会造成家庭功能发挥不良。

2. 家庭遭遇压力时的功能发挥状况

当家庭遭受到来自系统的压力时，会特别考验其功能状况，功能发挥良好的家庭能够在这个时候保持健康，功能发挥不良的家庭则更容易“生病”。上述案例中女儿离家，此时家庭处于生命周期的转折阶段。刚进入空巢期的父母都会感到失落，心理需要变得特别突出，此时需要家人相互支持，发挥好家庭的心理功能。显然，有的家庭应对方式在面对这一变化压力时，能够有效地发挥功能；有的家庭应对方式则在压力面前显得无助，缺乏有效的应对策略，即使意识到问题存在，也仍然僵化地使用固有方式，没有良好的弹性来适应和改变。

（二）家庭功能发挥不良的原因

如上所述，家庭功能发挥良好可以让家庭健康发展，功能发挥不良则可能让家庭变得不健康甚至陷入困境。那么，家庭功能为什么会发挥不良？家庭功能发挥不良是由什么样的家庭运转方式或成员互动过程造成的？家庭治疗的研究者通过对大量功能发挥不良的家庭进行临床治疗和实证研究，发现主要有这样一些原因：

1. 父母子系统不够健全

家庭功能有效发挥需要有一种力量来执行，对一个核心家庭来说，这种力量主要是父母子系统。在家庭教育方面，以前广为接受的是父权权威，现在已经逐渐转向父母合作的较为灵活的养育模式，因此儿童的良好养育需要一个强有力的父母子系统来发挥主导功能。如果父母子系统不够健全，家庭在亲子教育上容易出现功能不良的状况。如伴侣之间不能提供有效支持，存在一方缺位或者双方存在冲突的情况；又如权威不明晰，孩子不服从父母的管教；等等。

2. 家庭成员间的交流方式不够积极

积极回馈的交流方式更有助于维持家庭的良性关系和功能发挥。积极的回馈行为表现为关爱、赞美和认可，这种交流方式会促进家庭成员间的沟通，从而有助于家庭功能的发挥。有些家庭缺乏积极的反馈交流，家庭关系中充斥着更多的控制、惩罚和回避，这些方式不利于成员间形成良好的关系，也会阻碍成员间的有效沟通，进而造成家庭功能不良。家庭应对方式中夫妻间的交流方式，如丈夫能够对妻子表达关爱，妻子也对丈夫的行为表达认可和感谢；而夫妻间的交流方式比较消极，丈夫选择回避、不沟通，妻子的指责、批评则让丈夫躲得更远。

3. 家庭中存在“历史遗留问题”

有些家庭功能不良是源于以往的家庭问题未得到解决，导致有些家庭成员对他人或家庭状态有“宿怨”。电影《狗十三》中的青春期少女与父亲频频爆发冲突，父亲对女儿的教育问题感到很头疼。一个主要原因就在于父母离异后女儿随父亲生活，但父亲却把她送给爷爷奶奶抚养，自己又成立了新的家庭并生了一个男孩。来自双亲的爱的缺失就是这个家庭的“历史遗留问题”，一直没有得到解决。在女孩青春期时“内忧”（缺爱的家庭历史遗留问题）加上“外患”（家庭生命周期的转折），家庭功能不良的状态集中爆发，家庭教育遭遇巨大挑战，整个家庭陷入激烈的冲突和混乱中。

4. 家庭情感系统紊乱

一个家庭的功能能否有效发挥取决于家庭成员的情感状态，主要包括焦虑程度和自我分化程度两个方面。如果成员的焦虑程度较低，家庭功能会表现正常，家庭关系相对和谐；当焦虑程度增加时，家庭关系就会变得紧张并带来问题症状。成员自我分化程度较高的家庭，夫妻能够享受情感的亲密，同时也不会失去个体的自主性，家庭成员对自己的行为负责，生活有秩序，当遭遇外部压力时，能够调动适应性机制来迅速应对和恢复。家庭功能发挥不良与家庭情感系统的紊乱有关，主要表现在以下方面：

（1）家庭情感系统中存在过度情绪反应和低自我分化的情况。例如，对孩子的成长过于焦虑的母亲（过度情绪反应）把孩子视为自己的一部分（低自我分化），这种情况下，妈妈在与孩子分离时这种情绪会更加强烈，从而对家庭功能发挥造成不良影响。

（2）家庭中存在“三角化”关系。“三角化”是指家庭中两个成员的矛盾无法解决时将第三人卷入其中构成更大的挑战。焦虑状态，通过第三位家庭成员的介入而转移两个人之间的冲突，从而缓解焦虑情绪。例如，妻子对丈夫不满，但并不直接与丈夫沟通或者沟通无果，于是转而向孩子抱怨导致父子关系恶化。这种做法不但没有解决夫妻之间的问题，还会让孩子介入夫妻子系统中，扰乱家庭内部结构，破坏家庭关系和家庭功能。

（3）“家庭投射过程”，是指父母把自己的焦虑投射到孩子身上。例如，父亲工作压力大，因为一点小事就对孩子发脾气甚至大动干戈，实则是发泄自己的焦虑情绪。如果经常采用这种方式而不自知，会对亲子关系造成损害，对孩子的教育功能也不能有效发挥。

（4）家庭关系的“情感切断”，这是指突然切断家人之间的情感联系会破坏家庭的功能状态。

二、家庭关系

家庭关系是家庭成员之间通过相互作用、相互影响而形成的一种人际关系，包姻亲、血亲和收养关系。家庭关系的多样性与家庭外部结构有关，核心家庭只有夫妻关系、亲子关系和手足关系；直系家庭要加上婆媳（翁婿）关系、祖孙关系等；复合家庭还要加上妯娌、姑（叔）嫂关系等。

家庭关系主要有以下一些特点：

（1）家庭关系建立在婚姻和血缘基础上。家庭成员的关系有婚姻和血缘的背景，因此相比其他任何人际关系都更亲密、更重要、更持久。

（2）家庭成员共同生活，经济共有、情感共享。家庭成员生活在一起，家庭中的消费品、房屋、家具、车辆等都是家庭成员的共同财产；除了物质以外，家庭成员在精神层面同样会相互依赖，彼此获得关怀和慰藉。

（3）家庭成员有比较一致的群体意识。家庭成员在频繁的交流互动中，相互影响和学习，会产生一些公认的价值观、信念、态度等；家庭中的每个成员作为家庭的一分子会分工协作，共同承担家庭事务；家庭成员在群体意识的作用下，会产生一致的行动，尤其当家庭遭遇外部压力的时候，成员会更加团结。

（4）家庭成员之间的互动复杂而频繁。家庭中成员的身份往往并非只有一种，如妻子也是孩子的妈妈，还是妈妈的女儿，因此成员之间会以多种身份互动；此外，家庭成员有大量的相处时间，互动十分频繁，既有直接的互动，也有间接的互动，这由成员之间的亲密度所决定。

夫妻关系和亲子关系是一个家庭中最基本、最重要的两种关系。夫妻关系是家庭的基础、核心，主要表现为爱情关系、两性关系、法律关系和道德关系。亲子关系是父母与亲生子女、收养子女、过继子女之间形成的人际关系。

（一）夫妻关系的特点

（1）亲密性。夫妻关系是一种非常密切的二人关系，是一种在躯体、情感、生活等各方面都相互融合的密切关系。这种高度的亲密性既能让人体验到两个人之间相濡以沫的温暖，同时也很容易因为两个人之间的差异而产生碰撞分歧。

（2）持久性。夫妻关系是人一生中持续时间很长的一段关系，不到万不得已不会结束这段关系。因此，夫妻双方要在时间的磨炼和考验下，不断磨合，用心经营自己的婚姻。

（3）阶段性。随着婚姻所处阶段的不同，夫妻关系会出现一些变化。从新婚到第一个孩子出生、从空巢到退休，每个阶段都有不同的心理课题要面对，需要夫妻双方协作去完成新任务、解决新问题，随着年龄和婚姻阶段的不同不断调整和适应。

（4）互助性。夫妻关系也是一种盟友关系，两个人结成一个同盟来共同面对人生。这种盟友间的互助性体现在在对方或者家庭遭遇压力事件时的相互支持帮助、共同应对家庭生命周期各阶段的任务、相互鼓励帮助促进彼此人格的成长完善等方面。

（二）亲子关系的特点

（1）持久性。亲子关系与夫妻关系一样也具有持久性的特点，甚至可能比夫妻关系更持久，只要亲子双方存在，这种关系就一直存在。夫妻可能因为离婚而解除夫妻关系，亲子关系却不会因为夫妻离婚而解除，而是持续存在的。

（2）不随意性。亲子关系是不会依个人意志而随意变更的。父母与亲生子女间有血缘关系的基础，父母和子女都不可能选择变更这种关系。即使是收养和过继子女，一旦确定了收养或过继关系，亲子关系就得到确认，不能随意更改。

（3）发展变化性。亲子关系会随着孩子的年龄增长而发展变化。在不同的年龄阶段孩子有不同的心理特点、心理发展任务和心理需求，父母要适应这种变化，同时进行相应的调整，由此形成不同的亲子关系。

(三)夫妻关系和亲子关系对人的影响

1. 夫妻关系的影响

(1)影响夫妻双方的亲密情感体验。夫妻之间的亲密情感体验是一种涵盖了爱情、友情和亲情的感情,是两个人携手面对人生的相互信赖和扶持。夫妻关系不良时,这种亲密的情感联系会破坏,对方在自己心里的支撑地位会下降甚至丧失,夫妻双方不能再体验到这种关系带给自己的愉悦感,由此婚姻的满意度会下降。

(2)影响家庭生活的和谐。夫妻需要相互合作来处理家庭生活中的问题,面对柴米油盐、子女抚养教育、家人生病照顾等诸多问题时,需要有好的夫妻关系作基础来协商解决。夫妻关系不佳会影响双方的沟通协作,导致不能有效地解决问题;同时,协商的过程中也会产生很多冲突,造成家庭生活的不和谐。

(3)影响家庭气氛。夫妻关系是影响家庭气氛的最重要的一种关系,夫妻关系良好,家庭气氛往往比较和睦;夫妻关系不良,家里则可能矛盾冲突激烈或者家庭氛围冷漠、互不关心。

(4)影响子女的心理健康水平。父母关系对孩子的心理健康水平影响巨大而深远。这已经被大量研究和临床经验所证实。父母的相处方式是孩子最初的亲密关系范本。在父母关系影响下,会形成不同的家庭气氛。父母冲突不断无暇顾及孩子、父母关系不佳时把孩子卷入进而形成“三角化”关系等,无论是哪种情况,不良的夫妻关系都会对孩子的心理健康水平造成重大影响。

2. 亲子关系的影响

(1)影响子女人格的发展完善。在孩子人格成长的过程中,家庭无疑是重要的一环,其中的亲子关系尤为关键。良好的亲子关系为儿童人格的发展成熟提供了良好的基础、充足的空间和自由的氛围;不良的亲子关系则会造成子女人格发展的扭曲,使孩子形成敌对、回避、退缩等不良人格特点,成为心理疾病的病前人格基础,更有甚者会出现攻击甚至犯罪行为。

(2)影响子女的心理健康。除了亲子关系会影响孩子的健全人格养成,从而成为心理健康的潜在影响因素之外,亲子关系的质量也会直接影响孩子的心理健康。研究发现,不良的亲子关系与孩子更低的幸福感、更低的自尊、更多的绝望感以及精神病发病率和行为障碍有关;此外,也会让孩子因不能与父母沟通,和父母的亲密感降低而产生无助感、失控感、抑郁、焦虑等消极心理。

(3)影响子女未来的人际关系。亲子关系是孩子最早建立的一种人际关系,这种人际交往模式会成为孩子日后人际交往的模板,潜移默化地对孩子日后的人际关系造成影响。尤其是在婴幼儿期形成的亲子依恋关系,会以相应的觉知模式、情感体验模式和行为模式保留下来,体现在人际交往中、亲密关系中,甚至会体现在日后和自己孩子的依恋关系中。

(4)影响家庭生活质量。亲子关系除了会对孩子产生非常大的影响外,也会影响到所有家庭成员对家庭生活的体验。良好的亲子关系有助于家庭气氛的和睦,父母子女其乐融融;不良的亲子关系让孩子痛苦压抑的同时,也让家长焦虑头痛,家庭生活质量自然有所下降。

实践互动

活动1:家庭画像

活动目的:融洽家庭关系

活动时间：约 20 分钟

活动准备：白纸、彩笔

活动规则及程序：

(1)以小组为单位扮演家庭成员，家庭成员之间只能画画，不能进行语言交流，因为非语言也是一种表达方式。比如，如果看到孩子画了一个破坏力极大的怪兽时，父母一方可在其旁画上一朵花，或者一个张开的具有父母意象的怀抱，这样就可以在非语言的艺术表达下使孩子获得一种自我整合和疗愈的力量。

(2)每一次只能画一样东西，比如说，画一个人，或画一个小动物，或画一朵云彩，画完之后再传递给下一个人。

(3)完成之后，请孩子的扮演者讲述一个与这幅画有关的故事。

(4)父母针对在绘画过程中所发现的问题与孩子进行讨论，必要的情况下，可以继续画下一幅画。比如，孩子如果画了马路，或者很多窗户，就可能意味着由于孩子缺乏社交活动，想出去玩。对此，父母可与孩子通过对画作的讨论获悉孩子内心的真实想法。

(5)父母可以添加一些积极的、具有象征意义的事物，如太阳、彩虹等，这样会让孩子在绘画中获得一种新的体验。

活动补充说明：因活动在课堂上进行，因此只能以角色扮演的形式完成，小组内成员分角色扮演父亲、母亲和孩子。

活动 2：人生起跑线

活动目的：规划人生

活动时间：约 20 分钟

活动准备：彩色粉笔

活动规则及程序：

(1)教室地面画 8 条起跑线(粗线)，不远处画上另三条彩色粗线标记终点处。显而易见，这是一场赛跑，先跑到终点的队员可以获得奖品。

(2)一个队伍派出一名队员代表，按照指引站在同一条起跑线上，微蹲身子意欲冲刺。然而残酷的是，这并不是每一位队员的起跑线。

(3)第一次起跑线：在人生的旅途中，起跑线从来就不是统一的。接下来请听题，以下问题如果答案为“是”，请往前走到下一条起跑线，如果答案为“否”，请原地不动。

①父母双方都受过高中教育；

②父母为你请过一对一家教；

③父母有能力支持你学习一项兴趣爱好或特长；

④你有过市外旅行的经历；

⑤父母给你规划好了未来；

⑥父母常常在亲戚等他人面前夸赞你。

6 个问题结束，有的队员遥遥领先，有的队员只往前走了一步。此时，回头看看前面，多少人在你前面；也回头看看身后，多少人在你后面。此时的起跑线，都是父母努力的结果，跟自身的努力关系不大。而这，就是最终的起跑线了吗？

(4)第二次起跑线：接下来请听题，以下问题如果答案为“是”，请往前走到下一条起跑线，如果答案为“否”，请原地不动。

①你是否曾经独立做过比较重大的决定；

②你是否曾经/现在担任干部，并从中获得收获；

③你是否曾经通过与他人合作做成了自己原来做不到的事情；

④你是否让自己拥有积极向上的心态，热爱着生活；

⑤你是否曾通过自己的努力带给别人正面的影响；

⑥你是否相信自己会越来越优秀。

(5)最后冲刺：而赛道上的奔跑也刚刚开始！引导者发布口令“3，2，1，跑”，队员们如离弦之箭往终点线跑，跑得最快的三个队员可以获得奖品。

凡是赢在起跑线上的比赛，都是短跑。可人生是场马拉松，世界上没有任何一场马拉松是由起跑好坏决定的。前面那几步，在漫长的人生中，不过是最小最小的“一毫米”。

活动补充说明：此活动需要比较开阔的室内场地才能进行。

作业和思考

1. 我家的家庭结构

核心家庭	直系家庭	复合家庭	单亲家庭	隔代家庭	同代家庭	其他家庭

2. 我家对我的影响

你的家庭对你造成了什么影响？请根据前面所学的家庭对心理健康和个人的影响，梳理你的家庭在这三个方面对你的影响。

我父母的教养方式是________型，它让我形成了________的特点。

我家的家庭气氛是和睦(　　)/不和睦(　　)的，它对我心理健康的影响是________。

3. 我家的父母关系和亲子关系

在你的家里，父母之间的关系如何？你与父母的关系如何？

我父母的关系是________，它对我的家庭的影响是________，它对我的影响是________。

我与父亲的关系是________，他对我的影响是________。

我与母亲的关系是________，她对我的影响是________。

4. 根据研究结果，(　　)教养方式对孩子的心理健康成长最有利。

A. 放任型　　B. 权威型　　C. 专制型　　D. 冷漠型

5. 家庭生活周期处于(　　)阶段时，夫妻对婚姻的满意度会下降。

A. 育儿期　　B. 空巢　　C. 退休　　D. 青少年期

推荐书目

1.《家庭与家庭治疗》

作　　者：[美]萨尔瓦多·米纽庆

出 版 社：商务印书馆

出版时间：2009 年 6 月

作品简介：

本书是家庭治疗领域迄今最为重要的专著。作者在书中选录和分析了大量临床案例，深入浅出地阐释了结构家庭治疗的有关理论和概念，展示了实施结构家庭治疗的具体步骤和实用技术，对结构家庭治疗方法作了清晰和全面的介绍。本书语言浅显生动、行文通俗易懂，不但可以让初学者大获裨益，也能给资深治疗师以相当大的启迪。

2.《家庭治疗——概念与方法》

作　　者：[美]迈克尔·尼尔克斯/[美]西恩·戴维斯

出 版 社：北京师范大学出版社

出版时间：2018 年 10 月

作品简介：

所有人都无法逃避与家庭的联结，家庭治疗帮我们从根源上探讨家庭困境，理解人类行为。本书涵盖家庭治疗领域 6 大经典流派、10 位大师、70 个最佳学习案例，共同讲述主流家庭治疗师与那些脱离困境的家庭之间的故事。本书对不幸家庭面临的常见挑战，例如学会共同生活、处理棘手的人际关系、教育孩子、应对青春期，以及贫穷、社会阶层、种族、家庭暴力、精神状态等热点问题给予了关注。本书以关键事件和代表人物为起点，阐述各流派的核心概念和技术，延展其在不同时代和文化下的发展和挑战，梳理不同流派间的差异和关联，并呈现最新的研究进展，由点及面，纵横交错，呈现出一幅清晰的家庭治疗全景图。

3.《热锅上的家庭》

作　　者：[美]奥古斯都·纳皮尔

出 版 社：北京联合出版公司

出版时间：2020 年 5 月

作品简介：

以往，我们把心理问题归咎于个人、创伤和原生家庭，试图站在个人的角度突破创伤性经历和童年问题。可这本书告诉我们，家庭就像一个小宇宙，自有一股强大的力量。当心理问题、家庭问题出现时，人不必也不应孤军奋战，要和每一位家人一起解决问题。作者用生动细腻的语言为我们讲述了布莱斯一家是如何在治疗师的引导下找对方向，化解家庭危机的。借由书中家庭所面临的危机，作者带我们揭开了家庭治疗的面纱，也向我们解释了家庭中存在已久的制衡力量、三角关系以及原生家庭的影响等诸多问题。

4.《新家庭如何塑造人》

作　　者：[美]维吉尼亚·萨提亚

出 版 社：世界图书出版公司

出版时间：2006 年 8 月

作品简介：

这是美国最具影响力的首席心理治疗大师维吉尼亚·萨提亚的经典著作。1972 年，本书在美国出版，即引起广大的重视，读者纷纷致函提及许多联想、疑问和建议。为此，萨提亚又增列青春期、晚年、退休和人生转折点、和平、精神等章节，使内容益趋完备。增订版的《新家庭如何塑造人》清楚地分析人在家庭所经历的成长和蜕变，从中探讨人如何建立自我价值、人际沟通及生活模式，同时通过作者匠心独运的举例和说明，倡导如何沟通思想，以及如何发展更健全的人格。

5.《家庭的觉醒》

作　　者：[美]沙法丽·萨巴瑞

出 版 社：上海社会科学院出版社

出版时间：2020 年 4 月

作品简介：

我们越觉醒，离孩子的心便越近，也越能给孩子温柔而有力的教养。

从控制孩子，转向培养孩子成为真正的自己，带领整个家庭走上觉醒之路。觉醒的教养方式打破了传统的游戏规则：要改变的不是孩子，而是父母自身。每一位父母都有能力培养出具有高度适应能力并在情感上与父母保持深度联结的孩子。但实际上，很多父母都无法做到这一点——因为我们被现代社会对养育子女的误解和自身内在的局限蒙蔽了双眼。

第九章

生命教育

导入案例

橘红，大一，女生，出生在一个富裕的家庭，个人条件优越。在大学前一直是父母、老师眼中的优秀学生。她认真听课、主动学习、成绩优异，但高考失利考上了上海某大专院校。在进入大学一段时间后发生了一些变化，她开始不想去上课了，因为不知道听这些课程对自己而言有什么意义；每天在寝室里除了睡觉就是追剧，她觉得很无聊，但除此之外，也不知道自己还能做什么、还要做什么。橘红感觉到非常迷茫和痛苦，大学让她拥有了更多自由的空间、更大的自主选择权，但她不知道自己想要的是什么，她感觉自己就像是茫茫大海上的一只小船，不知道要去往何方。

第一节　生命教育的内涵

一、生命的内涵

生命是一个由出生、成长、衰老、死亡组成的连续、动态、发展的过程。生命构成了世界存在的基础，生长和发育是生命的基本过程，是其他一切生命现象的基础。在所有生命存在中，人是超越一切其他生命现象的存在物，人的生命既具有一般生物生命的基本特征，又具有其自身所特有的生命特征。

美国心理学家斯特格(Steger)认为，生命内涵是联系理解和解释的网络，它可以帮助我们理解自身的经历；引导我们制订计划去实现期望的未来；让我们意识到自己的生命是重要的、是有价值的，它们不仅仅是我们每一秒、每一天、每一年的总和。具体来说，他强调了以下三个方面：

(一)一致性

一致性(coherence)，即我们是否可以用一种可预测和一致的方式理解自己的存在、经历以及外在世界。我们的生活中发生了什么？我生活的世界为什么是这样的？我今天为什么会来到这里，我在这里做什么？我做这些事情为了什么？也就是说，每个人出生在一个什么样的家庭，是怎样走到今天这个地方，成了一个怎样的自己，将来又会怎样？这一连串的问题是一脉相承的，它们一起构成了一个人独特而连贯的人生轨迹。

(二)目标性

目标性(purpose)，强调我们对生活中有价值的目标和理想的追求，这些目标是指向未来的，是根据个人的世界观和人生取向决定的，给我们的生活指明了方向和动力，同时也对我们当前的行动产生重要影响。这一维度涉及如下问题：生活对我有什么要求？我要如何度过我的一生？对我来说，生活中真正重要的是什么？

（三）重要性

重要性（signifcance），强调的是我们对自己生命价值的评估，即我的生命/生活有价值吗？什么样的生命/生活才是有价值的？我们可以从以下两个角度来理解重要性：一个是个人与他人关系的角度，即“我重要吗？”“其他人在乎我吗？”“如果我离开会有人想念我吗？”如果你的回答是肯定的，那么表明你在生活中能够感知和体验到与他人的情感联结和归属感；另一个是从个人贡献的角度来思考，“我所做的事情对他人、对社会是有益的、有贡献的吗？”“我会给这个世界留下什么？”

也就是说，当一个人说他的生活是有意义的，就意味着：(1)他对自己、对自己所做的事，以及自己存在的这个世界有一种可理解、可预测的感觉，而不是感觉到混乱和不安；(2)他有指向未来的目标和理想，并会为此充满激情，投入行动；(3)他会感觉到自己的生命是有意义的。显然，每个人在描述生命意义时所指向的内容都是不同的。

二、生命结构和存在形态

人的生命由三个因素构成——生物性、精神性和社会性，与之相对应生命也产生生理活动、心理活动和社会活动。

（一）生理活动与生物性存在

人是自然界的生物，因而具有生物性的存在，生物性是人的生命最基本的特性，是精神性和社会性存在的基础和前提。人的生命作为一个自然生理性的肉体生命而存在，成长和发展需要服从生物界的法则和规律。

（二）心理活动与精神性存在

人不仅仅是为了满足自己的生物性生命而活着，还要追求超越生物性存在的精神性存在，如满足安全需要、归属与爱的需要、实现自我价值的需要等。正是因为生命具备精神性存在，人类才有丰富的心理活动，人的生命才有了社会价值及人文意义，具有道德升华和理性的意蕴。

（三）社会活动与社会性存在

人生命的社会性存在与人的社会属性紧密相连。个体想要生存下去，必须参加社会实践和社会活动，在与他人的沟通和交往过程中追求生命的意义。这种社会性存在促使个体在面对不同的环境变化时（如生死、聚散和得失），能够豁达和坦然。

三、生命的特征

（一）不可逆性和不可替换性

从胚胎起，生命便一直生长、发育，直至衰亡。它是不可逆的，同时所有阶段也是彼此之间无法替换的。

（二）有限性与不可再生性

生命是有限的，有且只有一次，一旦死亡就无法复生。

(三)有价性与创造性

生命对自己、他人与社会在不同的场景都有不同的价值,生命还具有创造性,创造不同的物质财富和精神财富,使得个体的生命更具有价值。

四、生命的价值和意义

卢梭曾说:“生命本身是没有任何价值的,它的价值在于怎样使用它。”生命对每个人来说都是唯一的,却不是以生命的长短来衡量其价值的。人生最大的价值和意义是追求不断的自我发展与自我成长,创造更多的社会财富,过充实的人生。

(一)追求自我发展,促进自我成长

追求自我发展,促进自我成长是创造更大、更多社会价值,使自己生命更有意义的基础,同时也是生命意义的本身。个体的生命是不断升华的过程,实际上就是自我价值不断提升的过程,也是通过完善自我实现全面发展的过程。

(二)创造社会价值,促进社会进步

人生活在社会中,就无法脱离社会存在而发展,没有社会价值就无法实现人的自我价值。因此,生命的意义还在于创造社会价值,促进社会进步。

(三)为了目标不懈努力,过充实的人生

生命的意义是关于生命的积极思考,包括个人存在的意义,寻求和接近有价值的目标以及在实现目标的过程中感受到活得充实和丰富。

第二节 生命意义与心理健康

一、生命意义对心理健康的积极影响

美国心理学专家塞利格曼(Seligman)指出,生命意义是健康最有力的正向指标,是沮丧和精神机能障碍的负向指标,生命意义与个体身心健康有着密切的关系。实际上,生命意义一直被认为是一个积极的变量,是与成长相关的变量之一。意义是积极情感、幸福、身体健康、适应力、人际关系、成就、灵性、成功老龄化和健康死亡的关键组成部分,过有意义和有目的的生活被认为是积极心理健康的核心特征之一,是通往真正幸福的途径之一。意义和积极情绪是相互影响的,体验到生命意义感会带来积极的情感体验,而积极的情感也会增强对意义的体验。同时,生命意义感的存在会让我们更容易体验到幸福感、希望感,会对自我有更积极的评价,我们的精神健康水平也能够受到积极影响,能抑制健康风险行为,调节应激条件下的负性情绪和一般的健康问题,具有较高生命意义感的个体通常会更健康、更快乐、更少烦恼也更长寿。尤其是当人们处在无法摆脱的痛苦之中时,会不由自主地去探索活下去的理由是什么。这个理由就是关于个人人生意义的理解和诠释。生命意义的存在有助于缓解心理创伤和压力的影响:在苦难发生后一个能明确自己生命意义的人,能更积极地去面对生活中的苦难和挑战,会用更积极的方式调节自己的情绪,并会努力采取行动,让生活发生积极向好的变化。“一个人对待苦难的态度是通往意义的道路”,这是弗兰克尔的最有影响力的观点之一,生活中的一些痛苦也许是不可避免的,但我们可以选择对待苦难的态度。

(一)生命意义有助于人们理解生命的本质

能够理解生命的本质,能够珍视、发挥每一个生命的独特性,勇敢地成为独特的自己,是心理健康的重要内涵。一些心理问题的根源就在于不能理解生命的本质,不能接纳自己,未能成为自己。生命本身的特征决定了人类需要探寻生命的意义。生命具有独特性,每个人的生命都是独一无二的,同时又兼具有限性与无限性,以及自由与自主性。人的生命是有限的、短暂的,这是一个难以更改的事实,人终有一死,人们不禁要问,生命中苦苦追求那些东西有什么意义呢?对这一问题的理解与行动,从根本上决定了心理健康的程度。法国文学家布朗(Browne)曾说:“你无法延长生命的长度,却可以把握它的宽度;无法预知生命的外延,却可以丰富它的内涵;无法把握生命的量,却可以提升它的质。”生命的有限性决定我们要去丰富生命的内涵,追寻生命的意义。同时,生命的独特性、无限性以及自由与自主性,都要求我们要在无尽的可能性中选择自己、成为自己、超越自己,这也是生命意义之所在。

(二)生命意义能够让人们明了活着的理由

在任何处境中都能找到活下去的理由,是一个人心理健康的重要标志。探寻生命的意义是人类生存的基本动机。古希腊哲学家柏拉图观察到:人们会自动地从他们的经历中获得意义,包括生活本身的经历。弗兰克尔认为,对意义的追求是人类最基本的动机,他在其《活出生命的意义》一书中写道“人活着是为了寻找生命的意义”,而缺乏意义是人类最重要的生存危机,也是促使人们寻求意义的最主要动力。从人类生存适应的角度来看,为了适应环境,生存下来,个体会去寻找事物之间可靠的、规律性的联系,让周围的世界变得可以被理解和预测,这种有意义的感觉,可以帮助个体避免遭遇不确定性的体验,赋予个体生存优势。司马迁说:“西伯拘而演《周易》;仲尼厄而作《春秋》;屈原放逐,乃赋《离骚》;左丘失明,厥有《国语》;孙子膑脚,《兵法》修列;不韦迁蜀,世传《吕览》;韩非囚秦,《说难》《孤愤》;《诗》三百篇,大抵贤圣发愤之所为作也。”在痛苦情境下采取合适的态度,领悟到生命的意义,就能让人有力量活下去,并创造属于自己的人生奇迹。

(三)生命意义为人们提供追求幸福的路径

能感受幸福是心理健康的重要标志之一。什么是幸福?怎样才能获得幸福?这些问题又直接导向对生活意义的追问。在现实中幸福是一个不断被热议的话题:你幸福吗?什么样的生活是幸福的?可以躺在床上吃喝玩乐,不必担心学业压力对你来说是幸福吗?没有生活压力,可以尽情做自己想做的事是幸福吗?家人健康无忧、关系和睦融洽对你来说是幸福吗?你更在意当下的快乐与幸福,还是长久的快乐与幸福?

每个人对幸福的追求和定位都是不同的,古希腊的哲人认为这世界上存在两种幸福观:一种是强调寻求快乐和舒适,重视当下的快乐并且倾向于避免负性情感的幸福;另一种则是综合性的幸福取向,强调幸福是通过与他人建立积极的关系,发挥自我价值,在有意义、有目的的生活中实现的,看重的是更长期的幸福。古希腊哲学家伊壁鸠鲁(Epicurus)认为,探求人生的意义就是为了获得长期的幸福。当然,不同幸福取向的人有着不同的思维和行为方式,持后一种幸福观的人不仅仅满足于当下快乐的愉悦体验,更看重发挥自我价值和实现自我意义,在他们看来,追求意义和实现目标的过程就是追求和实现幸福的过程。尽管在追求意义的过程中会经历一些痛苦和挫折,但有目的、有意义的生活使他们痛并快乐着,他们会因达成目标和实现意义而感到内在持久的幸福。这也是不少大学生克服家庭贫困、身体疾病、学业压力等重重困难以胜利者的姿态迈向社会,实现经济独立,改善自己和家人生活的内在动力。

（四）生命意义让人们在生命困境中看到希望

能否应对挫折、痛苦与人生的各种困境是心理健康的重要指标。德国哲学家尼采（Nietzsche）曾说："知道为什么而活的人，几乎可以忍受一切。"弗兰克尔在纳粹集中营的经历，汉代史学家、文学家司马迁的经历都证明了这一点，那些知道自己的生命中还有某项使命待完成的人最有可能活下来。重大的负性经历和创伤会带来个体世界观、人生观的崩塌，导致意义危机。世界上没有什么比认识到自己的生命意义更能有效地帮助一个人在最恶劣的环境中生存下来。在美国"9.11"恐怖袭击事件和西班牙"3.11"马德里爆炸案后进行的心理调查中发现，生命意义的存在有助于缓解创伤后应激症状，意义拥有水平越高的个体能够在创伤性事件中恢复和生活得更好。而那些被诊断患有癌症的患者如果感觉到自己生活的更多意义，其感知到的痛苦就更少。弗兰克尔举了一个例子：他为一位因妻子去世而经受了长期痛苦的医生提供咨询。弗兰克尔问了医生一个问题："如果你先你的妻子而去，那会怎么样？"医生回答说："那她可就受苦了，她怎么受得了啊。"弗兰克尔则说："你看，医生，你的妻子免除了这样的痛苦。当然，代价是你现在还活着，并且感觉到痛苦。"当痛苦被赋予了某种意义之后，这种痛苦就变得不再那么难以忍受了。从困境中寻找意义有助于让人们在生命困境中看到希望。

二、生命意义的缺失可能导致的心理困扰

（一）更容易感到无聊空虚

如果我们失去或未能制定有意义的生活目标，长期生活在无意义感之中，内心会产生强烈的虚无感，这种"存在空虚"会带来无聊感和消极的情绪体验。而长期的无聊感也会带来各种各样的负面影响，比如使得个体的注意涣散，难以专注于当前所从事的任务；缺乏沉浸于某件事带来的愉悦、享受的体验；同时无聊感还常常伴随抑郁、焦虑等负性情绪，严重影响人们的精神状态，并且将会进一步影响我们的生命意义体验，有学者甚至提出了"无聊至死"（bored to death）的口号。

（二）更容易感到心理痛苦

弗兰克尔认为，人类的特征是对意义的意志——一种寻找生命意义的内在动力，而未能实现意义会导致心理痛苦。从现实经验来看，当生活中缺乏意义感时，个体的心理状态会受到极大的影响，其所经历的心理痛苦也是令人难以忍受的。具体来说，生活中缺乏生命意义感时，我们可能会有更高的抑郁、焦虑水平，对自我的评价更消极（例如更低的自我价值、自尊感），对生活会感到更不满意，也更少能体验到幸福感以及对未来的希望感，生命意义缺失的个体对心理治疗的需求也会更大。当然，人是具有主观能动性的，意义缺失同样也会激发出我们重构意义的动机，引导我们进行意义追寻。但关于生命意义的答案却并非触手可及，追寻的过程也会带来存在主义的绝望，伴随着绝望感、无助感和无价值感以及对自我的否认、怀疑、自责等，同时也会带来压力、焦虑、痛苦等消极体验。不过，这一过程是有价值的，一旦找到了属于自己的生命意义，就从浑浑噩噩走向了生命的自觉。

（三）更容易感到悲观绝望

那些正在考虑自杀的人，面临的一个关键问题是："我为什么要活？"当人们找不到活下去的理由时，自杀就成为一种自然的选择。生命意义的重要性维度强调我们对自己生命价值的评估，"我的生命有价值，是值得活的感觉"是一件攸关生死的事。弗兰克尔指出，当个体缺乏生命意义感时，会出现"存在空虚"的状态，个体体验到一种完全的空虚感，缺乏继续活下去的

动力和目标。这种状态与消极的情感状态有关，如烦躁不安，以及由此产生的不适应行为，如攻击或自杀，意义缺失带来的最致命的行为便是自杀。有关大学生的研究发现，自杀的大学生缺乏对“存在”的重要信念和价值的理解，那些没有找到“存在意义”的大学生在面对压力时倾向于选择放弃努力并产生无助感，在面对严重压力时他们甚至会选择以自杀的方式来获得解脱。而生命意义感的体验，包括生命意义的存在和追寻，都是防止自杀行为的良好保护因素。

（四）更容易消极应对苦难

当你经历了如学业受挫、失恋分手、家庭关系不和，甚至心理疾病等不如意之后你会如何面对？是从此一蹶不振，就此自暴自弃，还是努力让自己的生活向好的方向发展？生命意义感缺失的个体，会有更严重的创伤后应激障碍症状，也会更加容易受到压力事件的威胁；在客观压力相同的情况下，更容易感受到更大的压力，同时会产生消极情绪及一系列的健康问题。

（五）更容易感到忙乱疲惫

在日常生活中，我们经常看到那些忙忙碌碌的人，他们没日没夜地学习、工作，看上去很充实、很忙碌，却疲惫不堪，即使长期这样身心疲惫，他们也不愿意让自己放松、休息。如果问他们为什么这么辛苦，他们总是会说，为了取得更好的成绩、为了赚更多的钱、为了能更快地升职……弗兰克尔认为，如果人们不能感受到值得为之而活的意义，即人类的意义意志遭受了挫折，在一些情况下，对意义的追求可能被对权力、金钱、享乐的追求所替代和补偿。亚隆指出，为了填补存在主义的空虚——无聊、冷漠和空虚，人们常常用服从于极权主义，如对上司过于言听计从，甚至挖空心思逢迎上司，让自己身心俱疲、苦不堪言；或者他们会陷入虚无主义，怀疑所有的活动都是无意义的；或者陷入一种严重的无目的和冷漠的僵化状态，强迫性地活动，为了保持忙碌而忙碌。

第三节　生命意义的求索

一、生命意义追寻的过程

人们对生命意义的理解会随着个体认知能力和水平的发展而不断推进。认知能力是感知生命意义的基础，意义形成过程中所需要的深思熟虑的、有意识的思维和心智模式的形成，就是从“不断摧毁旧认识而重构新认识”的认知过程中演化而来的，直到个体获得了基本的语言能力，有效的个人意义系统才会被建立，这大约在生命的第三年开始。三四岁的孩子可能无法清楚地表达自己的意义系统，但这并不意味着它不存在，所有的个体，即便在很小的时候，都有动力去寻找和发现人类存在的个人意义。随着年龄的增长、认知水平的提升，个体对生命意义的思考将会更丰富。

探索生命意义是贯穿人一生的任务，但不同的生命阶段有不同的探索内容。子曰：“吾十有五而志于学，三十而立，四十而不惑，五十而知天命，六十而耳顺，七十而从心所欲，不逾矩。”这是孔子自述的对人生各个阶段生命意义的思考，随着年龄的发展变化，所思考的内容和个人的思想境界都在不断发生变化。可以回想一下，当你还是小孩子时，是否经常通过问“为什么”来试图理解周围的世界。到了青少年时期，随着认知能力的发展，你越来越有能力将生活经验整合到一个一致的框架中，构建自己的生活故事，有了更多关于生活意义的感受，常常会思考生命的意义是什么，以此确定对你来说什么是重要的，并利用这些思考来选择人生目标和方向。到了中年，人们则常常开始思考："我在做我想做的事情吗？"当更老一些的时候，便会问自己："我做了我想做的事了吗？接下来我要做什么？"退休之后的人们常常会迷茫接下来要做什么，如何在没有工作的情况下找到目标？他们可能不得不重新调整自己的价值观，从其他活动中寻找满足感。

二、生命意义追寻的路径

(一)在人际联结中感知意义

如果让你来描述"对你来说生活中最有意义的是什么"，你会如何描述？或许是在一段关系中去爱某个人，可以是家人、朋友、恋人等等。实际上，社会关系是生活意义的基本来源，社会关系的存在与否会影响我们对生命意义的感知。在实际生活中，我们常常会见到一些人，他们把自己与他人隔绝开来，不愿意与他人建立关系，独来独往，即便他们有家人、朋友，但在他们的心理层面却会感知不到关系的存在。他们内在的感受是：没有人会在意我、我会给别人添麻烦、我是别人的负担……当感知不到与他人的关系与情感联结时，人自然而然就会对自己的生命意义和存在价值产生怀疑，感到迷茫，因为社会关系是找到生活意义的关键。根据埃里克森的心理社会发展阶段理论，处于成年早期的大学生本就面临着与他人建立亲密、需要承诺的关系这一任务，而这样一些亲密的、能够让人感觉到安全并归属其中的关系，更能影响对生命意义的感知。我们可从以下两个方面来理解，并尝试在这样的关系中去体验和寻找。

1. 发展亲密关系

生命意义的感知与关系的亲密程度是密切相关的，与思考一个人如何与"大多数人"相处相比，让人回想一个人如何与亲近的人相处，更可以提升生命意义感。在某项生命意义感调查中，大部分参与者在描述时自发地将家人或朋友作为他们生活中最重要的意义来源。对此，一些人认为，亲密关系提供了一种象征性的承诺，为个人提供了一种象征性的不朽感，也让人们感觉自己是一个更大的象征性实体(如夫妇或团体)的一部分，这个实体超越了个人的限制，扩展了自己的能力和边界。

2. 找到归属感

在人际关系中有归属感也会影响我们对生活意义的感知水平。高强烈的归属感能够使个体感受到更高水平的生命意义感。拥有简单的社会关系是不够的，我们还需要在这种关系中感觉到一种能够融入的安全感，这种在社会群体中的归属感可以通过各种方式为生活注入意义，比如提供稳定性，帮助个人创建一个共享的社会身份，并允许他们追求更高层次的集体目标。长期以来，群体认同一直被认为是维持和增强心理健康的重要因素，可以增强人们对意义的感知。如学生对母校的认同，家族成员对家族的认同，游子对家乡的认同，专业人士对行业协会的认同，人们对国家、民族的认同等，都可以给人带来一种安全感、稳定感和方向感。

(二)在投入和参与生活中构建意义

生活中总是充满了各种重复、琐碎的小事，比如吃喝拉撒睡；日复一日地从宿舍走到教学楼；天天见到同样的老师、同学，上同样的课程……这些小事看起来是那么单调、无聊，却充满了我们的每一天。每当夜深人静，我们躺在床上回顾一天的生活时，明明已经疲惫不堪，却常常会觉得自己什么都没做，由此感觉到空虚而无意义，这一切似乎都不是我们理想中的样子。或许会有一些人，苦苦地思考生命的意义到底是什么，为找不到答案而痛苦、抑郁，但却从未真正投入生活中去体验和实践。我们可以尝试从以下两个角度来投入生活：

1. 积极投身于某项事业

如果一个人能找到自己认为有价值、感兴趣，而且能胜任的事业，他一定能保持持久的热情和动力，并从中获得幸福和快乐。我们经常可以在身边或媒体上看到类似这样的新闻：某某科学家几十年如一日，在某个条件极其简陋、环境极其艰苦的山洞里或沙漠中坚持不懈，最终研制出国家或人类急需的科研成果。在有些人看来，他们很傻，让自己活得很苦，但在他们自己看来，却是一种幸福、一种无法言说的快乐。他们为什么能做到身处艰难困苦却甘之如饴？就是他们全身心地投入他们认为有意义的事业之中，这种投入可能是使命的召唤，可能是兴趣的指引，也有可能是能力的匹配。

2. 在生活小事中品味

人的一生，既要有喜爱的事业，也要有丰富的生活。追求事业的成功也享受当下的生活，如果能将二者有机结合，统一于生命的全过程，那将是头等的幸福。

真实的生活才是人生意义的土壤，生命的意义不能只是形而上的，而应该是担起责任、采取行动、积极投入，用心品味生活过程中的点点滴滴，如开好每一个会、做好每一个练习、吃好每一顿饭……亚隆认为，一个人在生活中做什么可能不那么重要，更重要的是积极投入。其中，对自己正在做的事保有激情，一旦投入生活中，人们就会体验到一种意义感，因为意义往往是投入生活带来的感觉。引用托尔斯泰的话“只有当我们沉浸于生活中时，我们才有可能活得长久”。用心体验花开花落、春华秋实、明月清风的美好，用心欣赏音乐、美术、文学等艺术作品和哲学智慧；同时，用心去感受人与人之间的连接，在关系中体验人生的意义。无论是大自然的瑰丽，还是艺术品的魅力，或与他人的情感交流，细细品味其中的滋味，就是生命历程的生动体现，也是生命意义的展现。

（三）在奉献和超越中实现意义

自我价值的实现、个人幸福生活的追求，是每个人的梦想，是值得肯定和祝福的。但是，人生的意义是不是就全在于此呢？你或许曾思考过：如果有一天我离开了这个世界，我会为这个世界留下什么？我的一生，对他人、对社会是有价值、有益的吗？当这些答案是肯定的时，你会感觉到自己的人生是有意义的，所做的事是有价值的。奉献和超越，都是强调从关注自身利益到关注他人福祉的心态转变，以关心他人的福祉为特征，都是越过了“小我”和“自我”，为了比自己更大、更重要的东西而去行动。比如一个医院里的清洁工，如果他(她)纯粹认为干活是为了挣钱糊口，他(她)工作带来的愉悦感与满意度不一定会高。但是，如果他(她)认为自己的工作也是为了帮助病人，给患者一个清洁的环境，是治疗的一部分，他(她)的工作状态就会很好。弗兰克尔曾断言，真正的意义是超越了个人，在世界中去发现的。换句话说，我们要有一项为之奉献、奋斗的事业，或者是要对他人有益。如果有一天你感觉到自己不被他人需要了、对他人没有作用了，那会是什么样的感觉？当人们退休后感觉到自己不再重要、不被需要时，可能会感到非常困惑和沮丧，会觉得自己的时代已经过去了。而能够成功适应老年生活的人，他们会从服务他人和追求超越自身利益的、有意义的目标中获得能量和满足。

亚隆也指出，意义的来源之一是对某一事业无私的奉献，在某些方面甚至可以超越死亡。作为大学生，正处于人生选择的关键阶段，你有着怎样的职业目标和自我定位，你会选择走向一个什么样的岗位和人生道路，你的选择与他人、社会、国家甚至整个人类的生存发展又有着怎样的关系？是有益于他人的吗？是超越了“小我”的吗？正如尼采所说，我们需要寻找和获得一个“更高的自我”，这个“更高的自我”超越于个体的生存，不再仅仅关注个人的成败得失，而把目光和精力投向身边的组织、社会甚至整个人类的生存与发展。每一个人，都可以传递属于自己的“光”，而每一个人却不可能永远持有它，在自己的生命将要抵达终点之时，你必将一切赠予他人，那一天你能给出的最好的事物会是什么？例如，雷锋、南丁格尔等人之所以被世人尊重和铭记，就在于他们对自我的超越，在于他们传递出的“光”和“热”。或许，正是在对意义的追寻过程中，人才得以不断超越“我”，抵达“我们”，抵达一切生命的总和。

（四）在自我实现中追求意义

马斯洛认为自我实现是人类最高层次的需要，能够自我实现的人是人类中的最佳典范。如果要对这些人下一个定义的话，那么他们是心理健全的、能充分开拓和运用自己天赋和潜力的人，他们专心致志地从事着某项工作，他们做这件事也喜爱这件事，工作和快乐的分歧在他们身上已经消失了。他们都以某种方式献身于某种被称为“存在”价值的东西：真、善、美、圆满、单纯、全面等等。我们作为高级生命个体的人，不应仅仅满足于达到基本生存的需要，还应该在自我实现的过程中创造美好的人生境界。自我实现是意义的重要来源，它促使人不断成长，鼓励其设定目标、付诸行动、完成目标。每个人都有不同的禀赋，自我实现就是充分发掘、发挥潜藏于自我的禀赋，使自己成为一个独特的个体，把个体的生命力全部伸展开来，做到人尽其才、才尽其用，从内在发展最好的自己。你是否了解你的独特禀赋，是否充分挖掘、发挥了你的禀赋和潜力，真正地投身于其中，做着你喜爱的、珍视的事情？

（五）在自我反思中领悟意义

古希腊哲学家苏格拉底（Socrates）曾说：“未经省察的人生不值得过。”这句话潜在的意思指的是，一个有价值的人生，应该是经过觉察和反思的人生。反思性地思考、解释个人生活的能力，对于生命意义的感知是很必要的，因为我们不仅要体验这个世界，更要理解它。我们可以看到有些人并未清晰地意识到学习和生活的意义，但他在家里尽心尽力地做好一个子女该做的事情，在学校尽职尽责地履行一个学生要承担的责任，做了自己必须做的事情，而并未有过多的思考，这是自发地实现、实践生命意义的过程。然后，当一些重要的转变发生时，比如父母去世或者经历了某些挫败，突然之间，他会就“我的生命意义”展开重大的存在主义对话，开始审视自己的生活。

与自发相对应的是对生命意义的自觉反思，包括重视和享受思考生命意义的问题，例如我为什么在这里？我的人生目的是什么？以及对未知的存在性思考充满兴趣。对自我的思考也可以体现在我们所做的每一件小事、每一个选择中，比如我选择做什么？我从中得到了什么？这对我而言有什么意义？我在做我想做的事吗？值得强调的是，一个人并不需要成为一个杰出的哲学家才能享受思考生命意义的乐趣，因为它是一个非常核心且贴近日常生活的概念。

（六）在角色中演绎生命的意义

每个人在这个世界上都有特定的社会角色，人们能否认同这个角色，尽到这个角色的义务，履行相应的责任，体现特定的价值，决定了是否能实现生命的意义。同一性理论（identity theory）强调了社会角色和角色认同的重要性。社会角色被定义为个体在群体中的位置，例如，学生、教师、工人、农民、医生、丈夫、妻子、父亲、母亲、孩子等，可以想一想，你目前拥有多少个社会角色？在不同的角色下，社会对你的期望也是不同的，与特定类型的角色行为相关的价值和信念系统也是得到了他人以及更广泛的社会秩序的认同的。当你认为自己的行为是符合相应社会角色的规范和期望的时，会感觉到自己的行为受到了更高权威的认可，是正确的、良好的和正当的，从而带来了一种意义感；同时，这些期望和规范也给你提供了生活的方向感和指向未来的奋斗目标，告诉你应该如何表现，也为生活意义提供来源。

角色认同是指一个人是否认可自己所承担的角色，心甘情愿地接受角色赋予的责任、义务和权利。现在，你是一名学生，做到了学生该做的事情了吗？将来，进入社会，你可能成为学术大师、政治精英或商业巨子；也有可能成为一个普普通通的人，开一家网店，成为一个淘宝店主；或者开出租车，成为一名司机……无论你从事什么职业，都承担了一定的社会角色，你是否能认同这些角色？对角色的认同程度，会影响个体的投入程度以及从其中感知到的意义感，你是否能充分接受并履行每个角色下的责任、权利与义务？你是否能坦然而肯定地接受你所承担的角色？甚至引以为豪？生命意义的重要载体就在这一个个鲜活的社会角色之中，就看你如何演绎。

(七)在选择中构建生命的意义

高考之后的你们，面临了人生中的一次重要抉择：要读什么样的学校？选什么样的专业？进入大学后，便开始面临更多的选择？是升学考研还是工作？要选择什么样的工作？要在什么样的城市工作？本科是在国内读还是国外读？还要继续读目前所学的专业吗？是选这个木讷、不解风情，但敢于承担、默默关心你的追求者，还是那个风趣幽默、人见人爱，却不懂关心你、照顾你的男朋友？

人生是由一个个选择连成的拼图，在选择的过程中，面对选择的不确定性与机会成本，我们可能会感觉到压力、焦虑，但一次次的自我选择和决定恰恰是你自由意志的体现，是你成为一个人的过程。存在主义心理学认为，成为一个人就意味着要有自由意志，要做出选择，要追求目标以及要真正地去行动。在所做的选择和决定中，小到吃什么、穿什么、去哪里学习，大到人生规划，通过这样的决策过程，个人实际上可能超越规范的限制，从而获得更多的主观意义感。决定越大，对个人意义的影响就越大，但小决定的积累对个人意义也有至关重要的作用。每个人都可以选择自己偏好的生活目标，并且进行必要的调整去实现它。人生的每一次选择都是人创造意义的时刻。正因为没有哪种人生意义对另一个人是既定的，这就为每个个体提供了自主选择和创造意义的可能。生命的意义需要我们自己去定义、寻求、领悟、认同、行动，它不仅仅是一种道理，更是一种内心的体验与实际行动的选择。选择意味着对自己的人生负责，选择那些能够燃起自己生命热情的事情，让自己生命中的特质和潜能得到发现和发挥，从而实现自己的价值，而不“只是按照别人的逻辑活着”。刹那就是时间与永恒的一致，它使实际的一刹那深入永恒的现在之中。存在是一瞬间的深入，使时间上的现在成为一种完成，所以每一刹那都是永恒的表现。这代表你在这一刹那有清晰、真诚的人生态度，所以抉择构成了人的存在。借着抉择，每一刹那都是绝对与永恒的实现。

(八)在极限中洞见生命的意义

假如你的生命将于不久后结束，回顾自己的一生，有什么事情令你骄傲？有什么事情让你遗憾？你好好活过吗？你真正爱过的人和事有哪些？是否活出了自己的风格和道路？是否发现、发掘了你的生命潜力？你希望别人怎样评价你？有哪些你生命中重要的人还没有来得及好好陪伴和感谢？有哪些事情一直想做却没有来得及做？你为这个世界留下了一些什么？这些问题都可以帮助我们实现生命的觉醒，找到并实现自己的生命意义。死亡是每个人共同的归宿，也是一面神奇的镜子，告诉我们什么样的人生才是有意义的，让我们对生命更加敬重，更加热爱生活，珍惜当下生存的每一刻，更加投入地去做自己认为有意义的事。这个世界上的生命之所以有意义，正是因为有死亡，假如我们的世界里没有死亡，那么生命就会丧失意义。所谓“向死而生”，就是领悟生命本真的生存，知道自己理想的工作和生活状态是什么，好好活出自己的人生。

第四节 死亡与心理危机

一、死亡

（一）概念

死亡一般指的是有生命的事物生命消失。从生物医学来讲，指的是身体机能、脏器、器官及所有生命系统永久地、不可逆地停止功能。就社会学而言，死亡是指个体人类有意义的生命的消失，没有思想和感觉。从心理学上讲，死亡是指个体心理活动的停止，没有感觉、意识和没有行为。

（二）特点

死亡具有不可抗拒性，当死亡来临时，所有人都无法自己选择。死亡具有必然性，生命的终结就是死亡的必然性。死亡还具有偶然性，主要由突发意外事件等造成。正是由于这些特点，个体对死亡充满恐惧，甚至逃避死亡。对待死亡的态度没有好坏之分，人对死亡的恐惧是与生俱来的。

（三）对死亡的反思

对死亡的误区在于有人认为既然终将死亡，也就没有奋斗的必要，从而轻视生命。其实最根本的原因是没有树立正确的人生发展观和价值观，也没有找准自己在社会中的位置。因为生命是有限的，所以我们更应该将有限的生命投入社会实践中去。我们无法决定生命的长度，但是可以把握好生命的每一天。

正确认识死亡，有助于个体生探寻关于生命的意义。通过对生死的思考，促使个体警醒和觉察生命，能够坦然和积极地面对死亡，赋予对生命意义的重新体验和思考。

二、心理危机及其特征

每个人在其一生中经常会遇到应激或挫折，一旦这种应激或挫折不能自行解决或处理时，则会发生心理失衡，这种失衡状态就是心理危机。也就是说，产生心理危机需要三个条件：一是较大的生活事件，二是不适的身心反应，三是超出自身应付的范畴。

美国心理学家卡普林（G. Caplin）在 1974 年首次提出“心理危机”的概念，并对此进行系统研究。他认为，每个人都在努力维持内心的平衡、自身与环境的协调，当个体生活发生重大变化或遭遇危机时，内在平衡就会打破，进入失衡状态，进而出现焦虑、抑郁、进食、睡眠等一系列的身心反应。对灾难事件的研究表明，70％的当事人心理创伤可以自愈，30％的当事人在一定程度上会出现心理问题，严重的会造成创伤后应激障碍。

三、大学生心理危机的识别与评估

（一）大学生心理危机的潜在风险评估

评估学生心理危机的潜在风险主要有固态因素和动态因素两类指标。

固态因素包括：(1)疾病情况，指身体是否有严重疾病，久治不愈，个人很痛苦。研究表明，患慢性疾病(如 HBV、肺结核、HIV)的人 50%有心理危机。(2)家庭状况，指家庭结构是否是单亲或离异；家庭氛围是否轻松和谐、平等民主；家庭功能是否良好，满足了学生生理、心理、社会性发展的需求等。家庭是学生精神活动和心灵成长的主要环境。父母惩罚、严厉、拒绝、否认的态度对子女的心理健康有严重影响，过度保护和过度干涉易让子女出现强迫、人际关系紧张、焦虑等心理问题。(3)人格特质。悲观、自卑、外归因、依赖性、焦虑性人格是危机的易感性人格特质。(4)既往经历，指是否有寄养情况、是否有重大创伤等。有寄养经历的学生由于生活环境的变迁，易于困惑、不安，甚至恐惧，产生自我否定等心理危机。(5)社会支持，指身边父母、同学、朋友、老师等能够提供的帮助，包括物质支持和精神支持。(6)精神资源，指学生是否有合适的理想、信念和价值观。信仰对人的生存价值和心理健康有正向积极作用。拥有梦想和希望便有动力与意义。反之，迷茫困顿增加心理危机风险。

动态因素主要包括学习压力、人际冲突、情感纠葛、就业压力、应激事件、情绪波动等。研究表明，大学生极端心理危机事件相对集中在学业问题、情感受挫和就业压力方面。

(二)大学生自杀的风险评估

当前，大学生自杀事件时有发生，自杀是中国 15～34 岁人群的首要死亡原因，甚至超过了车祸与疾病。预防自杀是大学生心理健康教育的基础任务，为此我们必须准确识别和评估危机学生的自杀风险。大学生自杀风险评估可分为粗略识别和精确评估两个环节。

1. 自杀风险的粗略识别

意欲自杀者通常会在言语和行动上表明自杀的企图，使我们有迹可循。他们在言语上的线索一般有：

(1)流露出无助或无望的心情或无价值感。

(2)表达过死的念头，谈论与自杀有关的事或开自杀方面的玩笑。

(3)讨论自杀计划，包括自杀方法、日期和地点，易获得的自杀工具等。

(4)直接说出“我希望我已死去”“我再也不想活了”。

(5)间接说出“我所有的问题马上就要结束了”“现在没人能帮得了我”“没有我，别人会生活得更好”“我再也受不了了”“我的生活一点意义也没有”等。

行为上的线索一般有：

(1)出现突然的、明显的行为改变或危险性行为增加，如易激惹、过分依赖、持续不断地悲伤或焦虑、常常流泪；注意力不集中，成绩下降，经常缺勤；孤僻，人际交往明显减少；无缘无故地生气或与人为敌；出现自伤或自杀行为。

(2)抑郁症表现(情绪改变，睡眠、食欲改变)。

(3)有条理地安排后事。

(4)突然把个人有价值、有纪念性的物品送人。

(5)与亲朋好友告别。

(6)频繁出现意外事故。

(7)饮酒量猛增。

2. 自杀风险的精确评估

自杀风险的粗略识别是自杀风险评估的初始阶段，结论存在不确定性，而这种不确定性需要通过后续的精确评估来解决。精确评估往往需要专业的危机干预工作者，他通过与特定大学生面对面的会谈，运用娴熟的会谈技巧，深入其内心世界，以了解和评估其自杀意念和自杀计划，准确判断当事人实际存在的自杀风险，从而划分风险等级，确定干预策略。自杀风险的精确评估是自杀风险评估的核心阶段。

自杀风险的精确评估通常分为五个步骤：

（1）评估抑郁程度。有自杀倾向的人往往都有着严重的抑郁。抑郁是自杀风险的显著预测因子。在评估时，可从询问学生最近的感觉和感受入手，然后具体了解其无助感、绝望感、罪恶感或无价值感程度，询问其是否兴趣丧失、有退缩或隔离等情况。这些状况越长久、越密集、感觉强度越大，意味着抑郁程度越深。

（2）探测自杀意念。当学生存在严重的抑郁症状，工作者应平静地询问其是否想过伤害自己，以及这种意念持续的时间、频率和强度。意念越长久、越频繁，自杀风险越高。

（3）探察自杀计划。有无自杀计划是自杀风险高低的分水岭。一般来说，没有自杀计划的自杀意念风险偏低，有明确自杀计划的自杀意念风险较高。所以，一旦学生存在自杀意念，工作者必须进一步询问其是否有详细或明确的自杀计划，澄清该计划的具体性、可行性和致命性。如果自杀计划具体、可行、致命，则该生的自杀风险等级是极其高危的。

（4）评估社会支持。主要是周边能获得的物质支持和精神支持。社会支持良好，预后也较好。

（5）划分自杀风险等级。自杀风险一般可以划分为五个等级：无自杀风险（没有自杀的意念或计划），轻度自杀风险（有自杀意念，但无特定计划），中度自杀风险（有自杀意念和一般的自杀计划，有危险因素，也有保护因素），严重自杀风险（存在经常而强烈的自杀意念，自杀计划具体、可行且致命，有多重风险因素），极严重的自杀风险（存在经常而强烈的自杀意念，自杀计划具体、可行且致命，有多重风险因素，明确表示一旦有机会就会自杀）。

通过上述流程，我们将形成对某个大学生自杀风险的清晰认知。具体操作还可参照《自杀/攻击危险性评估（SRA）》（见表 9－1）。

表 9－1 自杀/攻击危险性评估（SRA）

判断项目	无	有（低）	有（高）	极高
评估自杀、自伤、暴力攻击计划	0	1	2	3
评估既往相关自杀、自伤、暴力攻击经历	0	1	2	3
评估目前现实压力	0	1	2	3
评估目前支持资源	2	1	0	
临床心理评估（睡眠、饮食、健康、心理）	0	1	2	

危机等级评定：0 分——正常；1～2 分，无明显危险——关注；3～5 分，中等危险——追踪；6～8 分，高度危险——高危；9～13 分，即时警戒——警戒。

四、大学生心理危机的预警与干预

（一）预警人群

（1）遭遇突发事件而出现心理或行为异常的学生，如家庭发生重大变故、受到自然或社会意外刺激的学生。

(2)学习压力特别大且心理或行为异常的学生,如第一次出现不及格科目的优秀生、需要重修多门功课的学生、将试读的学生、将被退学的学生、完成毕业论文有严重困难的学生、高分低能的学生等。

(3)感情受挫后出现心理或行为异常的学生。

(4)性格内向、经济特别困难、深感自卑且出现心理或行为异常的学生。

(5)出现严重环境适应不良导致心理或行为异常的学生。

(6)与他人发生严重人际冲突(被多人排斥、受到歧视或误解等)后出现心理或行为异常的学生。

(7)患有严重心理疾病,如抑郁症、恐怖症、强迫症、癔症、焦虑症、精神分裂症、情感性精神病等疾病的学生。

(8)由于身边同学出现个体危机状况而受到影响,产生恐慌、担心、焦虑、困扰的学生。

(9)由于转系、休学、降级等组织管理上的原因或纯粹个人原因远离集体单独行动的学生。

(二)大学生心理危机干预的具体实施

预警一旦产生,从不同层面,学校各相关部门可以做以下几方面工作:

1. 学校层面

(1)危机的即时处理

①准确评估。一旦发现学生处于危机情况中,学院应尽快与学生接触和安抚,并同时上报心理健康教育与咨询中心,邀请专业人员对其进行心理危机的评估和处理。

②追踪处理。对症状表现较轻、危机程度不高者,以在校心理咨询为主,辅以药物治疗。对症状表现较重者,建议即时转介医院等机构。同时,院系对这些学生进行不同程度的监护。对于突发学生自伤、伤人事故等的紧急处理,院系闻讯后应立即赶赴现场,并报告给学校相关部门,进行紧急救助。对于因心理危机休学而后又复学的学生,院系对其学习生活进行妥善安排,帮助其建立良好的支持系统,定期随访。

③通知家长。如果确定某学生存在严重危机(自伤或伤人风险较高),学院应立即通知家长,向家长汇报学生目前情况和事件的严重程度,请家长配合学校共同做好学生的监护和心理疏导工作,确保其人身安全。

④政策和措施。在危机处理过程中,需要考虑学生在危机期间是否还能完成学业,是否需要休学或缓考。依据相关政策,必要时做出相应的通融和调整。在适当情况下,还应协助学生及其家庭得到恰当的帮助(心理咨询、贫困补助等)。

⑤对危机相关人员进行辅导。周边人员可能因为危机事件的影响,引发应激状态,需要心理支持和专业辅导。

(2)危机的事后处理

危机事件发生后,学院及相关行政部门立即成立危机干预小组。危机干预小组应当立即召开全体会议,了解大致情况,制订下一步工作计划。具体包括:

①与家属取得联系,向家属澄清事件发生的整个过程和环境,了解家庭如何理解该事件,了解家属对善后处理的希望,告知家属学校处理事件的大致过程。

②迅速召集相关人员开会,解释事件相关过程和处理情况,并且准备一份正式的通告,以便向学生做出解释。

③辅导员或班主任需要当面将事件通告学生,并向学生提供有关的帮助信息,确保情绪不

稳定的学生，及时被发现和干预。如果有些学生受到较大影响需要请假或休学，必须要求家长或监护人到校。

④危机干预小组需要随时了解事件和工作开展进程，包括是否通知到了相关人员，是否还有其他人员加入小组，是否掌握了全面信息，学生对此事如何反应等。

⑤危机事件发生以后，当事人的朋友、同学以及卷入较多的人都会有悲伤或愤怒等情绪，需要通过哀悼释放情绪。哀悼可以以小组的形式，对所有希望参与的人员开放，有组织地引导学生讨论该事件。

⑥帮助家属整理当事人的物品，办理各项遗留的手续。在处理物品时，要考虑相关人员的感受。

⑦危机事件后，应尽快帮助教师和学生重新投入生活。教师需要关注学生的各种反应，将情况严重的学生名单报到咨询中心备案，并推荐接受心理咨询。

⑧召开总结会议，了解事件的详细过程，讨论如何更好地处理类似事件以及如何避免类似的问题等，将事件的发生和处理的过程汇总为报告的形式，递交学校相关部门和领导。

2. 个体层面

(1)危机干预的步骤

当我们发现学生面临心理危机时，可采用“六步干预法”进行危机干预：

①确定问题。危机干预的第一步是从当事人的立场出发，确定和理解当事人的问题。干预人员可使用同感、理解、真诚、接纳以及尊重等积极的倾听技术，既注意当事人的语言信息，也注意其非语言信息。

②确保当事人安全。在危机干预过程中，干预人员应将确保当事人安全作为首要目标。

③给予支持和帮助。危机干预强调与当事人沟通和交流，通过语言、语调和身体语言让当事人认识到危机干预人员是能够给予其关心帮助的人，让当事人相信“确实有很关心我的人”。

④提出应对方式。帮助当事人探索可以利用的替代解决方法，促使当事人积极地搜索可以获得的环境支持，启发其思考，使其知道有哪些人现在或过去关心自己，有哪些应对方式可供选择。

⑤制订行动计划。帮助当事人做出现实的短期计划。计划应该根据当事人的应对能力，着重于切实可行和系统地帮助当事人解决问题。计划的制订应该与当事人合作，让其感到这是他自己的计划。

⑥得到当事人的承诺。帮助当事人向自己承诺采取确定的、积极的行动步骤，这些行动步骤必须是当事人自己的，从现实的角度是可以完成的。在结束危机干预前，危机干预工作者应该从当事人那里得到诚实、直接和适当的承诺。

除此之外，还应该启动社会支持系统，包括来自父母、教师、同学以及朋友的支持。这种支持不仅包括心理和情感的支持，也包括一些实质的救助行动。

(2)危机干预的具体策略

①向他表达你的关心。“最近你不怎么爱说话了，看起来有些不开心，能否告诉我是咋回事?”“遇到什么事情了，我可以为你做点什么?”“我知道你站在那儿是万不得已的选择，一定发生了什么事情让你很痛苦。要不谁想走这一步啊?”

②要有耐心，多听少说，尤其不要教导。静静地陪伴是很有力量的。

③要允许他流泪，允许他表达情绪，不批判，多接纳。

④给予希望，让他知道面临的困境能够有所改变，不是完全无能为力的。

⑤可以跟他谈论自杀。问他："你有没有想过伤害自己？具体是怎么想的？"

⑥在谈话结束时，跟他形成契约。"今天我们谈到这里，下个礼拜或者明天的这个时候我们俩再见面，可以吗？"一定要得到他的同意，让他知道你的关怀是持续的。

⑦有的人不想接受你的帮助，不要伤心，可以为他提供心理援助的信息。

实践互动

活动1：我的生命线

活动目的：做自己生命的主任，让生命线精彩绽放

活动时间：20分钟

活动准备：A4纸、笔若干

活动规则和程序：每个人都有自己的生命线，就是生命走过的历程。世间有多少人，就有多少生命线。

(1)请准备一张白纸，横放，在上方写下"某某某的生命线"。

(2)在纸的中部，从左到右画一条长长的直线，加个箭头，使它成为有方向的线。

(3)在线的左端写上出生，然后问问自己期待活多久，或预期活多久，在线的最右端标上这个年龄，并标示目前个人的年龄点。

(4)回忆生活中最快乐和最痛苦的事情，确认事情发生的时间，在生命线上标示出来。注意，可将快乐的事情标在生命线的上方，把痛苦的事情标在生命线的下方。越快乐，标得越高；越痛苦，标得越低。举例：

(5)看着自己的生命线，思考影响人生的重大事件，是快乐的多还是痛苦的多。

(6)上升和下陷的幅度怎样。

(7)现在进入将来时，把期待或预期的生活事件标识出来，如建立家庭、发展事业。

(8)注明时间，评估快乐与痛苦指数。同样，把最期待的高高地写在线的最上方。当然，你还会预期生活有挫折，如失去亲人、工作受挫等，同样标示出来，这才是完整的人生。

(9)看着你的生命线，如果标示的事件大部分在线下，问问自己：是不是对未来的预计太消极，对自己有太多的不满，是否可以考虑调整一下看世界的视角？如果大部分事件都标在了生命线上方，也请思考自己是否真的接纳了生活的悲伤或挫折？

(10)生命线永不停息地向前走，作为生命的主人，请考虑你打算怎样让它精彩绽放。

活动2:我的墓志铭

活动目的:通过情景想象,反思死亡,探讨生命的价值

活动时间:20分钟

活动准备:A4纸、笔若干

活动规则和程序:如果你得了绝症,并且已经被医生宣布医治无效,随时都有生命危险,请你进行以下活动:

(1)写出自己临终前的感受;

(2)列出三件临终之前想要做的事情;

(3)为自己写墓志铭,作为自己一生的简单总结。

作业和思考

一、判断题

1. 生命没有意义,其实一切都是毫无意义的,我们也没有去探寻它的必要。 ( )

2. 要获得和实现长期的幸福,必然需要探寻生命的意义。 ( )

3. 生命意义缺失的个体,对意义的追求可能被对权力、金钱、享乐的追求所替代和补偿。 ( )

4. 生命意义缺失的个体对心理治疗的需求会更大。 ( )

二、选择题

1. 下列不属于缺乏生命意义给人的心理健康带来消极影响的是( )。

A. 意义缺失会激发出我们重构意义的动机,引导我们进行意义追寻

B. 意义缺失的个体会体验到一种完全的空虚感,缺乏继续活下去的动力和目标,可能会采取自杀行为

C. 长期生活在无意义感之中,个体会产生无聊和消极的情绪体验

D. 意义缺失的个体可能会有更高的抑郁、焦虑的水平,对自我有更消极的评价

2. 什么样的生命是有意义的,下列说法不正确的是( )。

A. 生命存在本身就是有意义的

B. 在低层次的需要获得满足以后再迈向高层次的需要这一过程中,个体将获得更加丰富的生命意义

C. 生命意义在于我们对人生的积极关注、对人生理想和生活目的的坚信以及投入其中的程度

D. 生命意义在于当下的快乐与享受,而没有负性情感的体验

3. 探寻生命意义的路径有( )。

A. 追求真正的幸福就能体验到生命的意义

B. 在做出选择、追求目标以及真正去行动的过程中构建生命的意义

C. 通过对权力、金钱、享乐的追求来追寻生命的意义

D. 不需要与他人建立联系,只需要关注自我,在自我的思索中去发现生命的意义

推荐书目

1.《活出生命的意义》

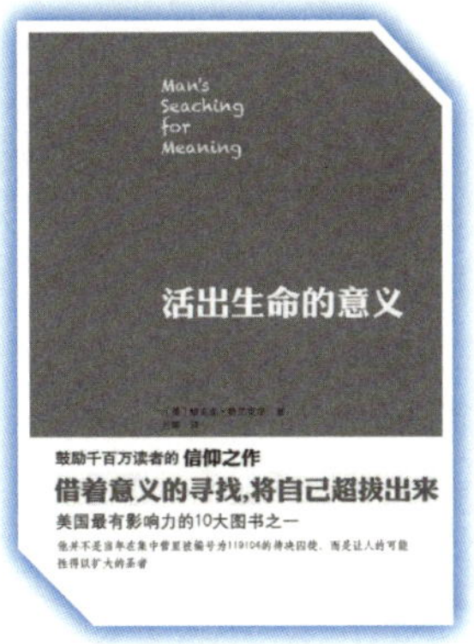

作　　者：［美］维克多·弗兰克尔

出 版 社：华夏出版社

出版时间：2018 年 1 月

作品简介：

著名心理学家弗兰克尔是 20 世纪的一个奇迹。纳粹时期，作为犹太人，他全家都被关进了奥斯威辛集中营，他的父母、妻子、哥哥都死于毒气室中，只有他和妹妹幸存。弗兰克尔不但超越了这炼狱般的痛苦，更将自己的经验与学术结合，开创了意义治疗法，替人们找到绝处再生的意义，也留下了人性史上最富光彩的见证。弗兰克尔一生对生命充满了极大的热情，67 岁仍开始学习驾驶飞机，并在几个月后领到驾照。一直到 80 岁还登上了阿尔卑斯山。

2.《生命的礼物》

作　　者：［美］欧文·亚隆/［美］玛丽莲·亚隆

出 版 社：机械工业出版社

出版时间：2023 年 4 月

作品简介：

我们都曾经、正在或将要面临所爱之人的患病离世。当鹣鲽情深、相濡以沫的伴侣突患癌症，该如何面对、如何劝慰？当生命渐逝，注定无法阻止，该如何了无遗憾地告别，好好陪伴爱人最后的时光？当永失吾爱，生活灰暗绝望，该如何坦然面对孤独，疗愈哀伤？本书是心理学大师亚隆夫妇献给对方的最后礼物，它是对爱人最后的告白，更是一场振聋发聩又温柔万分的死亡教育，充满了对芸芸众生的拳拳关怀，以真挚的记录和觉察，揭示生命、死亡、爱与存在的意义，为同在受苦的人们带来一丝抚慰。

3.《给心理治疗师的礼物》

作　　者：［美］欧文·亚隆

出 版 社：中国轻工业出版社

出版时间：2015 年 3 月

作品简介：

这是世界存在主义心理治疗大师欧文·亚隆写给年轻一代治疗师的珍贵备忘录，汇集了他最真实的经验和最坦诚的交流。翻开这本书就像是拆开了来自亚隆的生命的礼物，它将带你领略心理治疗的独特魅力——“与他人真正相遇”。

第十章

爱的能力

导入案例 1

小 C 同学，大二年级男生，大一下学期倾慕同班女生小 Z 并对其展开了追求，经过小 C 的不懈努力，在大一学期末与小 Z 确定恋爱关系进入热恋。恋爱过程中，小 C 对小 Z 关怀备至，但也极度依恋小 Z，空余时间必须待在一起，分开的时候要求频繁的电话联系、微信聊天等，小 C 沉浸在恋爱中不能自拔。经过一学期的相处，小 Z 因两人性格不合的原因向小 C 提出分手，小 C 一时难以接受，情绪大爆发，大吵大闹，还在校园中截堵小 Z，给小 Z 造成许多困扰，小 C 本人也无心学习，长期处于颓废中。

导入案例 2

小 H 同学，大二年级学生。某一天，同专业学姐告知辅导员受到该生的频繁骚扰，且侵犯其肖像权。经了解，两人于社团中认识，认识后小 H 同学以工作与学习为由常发微信给这位学姐，学姐也予以积极解答与指导，渐渐地，小 H 的信息内容由工作、学习扩大到生活分享等方面，学姐出于礼貌，也常予以回复。但是，没想到，小 H 同学却开始将该学姐微信朋友圈的个人照片发至他的微信朋友圈，并"光明正大"写明学姐是他女朋友，同时频繁发信息给学姐要求单独约会。学姐要求其删除照片与明确拒绝无果后，无奈之下，只好找小 H 的辅导员，希望得到老师的帮助以解决问题。辅导员找到小 H 谈话，小 H 告知辅导员虽然没有明确确立恋爱关系，但是学姐每次都认真回复他的信息，也能够积极给予指导，这种积极回应就说明学姐也喜欢他。

爱，是人类的一种基本情感。泰戈尔说，爱是理解别人；卢梭说，生活就是爱；费尔巴哈说，爱就是成就一个人；马尔克斯说，爱是人类历史上重要的主题，因为一切都与爱有关。

我国古诗词中，也不乏关于爱的篇章。如"愿得此身长报国，何须生入玉门关""三十功名尘与土，八千里路云和月"的家国大爱；如"海内存知己，天涯若比邻""结交在相亲，骨肉何必亲"的友爱；还有"死生契阔，与子成说。执子之手，与子偕老""两情若是久长时，又岂在朝朝暮暮""玲珑骰子安红豆，入骨相思知不知"的爱情。

进入大学时代，青年大学生不仅拥有更加丰富多彩的人生体验，也将体悟更加复杂多元的感情世界，正确认识爱的内涵与养成爱的能力尤为重要。

第一节　爱的内涵

一、爱的本质

爱通常源于人与人之间的亲密关系或人与事物之间的联结，也可能源于钦佩、慈悲或共同的利益。爱通常存在于人际关系之中，如家庭成员之间、朋友之间或伴侣之间。

可见，爱是一个多元化且复杂的概念，它可以从不同的角度和层面来理解。

从哲学的角度看，一些哲学家认为爱的本质是仁爱和同情，如亚里士多德认为，爱是美德中最重要的品质之一，是一种对他人的关心和好意。而另一些哲学家则认为，爱的本质是欲望和渴望，如尼采认为爱是对象的欲望和渴望的表现，是一种欲望的驱动力。从心理学的角度，弗洛伊德认为，爱是人类的一种本能需求，是人类无意识的驱动力；而罗杰斯则认为，爱是一种能够让人类理解和尊重他人、接受他们不同之处的情感。从社会学的角度，爱被认为是一种社会关系的产物，是为了消除人类对孤独和分离的恐惧，一种进入人类社会的方式。

爱是一种强烈的、积极的情感状态和心理状态。它代表着对人或事物有深切真挚的感情，是一种对人、事、物十分深刻的喜爱。爱可以带来温暖的吸引、强烈的热情以及无私的付出。

二、爱的特点

(一)纯粹性

爱的纯粹性体现在它不包含任何的杂念或条件，也可理解为无私性，不寻求个人的满足和回报，而是以对方的幸福和利益为首要考虑。

真挚的爱不受任何外在因素或内在动机的干扰，它不以貌取人，也不因财富、地位或其他外在条件而产生偏见或改变。纯粹的爱是无条件的，它不要求对方做出任何牺牲或改变，而是全心全意地接受和爱护对方。它也不寻求自己的利益或满足，而是关注和关心对方的情感和需求。总之，纯粹的爱不求回报，不计较得失，并且是真心实意的喜爱。

爱是一种精神上的联结，是建立在互相尊重、信任和理解的基础上的。它是人类情感的最高境界之一，也是我们追求美好生活的理想目标。

(二)持久性

爱是一种情感，真挚的情感与深刻的喜爱都是经得起时间的考验的，爱不是一时兴起更不是短暂的新鲜感，而是源自内心深处的持久而深刻的喜爱。无论亲情、爱情、友情，通常不会随着时间的推移而消失，反而可能会变得更加深厚。

爱的持久性也取决于许多因素，如个人性格、情感基础、相处方式、生活经历等等。如果双方能够相互尊重、理解和支持，并且在相处过程中保持诚实、忠诚和坦率，那么爱的情感会愈加浓烈，时间也会持续更久。

虽然，一些情感也可能因为某些原因消失或减弱，如矛盾和冲突、距离和时间等等。但是，对于那些真正的深刻情感，矛盾、冲突、时间等可能会对感情产生一定的影响，但不会打破爱意，有时候甚至可能增强爱的情感。可见，爱经得起时间的考验，也经得起情感的考验。

(三)社会道德性

爱不是无底线的包容，它是有原则和边界的。人的社会性决定了爱受具体社会关系支配和制约，需要符合社会伦理和道德规范。在不同的文化和社会中，爱受到不同的社会观念、习俗和制度的影响。

爱不能凌驾于社会道德或法律之上。真正的爱是建立在尊重他人的权利和尊严基础上的，个体的爱不得侵犯他人的利益。例如，不能借着爱的名义实施不忠、欺骗和虐待等行为。任何类型的爱，都必须建立在法律制度和社会公德的基础上，这才是健康、平等、持久的爱。

爱的社会道德性蕴含着强烈责任心。爱是一种神圣的责任，这种责任不受外界压力影响，而是来自内心的自觉，无论何种爱，都有责任给予关心、尊重和支持，同时，面对困境时，共同面对问题、承担责任。

三、爱的类型

爱是一种复杂的情感，根据不同的视角，可以分为不同的类型。古希腊人认为爱有七种状态，分别为家庭之爱（Storge）、友人之爱（Philia）、欲望之爱（Eros）、无条件的爱（Agape）、孩童之爱（Ludus）、夫妻之爱（Pragma）和自我之爱（Philautia）。这七种爱的状态会在不同的关系中出现，也会在不同的人生阶段出现。心理学专家弗洛姆在其名著《爱的艺术》中提出，人类的爱分为兄弟之爱、父母之爱、异性之爱、自我之爱和神明之爱。

基于不同关系之间的爱进行分类，本书主要将其分为五种：爱情、友情、亲爱、自爱和仁爱。

（一）爱情

关于爱情，不同时代、不同领域有着不同的含义解释。柏拉图在《会饮篇》中认为，爱情是人类的一种精神现象，爱情是爱一切的善，美的爱情应排除一切肉欲，只剩下纯精神的爱慕。马克思主义爱情本质论认为，所谓爱情，就是一对男女基于一定的社会关系和共同的生活理想，在各自内心形成的对对方的最真挚的倾慕，并渴望对方成为自己终身伴侣的最强烈的情感。我国伦理学家罗国杰认为，爱情是指一定社会经济文化状态下，两性间以共同的生活理想为基础，以平等地互爱和自愿承担义务为前提，以渴求结成终身伴侣为目的，而按一定道德标准自主结成的一种具有排他性和持久性的特殊社会关系。

总之，爱情是基于一定社会关系和共同生活理想，两性之间因生物本能而产生的持久的、强烈的互相倾慕的情感，这种情感具有排他性和自主性。

（二）友情

友情是友谊的同义词，它是指朋友与朋友之间的感情。友情是一种相互理解、相互支持的关系，只有在双方都付出了同样的努力和真诚时，才能得到真正的友情。友情超越血缘和地缘的限制，可以存在于任何两个人之间，无论他们来自何方、有着怎样的背景。友情和亲情、爱情在表现形式和深度上有所不同，但它同样包含着关爱、尊重、理解和支持等要素。朋友可以成为我们的支持系统，帮助我们度过生活中的各种阶段。他们可以提供新的视角和观点，激发我们的创造力和潜力。通过朋友之间的交流和互动，我们可以学会更多的社交技巧，培养更好的人际关系。友情，对于个人的成长和发展具有重要意义。

（三）亲爱

亲爱，指亲人之间的爱，是一种爱怜，特别常见于父母与子女之间的爱。亲爱是一种建立在需求和赠予之上的本能，如果人们不去爱，那么正常生活就会被影响，比如父母不对子女提供保护，良心就会受到谴责。这种爱的对象没有明确的限制，但通常是熟悉的、有情感联结的。亲爱会随着时间日益增长，也可能与其他类型的爱逐渐融为一体。

(四)自爱

自爱即爱自己。自爱是一个人对自己的尊重和爱护,它涉及对自己的身体、情感、精神以及个人价值的照顾和认同。自爱不是自恋,而是一种积极的生活态度和自我成长的动力。自爱首先意味着照顾好自己的身体。这包括保持健康的饮食习惯、规律的锻炼、充足的睡眠以及避免有害的行为,从而保持健康的体魄。自爱需要关注自己的情绪和感受,学会表达自己的情感,并寻求健康的情绪出口。自爱还包括精神层面的成长、个人价值的认同和尊重,有所追求,也接纳自己。

(五)仁爱

仁爱,是中国儒家文化的基本精神。仁爱不仅是爱人,也指对万物有仁爱之心、对自己有仁爱之心。中国文化中的仁爱,包含了人与自然的关系、人与人的关系和人的身心之间的关系。在仁爱中,爱是核心,人们以爱为出发点,个体作为行为主体向外围事物扩展,在爱自己的基础上爱他人、爱万物。爱他人则是由自身扩展到自己身边的人。仁爱的概念也不仅仅局限在自身和身边的人,对儒者来说,仁爱还会以自己的家庭为起点,向外扩展到多个家庭,乃至整个社会,这也是儒家思想的理想人格的展现。在大学校园,奉献和公益行动氛围浓厚,这也是新时代大学生葆有仁爱的表现。

四、爱对人类发展的意义

爱在人类生活中扮演着极其重要的角色,它不仅影响着我们的情感和心理状态,还对我们的认知、社交和道德发展产生深远影响。

(一)获得情感满足与幸福感

爱能够满足我们深层次的情感需求,给予我们内心的满足和幸福感。当我们感受到爱时,我们的身心状态会得到极大的改善,焦虑、抑郁等负面情绪会得到有效缓解。爱让我们感受到被接纳、被关心和被珍视,这种感受是我们在生活中最渴望得到的。

(二)增进社交联系与人际关系

爱是我们与他人建立亲密关系的基础。通过爱,我们可以与他人建立深厚的情感纽带,形成紧密的社交网络。这种社交联系不仅让我们在生活中感到安全和稳定,还有助于我们获得支持、帮助和成长的机会。

(三)促进认知发展与创造力

爱对我们的认知发展具有积极的影响。研究表明,爱可以激发我们的创造力和想象力,让我们更加富有创新精神。此外,爱还能提高我们的注意力和记忆力,使我们更加专注于学习和工作。

(四)塑造道德行为与品格

爱对道德行为的培养和品格的塑造具有至关重要的作用。通过关爱他人、尊重他人和承担责任,可以培养正直、善良、宽容的优秀品格,养成自信心、同理心和责任感等积极品质。这些品质不仅让我们成为更好的人,还有助于我们构建更加和谐、公正的社会。

(五)保持身心健康与长寿

爱对身心健康具有显著的促进作用。研究表明,拥有爱和支持的人更容易保持健康的生活方式,面对压力时更有韧性。此外,爱还与长寿之间存在正相关关系,那些拥有丰富社交关系和爱的人往往寿命更长。

第二节 大学生常见的恋爱困扰及其调适

青春期是人生中一个充满活力、激情与探索的阶段，特别是对正处于这一时期的大学生而言。随着性生理与性心理的逐渐成熟，恋爱心理开始在大学生的内心世界中萌动。这种心理变化既带来了新奇的体验，也伴随着种种困惑和挑战。

一、恋爱心理概述

(一)恋爱与爱情的含义

恋爱是指一对男女之间在生理、心理和社会因素共同作用下相互倾慕和培植爱情的过程。

所谓爱情，就是一对男女之间，基于一定的社会关系和共同的生活理想，在各自内心形成的最真挚的相互倾慕，并渴望对方成为自己终身伴侣的最强烈的感情，是两颗心灵相互向往、吸引，达到精神升华的产物，是人类特有的一种高尚的精神生活。

(二)大学生恋爱的特点

大学生恋爱作为一种特定阶段的人际关系现象，在大学校园中广泛存在并具有独特的意义和影响。这一阶段的恋爱关系不仅反映了大学生个人的情感需求和价值观，还与他们正在经历的身份认同、社会交往和未来发展等方面紧密相连。

1. 理想化

大学生往往对恋爱抱有美好的期待和幻想，将恋爱对象理想化，追求完美的爱情。大学生正处于情感成长的阶段，他们的恋爱往往带有一种纯真和理想化的色彩。他们可能会将恋爱关系视为一种完美无缺的情感连接，对恋爱对象抱有过高的期望，并沉浸在浪漫和激情之中。这种纯真和理想化使得大学生恋爱具有一种特殊的魅力和吸引力。

2. 单纯性

由于大多数大学生尚未踏入社会，他们的恋爱心理相对单纯，更多地基于情感上的需求和共鸣。相较于成年人可能更加复杂的恋爱动机和考量，大学生在恋爱时往往更加真诚和直接。他们更可能基于对对方的真实感情和喜欢而建立恋爱关系，而不是受到外界物质、地位等因素的干扰。大学生在恋爱中的承诺也往往更加真诚和坚定，他们愿意为对方付出时间、精力和情感，共同成长和面对未来的挑战。

3. 自我认同

大学生在恋爱中渴望得到对方的认同和接纳，以此确认自己的价值和地位。大学生在恋爱中倾向于选择与自己有共同语言和兴趣的伴侣。这是因为他们希望通过与伴侣的交流和互动来确认自己的价值观和生活理念。他们希望找到一个能够理解自己、支持自己的人，与伴侣共同成长和进步。这种对伴侣的选择体现了大学生对自我认同的追求，他们希望通过与伴侣的关系来确认自己的身份和价值。

4. 探索性

大学生恋爱往往处于探索和尝试的阶段。往往伴随着对个人目标、需求和人生观的探索，这种探索可能会影响到恋爱关系的稳定和发展。他们可能还在探索自己的情感需求、价值观，这使得他们的恋爱关系具有一定的不稳定性和变化性。有时，他们可能会因为对彼此的期望不符合、个人目标的变化或其他原因而选择结束恋爱关系。

(三)爱情发展的阶段

一般而言,美好的爱情要经历一个萌芽、发展、稳定,最后步入婚姻的过程。男女双方培育爱情的过程,称为恋爱(be in love)。按双方在爱情中的关系来说,可以分为共存期、反依赖期、独立期和共生期。

1. 共存期

这是热恋时期,共存期中的爱人不论何时何地总希望能待在一起。他们对恋爱对象投入极大的热情和关注,容易将恋爱对象理想化,并希望和他/她融为一体。

2. 反依赖期

等到感情稳定后,至少会有一方想要有多一点自己的时间做自己想做的事,或者在爱情中发现和完善自己的人格。这时双方很容易因不一致而争吵,一方会感到被冷落,或者认为双方"性格不合"而分手,有很多爱情在此阶段遭遇障碍而中止。

3. 独立期

这就是我们俗称的"磨合期",双方要求更多独立自主的时间去发展自我,而不局限在狭小的爱情空间里。如果在这一时期,双方能够认识到两人的不同,尊重并支持对方的选择,两人就会进入共生期。

4. 共生期

这时新的相处之道已经成形,情侣之间成为最亲的人。步入这一阶段的两人对双方的性格特点、喜恶爱好、人际交往甚至家庭环境都比较了解,双方在保持人格独立和完整的基础上,互相尊重、扶持和成长,并可能在家庭生活中相伴走过一生。

(四)恋爱对大学生成长发展的意义

大学生恋爱不仅关乎情感和亲密关系的建立,还涉及自我认知、心理成熟、学业和事业的发展,以及道德和社会价值观念的形成。

1. 学习建立亲密关系

恋爱是发生在两个人之间、一个人与另一个人建立起来的一种亲密关系。这种亲密关系能否稳固、发展、走向成熟,其实也是大学生自我成长的一个重要标志。学习建立发展亲密关系,是学习如何去爱另一个人;也是学习如何与一个人长期相处,学会包容、体贴、关心、尊重,接纳失望、痛苦、不满等;还是学习如何保持恰当的距离,不过度地依赖也不过度疏远,在恋爱中学会保持独立,建立和享受安全感、亲密感;也是学习如何在亲密关系中满足自身及相互的心理需要。

恋爱帮助大学生建立和发展与他人的亲密关系,这是个人成长和心理健康的重要部分。

2. 培养爱的能力

恋爱不仅仅是情感的交流,更是一种能力的体现。这种能力涉及情感管理、人际交往、自我认知等多个方面,是大学生情感成熟和个性发展的重要标志。恋爱过程中,大学生们经常面临情感的波动与挑战。在与恋人的相处中,他们需要学着如何调控自己的情绪,如何在情感冲动面前保持冷静与理智。这种情感调控与自我管理能力的培养,不仅有助于维护恋爱关系的和谐,也为他们处理未来生活中的复杂情感问题提供了有力的支持。并且,恋爱是一个需要双方共同努力和沟通的过程。在这个过程中,大学生们学习到了许多实用的人际沟通技巧,包括倾听、表达、反馈和同理心等。这些技巧不仅对于恋爱关系至关重要,更能够帮助大学生们在未来的职场和社交场合中建立良好的人际关系。

3. 促进自我认识与成长

恋爱不仅为大学生带来甜蜜与浪漫，更在无形中促进他们的自我认识和成长。大学阶段是大学生生理和心理逐渐趋于成熟的关键时期。与异性交往，尤其是恋爱关系，可以唤起爱的觉悟，满足情感需求，陶冶情操，优化心理结构，从而促进心理成熟。同时，恋爱关系中，大学生可以更好地认识自己，包括自己的情感世界、个性特点、为人处世的方式，以及自己的经历对自我的影响，反思自己的行为、情感和价值观。恋人作为一个重要他人，对个体的自我认知有着重要影响。

虽然恋爱对大学生人生发展具有重要影响，但也要理性看待恋爱关系。大学生在恋爱过程中需要保持独立、负责任和尊重他人的态度，避免盲目跟风和过度投入，更要在恋爱中学会平衡爱情与学业的关系。

二、经典的爱情心理学理论

（一）斯腾伯格的爱情三角理论

20 世纪 90 年代，美国心理学专家罗伯特・斯腾伯格（Robert J. Sternberg）运用了定量分析与定性分析相结合的方法，在大量文献以及实证研究的基础上提出了著名的“爱情三角理论”，认为人类的爱情虽然复杂多变，但爱情可以用三个因素来描述，这三个因素可以看作三角形的三个顶点，是构成爱情的关键要素，它们分别是：亲密（intimacy）、激情（passion）和承诺（commitment）。

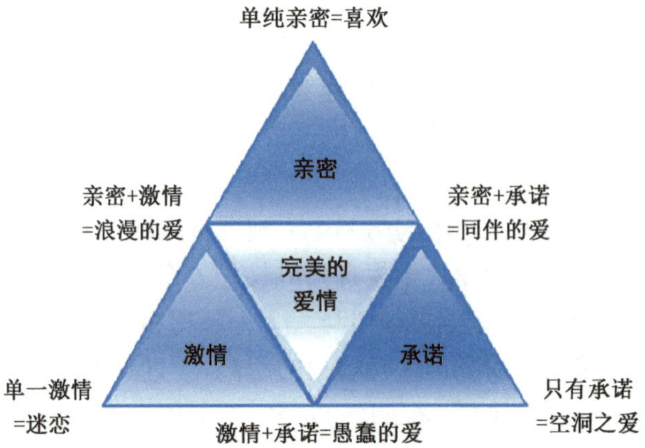

来源：抑郁研究所。

图 10－1　罗伯特・斯腾伯格爱情三角理论

（1）亲密，是指爱情关系中亲近、连接、结合等体验，这个因素包含了那些在爱情关系中能促进温暖关系的感觉，其中包括十个要素：渴望促进爱人的幸福感，与爱人同享喜悦，对爱人高度关注，对爱人信赖，与爱人相互理解，与爱人分享自我与所有，从爱人那里得到情感的支持，为爱人提供情感支持，与爱人亲密交流，肯定爱人的价值。

（2）激情，是指引发浪漫之爱、身体吸引、和睦完美以及爱情关系中相关现象的驱动力。激情因素包括那些在爱情关系中能引起激情体验的动机性以及其他形式的唤醒源。性需要在激情体验中占支配地位，但是其他需要比如援助、关怀、支配、顺从和自我实现也有助于激情体验的获得。

(3)承诺,从短期来讲,是指一个人决定爱另一个人;从长期来讲,是指一个人维持爱情的承诺。承诺因素的这两个方面不一定同时存在,一个人可以在不承诺长久之爱的前提下决定爱一个人,一个人也可以处于一段关系却不承认爱着对方。斯腾伯格用亲密来形容爱情的"温度",激情来形容爱情的"热度",而承诺则需要一定的理性思考,是爱情的"考量"。爱情关系的"热度"来自激情,温暖来自亲密;相形之下,承诺则反映的不是出于纯粹的爱情所做的决定,更多的体现的是在爱情基础上的理性认知。

斯腾伯格用这三个成分来描述两个人之间的爱情关系,这三种成分就构成了一个三角形,当三种成分的强弱不同时,三角形的形状就会发生改变,就会产生各种各样的形状,而此时的爱情表现特点以及它的含义也随之发生很大变化。

爱情的三个因素相互独立但又互相作用,按照这三个因素在爱情关系中的不同比重,可以构成八种"爱情的类型",分别是无爱(non-love)、喜爱(linking love/friendship)、痴迷的爱(infatuated love)、空洞的爱(empty love)、浪漫的爱(romantic love)、伴侣的爱(companionate love)、愚昧的爱(fatuous love)以及完美的爱(consummate love)。

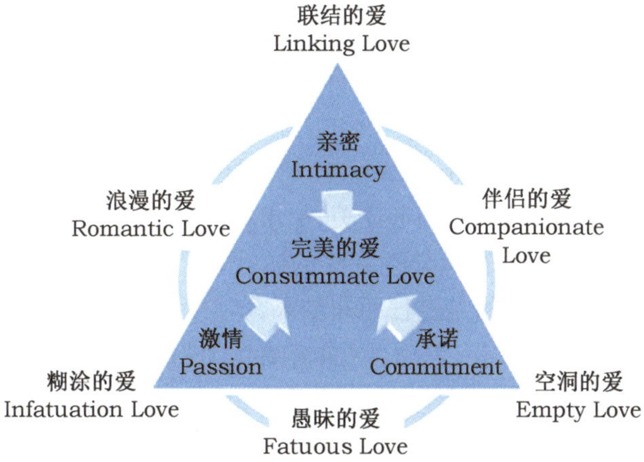

来源:简单心理 Uni Seed 课程。

图 10—2 爱情的类型

(1)无爱中爱情的三个因素都缺失。如果亲密、激情和承诺都缺失,爱就不存在,则两个人也许仅仅是熟人而不是朋友,彼此的关系是随便的、肤浅的、没有承诺的,事实上这种无爱的行为只存在于理论之中,现实中很难存在。

(2)喜爱存在亲密,但缺乏激情和承诺。当亲密程度高但激情和承诺皆低的时候,会产生喜爱。喜爱发生在有着真正的亲近和温暖的友情中,但不会激发激情,也不会有与之共度余生的预期。如果一个朋友确实激起了激情、他/她离开的时候会被强烈地思念,关系就已经超越了喜爱,变成了其他程度的关系。

(3)痴迷的爱是在爱情关系中只能体验到激情,而亲密和承诺都较为缺失。迷恋中有着强烈的激情,但缺乏亲密和承诺,当人们被不太熟悉的人激起欲望时会有这种体验。

(4)空洞的爱是指有一个人爱且承诺爱对方,但是缺乏亲密和激情因素的爱情关系。没有亲密或激情的承诺就是空爱。在西方文化中,这种爱见于激情燃尽的关系中,既没有温暖也没有激情，仅仅存在着留下的决定。在包办婚姻的关系中，空爱是配偶们共同生活的第一个阶段，而不是最末一个阶段。

(5)浪漫的爱是亲密与激情因素的组合。当程度高的亲密和激情一起发生时，人们体验的就是浪漫的爱。对浪漫爱的一种看法是，它是喜爱和迷恋的结合。人们常常会对自己的浪漫关系做出承诺，但斯滕伯格认为承诺并不是浪漫的爱的典型特征。

(6)伴侣的爱是亲密和承诺因素的组合，但是激情缺席。亲密和承诺结合形成对亲密伴侣的爱，可以称为友伴的爱。亲近、交流和分享伴随着对关系的投入，双方努力维持深刻而长期的友谊。这种类型的爱会集中体现在长久而幸福的婚姻中，虽然年轻时的激情已渐渐消失。

(7)愚昧的爱是激情与承诺的组合，但是缺乏亲密。缺失亲密的激情和承诺会产生一种愚蠢的体验，也称作虚幻的爱。这种爱会发生在旋风般的求爱中，在势不可挡的激情中两个人闪电结合，但对彼此并不很了解或喜爱。

(8)完美的爱则是一种亲密、激情与承诺兼备的完整爱情，是一种最为理想的爱情关系。在完美之爱中，爱情三角呈现出等边三角形的平衡模式，而其他类型的爱情各自构成了形状不同的不等边三角形，代表不同的不平衡爱情模式。但很少有人可以终生都有这种体验。也就是说，人在恋爱关系或者爱情中，恋爱关系是动态的，因此恋爱关系中所产生的爱情也相应是动态的，在不同阶段，每个成分在彼此的心理感受是不同的；不同程度的这三种成分可以形成不同形式的恋爱关系或者爱情。

(二)李约翰的爱情类型学说

加拿大社会学家李约翰(John Alan Lee)(1973)提出将男女之间的爱情分成六种类型：

激情型(Eros)：将爱情理想化，强调形体美，追求肉体和心灵融合为一的境界。

游戏型(Ludus)：视爱情为一场让异性青睐的游戏，只求个人需要的满足，并不会将真实的情感投入，常更换对象，且重视的是过程而非结果。

占有型(Mania)：指那种以占有、妒忌、强烈情绪化为特征的爱情。对所爱的人具有占有欲，对方稍有怠慢，就心存猜疑和妒忌。

友谊型(Storge)：由友谊逐渐演变成的爱情，温存多于热情，信任多于嫉妒，平淡而深厚。

利他型(Agape)：信奉爱情是付出而不是获取，甘愿为其所爱牺牲一切，不求回报。

实用型(Pragma)：将爱情视为生活的应用，但求彼此现实需要的满足，不求理想的追求。“男子娶妻，煮饭洗衣；女子嫁汉，穿衣吃饭”，正是这种爱情的典型。

三、大学生恋爱中的心理现象

爱，是人类情感中最为复杂、深沉且多变的一种。它时而如同蜜糖般甜美，时而又如苦茶般苦涩。这种情感的波动和变化，反映了爱的本质，也隐藏着心理学定律。

(一)恋爱中的光环效应

在恋爱中，对方身上某些巨大的光环往往使人失去辨别力，把恋爱对象身上的一切都看得完美无缺，即使他/她有什么不足也被淡化。当进入真实的爱情关系时，在光环笼罩下的缺点会逐渐显现出来，如果不及时加以澄清，就容易成为双方感情的“暗礁”。

因此，在恋爱中，我们要警惕“光环”的误导。透过耀眼的光环，我们还要看到他/她的真实样子。试想，如果仅仅是因为他/她外形俊美、富有、身材好、地位高而爱他/她，那么把这些都拿掉后，你的爱还剩什么呢？我们爱一个人，应该更多的是因为他/她品质好、学识渊博，性格与自己匹配等。因为只有这些内在的东西才不容易因“光环”褪去而突然消失，它们会随着时间的累积越来越厚重，你们的爱也会随之变得更加稳固。

（二）恋爱中的首因效应

首因效应简单来说就是首次接触到的信息所形成的印象对人们以后的行为活动和评价的影响，也称首次效应、优先效应或“第一印象”效应。在大学校园里，很多大学生推崇的“一见钟情”“一见倾心”的浪漫感觉，就是首因效应在起作用。当我们第一次见到对方时，如果对方的外在条件符合自己内心的标准，再加上气质、谈吐等方面也足够吸引，自然而然就会产生一定的好感。在这个好感的驱动下，两人加深交往，最后有可能真正走到一起。

然而，“一见钟情”的爱情并不是都能得到完美的结局。即使是在第一次见面就互生好感，如果在日后的交往中出现较大的矛盾，则仍然可能以分手结束。因此，可以说任何一见钟情的爱情要维持下去仍然要靠日久生情。在爱情中，我们可以利用好首因效应，在交往中逐渐加深了解，只有当两个人真正地情投意合时，才能发展出稳定的亲密关系。同时，我们也要避免首因效应对爱情的干扰，使我们抱着对对方的幻想走进虚无缥缈的爱情。

（三）恋爱中的移情现象

移情是精神分析理论的一个术语，是指来访者将自己对父母或对过去生活环境中重要人物的情感、态度和属性转移到治疗者身上，并相应地对治疗者做出反应的过程。后来，这个术语也泛指把某种情感由某一对象迁移到另一对象，被广泛应用于以精神分析为基础的诸多心理治疗技术中。

在治疗关系中，移情被分成两种形式：正移情和负移情。前者指对治疗者的依恋，后者指敌意的拒绝、被动的抵抗或屈从。在爱情关系中，移情现象也时常发生。比如，一位男生对一位女生产生的爱慕、依赖等情感，是因为她的气质等跟自己的妈妈或者姐姐很相像，给自己很温暖的感觉。于是，男生把对家人的情感转移到了女生身上。当男生在享受这种类似亲情的爱情，对女生产生积极的情绪回应时，就是一种正移情。但是，当女生出现一些意料之外的行为，比如过度管束男生使男生感到束缚时，就是一种负移情。

在大学校园里，由于大学生的个性特征和心理发展并不成熟，因此，对恋爱对象的移情现象普遍存在。比如，有的同学在家中排行老大，因此在爱情中也处于主动地位，对对方表现出较多的照顾行为；有的男生对母亲的唠叨非常反感，因此对女友的“啰唆”也异常敏感；有的女生曾经看到父亲醉酒的场景，心生反感，因此对男友喝酒表现出厌恶情绪。如果不及时觉察自己的移情现象，就容易把原本不属于爱情的愤怒、嫉妒、委屈等不良情绪掺杂进来，影响爱情的进程。

（四）两性关系中的“暧昧”现象

暧昧是两人之间一种说不清道不明的含糊感情，介于友情与爱情之间。大学生经常问到的一个问题“男女之间到底有没有纯洁的友谊？”就是对暧昧情感的困惑和思考。暧昧情感产生的原因可能是因为羞于直接表白或感情未到火候，也可能是现实条件限制而无法正式恋爱，还有一些是为了体验一种没有承诺约束的“爱情”。但是不管原因如何，暧昧的情感对当事人来讲，都是一种伤害。因为每个人都有恋爱渴求和独占欲，当暧昧的时间变长，人就很容易沉溺其中。如果此时另一方的恋爱渴求度不高，或已有伴侣，就会演变成一场非常尴尬的“单恋”——付出或不付出都会令人痛彻心扉。

大学生如何避免这种尴尬的暧昧情感呢？最重要的就是区分友情和爱情，把握这两种情感的边界。

首先，两者的基础不同。爱情是以两性吸引为基础的强烈情感，而友情则没有性的欲念，是同学、朋友间一种平等、诚挚、相互信任的友爱之情。其次，两者的性质不同，爱情具有排他性和封闭性，不容许有任何的第三者插足；而友情则产生于普遍的人际关系中，是开放、广泛和可以传播的。最后，两者承担的义务不同。爱情总是与婚姻家庭联系在一起，双方不仅要承担道德义务，还必须承担法律义务；友情一般只承担道德义务，如以诚相待、遵守诺言、互敬互助等。

四、大学生常见的恋爱困扰及调适

恋爱是复杂的高级心理活动，它涉及多个方面的情感、心理和行为等，可以为我们带来幸福和满足，也可能让我们陷入痛苦和失落。总之，恋爱是多种情绪、情感的交织，大学生要学会珍惜恋爱中的幸福与满足，也应该学会面对恋爱困扰。

(一)大学生常见的恋爱困扰

1. 单相思与爱情错觉

单相思又称单恋，是指异性关系中一方倾心于另一方的一种特定心理状态。单相思是青少年对爱情的一种美好憧憬，是进入爱情的准备阶段，但也有可能一直停留在这个阶段而无法得到实质的发展。它是大多数人都可能经历的一种心理状态。虽然单相思本身并不算是疾病，但过度的单相思可能会导致严重的心理失调，这种情况被称为单思病。

单相思通常有两种情况：不完全型单相思和完全型单相思。在不完全型单相思中，另一方也可能有同样的单相思情感，只是双方都没有表达出来。这种情况下，只要任何一方捅破这层窗户纸，就可能发展成为恋爱。而在完全型单相思中，除非对方改变想法，否则无论投入多少时间和精力，也无法改变单相思的局面。这种情况下，建议及早调整自己的心态，以免徒增痛苦。

在心理学上，错觉就是指个体对事物的不正确反映。爱情错觉是指在异性间的交往中，个体错误地认为对方爱上了自己，或者错把他人的正常交往与好感当作爱情，这便是我们日常所说的“自作多情”，它是单相思的另一种形式。比如，一个人把因性格、爱好、志趣相投的异性友谊而产生的亲密感情当作爱情；或者个体因为异性朋友性格开朗且两人有着高频率的人际交往而想入非非。

2. 网恋

随着科技的进步和互联网的普及，网恋已经成为一种不可忽视的恋爱形式。网恋是指以网络为媒介，借用聊天工具等进行社交，互相了解，从而相恋的过程。网恋是虚拟与现实的情感交织。作为与互联网同成长的青年大学生也会选择通过网络来结识新朋友，甚至发展恋爱关系。网恋对大学生来说，既有其吸引力，也存在一定的风险。大学生可以通过社交媒体、聊天应用等工具轻松地与异性进行交流，不受时间和地点的限制。但同时面临网络信息不真实和网络交流的局限性等问题，形成现实与理想的落差，加之缺乏现实生活中的互动和深入了解，难以建立稳定的恋爱关系。

青年大学生对网恋需要保持理性和谨慎的态度。在交往过程中，要尽可能了解对方的真实情况，避免被虚假信息所迷惑。同时，也要学会保护自己的隐私和安全，避免受到不良信息的影响。

3. 失恋

失恋是指恋爱过程的中断，代表着一段感情的结束，可能意味着失去了与某个人的亲密关系和未来的共同计划。失恋后的感受因人而异，但通常都会伴随着一定的心理和情感困扰，如沮丧、失望、愤怒、焦虑等。失恋的大学生可能会自责，认为是自己不够好或者做错了什么导致了关系的结束；同时，也可能对前任产生怨恨和不满，觉得对方没有珍惜自己的付出或者背叛了自己的信任。这些心理困扰可能会影响到大学生的日常生活和学习，导致无法集中精力完成任务，甚至出现失眠、食欲缺乏等身体不适现象。

除了心理困扰外，失恋还会给人们带来情感上的困扰。比如，失去了与某个人的情感联系和支持，可能会感到空虚和孤独。在一段时间内，也可能会对恋爱和人际关系产生怀疑和不信任，觉得自己无法再建立起健康稳定的恋爱关系。这种情感困扰可能会持续一段时间，需要时间和努力来逐渐克服。

（二）大学生常见的恋爱困扰调适

1. 单相思与恋爱错觉的调适

大学生单相思或恋爱错觉是一种常见的心理现象，它涉及个体对异性的情感投射、自我认知、情感调节等多个方面。

（1）调整认知。大学生在单相思或恋爱错觉时，往往会对对方产生过度理想化的认知，将对方视为完美的存在，而忽略了对方的不足。这种认知偏差会导致大学生对现实产生不满和失望，进而加重单相思的困扰。因此，大学生需要调整自己的认知，理性看待对方，了解对方的优点和不足，从而建立更为现实的情感期待。

（2）调节情感。单相思或恋爱错觉往往伴随着强烈的情感波动，如焦虑、抑郁、失落等。大学生需要学会调节自己的情感，保持情绪的稳定。可以通过运动、音乐、阅读等方式来转移注意力，缓解情感压力。同时，也可以尝试与朋友或心理咨询师倾诉自己的感受，以获得情感支持和建议。

（3）调整行为。大学生在单相思或恋爱错觉时，往往会陷入一种被动的状态，等待对方的回应和关注。然而，这种行为模式往往会加重单相思的困扰。因此，大学生需要调整自己的行为，主动出击，积极参与社交活动，扩大自己的社交圈子，增加与异性的接触机会。同时，也可以通过提升自己的个人魅力来吸引对方的注意。

（4）寻求专业帮助。如果大学生在单相思或恋爱错觉中出现了严重的心理困扰，如抑郁、焦虑等，可以考虑寻求专业帮助。心理咨询师可以通过专业的心理评估和治疗，帮助大学生解决情感困扰，调整心理状态，建立健康的情感模式。

2. 网恋的调适

由于网络具有匿名性、虚拟性和距离感等特点，大学生网恋往往存在一些风险和挑战。调试大学生网恋需要从多个方面进行：

（1）提高网络安全意识。大学生在进行网恋时，需要时刻保持警惕，提高网络安全意识。要注意保护个人信息和隐私，不要轻易透露个人联系方式、家庭地址等敏感信息。同时，也要避免与不良网友建立联系，防范网络诈骗和性骚扰等风险。

（2）理性看待网恋对象。在网恋中，大学生往往只能通过网络交流来了解对方，很难获得真实、全面的信息。因此，大学生需要理性看待网恋对象，不要过度理想化或美化对方。要充分了解对方的背景、性格、兴趣爱好等方面的信息，避免因为信息不对称而产生恋爱错觉。

（3）建立健康的恋爱关系。网恋是一种特殊的恋爱形式，但也需要建立在健康、平等、尊重的基础上。大学生需要尊重对方的意愿和感受，避免因为自己的期望和幻想而给对方带来压力和困扰。同时，也需要建立健康的沟通和互动方式，增强彼此之间的了解和信任。

（4）加强现实交往。网恋虽然可以在一定程度上弥补现实生活中的社交不足，但也不能完全替代现实交往。大学生需要在网恋的基础上，加强现实交往，了解对方的生活、学习和社交圈子。通过现实交往，可以更加深入地了解对方，建立更加稳定、真实的恋爱关系。

3.失恋的调适

一旦进入恋爱关系，就存在失恋的风险。这是因为恋爱关系本身就是建立在双方情感、互动和承诺基础上的，而这些因素都是动态的、变化的。一段恋爱关系截止，生活并不会停止，要学会从失恋中找到重新出发的力量。

（1）接受现实与情绪管理。失恋后，大学生首先需要接受这一现实。心理学中的"现实疗法"强调个体要正视现实，承认并接受现实，而不是逃避或否认。接受现实有助于减少心理冲突和焦虑。同时，情绪管理也非常重要，可以通过合理的情绪表达、寻求社会支持、参与放松活动等方式来管理情绪，避免情绪过度压抑或失控。

（2）认知重塑。失恋后，大学生需要对自己进行深入的自我认知。通过反思自己在恋爱中的表现，可以认识到自己的优点和不足，从而进行积极的自我调整和重塑，建立积极的自我认知，增强个体的自信和自我效能感。这有助于个体在未来建立更加健康的恋爱关系。

（3）寻求社会支持。朋友、家人、同学等都是重要的社会支持来源。通过分享感受、倾诉心声，可以获得情感上的支持和理解。此外，寻求专业心理咨询也是一个有效的途径。心理咨询师可以帮助个体更好地处理失恋带来的情感困扰和心理问题。

（4）培养积极的生活态度。培养积极的生活态度包括关注个人成长、参与社交活动、培养兴趣爱好等。通过积极的生活态度，可以转移注意力，减少对失恋的过度关注。同时，也可以提升个体的生活满意度和幸福感。

（5）展望未来与自我实现。展望未来，设定新的目标和追求可以帮助个体从失恋的阴影中走出来，实现自我成长和价值。通过设定明确的目标和计划，可以激发个体的积极性和动力，实现自我蜕变，这也是一种心理成熟的表现。

第三节　大学生的爱情观与爱的能力的培养

一、大学生的恋爱观

爱情，是人生中最美妙的旋律，是最深刻的情感体验，也是我们每个人必须修习的必修课。在这门课中，我们将探索情感的奥秘，学习如何与他人建立深厚的联系，以及如何在爱情中成就彼此。

（一）爱情观的内涵

爱情观是一定社会条件下人们对爱情及恋爱、婚姻、性等爱情相关问题的基本观点和根本看法、基本态度、情感倾向、基本动力和行为能力。具体而言就是：何为爱情，爱情的本质，爱情的特征，爱情与恋爱、婚姻、性爱、情爱等相关关系及择偶标准，恋爱动机，如何对待爱情，如何对待失恋，如何对待"性"等内容。爱情观是人生观的重要组成部分。

(二)培养正确的爱情观

正确的爱情观关乎学生的健康成长及学校、家庭、社会的和谐发展,但部分大学生爱情观由于受社会不良思想文化、环境及自身身心发展特点的影响,加上大学生爱情观教育的不力,而出现了种种认知错误、行为偏差等问题,危害了学生的成长成才。那么,何为正确的爱情观呢?

1. 以志同道合为前提

爱情首先具有互爱性,要求彼此具有相似甚至相同的世界观、人生观、价值观,具有一致的生活态度,具有相同的理想抱负和兴趣爱好。爱情关系的建立与发展要以双方志同道合为前提,才能长久互爱、互相欣赏和激励,在人生道路上携手长行。

2. 以忠贞专一为基础

爱情具有其独有的排他性,要求恋爱双方必须互相忠诚、专一。任何的“脚踏两只船”“婚外情”都是对对方感情的不专一,任何的欺骗、隐瞒及“一夜情”都是对对方的不忠诚。忠诚是爱的道德体现,对对方的忠诚是衡量爱情是否道德的标准;专一是爱的行为约束,对对方的专一是爱情关系持久、稳定的基石。因此,正确的爱情观必须以忠贞专一为原则。

3. 以尊重负责为核心

尊重负责是爱情的最高道德要求,也是爱情的本质体现。尊重表现为认同对方的人生观价值观、个性品质、行为习惯及生活空间,而不是一味地站在自己的角度,用自己固有的思想观念去评判对方、指责对方、否认对方,彼此尊重才能做到相互理解、包容,促进爱情关系的和谐、持久的发展。同时,尊重中还要求尊重自己,只有自尊的人才能获得他人的尊重,因此在爱情中任何一方都不能因为爱对方而丧失自己独立的人格与尊严,一个没有自我的人不可能拥有真正的爱情。爱还意味着责任担当;爱情首先意味着对对方的未来、前途承担责任;承担责任是爱情成功的关键要素,它促使爱情的巩固和发展。

4. 以婚姻家庭为目标

真正的爱情必然会经过彼此相识、相知、相恋、相伴到相守的过程,也就是双方由认识到了解,由恋爱到婚姻家庭的过程。恋爱与婚姻是爱情产生与发展的两个核心阶段,二者具有直接的关联,是一种递进关系。所以,男女恋爱要以缔结婚姻、组建家庭为目的,不能简简单单因为想恋爱而去恋爱,把恋爱当作一种简单的生活体验及人际交往关系。

5. 以社会公德为准则

爱情具有社会性,受到社会道德的约束。正确的爱情观表现在其社会层面上,就是要求男女恋爱行为要合乎社会规范,举止文明得体,不做有污大众视野及社会环境的不道德行为。

二、爱的能力的培养

爱的能力是指一个人在亲密关系处理中所具备的积极、成熟和健康的情感和行为能力。这种能力不仅包括对自己情感的认知和管理,也包括对他人情感的理解和回应。拥有爱的能力的人能够在恋爱关系中保持独立、自信、尊重和关爱,从而建立起健康、稳定、长久的关系。

(一)情感认知的能力

了解自己的情感是培养爱的能力的基础。首先,要能够清晰地认识自己的情感,并理解这些情感是如何影响自己的行为和决策的。其次,需要感知对他人的情感,对他人的情感有敏感度和理解力,能够感知他人的情感需求和感受。

(二)表达爱的能力

表达爱的能力是指在个体能够积极、有效地向心悦之人传达自己的情感、关心和支持的能力。这不仅包括言语上的表达,还包括非言语的行为和态度。表达爱不仅仅是说“我爱你”,还包括关心对方的需求和感受,倾听他们的想法和意见。需要注意的是,每个人都有自己接受爱的方式,了解并尊重对方的接受方式,以他们感到舒适的方式表达爱是比较得体的。

(三)鉴别爱的能力

感情有很多种,爱情也复杂多样,但有些感情并不能成为真正的“爱情”,而仅仅是一种好感、依恋,或者是一种移情的表现。对爱有着强烈渴望的大学生,一方面要鉴别自己的感情,另一方面要学会鉴别来自别人的喜爱与好感。

(四)接受爱的能力

接受爱的能力是指一个人能够接纳和感受到来自他人的爱,这是一种情感上的接纳和回应。培养接受爱的能力对于大学生建立健康的人际关系至关重要。大学生要具有接受爱的能力,首先要懂得什么是爱,更要了解自己的情感需求和期望,不要否认或抵制自己的情感需求,也不盲目做出选择。接受自己的感受是培养接受爱的能力的重要一步。

(五)拒绝爱的能力

拒绝爱的能力是指一个人能够在不伤害对方的情况下,婉转、礼貌地表达自己不接受或者不愿意接受对方爱情的能力。这是一种成熟和负责任的表现,也是一种尊重自己和他人感情的态度。拒绝爱情时,选择一个适当的时机和地点,以便双方都能够冷静、理智地交流。拒绝爱情并不意味着可以忽视对方的感受,需要尊重对方的真挚感情,理解他们的失落和痛苦,并表达关心和祝福。值得注意的是,拒绝爱需要明确表达自己的立场,避免模棱两可的表达方式,以免引起误解或者给对方留下希望。

(六)恋爱受挫能力

恋爱受挫能力是指个体在面对恋爱关系中的挫折、困难或不良情况时,能够积极应对、调整情绪,并从中学习和成长的能力。这也是对大学生心理承受能力的一种考验。当恋爱关系出现挫折时,首先要正视并接受现实,不要逃避或否认问题的存在,只有真正认识到问题的所在,才能有针对性地应对。面对挫折,情绪管理至关重要。学会控制自己的情绪,避免过度消极或冲动的行为,保持冷静和理智。大学生不要因为一次恋爱挫折就否定自己的价值和能力,可以通过分析恋爱过程中的得失,寻找问题根源,总结经验教训,这有助于避免重蹈覆辙,提高自己在未来恋爱关系中的应对能力。

(七)经营爱的能力

经营爱的能力是指在已有的恋爱关系中,持续保持并发展爱情的能力,以确保恋爱关系的长久和健康。这包括维持情感的连接、沟通、理解和支持对方等。沟通是经营恋爱关系的关键,要了解对方的喜好、需求、价值观等;尊重对方的个性和选择;在对方遇到困难或挫折时,要给予鼓励和支持。虽然恋爱关系需要双方互相依赖和支持,但保持一定的独立性和个人空间也是非常重要的。恋爱中难免会出现冲突和分歧,关键在于积极面对,协商处理。总之,爱的长久健康发展,需要双方持续投入情感、智慧、时间和精力。

第四节 大学生性心理

随着性生理的成熟和性心理的发展,大学阶段是大学生性意识发展的旺盛期,性心理活动更加丰富。了解和理解性知识对于大学生的健康发展至关重要，不仅有助于建立正确的性观念和价值观，还能减轻性心理困惑和焦虑，增强自尊和自信，促进大学生的心理健康。

一、性的概念

性是什么？一谈到性，人们就会表现得十分敏感和羞涩。在敏感和羞涩的背后，隐藏着一种狭隘的认识，即性是一种单纯的生理现象，是男女之间性器官的接触。这种认识是十分片面的。实际上，性既是生理现象，也是一种社会现象和心理现象，性包含着丰富的科学内涵。我们可以从三个不同的角度来理解它。

（一）性生理

毫无疑问，性是一种生理需要，也是一种生物本能。性的成熟意味着身体的发育和成熟。当男孩出现首次遗精、女孩出现月经初潮时，就标志着个体性器官达到成熟水平。第二性征的出现，则标志着青春期性生理的成熟与逐渐完善。当个体在生理成熟的时候，性或性欲的满足就是一种生物本能，一种自然而然的生理需要。否认或者忽视这一点，就不能正视人的成长和成熟。

（二）性心理

性心理是人类个体在性的生理成熟后伴随出现的一系列与性有关的心理现象，主要是指性意识及在此基础上产生的性情感、性兴趣和性兴奋。性意识是在性的生理发育成熟过程中逐渐领悟到的两性差异和两性关系，并随之产生的特殊的心理体验。性情感是指对异性的倾慕和好感，渴望了解异性、亲近异性，感到异性对自己有一种吸引力，也希望自己能引起异性的注意，向往与异性进行交往。性兴趣是指对性知识的渴求和对性的好奇心。性兴奋是性欲的体现。

（三）性行为

性行为简而言之就是与性内容直接关联的行为，任何旨在达到性欲的满足和性高潮的行为均是性行为。

性行为又可以分为狭义的性行为和广义的性行为。狭义的性行为也称目的性行为，是性行为的直接目的和最终体现，如性交。广义的性行为也称边缘性性行为，是目的性行为的准备阶段和辅助行为，比如情话、接吻、相互拥抱，以及对身体某一些部位的刺激和爱抚动作，还包括男女接触时的情爱表示，如暗送秋波。

综合来看，性的生理成熟是一切性活动的基础，性的心理是在生理成熟时伴随出现的一系列与性有关的心理现象。性行为则是生理、心理成熟在实际中的表现。

二、大学生性心理发展

（一）性心理发展的三个阶段

进入青春期后，青少年开始经历性意识的萌动、对性的好奇探索、对异性的爱慕追求等一系列心理过程。一般而言，青春期性心理发展主要会经历三个阶段。

1. 异性疏远期（10～13 岁）

异性疏远期也称为性发育早期，即性紧张期。这一时期内，伴随第二性征的出现，他们内心深处开始有了一种春情萌动的朦胧感觉。这种感觉使他们对异性的秘密和男女之间的关系产生了一种神秘和好奇的心态。这种好奇使得他们在与异性接触或交往时，尽管内心有相互吸引的力量，但在行为上却表现为相互疏远。例如，在学习时，他们可能会选择不与异性同桌；在开会或活动时，他们也会选择与同性结伴，避免与异性有过多的接触。

2. 异性接近期(14～16岁)

异性接近期,是青春期性心理发展的一个重要阶段,标志着青少年从对异性的好奇和向往,逐渐进入实际的互动和接触中。在这一阶段,青少年希望与异性有更多的交往,包括面对面的交流、共同活动等,以此来满足对异性的好奇和向往。同时,他们会更加注意自己的外表,包括穿着、打扮等,以此来吸引异性的注意。由于两性知识相对缺乏,这个时期的青少年在与异性交往时也有可能会出现一些不得体的狂热表现。

2. 两性恋爱期(17～20岁)

两性恋爱期是青少年性认知发展的关键时期。处于本阶段的青年性生理完全成熟,性心理趋于成熟,他们会逐渐了解自己的身体和性需求,思考如何与异性建立健康的性关系。因此,在这个阶段的青年会更加积极地参与社交活动,与异性建立更亲密的关系。他们可能会与异性一起参加社交聚会、共同活动或建立友谊。当然,也可能会经历感情的波动,包括初恋、暗恋、热恋等。当然,也可能会为了异性而焦虑、兴奋或失落,体验到强烈的情感波动。

(二)大学生性心理发展的特点

大学生的年龄一般在18～22岁,正处于两性恋爱期阶段,性意识日渐明确和成熟,主要表现为以下几个特征。

1. 性心理的本能性与朦胧性

性是人类的本能需求之一,与人类的生存和繁衍密切相关。在人类的进化过程中,性心理逐渐形成并发展,成为人类的一种本能反应。青春期的大学生,因性生理的成熟而产生本能反应,情不自禁地对异性产生好奇与探索心理。然而,由于经验和性知识的缺乏,性对他们来说有一股浓厚的神秘感,使得这种性萌动具有朦胧色彩。

2. 性心理的强烈性与行为上的文饰性

青春发育期的大学生,对性的好奇和探索心理更加明显,对性的追求、对亲密关系的渴望以及对性的表达方式都有强烈的需求。一方面,他们十分重视自己在异性心目中的印象与评价,另一方面却又表现得拘谨、羞涩和冷淡;虽然内心对某位异性很感兴趣,但表面上却又有意无意地表现得好像无动于衷、不屑一顾,或做出回避的样子,用以文饰自己内心的想法。

3. 性心理的压抑性和动荡性

大学生性生理的成熟使性需求更加强烈,时常伴有性梦、性幻想等行为,然而在面对性话题时会却会表现出回避、拒绝或沉默的态度。他们可能对自己的性需求感到困惑或羞耻,从而选择压抑自己的情感。同时,由于还没有形成稳定的、正确的道德观和恋爱观,自控和自制的能力有限,对各种性现象、性行为的认知评价体系还不完善,性心理易受外界各种影响而显得动荡不安。

三、大学生常见的性心理困惑及其调适

(一)性自慰焦虑及其调适

性自慰是青春期男女常见的一种行为,是青春期成熟的一种生理表现。适度的自慰行为对大学生的身心并无损害,反而有益于缓解性冲动,释放性能量。然而,进入青春期的大学生受传统思想、性知识薄弱等各种因素的影响,容易将性自慰视为不道德、不健康或不可接受的行为,从而导致对此行为的焦虑和不安等心理状态。

大学生因性自慰引起的心理困扰可以通过三个途径进行调适。首先,改变认知。性自慰

是一种正常的性行为，个体适度的性自慰不仅对身体无害，还是性宣泄的一种方式，需要从改变错误认知开始，消除对此行为的误解和过分担忧。其次，调整行为。健康的生活习惯也能够缓解个体对性自慰的关注，保持规律的作息、均衡的饮食和适度的运动都有助于缓解焦虑情绪。最后，发展独立意识。将对性自慰的注意力转移到外界，关注自己的学业、积极进行社会交往，追求高层次的心理需要。

(二)性冲动困扰及其调适

性冲动是指在性激素和内外环境刺激的共同作用下，对性行为的渴望与冲动。性冲动不局限于性器官，还连及整个身体及心灵。它是青春期大学生正常的生理反应，并不是不纯洁、不道德或可耻的，但不少大学生难以接受自己性冲动，对此感到羞愧、自责、苦恼、厌恶和恐惧。一方面是性的自然冲动，另一方面是对性冲动的否定，不少大学生常为这样一种矛盾而不安、困惑。

大学生可以通过以下几种方式正确对待性冲动。首先，建立科学的性观念。接受性冲动的自然性和合理性，学习性生理的有关知识，了解青春期性意识发展规律，树立科学与健康的性意识观念。其次，培养良好的意志品质。大学生自我控制性心理能力的大小，在一定意义上是由个人意志品质的强弱决定的。学会克制本能欲望的冲动，增强延迟欲望的自制力。再次，合理的性代偿。通过学习、工作或文体活动等多种途径使生理能量得到释放、代偿、升华以及有效的转移。最后，大方地与异性交往。男女交往有利于性压抑的纾解，有助于培养大学生健康的情感，从而调节深层的本能。

(三)性幻想困扰及其调适

性幻想也称性想象，指的是人们脑海中那些会使人产生性唤起或性欲望的一些想象，这是介于个体意识与潜意识之间的、带有性色彩的精神自慰行为。性幻想是一种正常的心理现象，但是过度的性幻想也会对个人造成困扰。频繁的性幻想会导致大学生注意力分散，影响正常学习。受性幻想困扰的大学生可以通过积极的心态塑造以及培养健康的生活习惯等方法进行调整。比如，在性幻想强烈时进行深呼吸、分散注意力、加强体育锻炼等。

(四)性变态

性变态是一种极端的、异常的性表达方式，通常指的是对非典型对象、物品、情境、行为、个体产生强烈性唤起的体验。性变态是一种复杂的心理现象，其成因涉及个体心理因素、生物学因素以及社会环境因素之间的相互作用。其表现形式多种多样，主要有恋物癖、异装癖、虐待狂、露阴癖、窥淫癖、易性癖等。大学生性变态的比例比较低，处理性变态问题通常需要专业的心理治疗和支持。

四、大学生性健康与性价值观

(一)大学生性健康的维护

大学生性健康涵盖生理、心理、情感和法律等多个方面，进行性健康维护可以帮助大学生建立科学的性观念，理解性行为的风险和后果，从而做出明智的决策。

1. 掌握科学的性知识

性是一门综合的科学，它包括生理学、性心理学、性社会学、性伦理学、性美学等。性知识内容比较广泛，包括男女生殖器的解剖学知识、性生活卫生知识、男女性别差异和社会角色知识、性功能障碍知识，以及优生优育的相关知识等。大学生应当主动通过正确渠道学习科学的性知识，避免道听途说或受到色情媒体的歪曲信息影响，从而消除心中疑惑，树立健康性观念。

2.树立健康的性观念

性观念，是社会某群体对性的看法、观念及认知。一方面，我们要承认性的必要性。性是孕育生命的前提，是爱的重要内容之一，是相爱的两个人送给对方最好的礼物。现代科学研究已经证明，夫妻间或伴侣间正常的性生活，不仅可以释放不良情绪，还可以增强身体的免疫力。但是另一方面，当性缺少了爱与责任的因素，它也可以变成具有杀伤力的武器，会对大学生的身心健康造成致命打击。树立健康的性观念，还要正确看待性与爱的关系。在婚姻中，爱与性是紧密联结在一起的，完全没有爱或者完全没有性的婚姻，都是难以维持的。因此，爱与性是爱情和婚姻发展过程中必不可少的两个方面。

3.积极进行自我调节

维护性心理健康，不仅需要掌握科学的性知识，还要积极有效地进行性心理自我调适。性心理自我调适，是指在性心理发生矛盾冲突或出现问题时，采用有效方法，有意识地对心理活动进行合理的控制和调节，使失衡心理得到缓解，性心理问题得到及时解决。例如，在强烈的性欲得不到宣泄时，在过度的性压抑带来痛苦时，在自慰、性梦等现象成为习惯时，在性行为失当时，不必惊慌失措，不可自暴自弃，可以通过自我调适或外界的帮助加以解除。

(1)适当压抑法。压抑是社会对性欲最常见的对策，是个体对待性欲的传统、普遍的反应方式。适当的压抑虽然与性本能相抵触，但它是合理的，也是必需的，对社会安定发展和个人身心健康都是有益的。大学生处在性欲旺盛时期，但主要任务是学习，应该以强烈的学习欲望来缓解性的欲望，以紧张的学习生活来抑制性的需求，通过培养性抑制能力，来适应校园学习环境、适应社会行为规范。

(2)转移淡化法。一个人独处时常会想到“性”事，受到性感刺激时难以自持，或者与异性交往时想入非非……这些现象不论是因为性冲动引起，还是由于过度压抑产生，最好的办法是立即“刹车”，积极主动投身到校园文化活动和集体生活之中。通过有益的集体活动，转移大脑中枢神经的兴奋中心，淡化原来的注意力，把旺盛的精力转移到学习知识、提高能力、增长才干和培养兴趣上。这样有助于性冲动缓解和压抑减轻，并有助于调节深层的本能，培养健康的情感。

(3)升华替代法。升华是指性欲在环境限制下难以宣泄时，使其转化为另外一种积极、建设性的欲望，在创造性的活动中得以发泄。心理学研究成果表明，性欲转化为其他欲望或被其他欲望代替，不但是可能的，而且是可行的，这是人类自身应对性欲异常的最佳方式，也是应对正常性欲时最理想的替代方式。比如，当痴迷于热恋影响学习时，或是性情感受挫时，或是性心理受到伤害时，都可以把原来的欲望转化为积极进取的动力，成为刻苦学习、努力工作、创新活动的源泉。对于自己无法解决的性心理困惑，特别是性心理障碍，要有强烈的求知欲望，积极主动进行心理咨询与治疗。

(4)增强社会责任感。性，是自然界一切动物的本能。然而，人类的性行为与动物性行为有着本质的区别：动物的性行为只是为了繁殖后代，它们没有伦理道德的约束，更没有理智的控制。人类的性行为并不以繁殖后代为目的，在伦理道德和理性的控制下，性行为不仅是生理上的满足，更重要的是满足双方爱的需要。

对大学生来讲，我们必须认识到，性是一件严肃的事情。不安全的性行为会影响爱的进程，给对方造成心理和身体上的伤害，甚至引起更严重的问题。性还可能产生新的生命，这将意味着影响另一个人的生活，也将影响你自己的生活。每一个成熟的大学生都应当了解个人性行为给自我、他人和社会带来的影响，用责任和勇气承担起性行为的后果。尤其值得注意的是，男生和女生在性行为上具有不公平性，女生有责任保护自己，而男生有责任保护女生不受到性行为的伤害。因此，每一名大学生都应该增强自己的性道德和性法律意识，用道德和法律规范自己的性行为。

（二）大学生性价值观的培养

性价值观影响着大学生的身心健康、人格完善以及家庭和人生幸福，也关系到社会的稳定与和谐。养成健康的性价值观，需要家庭、学校、社会的重视与积极引导，也依赖个人的自我教育。

1. 理性认知性知识

大学生正处于青春期和性心理发展的关键阶段，充分认知性知识十分必要。可以通过了解人体解剖学、生理学和性心理学的基本知识，认识性心理的发展规律，更好地理解自己的身体和心理需求，接纳正常的生理反应，学会区分异常性心理，增强对性的认知和掌控能力。

2. 理性自我认知与价值观澄清

首先，大学生需要对自己进行深入的自我认知，明确自己的价值观、信仰和人生目标。这包括对自己在性方面的需求、期望和底线有清晰的认识。通过反思和自我对话，大学生可以逐渐澄清自己的性道德观，明确哪些行为是符合自己价值观的，哪些行为是违背价值观的。

3. 情感管理与情绪调节

性道德观的培养与情感管理和情绪调节密切相关。在面对性冲动、诱惑或困境时，大学生需要学会管理自己的情绪，保持冷静和理智。通过深呼吸、放松训练、冥想等方法，可以帮助自己调节情绪，避免冲动行为，从而坚守自己的性道德底线。

4. 提升道德决策与判断力

在性道德观的培养中，道德决策和判断力的提升至关重要。大学生需要学会在面对性方面的道德问题时，能够独立思考、权衡利弊，并基于自己的价值观和道德标准做出决策。这需要大学生具备批判性思维、道德推理和解决问题的能力。

5. 建立性别平等与尊重他人的意识

性道德观的培养还需要关注性别平等和尊重他人。大学生应该树立平等的性别观念，尊重不同性别角色的需求和权益。在与异性交往中，需要学会尊重对方的意愿和感受，避免侵犯他人的权利和尊严。同时，也应该倡导和践行性别平等，反对性别歧视和压迫。

6. 树立社会责任与公民意识

大学生作为社会的未来和希望，应该具备强烈的社会责任和公民意识。在性道德观的培养中，需要认识到自己的行为不仅关乎个人，还关乎社会和公共利益。因此，需要学会对自己的行为负责，遵守社会规范和法律法规，维护社会的和谐稳定。

实践互动

活动 1：爱的未来像

活动目的：引导大学生进行自我恋爱价值观的澄清，提升他们对爱的本质的理解，在自我审视中加强爱的能力的培养，树立积极而理性的爱情观。

活动准备：每位学生准备一张空白的纸、一支笔。

活动导入：教师说明本次活动的名称“爱的未来像”的含义，即进行“我理想中的未来伴侣”

的画像，从外貌、性格、品质等不同侧面予以明确，并让大家进行 2 分钟的畅想。

活动规则及程序：

(1)2 分钟后，请同学们用 10 个词语(或短句)在纸上写下自己理想中未来伴侣应该具备的品质。

(2)学生完成后，请同学们将 10 个品质进行排序。

(3)排序完成后，选择 3～5 名同学们分享自己"爱的未来像"的内容以及排序的原因。

(4)分享结束后，请同学们针对自己的"爱的未来像"进行换位思考：若未来自己的伴侣要求自己具备这些品质，本人满足几条？在满足的条件上以打勾的方式做标记。同时，让同学们再次根据未来像补充要成为"理想中伴侣"的伴侣，应该具备哪些素质？

(5)再请 3～5 名同学分享"换位思考"后的感悟。

(6)总结同学们理想伴侣的标准，启发同学们在日常学习生活中不断夯实个人素养，养成正确的恋爱观与性道德观，为邂逅美好爱恋蓄能。

补充说明：

(1)活动过程中，需要提醒同学们立足现实进行诚实填写。

(2)分享未来理想伴侣品质过程中若发现不健康的恋爱观陈述要予以澄清、干预。

活动 2:用心储藏你的爱

活动目的：通过制作本人的储爱槽，引导同学们感知爱的本质与爱的能量，学会传递爱的能力，更加健康积极地生活。

活动导入：介绍米尔的储爱槽理论。

美国心理学家保罗·米尔提出的储爱槽理论认为，爱别人是有前提的，即你的内心有多少爱。如果一个人的内心是干枯的，没有爱可以付出，也就缺乏爱的基础。如下图所示，心形的容器是储爱槽，容器里的水代表爱。米尔认为，孩子储爱槽是中间的那个，另外两个储爱槽分别代表爸爸和妈妈的爱。中间的连接线代表了父母间的爱与尊重。父母之间的关系必须不断滋润和更新才能使储爱槽保持充满的状态，并不断注入孩子的储爱槽。

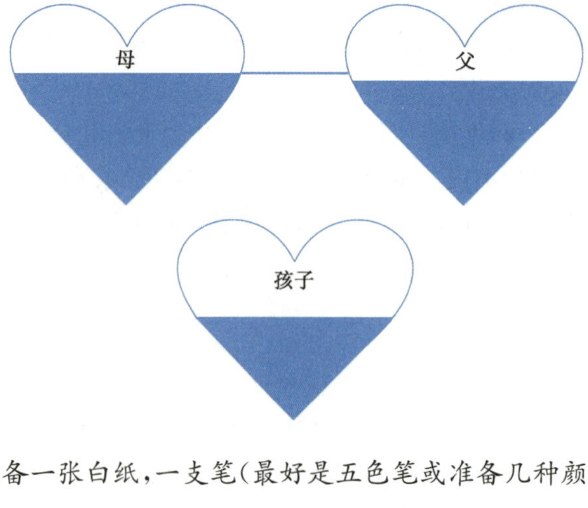

活动准备：每人准备一张白纸，一支笔(最好是五色笔或准备几种颜色的笔)。

活动规则与程序：

(1)请同学们在白纸上画一个大爱心，代表自己的储爱槽。

(2)播放一段舒缓的音乐，请同学冥想：自己过去十几年成长过程中获得了哪些爱。

(3)冥想结束，让同学们根据自己的感知，在自己的储爱槽上开始标记自己的爱分别来自哪里，各占多少成分(见示例图)。

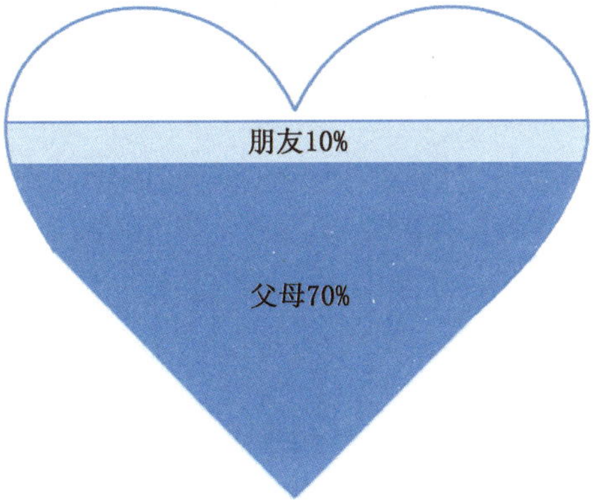

示例图

(4)之后，请 3～5 名同学分享自己的储爱槽的构成以及自己的感受。

补充说明：

(1)具体操作时，父母和其他亲人分开进行刻度。

(2)做好对缺乏父母爱的孩子的安慰与鼓励，比如给一个拥抱。

(3)教师根据实际情况进行总结，比如，每个人储爱槽里面的爱无论是否注满，这些爱都是别人用心传递的，我们也需要让爱流动起来，更好地去爱别人，也要爱自己。

作业和思考

1. 在大学阶段，有爱是否就可以发生性关系？

2. 如果恋爱中发现与她/他有一些价值或观念的冲突，你该如何处理？

推荐书目

1.《爱的艺术》

作　　者：[美]埃里希·弗洛姆

出 版 社：上海译文出版社

出版时间：2018 年 12 月

作品简介：

爱是一门艺术吗？回答是肯定的。因此，它需要知识和努力。——艾里希·弗洛姆

在《爱的艺术》这本书中，弗洛姆认为，爱情不是一种与人的成熟程度无关、只需要投入身心的感情。如果不努力发展自己的全部人格并以此达到一种创造倾向性，那么每种爱的试图都会失败。如

果没有爱他人的能力，如果不能真正谦恭地、勇敢地、真诚地和有纪律地爱他人，那么人们在自己的爱情生活中也永远得不到满足。

弗洛姆进而提出，爱是一门艺术，要求想要掌握这门艺术的人有这方面的知识并付出努力。在这里，爱不仅仅是狭隘的男女爱情，也并非通过磨炼增进技巧即可获得。爱是人格整体的展现，要发展爱的能力，就需要努力发展自己的人格，并朝着有益的目标迈进。

2.《亲密关系》

作　　者：［美］罗兰·米勒

出 版 社：人民邮电出版社

出版时间：2015 年 6 月

作品简介：

亲密关系与泛泛之交有什么区别；大丈夫与小女子真的般配吗；吸引力的秘密是什么；男人与女人真的是不同的动物吗；同性恋真的是由基因决定的吗；单亲家庭的孩子长大后更容易离婚吗……什么是爱情？由什么构成？能持续多久？两性在发生一夜情及选择终身伴侣上有什么差异？爱情和性欲是由不同的脑区控制的吗？亲密关系美满的秘诀是什么？有什么方法能让婚姻持续一生？米勒教授在《亲密关系》中回答了这些问题，尤其澄清了通俗心理学所宣扬的经验之谈，甚至某些错误观点。

3.《围城》

作　　者：钱钟书

出 版 社：人民文学出版社

出版时间：2017 年 6 月

作品简介：

《围城》是钱钟书的一部长篇小说，堪称中国现当代长篇小说的经典。小说塑造了抗战开初一类知识分子的群像，生动反映了在国家特定时期，特殊人群的行为操守以及困惑。本书从另一个角度记述了当时的情景、氛围。虽然有具体的历史背景，但这部小说揭示的只是人群的弱点，在今天依然能够引起人们的共鸣。第一版于 1947 年由上海晨光出版公司出版。《围城》是中国现代文学史上一部风格独特的讽刺小说，被誉为“新儒林外史”。

参考书目与文献

[1]范瑞静. 儒家仁爱思想及其当代价值研究[D]. 北方工业大学，2019.

[2]刘易斯. 四种爱[M]. 北京：外语教学与研究出版社，2010.

[3]方钰. 阳光成长——高职大学生心理健康教育教程[M]. 北京：高等教育出版社，2020.

[4]高兰. 大学生心理健康教育——心灵成长自助手册[M]. 北京：教育科学出版社，2023.

[5]刘纯娇，王军华. 大学生心理健康教育[M]. 北京：新华出版社，2020.

[6]张文新. 大学生心理健康教育[M]. 济南：山东人民出版社，2013.

[7]余琳，崔芳，涂玉香，高健. 大学生心理健康教育[M]. 武汉：武汉大学出版社，2004.

第十一章

异常心理学

导入案例

王平，大二，女生。王平学习成绩优秀、开朗阳光、积极向上，是公认的正能量女孩。可就在不久前，王平毫无征兆地在宿舍里号啕大哭，甚至痛苦得用手抓头发，完全不能自已。室友们从未见过她这样，对此束手无策，最后是王平自己哭到没有力气才渐渐平静下来。事后室友们才了解到，王平自己早就已经感到很不对劲，上学期期末考试专业课挂了两科，寒假里她又失恋了。此后的3个月里，她的状况更是不可自控地变得越来越糟糕，严重到没办法静下来看书，根本就睡不着，饭也吃不下。可是她还逼着自己在大家面前强颜欢笑，表现得跟没事人一样，每天都过得很痛苦，最后实在太累太难受就崩溃了。

生活里你可能是"王平的室友"，也可能是"王平本人"，你会怎么看待王平的表现，会做何反应？你会怀疑王平患有心理疾病吗？你会依据什么来判断她是不是有心理疾病呢？

第一节　异常心理的含义与判定标准

一、异常心理的含义

你有没有发现身边有的人与大多数人不同，他们身体很健康但却做不了日常生活、学习和工作中的某些小事，比如吃饭、睡觉、购物、乘车、打电话、上课、自习、人际交往等，严重的甚至无法做所有的事情。在心理学或精神医学上，他们被认为心理出现了异常：临床心理学会说他们患上了某种心理疾病或心理障碍，精神医学则可能会说他们患上了精神疾病或精神障碍。这些名词基本上同义，都是指他们出现了一种心理机能障碍，即认知、情绪或行为机能紊乱，表现为内心痛苦、社会功能受损、行为异常或违反社会规范。

二、一般判定标准

对于"正常"与"不正常"很难作出简单清晰的判定，学者们也一直在争论。美国《精神疾病诊断与统计手册（第5版）》（DSM-5）对人的行为、心理或生物意义上的机能障碍进行定义，指出机能障碍的表现为：行为与所属文化不符，存在内心痛苦和社会功能受损，或痛苦、死亡和社会功能受损的风险增加。当前，DSM-5关于机能障碍的定义及心理障碍的诊断标准得到了广大学者和医师的认可，一般将其表述为下面三个判定标准：

(一)内心痛苦

像王平这样,感到内心非常痛苦是心理异常的重要组成部分,但我们不能仅凭一个人内心感到痛苦就判断他(她)为心理异常。因为在很大程度上,痛苦是正常生活的一部分。比如,至亲亡故、重病来袭等都会让人感到痛苦。而且,对某些类型的心理疾病患者而言,他们内心可能丝毫不感到痛苦,反而感到愉悦,比如躁狂发作者会持续地体验到兴奋和快感。

(二)社会功能受损

社会功能是指一个人适应社会生活的能力,表现为人际、学习、工作、生活等方面适应良好。我们可以看到,王平的社会功能受损很严重,她无法真实地与他人相处,情绪长期压抑苦闷,学习严重受影响,饮食、睡眠等也出现障碍。用社会功能受损状况判断一个人是否心理异常是非常实用的。需要强调的是,大多数心理异常症状只是人的认知、情绪和行为等心理功能的极端表现形式,例如,王平不能正常学习、生活,情绪压抑至失控。但对一些人来说,其社会功能出现了一定程度的受损也并不一定属于心理异常,只是存在一定程度的“心理困扰”或“心理问题”。比如,一位家境贫困的漂亮女生学习上进,与班上大部分同学相处还可以,但与室友的关系十分紧张,而且她还因为顾虑自身家庭条件而害怕恋爱,她可能存在人际关系、恋爱心理方面的困扰。

(三)行为异常或违反社会规范

异常行为是指一个人的行为偏离了其所属文化的社会常态,或违反了社会规范。通俗地讲,异常行为就是一般人不会那么做的行为。王平生活失控、情绪崩溃、不能安眠和正常饮食,可以说她的这些行为异于常人。然而,判断行为是否异常要考虑行为是偶然还是持续的,考虑行为者的个性及其所在环境、文化等因素对其行为的影响。才华出众、标新立异的艺术家、演员、歌星、运动员,他们的行为可能偏离常态很远,但都不能被判定为心理异常。因此,需要警惕不能仅仅以行为是否符合社会常态或是否违反社会规范作为判断心理异常的标准,这很容易造成歧视和迫害。

判断一个人是否心理异常需要综合考虑文化、症状严重程度、个体性格特征和能力,以及情境因素等,不能单凭某一个标准就直接作出判断。即使一个人出现了某些心理机能障碍,也不一定表示这个人达到心理障碍的诊断标准。比如,一个女孩害怕邻居家的狗,而且一直很怕,更不敢串门,她的表现属于心理机能障碍。但是,如果她周围的人全都认为那条狗确实很凶恶、很危险,狗的主人也疏于管束,其他小孩也非常害怕,那她就不属于心理异常。

第二节　大学生异常心理的诱因与应对

当代大学生由于身处人生发展的重要阶段,既面临繁重的发展任务、学业任务,还要适应时代发展变化所带来的各种挑战,发生心理障碍的风险较高。想要有效地预防心理障碍,维护自身心理健康,需要了解诱发大学生心理障碍的因素都有哪些,学习如何预防和应对可能发生的心理障碍。

一、大学生心理障碍的诱因

一般而言,诱发心理障碍的因素可分为生物因素、社会因素和心理因素等。

(一)生理因素

(1)神经系统的先天素质。神经系统先天素质不健全及其特性与心理健康关系密切。如大脑皮层与皮层下组织之间的相互协调作用有某种障碍,大脑皮层兴奋和抑制过程的协调作用有某种障碍等,会导致病态人格等心理异常;而神经类型属于弱型的人更容易受到不良因素影响而引发心理障碍。

(2)遗传因素。大量研究表明,在精神障碍中,有相当比例的发病者是与遗传有关的,比如精神分裂症患者血亲的患病风险远高于普通人。但是,遗传因素只表明患病风险,对个体是否患病一般不具有决定性。

(3)躯体疾病。绝症、重性传染病和给人带来较大痛苦的慢性疾病(如恶性肿瘤、艾滋病、乙肝等),可能让人产生烦躁、恐惧、抑郁、焦虑、绝望、无助等负面情绪,使人敏感多疑、情绪失控、兴趣丧失,人际关系也可能受到影响,因而也成为心理障碍的重要诱因。

(4)大脑的器质性病变。大脑器质性病变,比如脑肿瘤、脑萎缩、脑炎、脑血管疾病、脑外伤等,可导致各种精神障碍,如意识障碍、智力障碍、失忆、人格异常等。

(5)大脑生化异常。大脑神经系统通过神经递质(如5-羟色胺、多巴胺、阿片肽等)在神经细胞突触联结之间传递信息,这也是心理活动的重要物质基础。当脑内神经递质或相关受体的数量、活性等生物化学特征发生改变,即会引起心理活动的改变。如5-羟色胺功能活动降低与抑郁密切相关,而其功能增强则与躁狂有关。这也就是心理障碍药物治疗的生物学基础。

(6)其他生理因素。如长相、体型、身高等,有时也会诱发大学生心理障碍。

(二)社会因素

(1)不良的家庭条件或氛围。家庭是个体成长最为重要的土壤,家庭对个体的影响是持久而深刻的。不良的家庭条件和氛围,如家庭中父母或亲子或其他家庭成员之间的人际冲突,家庭人际氛围冷漠、紧张,家庭经济状况恶劣等,都不利于大学生心理健康。家庭不良影响严重者甚至在孩子身上打下负面的烙印(如养成孩子的不良或病态人格),对其未来人生发展构成重大隐患;同时,家庭成员间不良互动模式或家庭负面情感氛围等因素还常常直接诱发大学生的心理障碍。

(2)不良的学校文化氛围。学校是学生最重要的生活环境之一,当代18岁的大学生有15年左右的校园(含幼儿园)生活史,校园对个体的影响无疑是巨大的。学校不良文化环境会对学生心理健康产生不良影响,如过度的学业压力、恶性的竞争环境、复杂或淡漠的人际关系氛围、单调贫乏的课余生活、消极价值观主导的人文环境(如不以人为本的唯分数论的校园氛围)等,都可能引发大学生心理障碍。

(3)急剧变化的高压力社会环境。社会是个体无法回避的重要生活环境,它通过学校、家庭、媒体等方式影响着每个社会成员,大学生也不例外。当今社会,变革、转型、更新是主旋律,快节奏、高压力、多竞争的社会生存环境,会通过各种渠道和方式,给身处校园的大学生带来不确定性、不稳定感、不安全感、身心俱疲感以及诸多负面的情绪情感反应。而且,大学生群体活跃、敏感,往往更容易感受到来自社会的变化和冲击,由于他们自身也正处于发展、过渡、待成熟阶段,外来的变化和冲击引起的内在的变化、震荡更加剧烈。许多心理障碍是由于个体对环境适应不良而引起的。因此,当前大学生们面对来自社会的诸多挑战,若不能有效应对,就可能引发各种心理障碍。

（三）心理因素

（1）自我认同危机。根据埃里克森的个体发展阶段理论，自我认同是青年期重要的心理发展课题，若这个课题不能很好地完成，会造成自我同一性混乱，而自我同一性混乱被认为是造成个体心理障碍或心理疾病的重要原因之一。当前，因为多方面原因，大学生并非都具备很好的自我认同，因而心理障碍发生的可能性较大。

（2）过高的期望。在我国普遍存在"望子成龙，望女成凤"的背景下，大学生始终是特别受关注的群体，来自外部（国家、社会、家族、家庭）的过高期望，也必然传递给大学生自己。他们对自己的过高期望，无法在高等教育大众化的当今时代背景下得到最好的实现，理想与现实落差会导致其心理失衡，甚至引发心理疾患。

（3）心理承受力低。当代大学生相对而言生活环境普遍较好，受到的教育也倾向于鼓励多、批评少，相对缺少承受力方面的锻炼和磨砺，因此对挫折和失败的承受力偏低。此外，当今时代的急速变化和激烈竞争所带来的压力又对大学生承受力提出了更高的要求。

（4）个性缺陷。当代大学生多为独生子女，三代人"4—2—1"的家庭结构较为普遍，平辈间相处的经验相对缺少，还有的存在亲子长年分离、隔代抚养以及家庭教育缺失等情况，因此容易在个性上形成种种缺陷，如自高自大、固执偏激、多疑敏感、怯懦依赖、浮华虚荣、自卑自负等，这些负面的个性特点容易给大学生造成人际关系问题、学业问题，进而影响其情绪，严重者造成心理疾患。

（5）情绪发展不成熟。大学生处于情绪情感最强烈、最复杂和最动荡的时期，情绪体验深刻而强烈，抑制功能发展还不够成熟，情绪波动大、不容易平复，容易冲动或执拗。情绪情感的控制和调节是大学生的一个重要的发展课题。而相对不严重的问题如情绪波动和负性情绪体验，若不能及时调节而持久影响也可能诱发程度更重的心理障碍，如有的大学生遭遇恋爱挫折无法平复伤痛，由爱生恨并冲动性地采取严重报复行为，导致重大伤害。

（6）价值观不稳定。大学阶段是心理从不成熟走向成熟的过渡期，是从相对封闭的环境走向相对开放的社会环境的过程，其间大学生的人生观、价值观开始逐步确立。近年来，我国传统的主流价值观受到了巨大挑战和冲击，多元文化环境下多元价值观给大学生带来更多价值判断上的困扰、心理上的茫然和选择上的困难，因而更容易产生心理障碍。

（7）心理发展中内在矛盾与冲突。大学生刚刚告别评价标准相对较为单一的中学阶段，走向评价标准多元化的大学阶段，多种选择、多样路径，给没有做好准备的大学生带来了更多的挑战。患得患失、犹豫不决、完美主义等让大学生更容易处于消极负面的情绪中难以自拔，发生心理障碍的风险高。

（8）性生理与性心理的不协调。大学生性生理成熟基本完成，而性心理的发展成熟却有所迟滞。因此，大学生在性方面的强烈需求、渴望与来自自身和外部环境的约束控制的要求之间容易形成冲突。而当今大学校园内关于性和爱的价值观和行为模式日益多元化，也易于给大学生带来心理上的困扰。

案例——"尿频"引起的不安

小W，男，21岁，大三，来自中部地区农村家庭。父亲性格比较软弱，母亲性格强势，对小W要求很高，常常对他评头论足、批评指责，小W觉得母亲是个十分苛刻的人。

小W说，自己读高二的时候突然有一天开始特别在乎自己的呼吸，觉得自己的呼吸特别响，很怕影响旁边的同学学习，于是很苦闷，总是刻意减轻自己呼吸的响声，但还是非常担心和不安。奇怪的是，不久以后，这个问题突然消失了，他很快发现自己又有了新的问题，就是总要频繁地上厕所小便，上课期间要去，有重要的事情去做之前更是要去，晚上上床睡觉之前也要反复去好几次厕所才能安心入睡，他对此感到非常烦恼。而且，小W还十分害怕别人知道他这种毛病，担心别人知道了会看不起他。为了避免被人知道，他尽量不参加社交或团体活动，因此他常常感到自己很孤独。他努力想办法去克服，但是没有效果。为了减少上厕所的次数，他尽量少喝水，尤其是晚饭以后基本上都不喝水，但即使这样，上床之后还是要起来去好几次厕所以后才能放心睡觉。他觉得这太折磨人了！

读大学以来，他多次到不同医院泌尿科做医学检查，但是，每一次检查都没有发现什么明显的病变。有时候，医生说也许有些炎症吧，开些消炎药给他。小W吃药期间会觉得好一些，但停药后不久，问题又出现了。于是他就反复去检查，但结果还是一样，问题照旧困扰他。他非常疑惑，既不愿意相信医生的诊断，又计划着继续找更好的医院去进一步做检查。

后来小W自己上网查了一些资料，才感到自己可能是有心理问题了，于是尝试到学校心理咨询中心寻求帮助。

应该说，生理、心理、社会三方面因素是相互影响、共同作用的。从系统论的观点来看，以上任何因素发生变化，都会引发系统其他部分的相应变化和调整，促使系统重新达成平衡，否则就会造成系统失调或混乱。从心理系统来看，这种失调或混乱就表现为心理障碍。也就是说，心理障碍是个体内外在多方面因素综合影响下的结果。例如，案例中的小W，虽然无法确定是否有遗传方面的问题，但是从他母亲的苛严、指责、情绪化的表达习惯等表现来看，一方面可以推测他母亲可能心理上也有不健康的方面，另一方面小W母亲的养育方式不当相当明显。此外，咨询中我们还发现小W对自己在他人眼中的形象缺乏信心，可以知道他存在对自己不接纳、过高期望等问题；而且，小W在咨询中还提到，高中的时候，学校老师、同学都十分强调专心学习、全力投入，而他对自己呼吸的在意源于一次偶然的事件：有一次因为感冒而呼吸加重，身边同学正好同时表现出烦躁、不安的表情。于是他开始小心翼翼地关注起自己的呼吸来，害怕影响到周围的同学，随后发展到在很多方面都过度谨慎，生怕给他人带来不良影响。这也表明学校氛围、班级氛围、同学关系等对他的心理健康有一定的影响。

二、大学生心理障碍的应对

当今时代，发生心理障碍的风险很难绝对避免。但是，到目前依然广泛存在的偏见或“耻感”及讳疾忌医现象，是导致不少心理障碍患者贻误病情、预后不佳的重要原因。其实，大多数心理障碍可防可治，关键是要端正态度、科学认识、提高自省，积极通过自助调节、社会支持、心理干预和药物治疗等方法，最大限度地减少心理障碍发生的风险，缓解或治愈已经发生的心理障碍。

(一)端正心理保健态度

随着当今世界科学技术的迅猛发展，社会变革日益深入和频繁，对人们提出的挑战也与日俱增，人们普遍遭受到来自各方面的巨大压力，若没有对自身心理健康持有关注、关照的态度和意识，就很容易遭受伤害。大学生处于人生发展的重要阶段，学习和树立起对自身心理健康进行维护和促进的保健意识，不仅是在面临当下繁重的发展任务、学业任务等压力之下保护自身健康所必需，而且是为自身将来的健康发展做好准备、奠定基础。

(1)树立心理保健意识。随着人类对健康的认识和理解更加全面、系统和深入，越来越多的证据表明，心理健康因素及与心理健康相关的社会文化因素在当代人类全面健康中的重要地位。美国国家健康统计中心对1955年之前和之后美国人居前十位的疾病死亡原因进行了对比，发现20世纪前半叶主要致死疾病为流行性感冒与肺炎、结核病、肠胃炎等生理疾病，而后半叶则以恶性肿瘤、心脏疾病、脑血管疾病等主要与心理因素及不良生活方式等有关的疾病为主。为此，大学生应树立起基本的心理保健意识，把心理健康纳入综合健康观中，成为自己健康管理的重要组成部分。

(2)学习心理保健知识。心理保健的意识不是空中楼阁，意识的建立和强化有赖于对相关知识的习得与积累。当前各高校开展的大学生心理健康教育，是大学生获取心理保健知识的重要渠道，应积极参与、高效利用。此外，还可以主动通过媒体报刊、网络资源、图书阅读、课程选修、出席讲座、参与调研、团体活动、参观访问等各种学习和实践活动，掌握心理健康及其维护的相关知识，如心理健康的标准、内容、表现，心理调节的科学法，提高心理素质的方法，心理障碍发生的诱因，心理障碍的识别与应对，心理专业服务的相关常识，等等。

(3)开发自我觉知能力。“知人者智，自知者明。”知人和自知，是古人对于“明智”的重要解读，也是自我成长和修身的重要内容。自我觉知是对自己主动的了解和认识，是对自己的肯定与接纳，是自我意识对潜意识的发掘和明了，也是扪心自问的内省。自我觉知可以通过静坐、内省、冥想、内观、瑜伽等方式或途径进行，还可以通过主动参加心理测验、与人互动、与专业人士晤谈、阅读相关书籍等多种方式来进行。

(二)学习自我调节方法

除了少数缺乏自知力的心理障碍患者以外，多数心理障碍往往都是由早期的烦恼、情绪不佳等不那么严重的问题迁延发展而来的。因此，在发现烦恼、情绪不佳等心理波动或困扰的初期，自我心理调节的意识和能力可以在很大程度帮助我们延缓、遏制病情的进展。

自我调节的方法都有导向积极心态的能力，不仅可以帮助我们减缓负面心理状态，还可以帮助我们提高现实问题解决能力，提高心理幸福感(由个人潜能的发掘和实现带来的幸福感)。通常，自我调节方法包括情绪管理、时间管理、压力应对、弹性思维、创新思考、积极心态培养等，这对我们应对困扰、维护健康有着重要意义。此外，那些能帮助我们更好地面对学业、交往、恋爱、事业、休闲生活等的相关知识和技能，不仅可以帮我们在实际学习生活中表现得更好，而且有助于我们减少心理障碍发生的可能性。

(三)强化社会支持系统

社会支持是影响个体心理健康状况、心理疾患治疗与预后的重要因素。社会支持系统越完善，个体心理健康水平越高，应对挑战的能力越强，幸福感也越高。即使是已经遭遇心理障碍的个体，在良好的社会支持下，也能更快地复原或治愈。有研究显示，家庭心理健康教育和家庭治疗的开展，能减少精神分裂症的复发。

大学生要主动建立起良好的家庭关系、亲情关系、朋友关系、同学关系和师生关系，因为这不仅有助于预防心理障碍的发生，而且，即使发生了心理障碍，这些良好关系也有助于心理障碍的矫治与预后。同时，作为构成大学生社会支持系统的家人、亲人、朋友、同学、老师，对大学生应主动关心、密切联系、温暖支持、理解接纳，以帮助大学生克服障碍、健康成长。

(四)善于适时主动求助

现实中遇到工作或学习上的困难,求助相对容易,但遇到心理问题或困难,向他人求助却不那么容易了,尤其是向亲人密友之外的人求助显得特别困难。造成难以求助或就医的原因至少有两方面:一方面,与普遍存在的对心理障碍的“耻感”有关,人们倾向于认为发生心理障碍或患心理疾患是一件可耻的事情,是意志薄弱的结果,是道德品质不佳的结果,因此更容易讳疾忌医;另一方面,与人们的求助态度有关,常有人为不寻求帮助找了个“好理由”,美其名曰“心理问题都要靠自己”。的确,自己的主动和努力对于心理咨询或心理治疗都是必不可少的,但是这个与所谓的“都要靠自己”并非等同。

科学研究和临床实践反复证明,心理障碍或心理疾病有其发生发展变化的客观规律,许多情况确实是需要专业人士协助的,有的还必须用药物治疗。因此,作为当代大学生,应保持“寻求心理咨询或治疗的帮助是自我负责的行为,是强者的选择”的态度。因为,在自己面临困境无法自拔的时候通过主动求助来解决问题,无疑是对自己的负责。自强者总不断寻求自身的突破和更好的发展,当遇到自己无法解决的困难时主动求助来突破限制,不仅不是可耻的事情,反而是积极进取的表现。

要做到主动求助,除了端正态度之外,还应了解应对心理障碍的常用方法。心理障碍一般可通过自我调适、心理教育、心理咨询、心理治疗、药物治疗、电生理治疗、手术治疗等方法来矫治或康复。

药物治疗是改善心理障碍,尤其是重性心理障碍的主要措施。一些心理障碍的生物学基础已经得到证实,为药物治疗奠定了科学基础。用于心理障碍治疗的药物主要包括抗精神病药物、抗抑郁药物、心境稳定剂、抗焦虑药物等。心理疾病,尤其是重性心理疾病,如精神分裂症、抑郁症、躁狂症等,都需要规范的药物治疗,有些心理疾病需要在药物治疗的基础上,配合进行心理治疗或心理咨询以巩固疗效、促进康复。

有些程度极其严重的心理障碍,如重性精神分裂症(尤其是急性期)、顽固性强迫症等,可能需要进行电生理或手术治疗。电生理治疗主要是指无抽搐电休克治疗,是在麻醉剂和肌肉松弛剂的帮助下,以一定量的电流通过大脑引起意识暂时丧失的治疗方法。手术治疗一般是指使用手术切断神经连接或通过射线引发脑内局部高温破坏神经连接等方式消除某些顽固症状的治疗方法。由于人们对电生理治疗和手术治疗存在担忧,因而仅在非常紧急或疾病极端严重的情况下使用。

常言道“是药三分毒”。说到心理障碍的治疗,大家总会关心治疗或药物的副作用。到目前为止,治疗心理障碍的药物的确存在副作用,心理治疗的手段也非绝无风险。但是,在副作用或风险尚无法完全避免的情况下,治疗还是不治疗就成为一个利弊权衡后的决策问题。如果说疾患带来的痛苦或不良影响过大、治疗的正向作用明显大过副作用,那么,选择治疗就是合理的。

第三节 大学生常见的异常心理

随着信息化技术的发展,现今我们能便利快捷地在图书馆和网络上找到各种介绍心理疾病的信息资料,但仔细辨别我们就会发现,这些信息资料之间常常出入较大,那么,我们应该如何取舍,相信哪些呢?这里向你推荐三本目前有专业权威性的心理疾病工具书:《精神疾病诊断与统计手册第5版》(DSM-5)、《国际疾病分类第11次修订本》(ICD-11)、《中国精神障碍分类与诊断标准第3版》(CCMD-3)。

限于篇幅，本节只简要介绍精神分裂症、抑郁障碍、双相障碍、焦虑障碍、强迫障碍、人格障碍六类常见心理疾病，尽可能通俗地陈述它们的概念、临床表现及治疗方面的知识，帮助大家初步了解与认识它们。以下内容主要参考DSM－5以及部分精神病学和临床心理学领域的专业书籍与文献。

一、精神分裂症

案例

李力，大三，男生。李力最近总让人感觉怪怪的。有一天下课路过操场时，他突然指着操场说："你们快看，快听，那里的一片花海唱的歌多好听啊！"还有一次，他紧张又神秘地找到室友悄悄地说："我很肯定有人用某种技术监视着我在宿舍里的一举一动！虽然我现在没找到证据。"上周，在自习室里他突然走上讲台，以美国总统的身份慷慨激昂地发表演说！

李力的言行举止一定会让你感到怪异吧！如果他是你的好友，你会劝他并没有什么花海唱歌、不可能有人在监视、他压根就不是美国总统吗？如果你这么做了，你会发现就算你说到口干舌燥也不可能改变他坚信的观点。这并不是你没有说服力，也不是李力太固执，而是他的认知功能已经异常，出现了精神分裂症的幻觉、妄想症状。

(一)概念

精神分裂症是一种慢性的严重精神疾病，其字面意思是指心灵与自身和现实相分离，以知觉、思维、情感、行为之间不协调，精神活动与现实脱离为特征，且具有反复发作、不易治愈的特点。精神分裂症患者即生活中人们常说的精神病人。

(二)临床表现

精神分裂症主要表现为三种类型的症状：(1)阳性症状，以幻觉、妄想等为主，无智力障碍。(2)阴性症状，以情感淡漠、主动性缺乏和回避社交等为主，有时存在智力障碍。(3)认知症状，以注意力、执行力、解决问题能力和短期记忆能力缺失或减弱等为主，存在智力障碍。精神分裂症的三个关键特征是出现幻觉、妄想或思维(言语)紊乱。

幻觉是一种很重要的精神病性症状，它是指在没有实际的外部客观事物刺激的情况下，患者坚定地报告真真切切体验到了某种"真实"感知。依据感觉器官不同，幻觉可分为幻听、幻嗅、幻味、幻触和内脏性幻觉。临床最为常见的是幻听，幻视次之。通俗一点说就是患者听到了不存在的声音、看到了不存在的东西。需要注意的是，幻觉必须发生在清醒状态，且不能与错觉混淆。错觉是你可能在注意力不集中、疲劳、刺激条件模糊的情况下产生的错误知觉，如听到有人喊你，但待仔细辨听后你能意识到其实并没有人喊你；或是你将树影远看成一个人，走近一看你发现原来只不过是树影。

妄想是一种脱离现实的病理性思维，它的特点是：患者以毫无根据的设想为前提进行推理，违背思想逻辑，得出不符合实际的结论，对荒唐结论坚信不疑。妄想是古怪的，明显不真实或不能被相同文化中的个体理解，也并非来源于日常生活经验。临床上，通常按妄想的主要内容归类，常见的有：关系妄想(相信外界人、事、物都与自己有关或有意针对自己，如他人咳嗽是在表达对自己的讨厌）、被害妄想（相信有人或组织要伤害自己，如总觉得有人在饭菜里下毒想害死自己）、夸大妄想（相信自己有超乎寻常的能力、财富与权力，如认为自己富甲一方、位高权重）、钟情妄想（相信某人一定钟情于自己，如确信某明星的一言一行都是在对自己深情示爱）。除此以外，还有物理影响妄想、自罪妄想、疑病妄想等。

思维（言语）紊乱通常是从个体的言语中推断出来的。个体可能从一个话题跳转到另外一个话题（思维脱轨或联想松弛），对问题的回答可能不大相关或完全不相关（接触性思维脱轨），严重时让人完全无法理解。轻度言语紊乱其实比较常见，但是如果严重到一定程度，影响有效沟通，就是精神病性的表现了。

（三）治疗

精神分裂症的患病率相对较低。2019 年的一项调查结果显示，全球精神分裂症患病率为 0.32%。WHO（2018）官方网站数据显示，全球共有 2 300 万人受精神分裂症的影响，男性患者比女性多。2019 年“中国精神卫生调查”结果显示，精神分裂症及其他精神病性障碍终生患病率为 0.61%，农村高于城市，且 18～34 岁年龄组患病率最高。

精神分裂症是一种复发率高、致残率高的慢性迁延性疾病，多起病于青壮年，一般预后较差。目前认为精神分裂症的发病机制与遗传和环境因素、神经递质功能异常、神经系统退行性改变、社会心理因素以及自身免疫和内分泌功能紊乱有关。抗精神病药在精神分裂症的治疗中始终发挥着主要作用，60%～70%患者的症状通过药物治疗能得以改善，但也有高达 40%的患者出现不良反应。

二、抑郁障碍

案例

陈鑫，大二，女生。陈鑫已经一个多月没怎么出寝室门了，多数时候不是坐着发呆就是躺在床上，不论白天还是深夜，其实她并没睡着。她很少就餐，偶尔吃点零食，几周下来显著清瘦。刚开始室友喊她去上课，她说不去了，最近感到脑袋笨笨的跟不上，去了也听不懂，后来她说一点都不想动，再到后来她甚至都不理会室友，假装睡着了。有一次，室友提前回到宿舍，听到她在床上哭，哭得很伤心，问她怎么了，她没多说，只说觉得有点难过，然后又不经意间冒出一句话：“我好累，活着好没意思。”

你遇见过“陈鑫”吗？你对陈鑫的经历和感受熟悉吗？你可千万别以为陈鑫只是最近累了想多休息，也不要以为她只是疲倦了不想理人，过几天想开了自然就好了。陈鑫的这些“呆”“懒”“笨”“愁”等状况其实都是其患有抑郁障碍的信号。

（一）概念

抑郁障碍绝非偶发的悲伤或痛苦，它是一组以“悲哀、空虚、易激惹的心境，同时伴有身体和思维认知上的改变，并且显著影响到个体的功能”为主要特征的心理疾病的总称，是一种常见的复发性心境障碍。

（二）临床表现

依据症状频繁程度、功能损害严重程度、症状存在的时间、假设病因的不同，抑郁障碍有许多亚型，如环性心境失调障碍、重性抑郁障碍（含重性抑郁发作）、持续性抑郁障碍（即恶劣心境）等。重性抑郁障碍代表了这组障碍的典型疾病，即一般人所说的抑郁症。

重性抑郁障碍是一种极其抑郁的心境状态，患者会表现出典型的三低症状：情绪低落、思维缓慢、意志行为迟滞。出现这些症状至少持续 2 周，患者几乎每天的大部分时间都处于抑郁心境之中，几乎对所有的事情都丧失兴趣，患者还常常报告无法集中注意力，思维变得很缓慢，记忆力严重下降，每天都感觉到很疲累。除此之外，患者还会出现明显的生理节律紊乱，出现饮食和睡眠障碍，严重的时候还会反复出现自杀念头。

临床上抑郁障碍的表现情形很多样，不是只有严重到有自杀念头才是抑郁障碍，有些患者没有自杀意念，但生活已经混乱糟糕不堪，其病也不轻。另外，抑郁障碍患者并不是每时每刻都处在抑郁状态中，他们在一天的某些时候或一段时间的某些日子或在某些特殊场合症状会有所缓解，但这些暂时性或情境性的表现并不代表他们没有抑郁障碍，如不少患者的症状有晨重晚轻的特点；有的患者在网络或手机世界里十分活跃有精神，一旦离开网络或手机就立马陷入很严重的抑郁状态；还有的患者离开学校会比较轻松愉悦，一返校就抑郁得不行。

（三）治疗

抑郁障碍是最常见的心理疾病之一。WHO（2017）估计，2015 年全球抑郁障碍患者有 3.22 亿，占到全球总人口的 4.4%；其中，中国患者超过 5 480 万，患病率与全球患病率（4.2%）基本持平。在 2005—2015 年这 10 年间，全球抑郁障碍患者数量增加了 18.4%。抑郁障碍最严重时可引致自杀，2014 年时 WHO 估计每年因抑郁障碍自杀的死亡人数高达 100 万人。

抑郁障碍的发病机制很复杂，药物治疗是中、重性抑郁障碍患者的治疗基础，也是控制症状和预防复发的主要手段。抑郁障碍的药物治疗通常可以分为三个阶段，包括急性治疗、继续治疗和维持治疗。药物治疗可以使 60%～70%的急性抑郁发作的症状得到好转，并且疗效大致相似，只是副作用大小有所不同。对抑郁障碍患者进行心理治疗尤其是认知行为治疗是有效的干预策略，联合治疗是更合适的方法。

三、双相障碍

案例

于风，大三，男生。于风刚进大学时比较沉默，在班上多属“角落”里的人物。这学期开学以来，所有接触过他的老师和同学都觉得他像完全变了一个人似的，变得非常积极、主动、大方，不仅主动报名参加班干部选举，承担班里许多集体活动的组织工作，还常在班级 QQ 群里和上课时主动发言。但是，他有时也会让人觉得不明就里，不明白他究竟在表达什么，上课时甚至会不管不顾大声插话回应老师；在宿舍里那就更活跃了，经常拖着室友天南海北地聊天，一聊就到深夜，多数情况是他一个人滔滔不绝，说到室友们困乏得不得了，他却一点睡意没有。

现实中，于风的表现容易被周围人理解为好的积极转变，不知你是否感觉到于风“变好”的信息中含有许多令人不舒服、不安心的成分，这些都在提示你：于风并不是真的在变好，相反变得更“坏”，他可能患有双相障碍了。

（一）概念

双相障碍是重性精神疾病中的一类，是以明显而持久的心境高涨或心境低落为主的一组精神障碍，并有相应的认知和行为改变，严重者有幻觉、妄想等精神症状。大多数呈反复发作倾向，治疗缓解后发作期间精神状态正常，但部分患者有残留症状或转为慢性。

（二）临床表现

双相障碍所指的两相即躁狂（或轻躁狂）发作与重性抑郁发作，它们是心境障碍的两种基本状态，两相交替出现是双相障碍最突出的特征。躁狂（或轻躁狂）发作的主要特点是情绪高涨、思维奔逸、精神运动性兴奋；重性抑郁发作的主要特点是情绪低落、思维缓慢、意志行为迟滞。

重性抑郁发作前面已经介绍过，这里仅介绍躁狂发作和轻躁狂发作。躁狂发作的临床表现为：至少持续 1 周，几乎在每天的大部分时间里患者有明显异常且持续地心境高涨，处在异常夸张的欢欣喜悦或愉悦状态。患者还会感到思维奔逸，语速非常快甚至语无伦次，且不易被打断，显得比平时更为健谈，好像迫不及待要把内心激动人心的想法一下子完全表达出来，但其所谈内容的主题跳转很快，令人感到费解。患者显得精力过于旺盛，常持续性地安排或参加活动，却都不能较好完成，另外睡眠需求很少却并不觉疲乏，也常常处在易激惹状态。躁狂发作患者的这些心境紊乱和功能改变一般会严重到足以导致显著的社会功能受损，或存在精神病性特征，或须住院以防止伤害自己或他人。当患者的心境紊乱和功能改变被他人观察到，而这种紊乱和改变不属于其平时的性格特征，但又没有严重到引起社交或职业功能方面的显著损害或需住院，且存在精神病性特征时，就是轻躁狂发作。

临床上双相障碍的亚型很多，情况复杂，识别双相障碍不是一件容易的事。正常人一般的情绪起伏与双相障碍患者交替处在亢奋、低落状态不同，达不到躁狂发作或者重性抑郁发作的诊断标准，如果情绪波动程度达到至少出现了一次典型的躁狂发作可诊断为双相障碍Ⅰ型；如果至少经历了一次或一次以上重性抑郁发作和至少一次轻躁狂发作，就会被诊断为双相障碍Ⅱ型。因为躁狂和抑郁不是对立的两极，患者在有轻躁狂发作症状的同时可能会体验到某种程度的抑郁或焦虑，也可在抑郁中体验到一些躁狂的症状，这是双相障碍的混合型。

（三）治疗

在美国，双相障碍患病率为 4%，有学者提出终生患病率可超过 10%。虽然我国的终生患病率比较低，但可能是很多患者未被发现。双相障碍的早期诊断和治疗可以减少复发风险及增强药物反应度而改善预后。由于发病第 1 年有 1/3 的患者、5 年内有 70%的患者有复发风险，所以建议根据病程呈现的阶段及严重度选择不同的药物，长期持续接受药物治疗。双相障碍的心理治疗是药物治疗的重要辅助方法，常用的方法有：行为干预（如认知行为治疗）、照顾者支持、心境复发早期警示征的心理教育等。如果是双相障碍急性发作，可启动家庭治疗、人际关系治疗及系统化照顾，这些方法对预防复发最有效，在恢复期启动认知行为疗法及团体心理教育最有效。

四、焦虑障碍

案例

王行，大二，男生。王行最近烦躁不安，很容易发脾气，还常感到心慌胸闷，饭吃不香，觉睡不踏实，晚上多梦并常从梦中惊醒。原来，临近期末考试，他有许多课程要复习，加上英语基础差，还要备战即将到来的四级考试；他还担任了一些学生工作，期末前事情多且杂，种种事情堆在一起让王行感到很大的压力和焦虑，还经常出现偏头痛。一想到有这么多事要去做他就很烦，坐立不安，完全无法开始去好好做事。偶尔他也想什么都不管，好好玩半天放松一下，可不管怎么玩，一颗心总是提着放不下，心神不宁。

个体面对某些重要、有挑战的事情时，会体验到焦虑、害怕甚至恐惧情绪。相信你也一定遇到过王行烦心的这些事情，你也感到过焦虑。适度的焦虑可以提高个体的内在动机，促使个体提前准备，提高任务完成水平，但是过度焦虑会让情况变得很糟糕。王行的焦虑已经超过了一般适宜的焦虑水平，甚至产生了躯体不适的反应。

（一）概念

焦虑障碍是以过度害怕和焦虑或相关行为紊乱为共性特征的一组常见心理疾病。依据焦虑的急性和慢性特征，我们可将其分为惊恐障碍和广泛性焦虑障碍两大类。

（二）临床表现

惊恐障碍是一种常见的急性焦虑障碍，表现为反复发作的意外的惊恐发作。惊恐发作是突然汹涌而来的强烈害怕或不适，在几分钟内达到顶峰，发作时患者会有呼吸急促、头晕、心悸、震颤、出汗，可伴有失控感、濒死感。患者会对下一次发作有较高的预期焦虑，部分患者有回避行为，或在预感到要发作前逃回自己熟悉、安全的地方，这些身心反应和行为反应给患者的正常生活带来不良影响。

广泛性焦虑障碍则是一种慢性焦虑障碍，临床表现以广泛的、持久的、过分的担心和紧张（焦虑性期待）为主要特征，持续时间通常是 6 个月或以上。患者普遍存在对诸多事情过分担忧，终日心神不宁、坐立不安，有大祸临头感，其焦虑很多是预期性的、还没有发生的，但患者认为他们的担心十分必要，否则会有灾难性的后果发生。患者无法控制和转移焦虑与担心，这是病理性担心，它与人们常体验到的正常担心不同。这些担心会令患者对日常生活中的事物失去兴趣、无法集中注意力、肌肉紧张、出现睡眠障碍等，引起明显的心理痛苦，并导致人际关系和学业等方面受到影响。患者的焦虑症状常常波及自主神经系统、泌尿系统、循环系统、呼吸系统、消化系统等，他们常常因躯体症状而反复多次在综合医院的其他科室辗转就诊，但多数时候不能意识到自己患上的是心理疾病。

（三）治疗

焦虑障碍也是患病率较高的心理疾病之一。WHO 公布的数据显示，全球有 2.64 亿焦虑障碍患者，患病率 3.6%。美国一年内有近 2.7%的人患有惊恐障碍，大约有 3.1%的人患有广泛性焦虑障碍，有 5.7%的人在一生中的某个时间段患广泛性焦虑障碍。有关调查结果发现：在各类精神障碍中，焦虑障碍患病率最高，终生患病率为 7.57%，12 月患病率为 4.67%。

传统的惊恐障碍治疗注重防止惊恐发作，缓解预期焦虑或广泛性焦虑，并且减少和治疗并发出现的恐怖性回避。各种药物可以单独或辅助治疗惊恐障碍，经过数月到数年治疗，30%～75%的患者仍有惊恐发作或其他残余症状。广泛性焦虑障碍的治疗目标是改善或消除症状，社会或职业功能恢复到病前水平，提高生活质量，治疗共存疾病，防止复发。主流的治疗包括心理治疗以及药物治疗，其中认知行为治疗被研究得最多也最常用。

五、强迫障碍

案例

陆晨，大一，男生。陆晨住在宿舍楼四楼。这一天要出门去上课，他背上书包关上门准备下楼，走到楼梯口时突然停下脚步，心里一个念头冒出来：门锁好了吗？他不确定也不放心就赶紧跑回宿舍拉了一下门把手，确认门锁了后才再次离开。可是下楼梯下到一半，又有念头冒出来：门检查到位了吗？会不会刚才没有使劲拉把手？他想想，觉得走得也不远，还是决定回去再看看。于是三步并作两步跑回去，使劲拽了好几下门把手，再次确定门锁了才离开。一看手表，时间不多了，赶紧跑去上课。可是刚到楼下，怀疑门没锁好的念头又冒出来了，他努力说服自己应该没问题，可悬着的心就是放不下来，不一会儿陆晨又飞奔上了四楼……

你是否也有陆晨这样三番五次返回宿舍检查门是否锁好的行为？又或许你在考试时会反复检查试卷填写情况，外出时反复确定是否已将重要的证件带在身上，抑或总是检查水龙头是否关掉、充电插头是否拔掉……其实每个个体或多或少都有类似的行为，只是不同个体反复的程度不同，这些行为对个体的影响不同。如果你检查几次后安心了，就没问题，如果你跟陆晨一样因反复检查都快出不了门，那问题就有点严重了。

(一)概念

强迫障碍是一组临床上常见的慢性心理疾病，包括强迫障碍、躯体变形障碍、囤积障碍、拔毛癖等。强迫障碍的主要特征是反复出现强迫思维(或强迫观念)和(或)强迫行为。强迫思维是反复的和持续的想法、冲动和表象，它被感觉是入侵性的和不需要的。强迫行为是重复的行为或精神活动，是个体感到受驱使而对强迫思维做出反应，或必须非常机械地遵守规则。

(二)临床表现

强迫障碍的症状异质性强，同一患者可以报告存在几种不同的强迫症状，不同患者所具有的症状可以完全不同。强迫思维包括：(1)强迫性联想(如看到黄色就联想到性交场面)、强迫性回忆(如控制不住地回忆小时候被同龄人排挤的经历)；(2)强迫疑虑(如对自己所做的任何决定都会怀疑是否恰当)；(3)强迫性穷思竭虑(如刨根问底式地问周围人“为什么 1 加 1 等于 2?”)；(4)强迫对立思维(如想到要去上课，马上又会否定地想“反正也听不懂，还是不去了”)。强迫行为包括重复的行为(如反复清洗、检查、计数、整理等)或精神活动(如祈祷、默诵等)。

多数强迫思维令人不愉快，患者对此也感到明显焦虑和痛苦，他们不想要也认为没有必要，但无法控制它们的出现。患者感到受强迫思维的驱使，需要通过强迫行为(或仪式)来缓解或压制强迫思维带来的焦虑和痛苦，因而会不得不执行强迫行为。强迫行为与所担心的事情之间并无现实关联，尽管强迫行为在一定程度上可以缓解焦虑痛苦，但并不会给患者带来快乐。绝大多数患者既具有强迫思维，又有强迫行为。通常来讲，强迫症患者能认识到症状都是自己的想法和感受，并认为是不合理或过分的，但是这种自知力因人和病程时间而异。

(三)治疗

强迫障碍的终生患病率为 1.6%~2.3%，多数研究发现女性患病率高于男性。强迫症的药物治疗已经得到临床验证，然而症状在停药后往往会复发。高度结构化的心理治疗在某些方面的效果好于药物。由日本精神病医生森田正马创立的“森田疗法”，其基本理念尤其是“顺应自然”的治疗原则，对治疗强迫症也十分有效。

六、人格障碍

生活中我们常常会用一些词来形容自己和他人，例如，觉得汪菊很勤奋，钱松很健谈，林珊脾气暴躁，宋贝很聪明，雷云很害羞，齐凯很乐观，张天容易焦虑……当我们这样形容的时候，会倾向于认为某人大多数情况下会具有某些显著的较稳定的心理特质，会采取多数情境下相对一致的认知、情绪和行为方式行事。当一个人显著的心理特质或典型的认知行为方式造成了明显的社交关系困扰和适应不良时，其某些特征可能就属于人格障碍范畴。

（一）概念

人格障碍是指明显偏离了个体文化背景预期的内心体验和行为的持久模式，是泛化和缺乏弹性的，起病于青少年或成年早期，随着时间的推移逐渐稳定，并导致个体痛苦或社会功能损害。

（二）临床表现

人格障碍一般可划分为 A、B、C 三大类：A 是古怪类，这类患者常使人感到不自在、与众不同，其古怪之处在于与人相处的方式，有的对交往毫无兴趣，有的与人交往时感到极不自在，有的则对他人疑神疑鬼，发展到极端就形成分裂样型、分裂型和偏执型这三类人格障碍。B 是反常类，这类患者通常难以控制情绪，与他人相处时存在特定困难，通常惹人注目，很情绪化，反复无常，包括反社会型、边缘型、表演型以及自恋型人格障碍。C 是焦虑类，这类患者的人格特质中都有明显的焦虑和恐惧，包括回避型、依赖型和强迫型人格障碍。

人格障碍与其他精神疾病、行为问题以及违法犯罪行为的发生关系密切。一方面，人格障碍可能作为一种病前人格素质助长某些心理疾病的产生，临床可见人格障碍与抑郁障碍、强迫障碍、惊恐障碍、进食障碍以及癫症的共病率较高；另一方面，人格障碍将影响其他心理疾病的治疗反应（包括药物治疗和心理治疗）。由于人格障碍存在严重的社会适应不良，可常出现悖德违法和犯罪的行为。

（三）治疗

由于各研究的取样方法、样本规模、样本代表性、调查方式（自我报告、电话访谈、临床晤谈等）、使用诊断系统的不同，很难准确估计人格障碍的患病率。有研究显示，13％的人被诊断患有至少一种人格障碍，有 25％～50％的人同时具有一种以上的人格障碍。我国目前还没有权威的真正全国性的人格障碍患病率数据。国内有些学者开展了人格障碍较大样本的调查，发现人格障碍的总患病率是 2.5％，人格障碍类型的阳性检出率为 1.2％～27.6％。

人格障碍曾被认为“不可治”，但这一观点现已过时。经过多年的努力，治疗人格障碍的理论与实践都有了许多进展。近年来，一些研究虽然发现精神药物在某些人格障碍的治疗上可以起到有限的作用，但更多的研究者指出心理治疗是非常有前景的治疗方式，只是不同治疗方法对不同人格障碍类型效果会有差异。一项关于心理动力学治疗和认知行为治疗的元分析研究结果显示，心理动力学治疗效果稍高于认知行为治疗，认知行为治疗对于边缘型和反社会型人格障碍的某些症状有改善作用，辩证行为疗法对治疗边缘型人格障碍的自我伤害有效果。还有学者指出，人格障碍的治疗不应仅仅使用一般的治疗方式，而是应提供更具有结构化和特别设计的治疗方案来改善患者在现实生活中管理情绪和解决问题的能力。

第三节　心理疾病的诊断、治疗与康复

案例

刘欣，大二，男生。刘欣近来自觉身体不适，头疼难眠，到校医院内科就诊时，医生建议他

去看心理科。他觉得医生的建议很可笑,自己头疼这么明显,怎么会是心理疾病,于是找了一家大型综合性医院做脑部检查,脑 CT 、核磁共振的检查报告都显示未见异常,那里的医生给出了同样的建议——到心理科或精神科就诊。可是刘欣坚持不认为自己有心理疾病,他跟家人讲述了自己的身体症状,家人马上找了一位在当地很有名气的中医开了中药让他调理。可是几个疗程后,刘欣的头疼不仅没好转,反而更加严重,还出现胸闷、心慌、浑身乏力等新症状。

案例里的刘欣显然生病了,但他拒绝听从医生的专业建议,不愿让自己与心理疾病扯上关系,反而听从非专业人士——父母的安排随意服药,这显然是错误的。在日常生活中,生的是什么病、适合用什么方法治疗、该怎样治疗,都应遵循专业人员的意见,不能擅自处置,否则轻则延误治疗,重则导致病情恶化,更有甚者会为此付出生命的代价。

一、心理疾病的诊断

(一)概述

1. 诊断的定义

临床评估和诊断是治疗心理疾病的核心。临床评估是对一位可能患有心理疾病的个体身上所具有的心理、生理和社会因素所做的系统评价和测量。心理诊断是指用来判定让个体感到痛苦的某个具体问题是否符合某种心理疾病标准的过程。

心理疾病的评估与诊断在临床工作中至关重要,对患者疾病评估诊断的正确与否,直接决定患者的治疗方案、进程和预后。

2. 诊断标准系统

现行的精神疾病诊断系统(DSM-5、ICD-11 和 CCMD-3)都在尽可能使每一种精神疾病的诊断标准更明确。虽然它们之间有差异,但在主要心理疾病的诊断标准上是趋于一致的,在各种心理疾病的诊断症状、严重程度、病程和排除四大标准上进行了归纳,极大地方便临床医生诊断时参考。

诊断标准只是临床诊断过程中的一个重要参考依据,受过专业训练的临床医生会在全面充分评估患者之后,有效运用诊断和鉴别诊断原则、诊断逻辑思维进行诊断决策,这是一个专业化很高的过程。在这里特别提醒非专业人员,不要仅仅对照诊断标准体系中的诊断症状标准轻易地给自己或他人进行“诊断”,武断贴上患有某心理疾病的标签。

3. 诊断的机构与人员

心理疾病诊断是相当复杂又极其重要的一个过程,对评估诊断人员的专业要求相当高,必须由专业人士来完成。《中华人民共和国精神卫生法》第三章第二十五条和第二十九条的内容明确规定:精神障碍的诊断与治疗必须由精神科执业医师在具有专业条件的精神科专科医疗机构内进行。任何非专业人员、非专业机构从事精神科诊断与治疗活动都是违法的。因此,任何需要接受心理评估、诊断与治疗的个体都应对自己的健康负责,到专业机构找专业人员诊治。

(二)一般程序与内容

心理疾病的临床评估包含了许多策略和程序,可以帮助临床医生获得所需的信息来理解和帮助患者。一般程序首先包括一次临床访谈。临床医生会对患者进行全面充分的评估,包括采集病史、症状特点及严重性、药物依从性、既往不良反应、共病情况、自杀风险、社会心理压力、与家庭和(或)照顾者的关系以及性格等。如果患者本人不能有效提供以上信息,临床医生可能会从周围他人如家属、熟悉患者情况者处了解信息,有时这些外围信息对评估诊断也十分重要。

除了临床访谈,依据需要临床医生还可能会以正式或非正式的方式检查患者的精神状态。精神状态检查是一种结构化的细致观察,主要包括外表行为、思维过程、心境和情感、智力功能、感知意识这五个方面。有的时候也还可能会对患者做一次全面的身体检查来排除心理疾病是否由生理器质性病变引发,必要时还会通过心理测验来辅助评估与诊断。

(三)诊断结果

心理疾病诊断难度较大,易误诊、漏诊,面对心理疾病患者时,即使是受过系统专业训练的临床医生有时对诊断也不能说把握十足,只有 80%的新患者在首次访谈的时候可以获得诊断。不同临床医生对同一患者也会出现诊断不一致的现象,即使在同一个国家内,诊断的一致性水平也是较低的。

造成这种现象的主要原因有以下六个方面:(1)心理疾病患者的病因至今尚未有足够的理论依据,临床中无法根据病因及病理确诊,仅能在临床观察与描述性精神病理学的基础上依照临床特点诊断;(2)心理疾病的表现与患者的病情发展阶段、生活经历、文化背景、风俗习惯密切相关,患者的病情表现可能不典型;(3)严重精神障碍诊断无物化的标准;(4)评估诊断过程受临床医生的临床经验、关于疾病的知识、某种偏见、其他医生之前的诊断结果,以及患者的就诊动机,主诉内容的客观性、选择性、完整性以及真实性等因素的影响;(5)有时候,患者表现出的症状符合多个诊断,即医学中的共病现象,医生一时不易给出确定的诊断结论,在更多信息未得到补充与修正前,诊断可能只是暂时的;(6)就诊环境、时长、资源、医疗服务质量和规范性等对诊断结果也会产生直接影响。

鉴于在评估诊断过程中的这些复杂的不可避免的因素,患者务必要选择有资质的机构和受过专业训练的临床医生就诊,过程中主动配合,定期复查复诊,帮助医生动态更新评估信息,提高诊断的有效性、准确性。如果对某个医生的诊断结果有异议,建议另寻医生进行复评。

二、心理疾病的治疗

心理疾病与生理疾病一样,及时积极治疗能够有更好的治疗效果,减少复发概率。一般心理疾病的治疗以药物治疗和心理治疗为主。

(一)药物治疗

1. 基本情况

心理疾病有其生理病理的基础,药物治疗在心理疾病治疗的不同阶段起着主导作用或者基础作用。然而受到心理疾病污名、精神疾病服务资源是否规范和充足等条件的影响,人们对心理疾病药物治疗的接受度和依从性都远远低于生理疾病。

2. 常见的错误认识

在进行心理疾病药物治疗时,患者常存在以下几个方面的偏见与行为:(1)认为药物副作用大,对身体有严重损害,一旦吃上抗精神类药物就会上瘾,对药物形成依赖很难再戒掉,因此抗拒药物治疗;(2)一定程度上相信药物治疗的效果,但担心用药太久不好,能不用药最好不用药,因此会在吃了一小段时间药之后感觉状态好转就立马私自停药,不能足量足疗程地服药;(3)认为抗精神类药物都是西药,西药不如中药好,即便进行药物治疗也要选用中药而拒绝使用西药;(4)对药物疗效有过高期待,希望药物服用后就有立竿见影的效果,这类患者常在治疗初期失去耐心而选择放弃药物治疗。

3. 应有的态度与行为

为达到良好的药物治疗效果,患者就诊时应做到以下几点:

(1)与医生构建良好的治疗联盟,提高个人治疗的依从性。患者与医生积极沟通,参与治疗方案的制订过程,设置阶段性的治疗目标,设立合理的期待,评估效果。如若对药物治疗有过高期待、对药物副作用有过度担忧或用药过程中有不适反应,应及时与医生沟通,通过医生的讲解来提升治疗信心和依从性。

(2)与医生进行充分沟通,便于医生评估诊断与治疗。就诊时客观陈述实情,不有意回避和隐瞒,陈述内容包括当前精神状况与表现、安全风险、既往病史、家族病史、治疗史、当前治疗情况等信息,此外还需要主动详细地告诉医生既往药物治疗效果,以及当前可能有的躯体疾病和用药情况。

(3)坚持足量足疗程地治疗,在医生的指导下安全用药。每一种心理疾病药物都有其起始剂量、常用有效剂量、最大推荐剂量,这些都因病症的严重程度、患病阶段、个体身体素质的不同而不同。不同药物的起效时间差异也很大,例如抗抑郁药,大多数患者在治疗用药 2 周后才能看到明显效果,强迫障碍的药物治疗在 4～6 周后才会有显著效果,有些患者甚至治疗 10～12 周才有改善。因此,要对药物治疗效果有合理期待,用药后应当定期复诊,及时处理任何可能的不良反应。若感觉治疗效果不佳,应与医生商讨是否需要逐步进行换药治疗。如若停药需要选择逐渐停药,同时要观察症状复发或恶化的情况。确定治疗无效时需要与医生商讨下一步治疗方案。在治疗过程中,还需注意所患疾病是否给自己带来继发性获益(即因病而获得现实与心理层面上的益处)以及预防因自感治疗效果不佳放弃治疗。

(二)心理治疗

心理治疗是心理疾病的另一重要治疗方法,甚至在许多心理疾病的非急性发作期,心理治疗较药物治疗的作用更为重要,疗效也更为明显。必须强调的是,患者应选择到专业机构找专业人员进行规范系统的心理治疗,否则不仅得不到有效的治疗服务,还会给自己带来许多身心伤害。

1. 定义

心理治疗的定义有很多版本,钟杰(2018)在综合不同定义后指出心理治疗应包括以下几个方面:(1)心理治疗对治疗者和被治疗者都有一定的界定,治疗者接受过专业训练,并得到社会认可,其工作有相应的心理学理论为指导,被治疗者愿意接受治疗,有心理症状和(或)不健康行为;(2)心理治疗是一个交互作用的帮助过程,以在这个过程中治疗者和被治疗者建立起治疗关系为前提;(3)心理治疗有一定的目标或目的,即解除被治疗者的症状与痛苦,并帮助其建立适应的行为方式,促进其人格健康。

因此,患者要充分认识到心理治疗必须由有心理咨询与治疗专业资质的专业人员提供。这里要特别澄清一点,有种常见误解认为:只要有心理学、精神医学或其他相关知识背景的人员都能从事心理治疗。心理咨询与治疗是心理学里面的一个分支,有其独有的知识体系和技能训练要求,即便是心理学其他专业方向的教授或精神科主任医生,如果他们没有接受过充分的临床心理咨询与治疗的系统学习与训练,并获得专业社团认可,也是没有心理咨询与治疗专业资质的,不能也提供不了心理治疗服务。

2. 效果

心理疾病患者接受心理治疗的比例很低，除了心理疾病污名的影响，另一个重要的影响因素当属心理治疗的效果。有一定比例的患者的确即便不接受治疗病情也会自然缓解，还有一部分患者进行安慰剂治疗也能达到一定的治疗效果。那心理治疗有效吗？它的效果有多大？与自然缓解和安慰剂治疗相比，心理治疗的效果凸显吗？许多研究证明，单一的药物治疗效果并不理想，需要采用联合心理治疗的办法。一些心理疾病通过心理治疗能得到很好的效果。还有研究证明，心理治疗与药物治疗对心理疾病的治疗是等效的，并且效果能够持续更久。

3. 对象

虽然心理治疗有效，但它并不适用于所有心理疾病患者。在接受心理治疗时，患者最起码应该具有自知力，有主动求助的意愿，且有较为正常的认知功能和流畅的语言表达能力。还需要患者有良好的自我功能，这包括能感知与幻想但又不沉溺于其中，不为抑郁焦虑情绪压倒，能够理性交流沟通，能与治疗师建立并维持咨询同盟关系，且自我界限不会因为心理疾病而被破坏掉。此外，有强烈的求助动机、能信任治疗师、对治疗效果有信心、有良好的自我反思和领悟能力等特点的患者更适用心理治疗。

因此，一般认为心理治疗对于轻到中度抑郁障碍、焦虑障碍、强迫障碍、人格障碍是有用的，不适用于急性精神病性障碍、严重的抑郁障碍以及存在紧急自杀风险的患者，后述的这些患者应首先考虑进行医学治疗，将疾病症状、自杀风险控制在适度范围，待病情缓和稳定后再考虑加入心理治疗进行联合治疗。

（三）物理治疗

在药物治疗、心理治疗效果都不佳的情况下，改良了的电休克治疗、重复经颅磁刺激、深部脑刺激等方法也被应用于心理疾病治疗中，但这些疗法效果的研究证据有限，而且具体操作实践还需严格遵照我国相关的医疗和法律规定。神经外科手术也曾应用于困难个案治疗，但因术后潜在的不良反应多而不推荐使用。

三、心理疾病的康复

在现代医学中，康复是一个全面的概念，不但包括通过功能训练达到生理上躯体功能的恢复，也包括心理功能、职业能力和社会生活能力的全面康复，从而回归社会。

（一）对康复的认识

WHO 于 1969 年提出：“康复是指综合且协调地运用医学的、教育的、社会的、职业的和其他一切可能的措施，对残障者进行训练，减轻因致残造成的后果。使伤者、病者和残障者尽快和最大限度地恢复与改善他们已经丧失或削弱的各方面功能，提高活动能力，改善生活自理能力，促使其重新参加社会活动并提高生活质量。”

心理疾病的康复是指联合和协同应用医学、家庭和社会干预、教育和职业训练等方法，消除患者精神症状，使受损的社会功能得以恢复。从社会学角度看，心理疾病的治疗“痊愈”标准并非仅仅是临床症状消失，更重要的是使患者能够回归社会（杨卫卫等，2018）。以此标准来看，临床医学的“痊愈”和社会学的“痊愈”可能还存在一定的距离，因此，精神康复的作用就显得尤为重要。

(二)康复中的污名现象

案例

赵沙感觉自己状态很糟糕,多次比对网上查找到的心理健康方面的科普资料后,她发现抑郁障碍、焦虑障碍和强迫障碍的许多症状自己好像都有。她很困惑,不知道自己究竟是什么情况,做了强烈的思想斗争之后终于鼓足勇气到校医院心理门诊就诊,被确诊患有抑郁症。医生给出了建议并开药,叮嘱她按时服药。回到宿舍后,赵沙整日惴惴不安,特别担心同学知道自己去看过心理医生,更害怕别人知道自己在服药,每次都特别小心。有时候同学谈及关于抑郁症方面的话题,她总觉得是不是被发现了,认为同学谈的就是自己。

生活中,其实像赵沙这样的人很多,他们害怕别人知道自己患上了心理方面的疾病,极力避免别人知道自己正在接受药物治疗,生怕别人知道后排斥和歧视自己,感觉这种病就像是压在心头上的五指山,让自己喘不过气来。这就是心理疾病患者康复治疗中的心理疾病污名带来的影响。

1. 心理疾病污名定义

“污名”一词最早来源于古希腊,指代的是一种人为的身体标记,用来向社会大众通告拥有标志身份的不同寻常和不光彩,如奴隶、罪犯或叛徒,人们要避免与之接触。污名就如中国四大名著之一《水浒传》中林冲、宋江等人定罪后脸上被刺字,以此作为罪犯标志。

“心理疾病”这四个字本身并不是一种污名,而是一个事实,它是一种疾病的名称,如“感冒”二字一样,是身体生病的一种语言描述。但是,加在心理疾病患者身上的“心理疾病是不正常的、可怕的;患者都是异类、疯子、变态;他们是咎由自取、没有用、危险的、反复无常的;不能与他们接触;甚至认为是家庭的耻辱”等观点和态度,就是对心理疾病及患者的污名化。

从学术定义上讲,心理疾病污名是指人们对心理疾病或心理疾病患者存在负面评价、消极的情绪体验和歧视行为。按照施加污名主体的不同,它可分为公众污名与自我污名。前者指公众根据污名对受污名群体成员做出的反应,后者指受污名群体成员将污名化态度指向自己而产生的反应。虽然随着社会文明的进步和心理卫生知识的推广,公开贬低、排斥和歧视心理疾病及其患者的言行逐渐变得隐蔽和难以觉察,但是这些难以被个体觉察、意识、控制的偏见、态度和行为依然存在,即为心理疾病内隐污名,它是个体对心理疾病患者内隐的负面态度,包括难以抑制的消极认识和负面情感反应,以及自动化的歧视倾向。

2. 心理疾病污名对康复的影响

心理疾病及其患者普遍蒙受着污名。WHO 指出,心理疾病污名是造成歧视与排斥的主要原因。《中国健康时报》的一项调查显示,社会大众对心理疾病的偏见和羞耻感是延误患者治疗的重要因素之一。公众对心理疾病患者的偏见、歧视,对患者产生拒绝、排挤、不公正对待甚至污辱等负面行为反应,都使得患者不敢面对和承认自己患有心理疾病,更是讳疾忌医而错过最佳治疗时间,降低治疗依从性。

同时,患者的自我污名使得患者自尊感低下,会将自己的性格、能力等与疾病直接挂钩,认为生病就是自己的失败,产生自卑、焦虑等负面情绪。不少心理疾病患者就像案例中的赵沙一样,害怕确诊患病,好不容易鼓足勇气去求医问诊接受治疗,还要东躲西藏,将接受治疗看成“丢脸”“没面子”的事,虽然这可以暂时回避心理疾病公众污名带来的影响,但患者为此付出的代价是承受内心更大的自我污名压力。可见，患者患病后承受的是疾病和污名的双重痛苦，有时候污名带来的痛苦远超过疾病痛苦本身。

此外，心理疾病污名还会破坏患者的家庭关系，限制其社交能力和范围，削减甚至剥夺其获得住房与工作的机会，还会导致人权问题，这些使得患者心理疾病康复与社会回归之路更加艰难。一项对 1 491 名中国大陆心理疾病患者家属的调查显示，60%被调查者报告说污名对患者造成了中度或严重的影响。

(三)患者的康复促进

因心理疾病污名现象的存在，心理疾病患者的康复不像身体疾病康复那样单纯，它需要患者、家属和社会上更多人甚至是全员的共同参与。下面从患者的自我关照、家庭护理和社会支持三个方面谈谈心理疾病患者的康复促进。

1. 患者的自我关照

大多数心理疾病患者意识清醒，能够清楚认识自己所处的环境，也会因患心理疾病而感到痛苦。因此在康复过程中，患者的自我关照是十分重要的，患者应该学会正确的自我关照。

(1)正确认识疾病，树立康复信心。患者需要正确认识自己的疾病以及严重程度。心理疾病与身体疾病(如感冒、发烧、肠胃不适等)是一样的，都是一种疾病，是由生理、心理和社会等多因素影响而产生的个人机体不健康的状况，它不应被看成个人的脆弱、无能、差劲、失败，更不是自己应得的某种惩罚。既然生病了，请相信只要接受科学、规范、系统的治疗，就能恢复到健康的状态。

(2)学习疾病知识，遵照医嘱治疗。积极主动学习心理疾病知识，了解心理疾病的基本常识，识别所患疾病的先兆症状，学习心理疾病常见紧急应对等知识，能简单应对康复过程中可能出现的一些反复与恶化的情况。同时也需要定期复查复诊，与医生积极主动沟通交流，遵照医嘱自觉接受药物治疗。

(3)允许症状存在，学着自我接纳。正视患病事实，允许自己在一段时间内存在心理疾病症状，尽管患病后不能像以往健康时那样生活、学习、工作，但患病并不意味着就失去一切生活、学习和工作的能力。接纳患病的现状，停止因病而产生的自惭形秽、自我攻击，相信自我改善的智慧与力量，选择做一些当前所愿也所能的活动，让自己继续向上成长。

(4)保持社会联结，获得人际支持。心理疾病患者内心常常感到孤独、苦闷、不被理解，会比常人或比往昔更渴望获得他人的理解与情感支持。主动远离那些已经明显表现出不友善、有偏见的人，选择对自己友善、关心、关爱的人联系与相处，适度真诚开放交流内心，就能打破因疾病污名带来的人际距离和隔阂，获得他人的理解和情感支持。

2. 患者的家庭护理

家庭护理干预能够提升患者的治疗依从性，降低复发率，能较好地促进患者康复。患者需要在家庭生活中坚持服用药物巩固疗效和预防复发，从情感上非常需要家人的理解和支持，生活方面也需要家人的护理与照料。心理疾病患者的家庭护理可以从以下几个方面展开：

(1)督促患者遵医嘱坚持服药。长期服药是维持患者病情稳定、防止其病情复发的关键。家属首先应树立正确的药物治疗观，担负起居家药物治疗的家庭看护督促责任，鼓励患者遵医嘱按时服药。若患者不配合药物治疗，需充分了解患者的想法和感受，为患者讲解科学用药的意义和作用，告知患者不治疗、不遵医嘱治疗可能造成的不良后果，通过利害关系的分析争取患者的积极配合。家属需注意认真耐心解释，有时可能需要多次解释，尽量避免欺骗患者服药，从而影响患者治疗的积极性。另外，家属还要留意观察患者的用药情况，防止患者的不正确服药行为和用药不良反应等。

(2)提高预防与应急能力。家属要学习心理疾病相关知识，尤其应针对患者的具体病情积极主动学习，以对患者所患疾病有较多的认识与了解，提高对患者心理疾病复发先兆症状的观察与识别能力，尽早发现逐渐升级的情绪变化。一旦发现异常应及时鼓励或陪同患者复查复诊。情况严重时，家属可能还需要联系社区或派出所共同应对处理。

(3)创建舒适的家庭环境，营造良好的家庭氛围。家属可以创造舒适的环境条件，给予患者身体上的舒适和心理上的放松；营造轻松自在的交流互动氛围，舒适愉快的家庭气氛可使患者产生积极思维情绪。家属还可以合理利用家庭中的各种优势条件，积极寻找与患者联系亲近的关联点，从而改善彼此沟通的状态，增进对患者内心状态和需要的认识与理解，给予患者更多情感上的理解、支持与肯定，帮助其恢复自尊，提高康复动力与信心。

(4)给予患者生活上的关心与照料。家属在生活上要给予患者更多的帮助，理解患病期间的简单小任务可能对患者来说都是巨大的挑战与难题，不轻易责备，也不要经常流露出失望。家属在给予患者关爱、照料的同时，根据患者功能恢复情况注意帮助患者克服懒散的状态，鼓励患者参加简单的、力所能及的活动，协助其克服困难，建立对未来生活的希望，推动其进行有益身心的认知和活动，促进康复。

(5)在护理患者的同时，注意做好自我照顾。心理疾病是比较顽固的疾病，表现的症状复杂多样，需要长期维持药物治疗，病情反复发作易导致患者多次住院治疗，性格改变、暴躁、固执，家属苦不堪言，甚至对其康复失去信心，患者和家属的生活质量受到严重影响。家属对此过程要有充分的认识和心理准备，并积极寻找自己的支持系统，调节好个人的情绪状态，保持对患者康复的坚定信心，并不断给予患者鼓励和支持，帮助患者提高康复动力与信心。

3.患者的社会支持

患者康复过程中，社会需要给予他们更多的理解、接纳，减少对他们的偏见、歧视和不公正对待，共同努力帮助患者不仅获得临床康复，而且能获得技能训练，逐渐回归社会，独立生活。这个过程需要国家的重视，逐渐完善相关政策体制，也需要全社会公民的参与，一起建设美好的文明社会。

在此，特别呼吁我们大学生主动学习心理卫生知识，加强自己对心理疾病的认识与理解，积极投身心理卫生知识的宣传与教育。从自己做起，从身边做起，向普通公众宣传、讲解、普及心理疾病知识，增进普通公众对心理疾病及其患者的认识，从而消除他们对心理疾病可能存在的误解、偏见。自觉抵制歧视心理疾病患者的行为，增加与心理疾病患者的人际接触，不仅自己做到尊重、理解、接纳心理疾病患者，尽可能友好地对待与帮助他们，还要参与到一些抗议活动中，反对其他成员或机构对心理疾病患者不公正或敌对的态度。

实践互动

活动1:情绪温度计

活动目的：观察自身情绪状态，了解影响情绪波动的事件，帮助调整自身情绪状态。

活动导入：用报数的方式将学生分成小组，每组6～8人。

活动准备：宽敞的教室。

活动材料：在白纸上画好情绪曲线图。

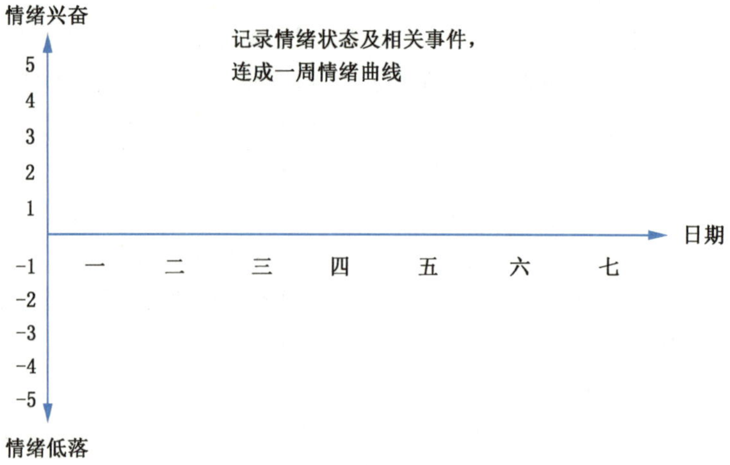

活动规则：

(1)回顾近一周内的情绪状态，画一个坐标，情绪平静的时候是0，兴奋的最高值是+5，低落的最低值是−5。观察自己的情绪，标注合适的数值，连成曲线，并记录相关事件。

(2)组内讨论引起情绪波动的事件是什么，如何缓解负向的情绪。

活动2：怎么安慰你

活动目的：练习倾听技能，了解抑郁状态时人们需要的安慰，更好地理解他人、安慰他人。

活动导入：以报数的方式分组，2人一组。

活动准备：宽敞的教室，可活动桌椅。

活动材料：给自己设计背景，目前正处于抑郁情绪的状态中。

活动规则：

(1)2人一组，一人扮演抑郁者，另一人安慰。谈话10分钟。

(2)结束后，扮演抑郁者的人分享感到被安慰的瞬间，想听到什么话、期待什么回应，讨论5分钟。

(3)角色互换。

作业和思考

1. 选择一名亲朋或好友，通过访谈了解他们对心理疾病的认识与态度，并运用本章所学知识与之进行交流讨论。

2. 尝试制作一张反心理疾病污名化的宣传海报。

推荐书目

1.《变态心理学》

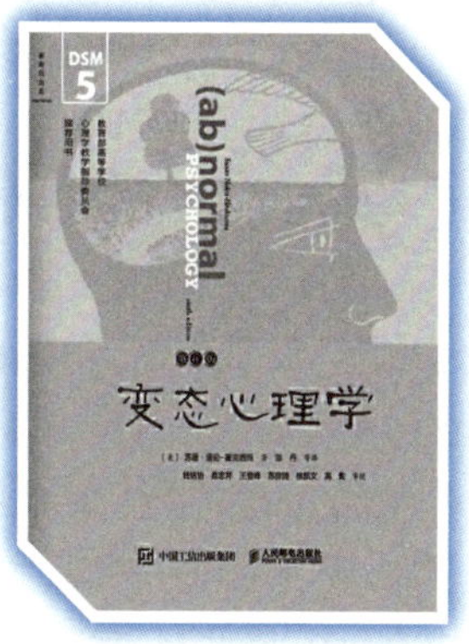

作　　者：[美]苏珊·诺伦·霍克西玛

出 版 社：人民邮电出版社

出版时间：2017年7月

作品简介：

为什么人们会抑郁甚至产生自杀倾向？为什么有些人对社交感到焦虑和恐惧？我们在经历创伤后为什么难以走出阴影？为什么有些人自恋而有些人自卑？赌博和毒品为什么让人上瘾？我们或多或少都有过这样异常的体验，无论是我们自己还是家人和朋友。异常心理和行为离我们并不遥远，它们就发生在我们身边。

《变态心理学》既是一部科学、严谨的科学著作，而其引人入胜的写作风格以及贯穿全书的非常人物、个案研究、灰色地带、批判性思考等各种专栏和图表，也会让读者对心理障碍产生更多的感性认识，进入心理障碍者的主观世界。本书既可作为高等院校变态心理学课程的教材或参考书，也可供心理咨询与治疗领域的工作者在实践中参考，同时也有助于普通读者正确地认识异常心理和行为。

2.《理智胜过情感》

作　　者：[美]丹尼斯·格林伯格/[美]克里斯提娜·A.帕蒂斯凯

出 版 社：中国轻工业出版社

出版时间：2018年2月

作品简介：

本书是一本将认知行为疗法的内容和步骤以通俗易懂的形式呈现给大众的书，是认知行为疗法的发展道路上一道卓越的里程碑。作者根据自己的临床经验，为读者们提供了一系列引导问题、提示和工作表，作为逐步改善的工具和方法。

它把复杂的理论变成简洁优美的、可用的方法，贴近每个人的生活，既准确又生动。它可以作为专业人士的学习材料，也可以作为没有专业背景的读者的自助工具书。

3.《我穿越疯狂的旅程》

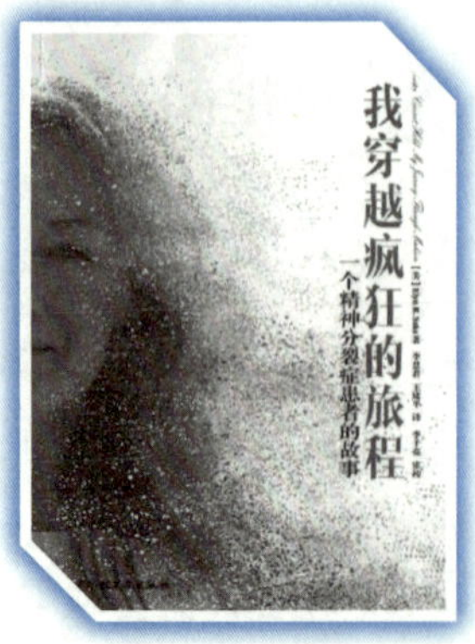

作　　者：［美］艾琳·萨克斯

出 版 社：中国轻工业出版社

出版时间：2013 年 2 月

作品简介：

作为病人，在大学时期，艾琳渐渐感到“精神分裂症像一层雾一样正在慢慢地向我袭来，随着时间的推移，在不知不觉中变得越来越浓”。但凭着惊人的毅力、朋友的帮助、家人的关怀，再加上对专业的挚爱，艾琳以全年级第一名的成绩毕业，而且获得了去英国牛津大学攻读研究生的全额奖学金。不幸的是，到英国不久，她的症状急剧恶化，使她无法按时上课，而且不得不数次接受住院治疗。作者详细描写了 20 世纪 70 年代英国精神病院相对人性化的治疗体制、医疗环境和医患关系。作者也生动地阐述了多年来在美国的就医经历：令人不寒而栗的捆绑式保护，患者的权利和病耻感，对医生的依赖与不满，与医生进行的持续多年的有关是否用药及药量问题的惊心动魄的拉锯战。

4.《不原谅也没关系》

作　　者：［美］皮特·沃克

出 版 社：北京科学技术出版社

出版时间：2023 年 1 月

作品简介：

创伤事件不仅仅包括偶发的、严重的刺激性事件（如战争、天灾、恐怖事件），还包括在成长过程中遭受的羞辱、贬低、欺凌、背叛、情感忽视、过度控制等伤害。这些伤害或许你难以诉说，但带来的创伤却可能远甚于单一事件。

有太多的人因为忽略了这样成长过程中的创伤，“莫名”地产生了人际关系障碍、情绪上的痛苦，甚至被误诊为边缘型人格障碍、自恋型人格障碍、焦虑症、抑郁症、强迫症……

本书作者皮特·沃克是享誉国际的创伤疗愈大师。他曾患有严重的复杂性创伤后压力综合征（CPTSD）。根据自身的疗愈经历和三十多年作为心理治疗师的从业经验，他写下了这本经典之作。在书中，他深度剖析了 CPTSD 的起因、症状和类型，并提供了有效的自我疗愈工具，以帮助读者打破在情绪、思维与身体层面的恶性循环。这种完整、系统的多元化疗法，让读者更容易看清自己的状况，突破盲点，取得疗愈进展。

参考书目与文献

［1］钟杰. 心理治疗有效吗？［Z/OL］. 微信公众号：东方明见心理［2018-4-26］. https://mp.weixin.qq.com/s/lZJ4wd7vmvA1GhEHs84-ORQ.

［2］杨卫卫，卫博，杨世昌. 精神障碍的社区康复现状［J］. 精神医学杂志，2018，31(6)：476—480.